O DIÁRIO DO
DIABO

ROBERT K. WITTMAN & DAVID KINNEY

O DIÁRIO DO
DIABO

Tradução de
CRISTINA CAVALCANTI

2ª edição

EDITORA RECORD
RIO DE JANEIRO • SÃO PAULO
2019

CIP-BRASIL. CATALOGAÇÃO NA PUBLICAÇÃO
SINDICATO NACIONAL DOS EDITORES DE LIVROS, RJ

W79d
2ª ed.

Wittman, Robert K.
    O diário do diabo: Os segredos de Alfred Rosenberg, o maior intelectual do nazismo /
Robert K. Wittman, David Kinney; tradução de Cristina Cavalcanti. – 2ª ed. –
Rio de Janeiro: Record, 2019.
    il.

    Tradução de: The devil's diary
    Apêndice
    Inclui bibliografia e índice
    ISBN: 978-85-010-8720-1

    1. Guerra Mundial, 1939-1945 – Alemanha. 2. Alemanha – História – 1933-1945.
3. Nazismo. 4. Alfred Rosenberg I. Kinney, David. II. Título.

                          CDD: 940.53
17-38842   CDU: 94(100)'1939-1945

Copyright © Robert K. Wittman e David Kinney, 2016
Publicado através de acordo com Harper Collins Publishers.

Título original em inglês: The devil's diary: Alfred Rosenberg and the Stolen Secrets of the
Third Reich

Todos os direitos reservados. Proibida a reprodução, armazenamento ou transmissão de
partes deste livro, através de quaisquer meios, sem prévia autorização por escrito.

Texto revisado segundo o novo Acordo Ortográfico da Língua Portuguesa.

Direitos exclusivos de publicação em língua portuguesa para o Brasil
adquiridos pela
EDITORA RECORD LTDA.
Rua Argentina, 171 – 20921-380 – Rio de Janeiro, RJ – Tel.: (21) 2585-2000,
que se reserva a propriedade literária desta tradução.

Impresso no Brasil

ISBN 978-85-010-8720-1

Seja um leitor preferencial Record.

Cadastre-se em www.record.com.br e receba informações
sobre nossos lançamentos e nossas promoções.

Atendimento e venda direta ao leitor:
sac@record.com.br

Às nossas famílias

Grandes mudanças filosóficas exigem muitas gerações para se tornar uma vida pulsante. E até os nossos atuais acres de morte voltarão a florescer um dia.

ALFRED ROSENBERG

Com pequenos passos você pode topar com massacres, essa é a parte ruim. Basta dar passos bem curtos.

ROBERT KEMPNER

Sumário

Prólogo: A abóbada   13

ACHADO E PERDIDO: 1949-2013

1. O cruzado   21
2. "Tudo perdido"   35
3. "Fitar a mente de uma alma obscura"   51

VIDAS NA BALANÇA: 1918-1939

4. "Enteados do destino"   69
5. "O jornal mais odiado do país!"   79
6. Cai a noite   101
7. "O caminho de Rosenberg"   119
8. O diário   139
9. "Atitude inteligente e coincidências felizes"   153

10. "A época ainda não está madura para mim"   161
11. Exílio na Toscana   179
12. "Conquistei o coração do velho partido"   193
13. Fuga   207

EM GUERRA: 1939-1946

14. "O peso do que está por vir"   217
15. A luta para sobreviver   231
16. Ladrões em Paris   239
17. "Rosenberg, esta é a sua grande hora"   261
18. "Tarefas especiais"   279
19. "O nosso destino trágico especial"   297
20. Os nazistas na porta ao lado   305
21. O Chaostministerium   313
22. "Uma ruína"   331
23. "Leal a ele até o fim"   349

Epílogo   387
Agradecimentos   389
Apêndice A: Uma linha do tempo do Terceiro Reich   391
Apêndice B: Lista de personagens   395
Notas   399
Bibliografia selecionada   433
Índice   443

O DIÁRIO DO
DIABO

Prólogo: A abóbada

O palácio na montanha se erguia em um trecho tão graciosamente ondulado no campo bávaro que era conhecido como Gottesgarten — o Jardim de Deus.

Mais abaixo, dentre aldeias e granjas à margem do sinuoso rio, o Schloss Banz chamava a atenção. Seus amplos muros em pedra irradiavam um dourado luminoso à luz do sol, e no topo da igreja barroca um par de delicadas agulhas de cobre apontavam para o alto. O lugar tinha uma história milenar: fora um ponto de comércio, um castelo fortificado para resistência contra exércitos, além de monastério beneditino. Havia sido saqueado e destruído em uma guerra e extravagantemente reconstruído para a família real Wittelsbach. Reis e duques se hospedaram ali. Certa vez, o kaiser Guilherme II, último imperador da Alemanha, honrou suas paredes opulentas. Agora, na primavera de 1945, o colosso era o posto avançado de uma força-tarefa notória, que passara o período da guerra saqueando a Europa ocupada em nome da glória do Terceiro Reich.

À medida que a derrota se aproximava, após seis castigantes anos de guerra, por toda a Alemanha os nazistas queimavam arquivos confidenciais para que não fossem confiscados e usados contra eles. Os burocratas que não conseguiam destruir seus documentos os ocultavam em florestas,

14 O DIÁRIO DO DIABO

minas, castelos e palácios como esse. Por todo o país, imensas bibliotecas de segredos aguardavam que os Aliados as resgatassem: minuciosos documentos internos esclareciam a tortuosa burocracia alemã, a impiedosa estratégia do exército e o obsessivo plano nazista de livrar a Europa de uma vez por todas de "elementos indesejáveis".

Na segunda semana de abril, o Terceiro Exército americano do general George S. Patton e o Sétimo Exército do general Alexander Patch tomaram a região. Depois de cruzar o Reno, semanas antes, eles haviam atacado os extremos ocidentais do país combalido,[1] detendo-se apenas diante de pontes destruídas, barreiras improvisadas e bolsões de resistência obstinada. Cruzaram cidades arrasadas pelas bombas aliadas. Passaram por aldeões de olhos fundos e casas que exibiam não a suástica nazista, mas sim lençóis e fronhas brancos. O exército alemão tinha se desintegrado. Hitler estaria morto em menos de quatro semanas.

Pouco depois de chegarem à região, os americanos se depararam com um aristocrata extravagante que usava monóculos e botas de cano alto polidas. Kurt von Behr passara a guerra em Paris[2] pilhando coleções de arte particulares e saqueando mobílias domésticas de dezenas de milhares de propriedades judaicas na França, Bélgica e Holanda. Às vésperas da libertação da capital francesa, ele e a esposa fugiram para Banz com carregamentos de tesouros roubados em um comboio de onze carros e quatro caminhões de mudança.

Agora, von Behr queria propor um trato.

Ele se dirigiu a Lichtenfels, uma cidade vizinha, e procurou um militar americano chamado Samuel Haber. Parece que von Behr tinha se acostumado a viver como um rei sob os tetos detalhadamente pintados do palácio.[3] Se Haber o autorizasse a permanecer lá, ele lhe daria acesso a diversos documentos nazistas secretos de grande importância.

O americano ficou curioso. Com a escassez de inteligência operacional e os julgamentos de guerra no horizonte, as Forças Aliadas tinham ordens de procurar e preservar quaisquer documentos alemães que encontrassem. O exército de Patton contava com a unidade de inteligência militar G-2 para essa tarefa.[4] Só em abril, as equipes haviam confiscado 30 toneladas de documentos.

PRÓLOGO: A ABÓBADA

Seguindo a indicação de von Behr, os americanos chegaram ao topo da montanha e cruzaram os portões do palácio. O nazista os guiou por cinco pisos subterrâneos onde, selado detrás de uma falsa parede de concreto, havia um veio importante de arquivos nazistas. Os documentos preenchiam uma abóbada enorme. O que já não cabia ali estava espalhado em pilhas pelo cômodo.

Depois de entregar seu segredo, von Behr — aparentemente percebendo que sua manobra inicial não o salvaria da devastação causada pela humilhante derrocada alemã — preparou-se para deixar a cena com estilo. Envergou um de seus uniformes extravagantes e fechou-se com a mulher no quarto deles na propriedade. Ergueram taças de champanhe francês envenenadas com cianeto e brindaram ao fim de tudo. "O episódio", escreveu um correspondente americano, "continha todos os elementos do melodrama de que os líderes nazistas pareciam gostar."

Os soldados encontraram von Behr e a esposa caídos no ambiente luxuoso. Ao examinarem os corpos, viram a garrafa pela metade sobre a mesa.

O casal havia escolhido uma safra antiga, rica em simbolismo:[5] 1918, o ano em que sua amada terra natal fora derrotada ao fim de outra guerra mundial.

Os documentos na abóbada pertenciam a Alfred Rosenberg, o principal ideólogo de Hitler e membro fundador do Partido Nazista. Rosenberg testemunhara os primórdios do partido, em 1919, quando nacionalistas alemães enraivecidos enxergaram um líder em Adolf Hitler, o veterano bombástico e errante da Primeira Guerra Mundial. Em novembro de 1923, Rosenberg adentrou a cervejaria de Munique logo atrás de seu herói na noite em que Hitler tentou derrubar o governo bávaro. Uma década depois, Rosenberg estava lá quando o partido subiu ao poder e se dedicou a esmagar seus inimigos. Estava na arena, lutando, quando os nazistas remodelaram a Alemanha à sua imagem. Esteve até o fim, quando a guerra passou por uma reviravolta e o sonho se desmanchou.

Na primavera de 1945, ao examinarem o enorme esconderijo de documentos — com 250 volumes de correspondência oficial e pessoal —, os investigadores descobriram algo extraordinário: o diário pessoal de Rosenberg.

O DIÁRIO DO DIABO

O relato manuscrito se estendia por quinhentas páginas, às vezes em uma caderneta, outras em folhas soltas. Ele teve início em 1934, um ano após Hitler subir ao poder, e se interrompeu uma década depois, meses antes do final da guerra. Dentre os homens mais importantes nos altos escalões do Terceiro Reich, só Rosenberg, o ministro de Propaganda Joseph Goebbels e Hans Frank, o brutal governador-geral da Polônia ocupada, deixaram diários semelhantes.[6] Os demais, inclusive Hitler, levaram seus segredos para o túmulo. O diário de Rosenberg prometia esclarecer o funcionamento do Terceiro Reich a partir da perspectiva de um homem que operou no píncaro do Partido Nazista por 25 anos.

Fora da Alemanha, Rosenberg nunca foi tão notório quanto Goebbels ou Heinrich Himmler, o cérebro por trás das forças de segurança, ou ainda Hermann Göring, o líder econômico e comandante da força aérea. Rosenberg precisou enfrentar os gigantes da burocracia nazista pelo tipo de poder que acreditava merecer. Mas contou com o apoio do Führer do início ao fim. Ele e Hitler concordavam nas questões mais fundamentais, e Rosenberg lhe fora infalivelmente leal. Hitler o nomeou para uma série de posições de liderança no partido e no governo, alçou seu perfil público e garantiu-lhe uma ampla influência. Seus rivais em Berlim o odiavam, mas as bases do partido o viam como uma das figuras mais importantes da Alemanha: ele era o grande pensador em quem o próprio Führer prestava atenção.

Rosenberg imprimiu as suas digitais em diversos dos mais infames crimes alemães.

Ele orquestrou o roubo de obras de arte, arquivos e bibliotecas de Paris a Cracóvia e Kiev — o botim que os Homens dos Monumentos aliados procuraram em castelos alemães e minas de sal.

Em 1920, plantou na mente de Hitler a ideia insidiosa de que havia uma conspiração judaica mundial por trás da revolução comunista na União Soviética, e a repetiu diversas vezes. Rosenberg foi o principal defensor de uma teoria que Hitler empregou para justificar a guerra devastadora da Alemanha contra os soviéticos, duas décadas depois. Quando os nazistas se preparavam para invadir a URSS, Rosenberg prometeu que a guerra seria uma "limpeza biológica mundial revolucionária" que, por fim, extermi-

PRÓLOGO: A ABÓBADA

naria "todos aqueles germes racialmente contaminantes da judaria e seus bastardos".[7] Nos primeiros anos da guerra no Leste, quando os exércitos alemães encurralaram os soviéticos em Moscou, Rosenberg dirigiu uma jurisdição de ocupação que aterrorizou o Báltico, a Bielorrússia e a Ucrânia, e a colaboração entre seus ministérios e os cruzados genocidas de Himmler que massacraram judeus em toda a região.[8]

Por último, Rosenberg lançou as bases do Holocausto. Começou a publicar suas ideias tóxicas sobre os judeus em 1919 e, como editor do jornal do partido e autor de artigos, panfletos e livros, disseminou as mensagens de ódio do movimento nazista. Mais tarde, foi delegado do Führer para assuntos ideológicos e aclamado em cidades e povoados de toda a Alemanha por multidões receptivas que agitavam bandeirinhas. Sua principal obra teórica, *O mito do século XX*, vendeu mais de 1 milhão de exemplares e foi considerada, junto com *Mein Kampf*, de Hitler, obra fundamental da ideologia nazista. Com uma escrita enrolada, Rosenberg tomou emprestadas de outros pseudointelectuais ideias antiquadas sobre raça e história mundial, fundindo-as em um sistema idiossincrático de crenças políticas. Os líderes locais e distritais do partido lhe contaram que faziam milhares de discursos com suas palavras na ponta da língua. "Aqui", alardeou no diário, "eles encontraram diretrizes e material para a luta".[9] Rudolf Höss,[10] comandante do campo de concentração em Auschwitz, onde mais de 1 milhão de pessoas foram exterminadas, relatou que as palavras de três homens em especial o prepararam para seguir em frente com sua missão: Hitler, Goebbels e Rosenberg.

No Terceiro Reich, um ideólogo podia observar sua filosofia posta em prática, e a de Rosenberg teve consequências letais.

"Várias e várias vezes, sou tomado pela raiva ao pensar no que estes judeus parasitas fizeram à Alemanha",[11] escreveu no diário em 1936. "Mas ao menos tenho uma gratificação: ter dado a minha contribuição para expor a traição." Seus ideais legitimaram e racionalizaram o assassinato de milhões.

Em novembro de 1945, um Tribunal Militar Internacional extraordinário se reuniu em Nuremberg para julgar os crimes de guerra dos nazistas sobreviventes mais notórios — dentre eles Rosenberg. A acusação se baseou na grande quantidade de documentos alemães que os Aliados apreenderam depois da guerra. Acusado de crimes de guerra por sua participação na Divisão de Jornais do Ministério de Propaganda, Hans Fritzsche contou a um psiquiatra da prisão que Rosenberg tivera um papel crítico na formação da filosofia de Hitler na década de 1920, antes da chegada dos nazistas ao poder. "Em minha opinião, ele teve uma influência tremenda sobre Hitler, quando este ainda pensava um pouco", disse Fritzsche, que foi absolvido em Nuremberg e, mais tarde, condenado a oito anos de prisão por uma corte alemã de desnazificação. "A importância de Rosenberg está no fato de que suas ideias, que até então eram apenas teóricas, tornaram-se realidade nas mãos de Hitler [...] O trágico é que suas teorias absurdas foram realmente postas em prática."

De certo modo, argumentou, Rosenberg era "o principal culpado dentre todos os que estão sentados no banco dos réus".[12]

Em Nuremberg, Robert H. Jackson, o principal promotor dos EUA, denunciou Rosenberg como o "sacerdote intelectual da 'raça superior'".[13] Os juízes consideraram-no culpado de crimes de guerra e, em 16 de outubro de 1946, na ponta de um laço, sua vida chegou ao fim no meio da noite.

Nas décadas seguintes, ao tentar compreender os métodos e as motivações do maior cataclismo do século, historiadores se debruçaram sobre milhões de documentos resgatados pelos Aliados no final da guerra. A documentação que sobreviveu era extensa — arquivos militares sigilosos, documentos diplomáticos, transcrições de conversas telefônicas, memorandos burocráticos apavorantes sobre os massacres. Quando os julgamentos terminaram, em 1949, os promotores americanos fecharam os escritórios, e os documentos alemães apreendidos foram enviados a uma antiga fábrica de torpedos à margem do rio Potomac, em Alexandria, na Virgínia. Lá, foram preparados para serem incorporados aos Arquivos Nacionais. Foram microfilmados e, mais tarde, a maior parte dos originais foi enviada de volta à Alemanha.

Mas algo ocorreu com o grosso do diário secreto de Rosenberg. Ele nunca chegou a Washington. Nunca foi transcrito, traduzido e estudado por completo pelos especialistas no Terceiro Reich.

Quatro anos depois de ser retirado da abóbada do palácio bávaro, o diário desapareceu.

ACHADO E PERDIDO

1949-2013

1

O cruzado

Quatro anos após o final da guerra, um promotor esperava a entrega dos veredictos na sala 600 da corte do Palácio de Justiça de Nuremberg. Seriam as últimas acusações contra os criminosos de guerra nazistas julgados pelos americanos, e Robert Kempner havia investido muito nos resultados.

Trabalhador belicoso, obstinado e incansável e com uma inclinação para a intriga, o advogado de 49 anos vivia com o queixo apontado para cima, como quem desafia os adversários — e ele tinha muitos — a darem o melhor de si. Embora não tivesse um físico chamativo e o cabelo raleasse no alto do seu 1,77 metro, sua personalidade levava as pessoas a tomarem partido. Dependendo do ponto de vista do oponente, ele podia ser carismático ou petulante, dedicado ou dogmático, um defensor das causas justas ou um bruto mesquinho.

Kempner passara cerca de vinte anos em guerra com os nazistas, os últimos quatro na sua cidade arruinada pela megalomania de Hitler e as bombas dos Aliados. Seu esforço era uma história pessoal singular e, ao mesmo tempo, uma narrativa universal: a luta pela vida, sua contribuição para o conflito mundial da época. No início da década de 1930, Kempner era um jovem administrador da polícia em Berlim e acreditava que a Alemanha

O DIÁRIO DO DIABO

devia deter o projeto de terror de Hitler e seus seguidores. Poucos dias após a chegada do partido ao poder, em 1933, Kempner — judeu, liberal e opositor declarado — perdeu o emprego no governo. Depois de uma breve detenção e um interrogatório pela Gestapo, em 1935, fugiu para a Itália, depois para a França e, por fim, para os Estados Unidos, onde prosseguiu com sua campanha. Ele se aproveitou de uma biblioteca de documentos internos alemães e uma rede de informantes, ajudou o Departamento de Justiça a condenar propagandistas nazistas que operavam nos Estados Unidos e forneceu inteligência sobre o Terceiro Reich ao Departamento de Guerra, ao Escritório de Serviços Estratégicos e à Agência Federal de Investigação (FBI), de Edgar Hoover.

Depois, em um enredo arrancado das páginas de um roteiro hollywoodiano, voltou à sua terra natal e ajudou a julgar os mesmos homens que o demitiram do emprego, o perseguiram por seu sangue judeu, privaram-no da nacionalidade alemã e puseram-no a correr para salvar a própria vida.

Quando Göring, Rosenberg e outros nomes de peso do Reich derrotado foram condenados por crimes de guerra no famoso julgamento internacional, Kempner permaneceu em Nuremberg por conta de mais doze processos de americanos contra outros 177 colaboradores nazistas: médicos que haviam feito experimentos horripilantes com detentos em campos de concentração; administradores da SS que forçaram prisioneiros a trabalhar até morrer; diretores de companhias que se beneficiaram dos trabalhos forçados; líderes de esquadrões da morte que massacraram civis por toda a Europa do leste durante a guerra.

Pessoalmente, Kempner supervisionou o último e mais longo julgamento, o Caso 11, apelidado de Julgamento dos Ministérios porque a maior parte dos réus havia ocupado postos importantes em departamentos governamentais na Wilhelmstrasse, em Berlim. A figura mais proeminente no processo, o secretário de Relações Exteriores Ernst von Weizsäcker, tinha aberto caminho para a invasão da Tchecoslováquia e aprovara pessoalmente o transporte de mais de 6 mil judeus da França para o campo de concentração de Auschwitz. O culpado mais notório era Gottlob Berger, oficial de alta patente da SS que montara um notório esquadrão da morte

O CRUZADO

pela brutalidade. "É melhor atirar demais em dois poloneses"[1], escreveu ele certa vez sobre a unidade, "do que pouco em dois." Os réus mais inquietantes eram os banqueiros, que não só haviam financiado a construção dos campos de concentração como acumularam toneladas e mais toneladas de obturações em ouro, joias e óculos roubados das vítimas dos campos de extermínio.

O julgamento se arrastava desde o fim de 1947 e agora, em 12 de abril de 1949, estava prestes a terminar.[2] Os três juízes americanos entraram na sala, subiram no estrado e começaram a ler a sentença em voz alta, que continha oitocentas páginas e a leitura durou três dias. Do lado oposto da sala, ladeados por policiais militares eretos que portavam capacetes prateados, os nazistas escutaram nos fones de ouvido os intérpretes traduzirem os veredictos para o alemão. Quando tudo acabou, dezenove dos 21 réus haviam sido condenados — cinco deles segundo a jurisprudência de Nuremberg de crimes contra a paz. Weizsäcker recebeu sete anos de prisão; Berger, 25; e os três banqueiros foram punidos com sentenças de cinco a dez anos.

Para a promotoria, tratava-se de uma grande vitória. Depois de vasculhar os documentos nazistas e interrogar centenas de testemunhas ao longo de quatro anos, eles haviam condenado os piores culpados à prisão. Mostraram ao mundo que a cumplicidade com o Holocausto fora ampla e profunda em todo o governo da Alemanha. Pintaram "o afresco criminoso completo" do Terceiro Reich,[3] como descreveu Kempner, e reforçaram o lugar de Nuremberg na história como uma "fortaleza de fé na lei internacional".[4] Eles confirmaram os argumentos que defendiam a condenação contundente dos crimes de guerra.

Os veredictos foram a culminação da longa campanha de Kempner contra o Partido Nazista.

Ou, ao menos, deveriam tê-lo sido.

Em poucos anos, a promessa de Nuremberg estaria desfeita.

Todo esse tempo, os julgamentos tiveram detratores na Alemanha e nos Estados Unidos. No cerne dos processos, os críticos não viam justiça, mas vingança, e Kempner, uma personalidade áspera e um interrogador

O DIÁRIO DO DIABO

claramente agressivo, tornou-se um símbolo do que enxergavam como injustiça. Um bom exemplo foi o duro interrogatório do ex-diplomata nazista Friedrich Gaus, quando Kempner ameaçou entregá-lo aos russos para ser julgado por possíveis crimes de guerra. Um colega promotor americano declarou que a tática de Kempner era "tola", temendo que ele "fizesse mártires de criminosos comuns julgados em Nuremberg".[5] Outra testemunha interrogada por ele o definiu como "um homem muito parecido com a Gestapo".[6]

Em 1948, Kempner travou um duro debate público com um bispo protestante, Theophil Wurm, a respeito da isenção dos julgamentos. Wurm escreveu-lhe uma carta aberta de protesto; Kempner respondeu sugerindo que os questionadores dos Julgamentos de Nuremberg eram, na verdade, "inimigos do povo germânico". Quando a desavença saiu na imprensa, Kempner foi ridicularizado pelos jornais alemães, sendo caricaturado como um exilado judeu soberbo e empenhado em se vingar.[7]

Houve censura inclusive do senador americano Joseph McCarthy, cujos eleitores em Wisconsin incluíam um grande número de teuto-americanos. O senador se opôs ao julgamento de Weizsäcker, pois, segundo fontes que não citou, durante a guerra o nazista teria agido como um valioso agente duplo para os americanos. McCarthy afirmou que Nuremberg estava sendo um obstáculo à inteligência americana na Alemanha e, na primavera de 1949, declarou ao Comitê dos Serviços Armados do Senado que queria uma investigação sobre a "total imbecilidade" que cercava o julgamento de Weizsäcker.

"Penso que este comitê", disse McCarthy, "deveria verificar que tipo de idiotas — e emprego o termo conscienciosamente — estão dirigindo a corte militar."[8]

Ao final dos últimos julgamentos, as cortes militares de guerra americanas haviam sentenciado mais de mil nazistas à prisão. A maioria definhou na prisão de Landsberg, perto de Munique. Muitos alemães do oeste se recusavam a acatar a validade das cortes aliadas e viam os nazistas detidos não como criminosos de guerra, mas vítimas de um sistema legal injusto. A questão se tornou um ponto de discórdia importante depois que a Alemanha Ocidental elegeu seu primeiro chanceler, em 1949, em um momento em que os Estados Unidos, apreensivos com os planos soviéticos para a Europa, se esforçavam para fazer do inimigo derrotado um aliado leal e remilitarizado.

A realidade da guerra fria jogou por terra rapidamente os logros dos promotores dos crimes de guerra.

Em 1951, após uma revisão das sentenças, o alto-comissário americano para a Alemanha libertou um terço dos condenados em Nuremberg e comutou quase todas as sentenças de morte, à exceção de cinco. No final do ano, todos os nazistas que Kempner tinha posto atrás das grades no Caso 11 estavam soltos. Embora as reduções tenham sido anunciadas como uma demonstração de clemência, os alemães ouviram uma mensagem diferente; os americanos enfim reconheciam que os julgamentos tinham sido injustos. Kempner atacou a decisão: "Hoje quero registrar, como uma advertência, que a abertura prematura dos portões de Landsberg vai soltar forças totalitárias subversivas contra a sociedade que colocarão o mundo livre em perigo."[9]

Seu alerta, no entanto, foi ignorado. Os líderes americanos cederam ao pragmatismo político, e em 1958 quase todos os criminosos de guerra estavam soltos.[10]

A luta de Kempner estava longe de terminar. Ele passara quatro anos imerso nas provas documentais dos crimes nazistas, e sabia que mesmo após os julgamentos, conduzidos sob os holofotes da imprensa internacional, o mundo ainda não conhecia a verdade completa.

Furioso com as histórias revisionistas quando os sobreviventes do Terceiro Reich tentaram reciclar a história alemã sob os nazistas, ele recorreu à imprensa para revidar. "Com uma nostalgia mais ou menos franca", escreveu no New York Herald Tribune, "muitos escritores políticos alemães estão dizendo que a Alemanha estaria bem se Der Führer não tivesse passado um pouco dos limites."[11] Ele não toleraria aquilo. Lamentou as fotos angelicais de Hitler na imprensa de direita, as sugestões militaristas de que os generais poderiam ter salvado a Alemanha da ignomínia se o ditador não tivesse se imiscuído no campo de batalha, esforçando-se para suavizar os diplomatas nazistas.

26 O DIÁRIO DO DIABO

Ele exigiu a publicação, na Alemanha, dos fatos que haviam vindo à tona em Nuremberg. "É o único modo de combater o envenenamento sistemático da mente germânica, que ocorre debaixo do nariz da jovem república alemã."

Contudo, pouco antes de escrever aquelas palavras, o promotor havia feito algo contrário àquele espírito de franqueza. Depois de Nuremberg, Kempner levou para casa importantes documentos originais confiscados — e, se houvesse cópias, ninguém sabia mais onde estavam.

Como promotor, Kempner podia requisitar os documentos que quisesse para preparar sua argumentação. Em mais de uma ocasião houve questionamentos sobre o modo como ele lidava com eles. Em 11 de setembro de 1946, o chefe da Divisão de Documentos escreveu em um memorando que o escritório de Kempner levara cinco documentos emprestados e não os devolvera.[12] "Devo acrescentar que esta não é de modo algum a primeira ocasião em que esta Divisão enfrenta problemas consideráveis para convencer o dr. Kempner a devolver livros e documentos à biblioteca."

Em 1947, Kempner ficou conhecido na equipe da promotoria americana pela forma como tratou o documento sobrevivente mais famoso sobre o Holocausto. Pouco depois de regressar a Nuremberg para a segunda rodada de julgamentos, ele mandou que sua equipe pesquisasse documentos do Ministério do Exterior alemão que haviam sido resgatados de um esconderijo nas montanhas Harz e levados a Berlim. Certo dia, um assistente encontrou um documento de quinze páginas. "As seguintes pessoas", dizia, "participaram da discussão sobre a solução final da questão judaica, que ocorreu em Berlim, em Grossen Wannsee, nº 56/58, em 20 de janeiro de 1942." Tratava-se do Protocolo de Wannsee,[13] que descrevia uma reunião organizada por Reinhard Heydrich — chefe do Escritório de Segurança do Reich, comandado por Himmler — para discutir a "evacuação" dos judeus da Europa.

Alguns meses após a descoberta do documento, Benjamin Ferencz, um promotor americano, estava sentado à escrivaninha quando Charles LaFollette entrou intempestivamente em seu escritório. "Vou matar aquele filho da puta!", gritou. LaFollette era promotor em outro caso de Nuremberg

O CRUZADO

contra advogados e juízes nazistas. Ele tinha ouvido falar do Protocolo de Wannsee, mas Kempner não lhe entregava o documento. Havia competição entre os vários promotores em Nuremberg, e ele supostamente queria exibir o documento explosivo no caso que estava preparando.

Ferencz foi ao escritório de Kempner para interceder. Este negou que estivesse sonegando documentos. Ferencz manteve a pressão. Por fim, depois de muita altercação, Kempner abriu uma gaveta da escrivaninha e perguntou candidamente: "Será disso que estamos falando?"

LaFollette imediatamente percebeu o quão importante aquele documento era para o seu caso: o Ministério de Justiça do Reich enviara um representante àquela reunião crucial. Ele imediatamente informou o incidente a Telford Taylor, promotor principal dos julgamentos, exigindo a "demissão daquele canalha!" Ferencz saiu em defesa de Kempner. Afirmou a Taylor que o caso dos ministérios certamente cairia por terra caso Kempner fosse banido de Nuremberg e, além disso, ele havia engavetado o documento inadvertidamente.

"Coisa em que ninguém acreditou",[14] escreveu ele anos mais tarde em uma carta a Kempner. De qualquer modo, Taylor apoiou seu promotor dos ministérios.

Kempner não foi o único em Nuremberg a levar documentos nazistas originais para uso privado. Desde o fim da guerra, os arquivos confiscados passaram por centros de documentação militar e foram enviados a Paris, Londres e Washington para serem examinados por unidades de inteligência e levados a Nuremberg para os julgamentos de crimes de guerra. Enquanto eram transportados pela Europa, caçadores de suvenires tiveram diversas oportunidades de roubar algo em papel timbrado assinado por alguém importante sob o lema universal do partido: *Heil Hitler!* Os responsáveis pela salvaguarda dos arquivos se preocupavam particularmente com a equipe da promotoria em Nuremberg. Temiam que os que requisitavam arquivos fossem "mais influenciados por instintos jornalísticos individuais do que pelo desejo de fazer avançar a causa da justiça",[15] como escreveu um oficial do exército em um memorando. Outro observador concluiu que a Divisão de Documentação em Nuremberg fazia pouco para acompanhar a trajetória dos documentos.

28   O DIÁRIO DO DIABO

Um documento-chave que desapareceu foi um memorando do adjunto militar de Hitler, Friedrich Hossbach, mostrando que já em 1937 o Führer planejava conquistar a Europa; durante o julgamento, os promotores tiveram de se basear em uma cópia autenticada. Indagado sobre o memorando por um historiador que supervisionava a publicação de documentos alemães apreendidos depois da guerra, Kempner recordou-se de tê-lo visto e sugeriu "que algum caçador de suvenires pode ter levado o original". Em setembro de 1946, os administradores de um dos centros militares de documentação pararam de enviar originais às equipes de promotoria em Nuremberg, temendo nunca receber de volta as mil peças documentais que já haviam emprestado.

Durante os julgamentos, o Palácio de Justiça de Nuremberg foi inundado de documentos.[16] Um levantamento concluído em abril de 1948 apontou mais de 64 mil m³ de "arquivos administrativos, negativos e comunicados de imprensa, uma filmoteca, fitas com gravações de processos judiciais, fitas com gravações de relatórios sobre interrogatórios, fotostáticas, cópias de documentos, fichários de documentos, resumos de julgamentos, arquivos de prisioneiros, arquivos de interrogatórios, resumos de arquivos de interrogatórios, transcrições de todos os processos judiciais e de análises de provas".

Havia tanta coisa que os funcionários temiam que documentos originais fossem inadvertidamente jogados no lixo. Como Kempner escreveu mais tarde em suas memórias, era "uma tremenda barafunda" — e ele se aproveitou de todo esse caos.

Declarou que temia que documentos potencialmente bombásticos não fossem corretamente arquivados, portanto se encarregara de garantir que fossem bem-empregados. Em suas memórias, ele reconheceu que quando algum pesquisador "interessado e esperto" o procurava durante os julgamentos em busca de documentos importantes, ele simplesmente deixava os arquivos na poltrona do escritório e saía porta afora, dizendo: "Não quero saber de nada."[17]

Era melhor ter um "bem historicamente valioso" nas mãos de um associado de confiança que informasse sobre o seu conteúdo, pensava, do que nas mãos de burocratas do governo que poderiam, ou não, deixar que fosse destruído.

O CRUZADO

Supostamente, todos os documentos alemães originais apreendidos deveriam ser devolvidos aos centros militares após os julgamentos, mas Kempner queria usar os que havia reunido para escrever artigos e livros sobre a era nazista. Em 8 de abril de 1949, dias antes de os veredictos serem divulgados no Julgamento dos Ministérios, o promotor obteve uma carta de um parágrafo de Fred Niebergall, diretor da Divisão de Documentos da equipe da promotoria: "O subscritor autoriza o dr. Robert M. W. Kempner, Chefe do Conselho e Procurador Principal, Divisão de Ministérios Políticos, a retirar e guardar materiais não confidenciais pertencentes aos julgamentos de crimes de guerra em Nuremberg, Alemanha, com fins de pesquisa, escrita, docência e estudos."[18] Tratava-se de um memorando incomum. Mais tarde, um advogado que trabalhara na inteligência militar expressou sérias dúvidas de que um homem na posição de Niebergall tivesse assinado aquilo.

Naquele mesmo dia, Kempner enviou uma carta à editora E. P. Dutton, em Nova York, com a sinopse de um livro baseado tanto em seus interrogatórios em Nuremberg quanto em documentos do Ministério do Exterior alemão, cujo título provisório seria *Hitler e seus diplomatas*.[19] Ele propôs o livro para janeiro, e um editor da Dutton demonstrou interesse e pediu mais detalhes.

Mais tarde soube-se que o livro era apenas uma das ideias para publicações que Kempner tivera em 1949.

Décadas depois, em suas memórias, ele apresentou suas razões para retirar documentos de Nuremberg. "Uma coisa eu sabia. Se quisesse escrever sobre algo e tivesse de buscar os arquivos, embora recebesse respostas amáveis, eles não conseguiriam encontrar parte do material. Mas eu tinha os meus documentos."[20]

Era uma justificativa fraca. O que Kempner realmente queria era contar com uma vantagem significativa sobre outros escritores que estavam documentando a era nazista: exclusividade.

Com a permissão em mãos, Kempner empacotou seus papéis de Nuremberg e — com o que havia acumulado durante o tempo em que foi promotor na cidade — enviou-os para o outro lado do Atlântico, à sua

30 O DIÁRIO DO DIABO

casa na Filadélfia. O pacote chegou à estação Lansdowne da ferrovia da Pensilvânia em 4 de novembro de 1949: vinte e nove caixas pesando mais de 3,6 toneladas.[21]

Hitler e seus diplomatas nunca ficou pronto. Parece que Kempner se desviou do tema. Em vez disso, encontrou outro modo de buscar justiça pelos erros do Terceiro Reich. Abriu um escritório de advocacia em Frankfurt e, entre outros trabalhos jurídicos, encarregou-se de casos de vítimas do nazismo que buscavam ressarcimento.[22] Entre eles, defendeu Erich Maria Remarque, cujo romance best-seller sobre a Primeira Guerra Mundial, *Nada de novo no front,* fora banido e incinerado pelos nazistas. Advogou também para Emil Gumbel, um célebre professor de matemática da Universidade de Heildelberg que fora demitido devido à sua postura pacifista, além de judeus, católicos e membros da resistência. Aquela se tornou uma linha de trabalho lucrativa.

Uma década depois do final de Nuremberg, os criminosos de guerra nazistas voltaram a ser processados. Em 1958, um julgamento na Alemanha Ocidental chamou novamente a atenção para as atrocidades que os alemães pensavam ter deixado para trás. Dez nazistas foram condenados pelo assassinato de mais de 5 mil judeus lituanos durante a guerra. O caso incitou ministros de Justiça alemães — temerosos de que muitos criminosos tivessem escapado à punição após a guerra — a criarem um Escritório Central para a Investigação dos Crimes do Nazismo, em Ludwigsburg.

Ao mesmo tempo, fora da Alemanha, promotores levaram casos notórios aos tribunais. Em 1961 Kempner voltou à ribalta internacional quando voou a Jerusalém para testemunhar no julgamento de Adolf Eichmann, o homem que administrara a deportação de judeus por toda a Europa. Kempner foi advogado de parentes de vítimas em uma série de julgamentos de destaque durante a década. Defendeu o pai de Anne Frank e a irmã da freira carmelita Edith Stein em um caso contra três oficiais da SS, acusados de exterminar milhares de judeus holandeses. Representou a viúva de um jornalista pacifista assassinado pela milícia nazista em 1933. No julgamento de um comandante da Gestapo, Otto Bovensiepen, falou por 30 mil judeus berlinenses cuja deportação para o leste havia sido orquestrada pelo réu.

O CRUZADO

Kempner capitalizou com a retomada da atenção sobre os crimes nazistas e escreveu para audiências alemãs uma série de livros sobre estes e outros casos proeminentes.[23] Publicou também trechos dos interrogatórios que conduziu em Nuremberg e, em 1983, suas memórias, *Ankläger einer Epoche* [Promotor de uma era]. Embora tenha se naturalizado americano em 1945, seus livros não foram publicados em inglês, e ele sempre foi mais conhecido em sua terra natal.

Quatro décadas após Nuremberg, ele continuava na ativa. Quando o Deutsche Bank comprou o conglomerado industrial Flick, Kempner conseguiu que a companhia pagasse mais de US$2 milhões em reparações a 1,3 mil judeus que durante a guerra haviam trabalhado como escravos em fábricas de munições de uma subsidiária da Flick.

A batalha contra os nazistas definiu Kempner. Ele obstinadamente se recusou a deixar que o mundo se esquecesse do que os criminosos haviam feito. Quando lhe diziam que um ex-nazista não parecia ser má pessoa, ele abria os seus arquivos para provar o contrário.

"Literalmente milhares de assassinos ainda estão andando pelas ruas da Alemanha e do mundo", afirmou ele certa vez a um repórter. "Quantos criminosos nazistas continuam soltos? Julgue por si mesmo." Apesar de todos os julgamentos que se seguiram à guerra, apenas alguns milhares de alemães foram processados por assassinatos. "Você pode me dizer como umas 2 mil pessoas conseguiram matar 6 milhões? Isso é matematicamente impossível."[24]

Trinta, quarenta, cinquenta anos após a era nazista, ele se recusava a ceder. Levou a luta até o final da vida.

Mesmo viajando entre os Estados Unidos e a Europa para manter seus negócios advocatícios internacionais, Kempner conseguia administrar uma vida doméstica complicada. Embora o escritório de advocacia estivesse em Frankfurt, ele agora era um cidadão americano, e seu domicílio principal ficava em Lansdowne, na Pensilvânia, onde se estabelecera durante a guerra. Lá, vivia com a segunda esposa, Ruth, assistente social e escritora; com a sogra anciã, Marie-Luise Hahn; além da secretária, Margot Lipton;[25] e, durante a década de 1950, o filho André.

O Kempner tinham um segredo: a mãe do garoto não era Ruth Kempner — como eles diziam a todos —, mas Margot Lipton. Robert Kempner e a secretária tinham um caso desde 1938.

André foi criado pensando que era filho adotivo. Nos registros escolares, Ruth Kempner figura como sua mãe. Era mais fácil assim. "Mais fácil", disse Lipton, "para o dr. Kempner."[26] André e o irmão mais velho — Lucian, filho do primeiro casamento — só saberiam da verdade muitos anos depois. Não que não suspeitassem de algo. No casamento de André, na Suécia, todos se admiraram com a semelhança entre Lipton e o noivo.

Os filhos de Kempner eram por demais respeitosos para fazer perguntas. "Eu simplesmente aceitava o que meu pai dizia", explicou Lucian, "e além disso não era da minha conta."[27]

Independentemente do que soubesse, André cresceu adorando o pai. Depois de se mudar para a Suécia com a mulher para cuidar de uma fazenda, aos 29 anos, enviava cartas regularmente com uma caligrafia meticulosa. "Quero lhe agradecer, papai, por ter sido um pai maravilhoso para nós", escreveu ele depois de uma visita de Kempner e Lipton. "Não é fácil dizer isso quando estou com você, mas espero que nunca subestime o amor e o apreço que tenho por você e pelo seu trabalho."[28]

A partir da década de 1970, Kempner passou a viver na Europa permanentemente, dividindo-se entre Frankfurt, na Alemanha, e Locarno, na Suíça. Em 1975, ele teve um ataque cardíaco — pouco depois de um grupo de neonazistas organizar um protesto diante do seu escritório — e ficou muito fragilizado para cruzar o oceano. Ruth Kempton e Lipton, que ainda viviam na Pensilvânia, passavam semanas visitando-o, mas além delas o advogado começou a depender de outra mulher dedicada.

Jane Lester era uma americana criada em Brockport, em Nova York, a 96 quilômetros das cataratas do Niágara. Em 1937, ela acompanhou uma colega de escola à Alemanha, onde ensinou inglês a candidatos à emigração. Anos depois admitiu sua ingenuidade: ela não tinha ideia do que Hitler estava fazendo com os seus inimigos. Dormiu profundamente durante a *Kristallnacht*, quando os nazistas destruíram sinagogas e lojas de judeus por toda a Alemanha, em 1938. No dia seguinte, não entendeu por que os estudantes do curso de idiomas não apareceram. Acabou deixando a

O CRUZADO 33

Alemanha, trabalhou em uma agência de valores em Buffalo e depois se tornou datilógrafa em Washington — "uma garota do governo", explicou — na Agência de Assuntos Estratégicos.

Certo dia, em 1945, Lester leu no *Washington Post* que precisariam de tradutores nos tribunais de crimes de guerra em Nuremberg, e foi ao Pentágono se candidatar ao trabalho. Pouco depois voltou à Alemanha.

Ela conhecia Kempner por sua reputação; viu-o jantando no Grand Hotel de Nuremberg, onde praticamente todos os envolvidos nos julgamentos se hospedavam todas as noites. Por fim se conheceram em 1947, quando ele estava contratando pessoal para os julgamentos posteriores. Ela se tornou sua assistente e diversas vezes esteve presente durante os interrogatórios, o que parecia alarmar os réus. "Eles não entendiam a minha presença", contou. "Havia o rumor de que eu era psicóloga." Em auxílio aos promotores americanos, Lester também teve a honra de traduzir o Protocolo de Wannsee para o inglês.

Depois da guerra ela trabalhou para a inteligência americana em Camp King, em Oberursel, fora de Frankfurt. Mas passava a noite com Kempner, que precisava de ajuda para traduzir a correspondência e gerenciar o escritório. Eles formaram uma parceria que se estenderia pelas quatro décadas seguintes.

"Nos últimos vinte anos da vida de Robert Kempner nunca me afastei dele, dia e noite", contou. "Fui sua enfermeira, motorista e secretária." Ela não contou, mas também foi sua amante.

Kempner e as três mulheres em sua vida permaneceram próximos até o fim.

Como Lucian explicou anos depois: "Era uma família grande e feliz."

Ruth, a esposa de Kempner, morreu em 1982. No final da vida, ele se mudou para um hotel fora de Frankfurt, onde dormia em um quarto anexo ao de Lester, de porta aberta. Assim, ela estaria disponível se algo acontecesse com Kempner no meio da noite. Robert e Lucian Kempner se falavam quase diariamente, e, como o pai não ouvia bem ao telefone, Lester ouvia a conversa e repetia para ele o que não tinha entendido.

Kempner morreu em 15 de agosto de 1993, aos 93 anos. Naquela semana, Lipton tinha vindo da Pensilvânia para estar com ele.

O DIÁRIO DO DIABO

"Ele morreu nos meus braços", contou Lester. "Ficamos sentadas lá, uma de cada lado, em seu leito de morte." Quando o médico chegou e o declarou morto, "estávamos em um estado terrível de horror, dor e descrédito".[29]

Elas telefonaram para Lucian, que foi de carro de Munique com a esposa e se encarregou de tudo.

Não seria um assunto simples. Kempner guardara tudo durante uma vida de pesquisa, escritos e viagens. Pinturas, móveis, milhares de livros e pilhas de documentos se acumulavam em suas propriedades em Frankfurt e Lansdowne, na Filadélfia. Ele havia preservado uma infinidade de arquivos com documentos pessoais, profissionais e legais: passaportes antigos, cadernetas de endereços, cadernos de exercícios da infância, passagens de trem usadas, faturas, cartas antigas, fotografias.

Lester encontrou o testamento de Kempner enfiado em uma mala no seu quarto de hotel. Tratava-se de uma página escrita à mão com marcador preto grosso, quase ilegível. Segundo o documento, ele deixava tudo para os dois filhos, Lucian e André.

Mas havia uma armadilha.

2

"Tudo perdido"

Dois anos depois da morte de Kempner, sua leal assistente Jane Lester buscava um meio de manter seu legado vivo.[1] O status de ex-promotor notório em Nuremberg o distinguia na Alemanha do pós-guerra. Apesar de ser presença regular na imprensa e tema de programas de televisão sobre os julgamentos, ele era praticamente desconhecido nos Estados Unidos. Lester queria mudar isso.

Ela decidiu telefonar para um homem em Lewiston, Nova York, chamado Herbert Richardson — pastor e ex-professor de teologia, e dono de uma pequena editora acadêmica, a Edwin Mellen Press. Os críticos desdenhavam da Mellen e a consideravam "quase uma editora que publica mediante pagamento, ardilosamente disfarçada de editora acadêmica", ofensa que Richardson contestou em um processo fracassado por difamação de 15 milhões de dólares contra a revista *Lingua Franca*. É possível que Lester tenha encontrado o nome de Richardson nos arquivos de Kempner. Em 1981, ele tentara chamar a atenção de editores americanos para o seu catálogo, e a Mellen foi uma das editoras que abordou. Richardson explicou que sua empresa era pequena e não podia produzir uma edição comercial.

"Contudo, o problema é que penso que o seu livro *deveria* ser publicado em inglês e distribuído na América do Norte", escreveu Richardson em abril de 1982. "Ele contém informações tão importantes que é trágico que não seja divulgado. Porém, fazer o quê? Sou um pequeno editor e não posso dar um passo maior que a perna."[2]

Treze anos depois, quando Lester telefonou para ele, Richardson continuava interessado. Lester traduziu uma parte das memórias de Kempner e a Mellen as publicou em 1996, no quinquagésimo aniversário da conclusão do primeiro julgamento de Nuremberg.

Em março de 1996, Richardson assistiu a uma reunião de promotores de Nuremberg em Washington, D.C., e lá abordou um historiador veterano do Museu Memorial do Holocausto, sondando a possibilidade de doação de uma "pequena quantidade" dos documentos de Kempner.[3] Eles ainda estavam nas mãos de antigas assistentes dele, Lester na Alemanha e Lipton na Pensilvânia. À época, ambas estavam na casa dos 80 anos, e ainda eram muito próximas.

Dois dias depois, o historiador organizou um encontro entre Richardson, Lipton, Lester e o arquivista-chefe do museu, Henry Mayer. Lester foi quem comandou o encontro, descrevendo a importância de Kempner e o valor inestimável dos documentos que deixara. Mas a conversa não deu nenhum fruto. Mayer estava no museu havia apenas dois anos e lidava com uma enxurrada de novos materiais. Tinha mais do que o suficiente para trabalhar, e nada do que ouviu naquele dia sobre a coleção de documentos parecia ser uma grande prioridade.

Em seguida, Richardson teve outra ideia: ele criaria uma instalação para guardar os documentos. Em 21 de setembro de 1996, organizou uma cerimônia para marcar a inauguração da Sociedade Robert Kempner em Lewiston,[4] cidade fronteiriça rio acima das cataratas do Niágara. Com uma toga preta e vestes acadêmicas, ele conduziu um serviço religioso em que enalteceu Kempner ante um pequeno grupo de amigos e apoiadores do advogado falecido, além de Lester e sua família estendida. Kempner foi "um dos mais corajosos batalhadores contra um Estado que dizia ser justo, mas era ilícito", declarou ele do púlpito, elevando e baixando a voz na igreja semivazia. As janelas estavam abertas para deixar entrar o frescor do início do outono. "Robert Kempner dedicou a vida ao serviço da justiça, e tentou se opor às leis e aos Estados injustos e ilícitos, um Estado que

"TUDO PERDIDO" 37

proclamou leis criminosas e que em nome da justiça cometeu as injustiças mais cruéis da história." A Associação Kempner se dedicaria à ideia de que a moral suplanta a lei.

Com lágrimas no rosto, Richardson rememorou sua entrada no círculo de amigos póstumos de Kempner. Ele era apenas um velho cansado, afirmou, matando o tempo na casa dos 60 anos. Lester telefonou pedindo ajuda para publicar os livros de Kempner em inglês e, de repente, ele foi sacudido do seu mal-estar. "Passado um ano" contou à audiência, "depois de ser conduzido por Jane a novos projetos e visões, posso dizer que ela é a fonte da juventude!". Então desceu do púlpito e entregou a ela uma comenda emoldurada. "A imaginação errante e a abundante energia de Jane Lester são as armas espirituais deste nobre cavaleiro em busca do graal, correndo perigos, suplantando limites e aceitando não só os frutos, mas os espinhos da vida", dizia. Richardson chamou-a de "guerreira eterna pela justiça".

Depois, os visitantes fizeram um tour pela editora Mellen e, entre comes e bebes, Lester assinou cópias das memórias traduzidas de Kempner para os visitantes. Mais tarde, o grupo voltou à igreja para uma leitura dramática de algumas passagens por um ator com sotaque britânico.

Lipton cortou a fita de uma pequena casa com um grande letreiro na fachada, anunciando a nova instituição.

Contudo, no interior as estantes estavam vazias.

O problema era que as mulheres tinham a custódia física dos documentos, mas os dois filhos de Kempner possuíam a custódia legal. Lucian e André ainda não haviam decidido o que fazer com os documentos em Lansdowne, mas negociaram em 1995 com os arquivos nacionais alemães, o Bundesarchiv, e doaram os documentos do escritório do pai em Frankfurt. Segundo Lucian Kempner, quando Richardson tentou se envolver no assunto, o advogado deles enviou-lhe uma intimação judicial para sustar e desistir de suas ações.

Teimoso, dois meses e meio depois de inaugurar a Associação Robert Kempner, Richardson enviou uma carta a Lucian. O novo centro se dedicaria à "coleta, catalogação, publicação e estudo da biblioteca e dos documentos de Robert Kempner". Em troca, Lucian receberia 20 mil dólares de entrada, direitos pela reedição dos livros do pai e um grau honorário da instituição de Richardson. "Posso ir a Munique em janeiro para discutir a proposta com você?"

Lucian rejeitou a proposta.

Em maio de 1997, Lester voltou a ligar para o Museu do Holocausto para falar sobre os documentos de Kempner. Desta vez Henry Mayer, o arquivista-chefe, estava disposto a conversar.

O avô de Mayer, Heinrich Meier, pecuarista em Oberlustadt, na Alemanha, fora forçado pelos nazistas a abandonar sua fazenda. Os fazendeiros vinham sendo pressionados a boicotar os judeus de quem compravam gado havia gerações.[5] Quem fosse flagrado comprando de um judeu receberia apenas uma parte do valor que a cooperativa governamental pagava pelo leite. Manifestantes impediam os judeus de vender no mercado. Mais tarde, as companhias de seguro deixaram de oferecer-lhes as garantias de que necessitavam legalmente para o seu gado. Aborrecido, Heinrich Meier embarcou em 1937 no luxuoso navio SS *Washington* rumo a Nova York com a filha e o filho. Alguns parentes já haviam partido, e ele se instalou no mesmo quarteirão que eles em Flatbush. A ruptura foi irrevogável: ao chegar, mudou seu sobrenome para *MAY-er*, para que não fosse pronunciado como em alemão, *MY-er*.

Os Mayers nunca mencionaram o Holocausto. Henry Mayer nasceu cinco anos após o fim da Segunda Guerra Mundial e aprendeu desde cedo que era estritamente proibido perguntar o que havia ocorrido com os judeus no Terceiro Reich. "Era um assunto que não se trazia à tona", explicou. "Não falávamos sobre isso."

Henry Mayer estudou História Americana na Universidade de Chicago e fez mestrado em Wisconsin. Preparando-se para ser professor, não passou no exame preliminar para o doutorado, e enquanto estudava para tentar outra vez, resolveu que não queria lecionar. Abandonou o programa, mudou-se para Washington, D.C., e arranjou um emprego nos Arquivos Nacionais. O trabalho era absorvente, mas com o tempo chegou a um ponto em que sua vida se limitava a inventariar materiais e transferir registros de um lugar a outro. Então, em 1994, quando abriu uma vaga no recém-inaugurado Museu do Holocausto, ele aproveitou a oportunidade.

"TUDO PERDIDO" 39

Milhões de visitantes iriam ao Museu do Holocausto nos anos seguintes, e a ideia era que, ao sair, voltassem ao mundo "para enfrentar o ódio, evitar os genocídios e promover a dignidade humana". Antes de tomar o elevador para a exposição principal, os visitantes recebem a caderneta de identidade de uma vítima individual da perseguição nazista. O longo caminho pelas galerias os conduz por imagens dos massacres até um vagão de trem, como os que transportaram judeus para a morte, sob o letreiro que dizia ARBEIT MACHT FREI — "o trabalho liberta" —, como o que havia acima da entrada de Auschwitz, até chegar a uma sala abarrotada com 4 mil sapatos das vítimas das câmaras de gás em Majdanek, na Polônia. O museu busca passar uma lição de história, mas também propor questões sobre a responsabilidade pessoal: o que você *fará* para evitar a disseminação do ódio hoje?

No entanto, a coleção era mais extensa do que aquilo que se exibia nas galerias. O museu possuía um enorme arquivo com materiais para ajudar os pesquisadores a conhecerem e contarem a história do Holocausto: documentos, fotografias, gravações, histórias orais e artefatos únicos.

Filho e neto de judeus expulsos da Alemanha nazista, Henry Mayer tinha um interesse intrínseco na missão do museu. Mas só quando começou a trabalhar ali descobriu o alcance da sua história familiar.

Os antepassados de Mayer, de sobrenome Meier e Frank, viveram por gerações em Karlsruhe e seus arredores, ao longo do rio Reno, no sul da Alemanha. Na década de 1930, alguns membros da família estendida fugiram para os Estados Unidos. Muitos, porém, não escaparam. Foram detidos em uma emboscada nazista em outubro de 1940, quando a Gestapo prendeu mais de 7,6 mil homens, mulheres e crianças em toda a região e os expulsou do país.

Os transportes não foram para o leste — a rota de deportação de judeus alemães nos últimos anos —, mas para o oeste, onde passaram à responsabilidade do regime fantoche de Vichy, estabelecido no sul da França não ocupada depois de os nazistas tomarem o norte, um pouco antes naquele mesmo ano. Os alemães deportaram os judeus sem avisar Vichy; os franceses reagiram mandando os trens para campos de internação, como o que havia nos arredores pantanosos da minúscula aldeia de Gurs,[6] no sopé dos Pirineus.

Os trens que levavam os judeus parou na estação ferroviária mais próxima, Oloron-Sainte-Marie, e todos foram empilhados em caçambas de caminhões. A chuva caía torrencialmente quando cruzaram os últimos trechos da jornada longa e amarga. A pouco mais de 1 quilômetro de casa, os detentos foram amontoados — ensopados, tiritando de frio, em choque — ao longo das fileiras desoladas de barracas de madeira. A bagagem ficou empilhada na lama.

Assistentes sociais que visitaram o campo administrado pelos franceses no inverno encontraram uma "atmosfera irrespirável de desalento humano" e "um intenso desejo de morrer"[7] entre os prisioneiros mais velhos — 40% dos deportados tinham 60 anos ou mais. Do lado de dentro do arame farpado, vigiado por guardas armados, os barracões de madeira sem janela estavam lotados. Não havia calefação, água corrente nem móveis. Piolhos, ratos, baratas e doenças proliferavam. "Chovia e chovia", escreveu um prisioneiro. "O solo era um pântano; a gente escorregava e afundava na lama."[8] Os prisioneiros compartilhavam botas de cano alto para cruzar a lama e chegar à latrina primitiva — baldes debaixo de tábuas, ao ar livre, sem portas. Pairando sobre tudo, escreveu um historiador, "o fedor da cal mesclada à amônia da urina".[9] Alimentados com uma dieta de sucedâneo de café, sopa aguada e pão, os prisioneiros conviviam com a fome constante e não tinham água potável suficiente. "Seria necessário um grande poeta, como Rimbaud", escreveu um estudioso judeu detido em Gurs, "para dar conta das nuances de sofrimento que afetavam milhares e milhares de pessoas, homens e mulheres de todas as idades."[10]

Elise e Salomon Frank, primos de Heinrich Meier, não resistiram até o final de 1940 e morreram no campo, no inverno mais frio em anos.

O irmão e a cunhada de Heinrich, Emmanuel e Wilhelmina Meier, e a prima Martha Meier resistiram por quase dois anos nos campos de internação franceses. Em agosto de 1942, foram enviados ao norte, para Drancy, um subúrbio de Paris, onde o pouco que ainda possuíam lhes foi confiscado. No amanhecer do dia 14 de agosto, um ônibus levou Emmanuel e Wilhelmina à estação de trem, onde guardas com metralhadoras os forçaram a embarcar em vagões de gado para a viajar ao leste, rumo a um "destino desconhecido". O transporte de Martha partiu três dias depois.

"TUDO PERDIDO" 41

Eles se viram em meio a doentes, velhos e amontoados de órfãos, alguns com 2, 3 ou 4 anos de idade.

Após alguns dias, os parentes de Heinrich chegaram ao seu destino final, mais de 1.300 quilômetros ao leste da Polônia ocupada: Auschwitz.[11]

Com uma vida inteira passada no Museu do Holocausto, Mayer ajudou a construir, organizar e catalogar uma coleção de mais de 70 milhões de páginas. Nenhuma aquisição seria tão grande e complicada — e, no final, tão histórica — quanto os Documentos de Kempner.

Depois do telefonema de Lester, em 1997, Mayer escreveu para Lucian e André Kempner para perguntar sobre os documentos. Eles responderam entusiasmados, e em pouco tempo Lucian se encarregou do assunto. Para ele, o Museu do Holocausto seria o lugar perfeito para os documentos do pai. "A vida dele foi uma luta contra o nazismo." Lucian explicou que os documentos estavam em Lansdowne, e Margot poderia ajudar com o inventário.

Quando Mayer e uma equipe de estudiosos partiram de Washington de carro, em agosto de 1997, parecia que tudo ia correr bem.

Eles chegaram à casa de seis quartos que os Kempner haviam comprado durante a guerra, situada ao pé de uma colina, numa curva do riacho Darby. Ninguém atendeu à porta na hora marcada. Minutos depois, Lipton regressou de um passeio. Quando Mayer se apresentou, ela pareceu surpresa. "Quem?" Sua memória dava saltos; ela os convidou a entrar e mostrou-lhe seus guardados.

O material estava por toda parte: no escritório de Kempner à esquerda, no cômodo à direita, na varanda, nos dois quartos no piso superior, no porão. Um dos cômodos não tinha luz, e Lipton foi buscar lâmpadas.

Um dos homens já tinha estado na casa. Jonathan Bush era um advogado especializado em julgamentos de crimes de guerra cujo currículo incluía temporadas na promotoria do Escritório de Investigações Especiais do Departamento de Justiça e como conselheiro geral do Museu do Holocausto. Anos antes, na casa dos 20 anos, quando estudava as reparações do Holocausto, Bush entrevistara Kempner. O lugar não havia mudado muito desde então. "Era uma tremenda bagunça", disse. "Nunca tinha visto tantas caixas empilhadas em um só lugar." Em cada cômodo que Lipton apresentava, as caixas iam do piso ao teto. Todas as superfícies estavam cobertas de arquivos.

Os quatro ficaram atônitos. "E agora, o que vamos fazer?", pensou Mayer. Se alguém tivesse dito a Bush que havia 2 mil caixas na casa, ele não teria duvidado. "Caramba! Como vamos resolver isso?"

Eles se dividiram em dois grupos e começaram a catalogar. Tinham pouco tempo para analisar uma amostra do material e verificar se o que Kempner guardara valia a pena ou não. No porão, encontraram cinco estantes abarrotadas de livros velhos, inclusive dicionários em línguas estrangeiras, materiais de Nuremberg e publicações sobre Direito anteriores ao período nazista. Em quatro mesas havia quase trinta caixas de registros sobre as finanças pessoais de Kempner e trabalhos de indenização. Nos arquivos do escritório encontraram uma pasta desorganizada atrás de outra, com cartas e relatórios. O cômodo estava tão entulhado de móveis e caixas que não conseguiam alcançar os documentos de uma estante com portas de vidro.

As pastas não faziam sentido; não estavam organizadas por cronologia nem por temas. Foi preciso afastar ferramentas de carpintaria, frascos de vitaminas e loções para averiguar recortes de jornais, faturas, fotografias e guias de viagem. Tiveram de pisar nas caixas no chão para alcançar as do topo. Não podiam ver tudo o que havia lá, disse Bush. "A maioria das caixas estava por trás de outras duas fileiras de caixas e debaixo de outras seis caixas."

O que viram era inegavelmente interessante, e de importância histórica. Bush abriu uma caixa e se surpreendeu ao encontrar documentos provando que Kempner, o pesadelo dos criminosos nazistas, interviera em um caso em favor da viúva de Göring, Emmy; ela pleiteava uma pensão do governo. Bush encontrou cópias de cartas para J. Edgar Hoover. Ficou particularmente surpreso com a quantidade de documentos sobre os julgamentos de crimes de guerra. Cópias daqueles materiais haviam sido doadas às principais bibliotecas, mas elas ocupavam tanto espaço que até essas instituições tinham se livrado delas. O arquivo de Kempner estava praticamente completo, disse Bush. "Ele tinha *tudo*."

"TUDO PERDIDO" 43

Depois da visita, Mayer explicou em um relatório que a coleção representaria um "enorme valor histórico para o estudo do Holocausto". Ela estava em "extremo abandono". O mofo se apossara dos documentos guardados na varanda e no porão. Ele recomendou que fossem removidos imediatamente para uma área de depósito provisória, onde poderiam ser tratados das infestações de insetos e encaixotados novamente.

Ele apresentou o relatório a Lucian, que o mostrou a Lester e Lipton. Foi aí que os problemas começaram. Lipton não queria se desfazer de nada.

A essa altura, entrou em jogo a armadilha no testamento de Kempner. Para garantir que Lipton ficasse protegida após sua morte, Kempner estipulara que ela poderia permanecer na casa de Lansdowne — junto com o seu conteúdo — à custa do seu espólio. Lucian e André pretendiam honrar o estabelecido, mas queriam remover os documentos que Kempner havia deixado em Lansdowne.

Pouco depois de Mayer inventariar o material da casa, ele recebeu uma carta de Lipton: ela não pensava em desistir facilmente dos documentos.

"Aparentemente, o senhor desconhece os meus direitos legais nesta questão", dizia a carta. Kempner dera a Lipton o direito "de possuir ou desfazer-se de tudo em Lansdowne Court, nº 112". Ela não via problema em que "mais tarde" o museu arquivasse os documentos de Kempner. Mas não queria viver em uma casa quase vazia. "O senhor pode não entender o fato de que, após a aposentadoria, uma pessoa de idade muitas vezes encontra certo conforto em viver cercada de papéis, livros, fotografias e artefatos que encarnam a sua vida profissional", escreveu. Além disso, era grosseiro da parte de Mayer não perguntar-lhe se ela "se importaria caso fosse enviado um caminhão para levar a maior parte do conteúdo do meu lar, onde vivo há mais de cinquenta anos e onde pretendo continuar vivendo outros trinta". Aparentemente, ela planejava viver muito mais de 100 anos.

Lipton disse a Mayer que processaria Lucian e o museu se eles fossem adiante com os planos. "Espero receber uma correspondência com as suas desculpas pela falha em discutir essas questões comigo, e a promessa solene de que nunca mais irá propor entrar e levar o conteúdo da minha casa sem meu convite e a minha permissão por escrito."

Segundo Lucian, Lipton estava com Richardson e Lester na Alemanha quando a carta foi rascunhada, e mais tarde funcionários do museu se perguntaram se não teria sido escrita pelo próprio Richardson.

Mais ou menos na mesma época em que essa correspondência chegou ao Museu do Holocausto, Lucian recebeu uma carta do advogado de Lipton. Ela abriria mão das objeções à remoção dos documentos de Kempner se ele lhe desse a casa de Lansdowne com todo o seu conteúdo. A propriedade da casa lhe permitiria vendê-la, manter sua renda e se mudar para outro lugar. Mais uma vez, Lucian declinou.

No final de 1997, Mayer respondeu a Lester: "Nossa intenção é garantir que o legado do dr. Kempner seja preservado para futuras gerações de estudiosos em uma instituição dedicada aos ideais pelos quais ele labutou tanto e tão intensamente." Ele se desculpou por não mantê-la informada, mas comentou que Lucian lhe havia solicitado que não envolvesse outras pessoas nas negociações. Prometeu trabalhar ao lado dela para garantir que seus pertences e documentos não fossem levados junto com os de Kempner. "Não temos a intenção de roubar, inadvertida ou propositalmente, nada que lhe pertença."

Porém, para não entrar em litígio, o museu deu um passo atrás e esperou que Lucian Kempner e Margot Lipton resolvessem suas diferenças.

O coringa na questão era Herbert Richardson. Ex-alunos seus comentaram que, quando era professor,[12] ele podia se tornar explosivamente irado e intimidador. Também sabia ser um orador carismático, profundamente cativante e apaixonado. Observando Richardson agir, uma aluna comentou que ela podia entender como Adolf Hitler ganhava as massas.

Ao ouvir isso, Richardson suspirou.

"Alguns me comparam a Hitler, outros, a Deus", disse. "Como devo reagir?"

Richardson obteve seu doutorado em Teologia na Divinity School de Harvard em 1963, e foi docente lá por cinco anos. Embora atuasse como ministro presbiteriano, trabalhou em uma instituição católica, a faculdade da Universidade St. Michael, em Toronto, onde foi efetivado como professor. Sua erudição era vasta. Ele escreveu sobre Santo Anselmo de

"TUDO PERDIDO"

Canterbury, aborto, o caso do Bebê M — sobre a questão de barriga de aluguel —, Joana d'Arc, gays no Exército. Seu livro *Nun, Witch, Playmate* [Freira, bruxa, amante] publicado pela Harper & Row, em 1971, analisava a "americanização do sexo".

Em 1972, criou uma editora acadêmica, independente da universidade. A ideia original era publicar dissertações de estudantes de Saint Michael, mas logo ela passou a lançar obras de qualquer estudioso que não conseguia ter seus trabalhos publicados. Richardson chamava o negócio de "editora de última hora". Em 1979, ele a transferiu do seu porão, a cerca de 100 metros ao sul de Toronto, para um edifício em Lewiston. O negócio cresceu lentamente, mais tarde deu lucro e passou a publicar muitas centenas de títulos por ano sobre uma grande variedade de temas. Richardson afirmou que as edições iam parar em bibliotecas de pesquisa em todo o mundo, inclusive a da sua *alma mater*, Harvard.

Ele provocou controvérsias na década de 1980 ao defender a Igreja da Unificação, do reverendo Sun Myung Moon, e a Igreja da Cientologia de acusações de que não seriam novas religiões, mas cultos.

Em 1991, um incidente em sala de aula ameaçou destruir sua carreira acadêmica. Certo dia ele começou a gritar com os alunos — eles não haviam feito o círculo com as carteiras de um modo ordenado — e, em seguida, teve uma discussão barulhenta com seu assistente e o despediu de supetão. Os estudantes se queixaram do incidente, funcionários da universidade começaram a monitorar suas aulas e, no ano seguinte, pediram-lhe que antecipasse a aposentadoria. "O comportamento de Richardson", escreveu à época o diretor do departamento de estudos religiosos, "era como uma bomba acionada, a ponto de explodir."

O professor recusou-se a sair e, em vez disso, pediu licença médica. Havia anos sentia dores no peito, e achou que era hora de ir à reabilitação cardíaca na Universidade Duke. Se continuasse a lecionar, disse a amigos, "estaria morto em fevereiro". Seguiu então para Durham, mas deixou o programa algumas semanas depois — era caro demais, alegou mais tarde — e, em vez disso, viajou pela América do Norte e a Europa. Foi a Gales, a uma sede internacional da editora Mellen; a Kansas, onde seu pai estava enterrado, e ao sul da Califórnia, onde pensava em viver quando

46 O DIÁRIO DO DIABO

se aposentasse, na comunidade Borrego Springs, no deserto. Foi às ilhas Turks and Caicos, criando lá a Universidade Mellen, que logo começou a anunciar graduações com base em dissertações e "experiências de vida" por 995 dólares. "A vida é uma escola", disse Richardson. "Quando você vive, aprende."

As notícias sobre suas atividades durante as viagens chegaram a St. Michael e, quando ele regressou, a universidade o acusou de conduta gravemente imprópria. Como tinha estabilidade e não podia ser despedido, a questão foi parar em um tribunal público, algo muito incomum. Funcionários da universidade apresentaram uma série de acusações contra Richardson. algumas insignificantes, outras sérias. No final, as principais alegações eram que ele havia empregado mal a licença médica e mentira aos funcionários da universidade a respeito do tempo que passava na editora Edwin Mellen.

Richardson testemunhou no tribunal durante cinco dias. "A humilhação pública foi o constrangimento mais extraordinário para mim e minha família", afirmou. "Fui levado à ruína financeira e à desgraça profissional."[13] Ele alegou ser vítima de *bullying* por parte dos colegas acadêmicos. Afirmou que, ao saber da investigação, entrou em depressão profunda. "Tudo sobre o que eu havia construído a minha vida durante cinquenta anos estava sendo atacado, e eu sentia o meu ser rompendo-se sob essa carga." Ele perdeu o processo e foi despedido em outubro de 1994. O tribunal informou que não acreditava no testemunho de Richardson. "Sua agudeza, eloquência e personalidade volúvel lhe permitem acrescentar um brilho persuasivo a meias verdades."[14]

Um ano depois do episódio mais tumultuado de sua vida, Herbert Richardson conheceu Jane Lester.

Em agosto de 1988 — um ano após Mayer e os funcionários do museu inventariarem os papéis de Kempner na casa de Lansdowne —, Lipton processou os herdeiros de Kempner por causa de uma propriedade de 36 acres que ela havia comprado em conjunto com Ruth e Robert Kempner em 1958.[15] Quando Kempner morreu, ela entregou a André e Lucian para que fosse vendida, e eles concordaram em lhe dar uma parte da venda.

"TUDO PERDIDO"

Mas em 1997, quando os irmãos assinaram a escritura de venda da propriedade por 450 mil dólares, ela os processou, alegando que havia sido fraudada pelo advogado dos irmãos e reivindicando o valor total da venda.

Os documentos do processo indicam que Lucian Kempner acreditava que Herbert Richardson exercia "grande influência" sobre Lipton e estava por trás da manobra legal.[16] O advogado de Lucian, Kevin Gibson, declarou à corte que Lipton dera uma procuração para que Richardson cuidasse dos seus interesses, e ela fora transferida de Lansdowne para o asilo chamado Casa Presbiteriana Lockport, a 32 quilômetros do escritório de Richardson, ao norte de Nova York. Gibson pediu ao juiz que dispensasse o processo de Lipton e autorizasse os herdeiros de Kempner a entrarem na casa para recolher os pertences do pai.

No Museu do Holocausto, Mayer, cada vez mais impaciente, acompanhava os processos de longe quando, em 23 de junho de 1999, houve um avanço. Gibson por fim conseguiu destituir Lipton. Ela acabara de fazer 85 anos, e a idade começava a pesar. "Não sei bem onde estou vivendo agora", admitiu. Indagada sobre como conhecera Richardson, respondeu: "Não me lembro."[17] Gibson mostrou-lhe um cheque no valor de 13 mil dólares descontado do espólio de Kempner. Aparentemente, a idosa havia assinado com o nome de Lucian, alegando possuir uma procuração. Lipton declarou que não sabia nada sobre a retirada do dinheiro.

Gibson repetidamente perguntou a Lipton se ela tinha quaisquer objeções à retirada e guarda dos documentos de Kempner da casa de Lansdowne, e ela respondeu que não. "Preferiria que isso fosse feito após a minha morte", disse, "mas se tiver de ser feito agora, acho que está bem." Ela também afirmou que não planejava voltar para a casa, e "não tinha objeções" à sua venda. Mais tarde, Lipton retirou o processo contra os herdeiros de Kempner.

O advogado imediatamente entrou em contato com o museu, que resolveu agir com rapidez. "Não só a sra. Lipton poderia mudar de ideia", escreveu Mayer aos colegas, "como atualmente a casa está desabitada e, portanto, seu conteúdo está em condições precárias." Uma semana depois da destituição de Lipton, Mayer estava de volta a Lansdowne. Gibson, o advogado, o esperava com um chaveiro e um policial para garantir que tudo corresse bem.

48 O DIÁRIO DO DIABO

A primeira coisa que encontraram ao entrar foi um revólver na prateleira da cozinha. A segunda coisa que descobriram foi que a maior parte dos documentos que haviam visto dois anos antes tinha desaparecido. "A casa estava completamente vazia", disse Bush, o estudioso de crimes de guerra que ajudara Mayer com o inventário, dois anos antes. No porão, as estantes tinham sido esvaziadas. No escritório de Kempner não havia nada nos arquivos. A maior parte dos documentos no segundo piso também desaparecera. Andando pela casa com o inventário da visita de 1997, Mayer e os outros marcaram "desaparecido", "tudo perdido", e "sumido" em um item após o outro.

Gibson solicitou que detetives da polícia de Lansdowne fizessem uma investigação, enquanto Bush e os outros interrogavam os vizinhos — na semana anterior, alguns haviam visto um caminhão de mudanças diante da casa.

A polícia entrevistou o caseiro de longa data dos Kempner, Magnus O'Donnell — a família o chamava de Nifty —, e ele contou que, sete meses antes, Richardson havia visitado a casa e esmiuçara a coleção com Lester e Lipton. Encaixotaram o que quiseram e, segundo relatou, enviaram as caixas a Nova York. Duas caçambas repletas de roupas velhas, móveis e utensílios domésticos foram para o lixo.

Os investigadores seguiram os rastros de Richardson em Lewiston e descobriram que os documentos haviam sido levados para a Associação Robert Kempner, que possuía ar-condicionado e estava trancada.[18] Eles disseram a Richardson que estavam investigando o modo como ele administrava as finanças de Lipton e exigiram que entregasse o material ao Museu do Holocausto. Ele concordou de imediato.

No dia 3 de agosto, acompanhado da polícia, Mayer foi à associação em Lewiston para averiguar e empacotar os documentos de Kempner. Jane Lester, enfurecida, o esperava com o seu advogado; Richardson não estava.

Em 1997, o telefonema de Lester havia reiniciado a aquisição dos documentos de Kempner pelo museu. Dois anos depois, ela estava indignada com o desenrolar dos acontecimentos. Sim, conforme afirmou, eles haviam retirado os documentos, mas apenas para salvaguardá-los e garantir que o museu não levasse coisas que não pertencessem ao espólio.

"TUDO PERDIDO"

A delegação acabou indo ao segundo andar examinar a coleção. Concordaram em revisar cada documento detalhadamente para determinar o que constituía os documentos de Kempner e o que pertencia a Lipton e Lester.

Todo esse processo foi lento. Lester reclamava que o museu estava invadindo sua privacidade. Ela disse a Mayer que queria lembrar-se do rosto dele, porque um dia escreveria sobre o que ele estava fazendo com ela. Cada vez que encontravam uma carta que havia escrito a Kempner, a amante se recusava a se separar dela. Havia centenas de correspondências datadas entre 1960 e 1980. Lester, Lipton e os Kempner escreviam uns aos outros quase diariamente quando estavam separados. Mayer argumentou que as cartas que enviara a Kempner deviam ser consideradas parte de sua coleção, e tentou guardar tudo o que pudesse.

No final, a coleção Kempner era o maior legado escrito doado até então ao museu, que havia reunido 85 caixas de arquivos sobre Nuremberg, 117 volumes de documentos sobre os julgamentos, 68 caixas de documentos pessoais e profissionais de Kempner, 39 fitas gravadas em 78 rotações, além de quase mil livros e periódicos.

Quando levaram o material ao depósito do museu, no norte de Washington, e começaram a estudar os arquivos mais detalhadamente, os arquivistas e historiadores começaram a descobrir o segredo de Kempner: por décadas, sua casa negligenciada em um subúrbio da Filadélfia escondera uma grande coleção de documentos alemães originais — documentos que os historiadores nunca haviam visto, pois ele os retirara de Nuremberg e nunca os devolvera.

Ele tinha levado o diário de guerra, de 1944, de uma unidade Waffe-SS na Hungria do período em que 6 mil judeus foram enviados à morte. Tinha levado uma carta assinada por Reinhard Heydrich, um dos arquitetos do Holocausto, perguntando a Hitler para onde devia enviar os bens culturais confiscados dos judeus austríacos. Levara um documento de setembro de 1939 ordenando o confisco de todos os rádios de propriedade de judeus. E uma carta assinada por Wilhelm Keitel, chefe do Alto-Comando Supremo das Forças Armadas alemãs, na prisão em Nuremberg.

Kempner possuía as anotações de um discurso de Rosenberg dois dias antes da invasão da União Soviética, em 1941. Tinha desenhos a lápis de

50 O DIÁRIO DO DIABO

Rosenberg, inclusive estudos para um nu feminino em repouso. Possuía a *ahnentafel* pessoal de Rosenberg, a árvore genealógica que provava que ele não tinha sangue judeu.

Quando terminaram de catalogar a coleção, Mayer pensou que o museu estava de posse de tudo o que os herdeiros de Kempner haviam doado. Achou que tinham chegado ao final da estranha saga Kempner.

Ele estava enganado.

3

"Fitar a mente de uma alma obscura"

Algumas semanas depois de Mayer voltar do enfrentamento com Jane Lester em Lewiston, Jürgen Matthäus, um conhecido historiador do Museu do Holocausto, enviou-lhe um memorando. Ele tinha bons motivos para crer que havia algo muito importante entre o acervo de documentos doados pelos herdeiros de Robert Kempner: o diário de Alfred Rosenberg.

Na verdade, escreveu, tinha se deparado com sólidas evidências entre os documentos de Kempner: o próprio promotor o admitira.

Depois de ser descoberto na abóbada do palácio, o diário foi parar nos escritórios dos promotores de Nuremberg. Ele não foi apresentado como evidência no julgamento e, na verdade, quando o advogado de Rosenberg preparava a defesa e pediu para vê-lo, disseram-lhe que havia desaparecido.

Do diário original, 75 páginas chegaram aos Arquivos Nacionais ao fim do julgamento de Nuremberg, além de cópias de outras 116 páginas. Em meados da década de 1950, o historiador alemão Hans-Günther Seraphim preparava-os para uma edição comentada quando encontrou um artigo de Kempner de 1949, na revista alemã *Der Monat*, intitulado "A luta contra a Igreja", em que reproduzia diversas entradas do diário de Rosenberg. Seraphim percebeu que essas entradas não provinham das páginas que constavam nos arquivos, então escreveu a Kempner para perguntar quais partes do diário estavam em seu poder. O ex-promotor não escondeu a verdade.[1] Afirmou que possuía cerca de quatrocentas páginas manuscritas; ele planejara publicar algumas delas, mas, segundo contou a Seraphim, "nunca o fiz". Seraphim propôs que compartilhassem o material e fizessem uma edição completa. Kempner se negou, mas ao saber que o historiador publicaria uma edição abreviada, sugeriu uma nota de rodapé advertindo os leitores de que ele possuía "materiais adicionais bastante extensos".

Ou Seraphim desconhecia que o documento era propriedade do governo, ou não quis insistir.

Nos anos seguintes, Kempner citou outras passagens inéditas em dois livros que publicou. Em um deles, chegou a escrever que "os diários secretos [...] estão em meu próprio arquivo".[2] Contudo, quando outros pesquisadores o procuravam para vê-los, Kempner respondia com evasivas.

Para Henry Mayer, aquilo foi um choque. O diário era um documento insubstituível, de uma importância colossal. Além de seu valor inerente como artefato histórico, os estudiosos esperavam que as páginas faltantes do objeto contivessem esclarecimentos importantes sobre a Solução Final. Rosenberg e seus assistentes tiveram discussões cruciais entre 1941 e 1942, quando os nazistas começaram a exterminar os judeus europeus.

Fred Niebergall não podia autorizar Kempner a levar os documentos emprestados para sua pesquisa e, mesmo que o tivesse feito, este não tinha o direito de guardar para sempre algo como o diário de Rosenberg.

Atiçado pelo memorando de Matthäus, Mayer fez uma busca detalhada nos documentos de Kempner. O diário não estava lá.

Em 25 de junho de 2001, ele recebeu um telefonema de um homem chamado Walt Martin, que disse ser o representante de alguém em posse de certos documentos provenientes da casa de Kempner em Lansdowne.

Mayer ficou perplexo. O museu havia vasculhado a casa meticulosamente quando foram buscar a coleção em 1999; levaram o pouco que ficara para trás. Não poderiam ter deixado passar nada. Ele inquiriu o homem para obter mais informações. Martin deu explicações divergentes. Primeiro, que

"FITAR A MENTE DE UMA ALMA OBSCURA" 53

o material tinha sido encontrado em uma lixeira diante da casa. Depois, que o encontrara na varanda da residência.

Em meio a esses documentos, perguntou Mayer, por acaso havia um diário de um homem chamado Alfred Rosenberg?

Martin achava que sim. Quanto ele poderia valer? "Um milhão, 2 milhões?"[3]

Mayer disse que entraria em contato com ele depois. Em vez disso, chamou o FBI.

Robert Wittman, criador da Equipe de Crimes de Arte do FBI, era mundialmente conhecido por ter resgatado peças das mãos de ladrões, fraudadores e contrabandistas de todo tipo. Ele recuperou uma bola de cristal de 22 quilos que fizera parte da ornamentação do Palácio Imperial de Pequim; ela foi encontrada na cômoda de uma suposta bruxa em Trenton, Nova Jersey. Em um refúgio perto da saída 7A do pedágio de Nova Jersey, Wittman montou uma armadilha para contrabandistas que estavam vendendo uma peça de 700 anos de uma armadura de ouro peruana. Ele encontrou um esconderijo impressionante de *americana* — objetos da história dos Estados Unidos — em uma casa modesta no sul da Filadélfia. A coleção, avaliada entre 2 e 3 milhões de dólares, incluía o rifle que Jack Brown, o abolicionista radical, usou no ataque fracassado em Harpers Ferry; um anel contendo uma mecha de cabelo de George Washington e um relógio de ouro presenteado ao general da União, George Meade, após a Batalha de Gettysburg (a inscrição dizia VITÓRIA). Wittman atraiu um comerciante ao hotel do aeroporto da Filadélfia para recuperar o gorro de guerra de Gerônimo. Em Madri, ajudou investigadores espanhóis a encontrarem dezoito pinturas, no valor de 50 milhões de dólares, de artistas como Goya e Brueghel. Além disso, recuperou o mapa de Gettysburg de Pickett, o manuscrito original de *A boa terra*, de Pearl S. Buck, e uma das catorze cópias originais da Declaração dos Direitos dos Cidadãos.

Wittman foi o investigador de crimes de arte mais bem-sucedido na história do FBI, e chefiou operações que resgataram mais de 300 milhões de dólares em bens culturais, chamando portanto a atenção internacional para um negócio lucrativo do universo do crime. O FBI avaliava o valor

54 O DIÁRIO DO DIABO

financeiro de todos os artefatos descobertos por Wittman, mas ele sabia que as antiguidades perdidas eram inestimáveis.

Como alguém poderia atribuir um valor em dólar a uma herança cultural insubstituível? O que Wittman gostava no seu trabalho era de resgatar relíquias históricas.

Ao começar a operar no caso do Museu do Holocausto, em 2001, o investigador participou de uma ligação em conferência entre Mayer e Martin, ocasião na qual se apresentou como Bob Clay, avaliador de documentos históricos. Ele tinha bons motivos para usar seu primeiro nome: era sempre mais fácil manter o personagem quando dizia o mínimo de mentiras.

Por experiência, ele sabia que descobriria mais permanecendo incógnito do que em um interrogatório do FBI. Apresentando-se como avaliador, podia dizer a Martin que precisava ver a coleção pessoalmente, e teria bons motivos para fazer perguntas diretas sobre a origem dos documentos.

Martin contou-lhes que os herdeiros de Kempner haviam contratado uma empresa para limpar a casa antes de vendê-la. A empresa subcontratou a empresa do irmão dele, William Martin, dono de uma firma de remoção de entulho, que disse ter achado os documentos em sacos de lixo. Como chegaram lá é um mistério. Os funcionários do museu "entraram em buracos no porão infestado de ratos, olharam por trás das paredes, procuraram cofres", contou Kevin Gibson, advogado dos herdeiros Kempner. "E quando saíram eu voltei a vasculhar o lugar. Já não havia documentos."[4] Alguns papéis pareciam originais nazistas, disse Walt Martin. Ele possuía centenas de páginas de planos militares alemães, um documento sobre a exploração de matérias-primas na União Soviética depois da guerra, algumas cartas de J. Edgar Hoover para Kempner e — ele esperava e acreditava — cópias do diário de Rosenberg. Também estava de posse do uniforme do exército de Lucian Kempner. Walt Martin contou que havia falado com o historiador britânico David Irving sobre o material de Kempner. Irving acabara de perder um longo processo por difamação contra a escritora Deborah Lipstadt porque ela incluíra em um livro o nome dele entre os que negavam o Holocausto.

Quando desligaram, Wittman pediu a Mayer para marcar uma data para visitar a casa de Martin e ver o que realmente havia. Se ele estivesse com

"FITAR A MENTE DE UMA ALMA OBSCURA"

o diário, Wittman poderia confiscá-lo imediatamente para salvaguarda enquanto se investigava se pertencia ao governo.

Em 30 de outubro, Mayer e um historiador do Museu do Holocausto foram ao endereço de Martin. Sua casa era construída de tijolos em um bairro colado a uma zona industrial ao lado da estrada Interstate 95. Os pesquisadores encontraram enormes pilhas de papéis espalhados pela casa modesta. Alguns ainda estavam nas caixas, outros estavam empilhados de qualquer maneira. Martin fumou enquanto eles trabalhavam, e as cinzas do cigarro caíram nos documentos.

Mayer logo determinou que os documentos eram peças valiosas do espólio de Kempner, e informou a Wittman e seu parceiro Jay Heine, que estavam esperando do lado de fora. Os agentes entraram na casa e disseram a Martin que o FBI confiscaria os documentos como prova, até que as partes resolvessem as complicadas questões de propriedade.

Martin ameaçou entrar com um processo, e os funcionários do museu debateram sobre até onde poderiam levar o caso. Embora o diário de Rosenberg não estivesse nas caixas de Martin, a joia da coleção Kempner continuava na mente de Mayer. Ele era a favor de processarem Martin. Queria ter certeza de que o museu poderia reivindicar a propriedade do diário caso ele aparecesse. Devido ao interesse pelas páginas perdidas, Mayer não queria vê-las cair nas mãos erradas.

A direção do museu concordou, e o assunto terminou em um tribunal federal.[5]

No final, como ninguém podia rebater a história de Martin — era impossível provar em definitivo que os funcionários do museu não haviam descuidado das caixas quando foram buscar a coleção Kempner, em 1999 —, os advogados recomendaram um acordo. As duas partes concordaram em repartir tudo. Pela segunda vez, Mayer sentou-se e mergulhou nas pilhas de papéis que Kempner deixara para trás. As partes se revezaram para selecionar os documentos que queriam.

Certo dia de 2005, a metade dos documentos pertencente a Martin foi a leilão no Leiloeiros e Avaliadores Wilson, em Chester Heights, fora da Filadélfia. Em uma venda tão esquizofrênica quanto qualquer outra, os documentos de Robert Kempner, que passara a vida inteira combatendo o

O DIÁRIO DO DIABO

nazismo, foram oferecidos junto com uma camiseta esportiva da Juventude Hitlerista, um cinto com fivela da SS, uma colher de chá da Luftwaffe e uma braçadeira nazista.

Para Mayer e Wittman, era um final desalentador para uma busca iniciada com o telefonema de Walt Martin, em 2001. Era óbvio que os documentos que Kempner acumulara em condições precárias haviam sido divididos, transferidos e guardados em condições ainda piores depois de sua morte. Quando o arquivista e o agente pensavam que tinham tudo em mãos, descobriam um novo detalhe.

Cada vez mais, a perspectiva de encontrar o diário perdido começava a parecer uma aposta improvável.

Em meio às negociações com Martin, Mayer soube da descoberta de outros documentos de Kempner escondidos no porão da associação criada por Herbert Richardson, em Lewiston, Nova York. Jane Lester havia se mudado para o prédio, mas estava acamada, pois sofrera uma queda e quebrara a bacia. No início de 2001, suas irmãs a encontraram em condições deploráveis e a levaram imediatamente ao hospital, brigaram judicialmente e obtiveram sua guarda, passando assim a gerir suas finanças. Os bens de Lester somavam quase 6 milhões de dólares, e parte do dinheiro estava em uma conta conjunta com Richardson.[6] O advogado das irmãs soube do envolvimento de Richardson com Margot Lipton e a corte designou um guardião independente, Edward Jesella, advogado de Lewiston, para supervisionar os interesses dela. Ele descobriu que Richardson havia persuadido Lipton a incluí-lo em suas contas bancárias nos Estados Unidos e na Europa, onde ela guardava mais de 1 milhão de dólares poupados. Jesella agiu prontamente e assumiu o controle das finanças de Lipton. Os advogados de Richardson ameaçaram com um processo, mas por fim o professor cortou por completo o contato com Lipton.

Em 2003, o advogado que representava as irmãs convidou o Museu do Holocausto para analisar documentos que haviam sido retirados do prédio de Richardson em Lewiston e armazenados em um cofre em Amherst, Nova York. Ele disse a Mayer que, se as caixas contivessem documentos doados ao museu pelos herdeiros de Kempner, o museu poderia levá-los a Washington.

"FITAR A MENTE DE UMA ALMA OBSCURA" 57

Mayer consultou Wittman sobre o novo lote de documentos. Como as guardiãs de Lester lhe permitiam levar o que pertencesse ao museu, Wittman sugeriu que o arquivista fosse a Amherst sozinho e ligasse caso houvesse algum problema.

Mayer passou um dia inteiro abrindo caixas na unidade de armazenamento. O diário também não estava lá.

Mas a viagem não foi um fiasco. Uma irmã de Lester, Elizabeth, mencionou algo curioso. Ela havia acompanhado Jane a uma entrevista com um repórter da revista alemã *Der Spiegel*, e durante a conversa Lester contara que havia entregado o diário de Rosenberg a alguém para salvaguardá-lo.

Herbert Richardson.

Mayer rascunhou um memorando para Wittman explicando a situação: que o diário era propriedade governamental, que Kempner aparentemente estivera de posse dele após os julgamentos de Nuremberg e que, segundo informações recentes, ele estava com Richardson. Contudo, o comentário de Lester ao repórter não era o tipo de evidência que Wittman pudesse usar para montar um caso sólido. Além disso, como Richardson dividia o seu tempo entre o Canadá e os Estados Unidos, seria preciso uma complicada colaboração internacional para o FBI levar o caso adiante.

O diário ainda não tinha sido recuperado quando Wittman se aposentou do FBI, em 2008. Pouco depois, Mayer deparou-se com Eli Rosenbaum, diretor da Agência de Investigações Especiais do Departamento de Justiça, que fizera carreira caçando e deportando nazistas. Rosenbaum ofereceu-se para ajudar, mas depois reconheceu que não poderia avançar com o caso.

Desesperado, Mayer ligou para Wittman em 2012 para saber se ele poderia tentar outra vez.

O ex-agente se interessou. Ele havia criado um negócio particular de consultoria em recuperação e segurança de arte, mas sua missão não tinha mudado muito. Continuava à caça de objetos singulares e inestimáveis para os clientes. A diferença era que, como operador privado, tinha liberdade de resolver os casos sem se preocupar com os limites das fronteiras internacionais.

58 O DIÁRIO DO DIABO

Pouco depois da ligação de Mayer, Wittman tomou um trem para Washington com o filho, Jeff, que entrara para a firma ao concluir a universidade. Como sempre, a segurança era rígida ao redor do monumental prédio de granito dedicado à memória das vítimas dos nazistas. Três anos antes, um supremacista branco de 88 anos havia matado um segurança com um rifle calibre .22 diante da entrada principal. Os Wittman passaram pelo detector de metal e foram à sala de conferências no quinto andar para se reunirem com funcionários do museu.

Wittman se identificava com a causa do museu. Seu pai americano conhecera a mãe japonesa na base aérea Tachikawa, durante a Guerra da Coreia, e depois do casamento, em 1953, eles se mudaram para os Estados Unidos e se estabeleceram em Baltimore. Wittman recordava que, quando era menino, desconhecidos gritavam publicamente para sua mãe: "Japa! Abre o olho!" À época ele se assustava, e mais tarde entendeu que o ódio provinha da guerra. Seus vizinhos haviam sofrido perdas pessoais na luta contra os nipônicos. Ele encarava a coisa pelos dois lados: o pai havia pilotado uma lancha de desembarque no Pacífico, enquanto seus tios maternos lutaram com o exército japonês.

Quando pensava no deslocamento e na internação de mais de 110 mil pessoas de ascendência japonesa pelo governo americano, em sua maioria cidadãs do país, após o ataque a Pearl Harbor, Wittman não precisava de muita imaginação para entender como o nazismo se espalhara na Alemanha. O patriotismo facilmente evoluía para o racismo oficialmente sancionado.

O próprio Kempner havia dito: até mesmo pequenos passos na direção errada podem colocar uma nação no caminho da catástrofe.

No museu, Mayer esboçou o que sabia sobre a situação do diário de Rosenberg, e Wittman colocou mãos à obra. Uma década após o primeiro telefonema de Mayer, estava preparado para a busca. Chegara a hora de resolver o mistério que já durava meio século e tornar público o diário de Rosenberg.

Wittman se debruçou sobre os relatórios de Mayer, que detalhavam a doação tumultuada dos documentos de Robert Kempner. Os dois filhos do promotor haviam falecido, bem como Lester e Lipton. Mas Richardson

"FITAR A MENTE DE UMA ALMA OBSCURA"   59

estava vivo — tinha feito 80 naquele ano —, então a investigação começou por ele. Wittman decidiu localizar o velho professor e fazê-lo falar. Era fácil encontrá-lo: ele continuava trabalhando em sua editora acadêmica em Lewiston e vivia do outro lado do rio, nas cataratas do Niágara, em Ontário. A questão era se concordaria em cooperar. Seria preciso confrontá-lo. Ninguém o havia procurado diretamente e dito que, se estivesse de posse do diário, não tinha o direito de guardá-lo e devia entregá-lo ao governo. Wittman faria o ex-professor encarar o assunto seriamente.

Mas aquele era um caso repleto de incertezas. E se Robert Kempner tivesse dado o diário antes de morrer? Ou o tivesse vendido? E se o comentário casual de Lester tivesse sido mal interpretado e Richardson nunca tivesse posto as mãos no diário? E se ele tivesse se desfeito do diário ao ver que não poderia publicá-lo? E se ele simplesmente se negasse a admitir que o tinha?

Em novembro, Wittman telefonou para Mayer para discutir sua estratégia. Todos aqueles anos de busca não haviam arrefecido o entusiasmo do arquivista, que queria ir em frente e colocar o museu de volta na trilha do diário. Mas àquela altura ele sofria com uma dor crônica nas costas e não aguentaria a viagem, então Wittman pegou a estrada com Jeff, seu filho e sócio.

Ao chegarem a Lewiston, avistaram uma placa remanescente diante do estreito prédio com laterais brancas que Richardson possuía na rua Ridge: ASSOCIAÇÃO ROBERT KEMPNER, diziam as letras douradas sobre fundo verde. Porém, ao pisar na varanda e espiar pela janela da frente, viram que o prédio estava vazio, como uma casca desabitada. Wittman e o filho foram até um prédio simples de tijolos vermelhos no fim de uma rua industrial, na periferia do distrito de Lewiston. Era a sede da editora Edwin Mellen, e lá uma dupla de funcionários amáveis lhes disse que o professor acabara de sair. Tinha ido almoçar. Voltem mais tarde para falar com ele.

Ele deixou o cartão de visita e sorriu ao pensar na reação de Richardson. Como agente secreto do FBI, seu papel nas investigações de crimes de arte era confidencial; nas coletivas de imprensa que anunciavam um resgate importante, ele ficava ao fundo, fora da mira das câmaras e da mídia. Porém, ao se aposentar, em 2008, ele veio a público e lançou suas memórias, *Priceless* [Inestimável], e agora uma simples busca na internet permitiria

60 · O DIÁRIO DO DIABO

a Richardson saber que estava lidando com um ex-agente especial com uma longa e bem-sucedida carreira em trazer à luz artefatos históricos escondidos.

Previsivelmente, quando voltaram mais tarde, os Wittman depararam com uma atitude totalmente distinta por parte dos empregados da editora Mellen. Não era possível falar com Richardson sem agendar o encontro, disse uma funcionária; eles precisavam telefonar para marcar uma data, explicou. Mas recusou-se a dar-lhes o número dele. Eles insistiram e por fim ela os apresentou ao diretor da editora, John Rupnow. Este prometeu agendar um encontro com Richardson para o dia seguinte e pediu que ligassem mais tarde para confirmar o horário. Quando ligaram, ninguém atendeu.

Richardson os estava evitando. Para Wittman, era indicação de que ocultava algo. Ele sabia algo que temia admitir. Se o instinto do investigador estivesse correto, significava que Richardson possuía o diário de Rosenberg.

Mais tarde naquele dia, os Wittman foram ao Canadá para tentar abordar Richardson em casa. Se ele não estivesse lá, poderiam deixar outro cartão de visita. Era importante que ele entendesse que não podia ignorá-los.

Mas as coisas nem sempre correm bem, mesmo para um investigador experiente. Na fronteira dos dois países, Wittman e o filho se atrapalharam. Ele disse ao guarda que ia ao Canadá a passeio, porque era mais fácil do que explicar sua missão. O Museu do Holocausto é uma instituição com apoio federal, e ele temia que prestar serviço a um museu do outro lado da fronteira exigisse permissão das autoridades canadenses. Queria evitar o tipo de trâmite burocrático que emperrava aquela busca fazia anos.

Para o guarda fronteiriço, a história do turismo não soou coerente. Os Wittman não tinham cara de quem ia ver as cataratas do Niágara: eles vestiam ternos. O guarda mandou-os descer do carro e, aborrecido, embora um pouco divertido com o absurdo da situação, Wittman teve o carro revistado. Em sua maleta os guardas encontraram o arquivo da investigação e o massacraram com perguntas. Ele tentou explicar a situação, mas a patrulha fronteiriça, sem se impressionar com seus argumentos, rapidamente o escoltou de volta para o lado de Nova York.

"FITAR A MENTE DE UMA ALMA OBSCURA"

A inconveniência trouxe a inspiração. Wittman sabia que Richardson cruzava a fronteira para Lewinston a cada dois dias. Talvez, se seu carro fosse detido e revistado algumas vezes, Richardson concordasse em cooperar. A melhor maneira de fazê-lo devolver o diário, pensou, seria mantendo-o sob pressão psicológica constante.

Por experiência, Wittman sabia que paciência era crucial. O tempo estava a seu favor. Deixe um sujeito culpado ponderar as circunstâncias, desconhecendo o que o investigador sabe, e um mecanismo de defesa lógico entra em ação, e quase sempre isso começa com a consideração das piores possibilidades.

É aí que os avanços acontecem.

De volta à Filadélfia, Wittman telefonou para o amigo e colega David Hall, promotor assistente de Wilmington, em Delaware. Hall fizera carreira processando traficantes de armas e tecnologia militar, e trabalhara com Wittman em investigações de crimes de arte, inclusive na recuperação de um par de Picassos roubados de uma galeria em Palm Beach. Em um caso memorável, ele e Wittman voaram ao Rio de Janeiro para negociar a devolução de pinturas icônicas de Norman Rockwell. Além da firma própria, Wittman trabalhava como consultor para o Departamento de Segurança Nacional [HSI, na sigla em inglês], e frequentemente operava em conjunto com Hall e Mark Olexa, um agente especial do HSI. O ex-agente do FBI sabia que eles o ajudariam em um caso tão importante como a busca do diário de Rosenberg.

Porém, alguns dias depois, quando Wittman se juntou a Hall e Olexa na sala da promotoria em Wilmington, o promotor não se interessou de imediato pelo caso. À medida que Wittman explicava o enredo complicado, a cabeça de Hall girava. Se não se conhecessem havia décadas, teria deixado o assunto para trás. Por trinta anos, Hall trabalhara como oficial de inteligência na Reserva da Marinha dos EUA, e se orgulhava de ter resolvido casos complicados. Mas este, pensou, soava como "uma lenda inventada por um louco".

Havia um diário desaparecido em algum momento entre 1946 e 1949. Havia uma informação relatando que Jane Lester, agora falecida, dissera a um repórter que o entregara a um ex-professor no norte de Nova York. Sobretudo, havia muitas indagações. Se Hall tivesse informações mais sólidas sobre quem detinha o diário e onde encontrá-lo, provavelmente teria uma justificativa para um mandado de busca e apreensão, e eles poderiam simplesmente confiscar as páginas. Porém, não se podia assegurar que o diário estava nos Estados Unidos, no Canadá ou em qualquer lugar.

Ainda assim, Hall sabia que Wittman tinha boas intuições, e ficou intrigado o suficiente com a história para dar início a uma investigação federal. Wittman revisou seu plano de ação com Hall e Olexa. Primeiro, precisavam montar um histórico metódico de Richardson. Depois, seria necessário analisar o registro das suas viagens pela fronteira EUA-Canadá em busca de padrões, e pedir aos agentes fronteiriços que o detivessem e vasculhassem seu carro. Wittman esperava que a inspeção — logo após sua visita à editora Mellen — fizesse Richardson crer que estava sendo vigiado. O passo final seria interrogá-lo a respeito do diário e, caso não cooperasse, emitir uma intimação para que o entregasse.

Olexa pôs mãos à obra. Certo dia de dezembro, o carro de Richardson foi revistado na fronteira. Dois meses depois, os investigadores estavam prontos para confrontá-lo. Hall queria que isso acontecesse no escritório em Lewiston, onde Richardson poderia propor que os agentes fizessem uma inspeção. Ele não achava que o editor entregaria o diário de imediato. Porém esperava que dissesse algo que eles não soubessem. Olexa havia verificado que Richardson frequentemente visitava Lewiston às quintas-feiras, então, em 7 de fevereiro, foi até lá com outro agente e se postou junto ao pequeno estacionamento do escritório da Mellen à espera do suspeito.

Quando este apareceu, os agentes desceram do carro e se apresentaram. Richardson concordou em falar. Contou-lhes como conhecera Lester e Lipton e como as havia ajudado. Disse que elas haviam se tornado um enorme fardo para ele, mas tinha muita afeição por ambas. "Eu via essa mulher, essas mulheres, como minha mãe."[7] Richardson afirmou que as ajudara a recuperar dinheiro dos herdeiros Kempner. Garantiu-lhe que nunca havia retirado nenhuma quantia das contas bancárias das duas.

Ele admitiu que ajudara a trazer algumas pinturas de Kempner de Lansdowne para Lewiston, mas "nunca soube que alguma delas fosse valiosa". Negou

"FITAR A MENTE DE UMA ALMA OBSCURA"

ter tocado em quaisquer documentos desaparecidos da casa em Lansdowne. "Acho que nunca tive nenhum documento de Kempner em minhas mãos."

Ele não apenas negou estar de posse do diário de Rosenberg como assegurou desconhecer a existência do objeto.

Nada convencido, Olexa entregou a Richardson um mandado do tribunal federal ordenando-lhe que devolvesse os papéis de Rosenberg e quaisquer outros documentos do governo que possuísse.[8] Ele agora estava ciente de que o diário era propriedade governamental e, caso estivesse em seu poder, seria melhor devolvê-lo.

Antes de ir embora, Olexa o aconselhou: contrate um advogado.

Algumas semanas depois, tudo ocorreu exatamente como Hall e Wittman esperavam.

O advogado de Richardson, Vincent Doyle, ligou para o escritório do promotor para falar sobre o mandado. Hall explicou que buscava quaisquer documentos dos julgamentos de Nuremberg, especialmente o diário de Rosenberg. Disse a Doyle que Richardson contara algumas coisas no estacionamento que ele acreditava serem inverídicas, e instou Doyle a, se possível, procurar pessoalmente o diário.

Um mês depois, em 27 de março, Doyle telefonou novamente e deixou uma mensagem no escritório do promotor em Wilmington. Hall e Olexa estavam juntos no escritório do Serviço de Imigração e Controle da Alfândega, no centro da Filadélfia, e Hall usou o telefone de um colega para retornar a chamada. Ele pôs Doyle no viva-voz para Olexa ouvir a conversa.

Doyle contou que Richardson possuía documentos alemães, alguns deles encadernados, outros em folhas soltas, e que eram manuscritos. "Isso soa como o que você está procurando?" Hall fitou Olexa. Sentia-se como um jogador de pôquer com um *royal flush* na mão. Porém, negociador experiente que era, manteve a calma.

"Vince", respondeu, "o único modo de saber se é o que queremos é vendo-os."

Em 5 de abril de 2013, Henry Mayer e Jürgen Matthäus embarcaram em um trem para o centro de Wilmington e tomaram o elevador até o escritório do promotor. Estavam animadíssimos. Matthäus chegara a pensar que nunca

64 O DIÁRIO DO DIABO

encontrariam as páginas perdidas. Quando Mayer soube que Richardson havia entregado páginas manuscritas, imediatamente deu as boas-novas ao colega. Mas só teriam certeza depois de examinar os documentos.

Um agente fora de carro até Buffalo no fim de semana após a ligação do advogado de Richardson, e em 1º de abril recolheu vários arquivos e quatro caixas de pastas e as levou a Wilmington, onde tudo foi guardado em um cofre.

Olexa buscou as páginas e mostrou-as aos funcionários do museu em uma sala de conferências.

Quando Matthäus retirou as páginas das pastas, ficou imediatamente claro que se tratava do diário. Ele conhecia a caligrafia de Rosenberg. Viu que as entradas coincidiam com trechos que haviam sido publicados, e as páginas encaixavam com uma descrição de 1945 dos papéis de Rosenberg. Matthäus e Mayer verificaram que, em algum momento, elas fizeram parte do arquivo de Kempner. Havia marcações no diário no que parecia ser a caligrafia de Kempner e entre as páginas havia documentos variados, similares aos que o Museu do Holocausto encontrara durante a complicada coleta dos documentos de Kempner.

Depois de seis décadas, não havia mais dúvidas. A busca pelo diário tinha acabado.

Mayer estava em êxtase. Passara catorze anos buscando-o e as páginas por fim estavam ali. O sonho de qualquer arquivista era encontrar um documento tão importante, e este tinha poucos rivais. Era extraordinário estar sentado em uma sala de conferências em Delaware, 68 anos após o fim da Segunda Guerra Mundial, folheando papéis rabiscados com a caneta tinteiro de Rosenberg — páginas que se pensava estarem para sempre perdidas na história.

Alguém sacou a câmera e Mayer sorriu com o polegar levantado.

Dois meses depois, ele voltou ao escritório do promotor em Wilmington, onde uma multidão de repórteres do mundo todo afluíram à coletiva de imprensa que anunciou a redescoberta.

Hall e Olexa estavam lá, junto com John Morton, diretor do Serviço de Imigração e Controle da Alfândega, e Charles Oberly, promotor de

Delaware. Embora tenha sido preciso recorrer à força da lei para persuadi-lo a entregar o diário, Richardson não foi acusado de nenhum crime. Seu advogado tinha acordado devolver os papéis com a condição de que os promotores não o processassem. O escritório da promotoria não dispunha de evidências, além de uma breve declaração enviada por fax ao *New York Times* naquele dia. "Quando os agentes federais me procuraram, fiquei satisfeito em reunir-me com eles e cooperar com seus esforços. Estou contente por ter podido ajudar o Departamento de Justiça e o Departamento de Segurança Nacional a recuperarem alguns documentos que as autoridades agora identificaram como sendo o diário de Alfred Rosenberg."[9]

Enquanto os repórteres escreviam e as câmeras pipocavam, Morton subiu ao púlpito e fez um anúncio.

"Um dos mistérios duradouros da Segunda Guerra Mundial era o que havia acontecido com o diário de Rosenberg. Ele agora foi resolvido." As páginas estavam em exibição em uma sala de conferências envidraçada. "O diário de Rosenberg não é um diário comum da época. É o relato sem floreios de um líder nazista, seus pensamentos, suas filosofias, suas interações com outros líderes nazistas. Lê-lo é fitar a mente de uma alma obscura."

Eram ordenanças do front das batalhas culturais e políticas que haviam agitado Berlim antes e durante a guerra, escritas pela mão de um ideólogo quase esquecido que montou o cenário para os priores crimes do século. Oculto em pastas e caixas no subúrbio da Filadélfia e no norte do estado de Nova York por mais de seis décadas, o diário de Rosenberg era a cápsula do tempo de uma época desaparecida.

Finalmente chegara a hora de esclarecer os segredos ali enterrados.

Vidas na balança

1918-1939

4

"Enteados do destino"

A cidade estava em festa. A chuva fina da manhã tinha cessado e os berlinenses lotaram a Unter den Linden, o elegante bulevar arborizado que se estendia do palácio real ao Tiergarten. As mulheres usavam seus vestidos mais coloridos, como se desafiassem o desalento invernal que pairava sobre a Alemanha derrotada, e sobressaíam em meio aos homens de chapéus e ternos escuros. Era 10 de dezembro de 1918. Uma corrente subterrânea de violência açoitara a capital. Eles haviam perdido a Grande Guerra e o império alemão tinha caído. Mas aquele era um dia de celebração: os soldados voltavam do front.

As pessoas se aglomeraram na Pariser Platz sob o olhar de Vitória, a deusa alada que, da quadriga, conduz quatro garanhões no alto dos portões de Brandenburgo. Em 1806, Napoleão cruzara triunfalmente a entrada simbólica da cidade após derrotar os prussianos. Hoje, eles estavam engalanados com uma faixa que dizia PAZ E LIBERDADE.

Às 13 horas chegaram as primeiras companhias, trajando o uniforme cinza e o elmo metálico. Havia flores nos canos das armas e guirlandas nos pescoços dos cavalos. A multidão sacudia chapéus, lenços brancos e folhas de louro. As pessoas subiam nas árvores e nos quiosques para ver melhor, se encarapitavam nos telhados, se debruçavam nas janelas, ocupavam todas as sacadas. "As pessoas eram tantas que, a princípio, as companhias não conseguiam avançar",[1] escreveu um correspondente. Médicos eram chamados para atender gente pisoteada pela multidão. "Devia haver milhões de observadores patrióticos."

Por fim abriu-se espaço para a passagem dos soldados, que vinham a pé ou a cavalo, detrás de estandartes que traziam alternadamente o preto, branco e vermelho do Reich derrotado, ou o preto, vermelho e dourado do jovem Estado revolucionário. Alguns oficiais alçaram as esposas e filhos às suas montarias e avançaram com eles em meio à turba. As tropas esfarrapadas eram acompanhadas por bandas que entoavam marchas e das cozinhas de campanha, montadas em vagões fumarentos puxados por cavalos e apelidados de canhão de gulache. Traziam também as baterias da artilharia e a munição; dias antes do desfile, rivais do governo incipiente temeram que os soldados da linha de frente tivessem sido chamados à capital para esmagar a oposição.

Porém o dia transcorreu em paz. Berlinenses exultantes distribuíram crisântemos e cigarros. Na tribuna, Friedrich Ebert assistiu portando seu chapéu de seda. O político de pescoço grosso — que chegara à chancelaria no mês anterior, após a abdicação do kaiser e a revolução de novembro — saudou os soldados como se eles fossem vitoriosos.

"Camaradas, companheiros, cidadãos", declarou, alimentando o mito de que os alemães não tinham perdido a guerra, mas haviam sido traídos por inimigos internos, "o sacrifício e os feitos de vocês são inigualáveis! Nenhum inimigo os conquistou!"[2]

Nas duas semanas seguintes, os soldados continuaram a chegar à cidade, recebidos por multidões em júbilo. "Um sentimento de confiança, de esperança renovada no futuro, parece ter regressado junto com as tropas, que responderam às ovações com a seriedade alegre de homens que, depois de ver a morte tão de perto, não temem a vida", escreveu a uma amiga uma mulher que assistiu à marcha.[3] "As ruas estão tão lotadas de homens que me pergunto quanto tempo levará para que estas reservas de energia latente se manifestem e encontrem um canal se não forem rapidamente empregadas em um bom propósito."

"ENTEADOS DO DESTINO"

Em meio aos berlinenses, de pé na esquina da Friedrichstrasse com a Unter den Linden, um imigrante taciturno soltava fumaça pelas ventas. Ele não via o que celebrar.

Alfred Rosenberg chegara de trem à capital poucos dias antes, proveniente da Estônia, sua terra natal. Observando as brigadas de soldados alemães que regressavam, impressionou-se com os rostos que viu: pareciam congelados e vazios, em choque. "Naquele momento", escreveu anos depois, "a grande tristeza do povo alemão me tocou."[4]

A imagem ficaria fixada em sua mente enquanto rapidamente se dirigia a Munique, encontrando seu caminho para o submundo nacionalista conspirador e descobrindo focos de antissemitas radicais que falavam a mesma linguagem que ele.

Em poucos meses, Rosenberg se alistou na luta e jamais olhou para trás.

Mais tarde, quando o Terceiro Reich surgiu e a Alemanha se organizou ao redor da ideia de que seus cidadãos eram uma raça superior, as pessoas notavam que até mesmo os líderes nacionais não estavam à altura desse ideal. Segundo uma piada alemã,[5] o nazista típico era magro como o rotundo Göring, atlético como o pé chato Goebbels, louro como Hitler e, sim, tão ariano quanto Rosenberg.[6]

"Ele era escuro, e não havia nada alemão em sua aparência", escreveu um oficial militar britânico depois da guerra. "A maior parte dos nazistas achava que ele tinha sangue judeu e devia ser 'o único Rosenberg ariano do mundo'." Na verdade, Rosenberg era um nome bastante comum entre os alemães étnicos dos Estados bálticos. Ele contou que seus ancestrais tinham se deslocado da Alemanha no século XVIII, estabelecendo-se primeiro em Riga, na Letônia, e depois em Reval, a capital da Estônia, que agora se chama Tallinn. No século XIV, Reval fora uma cidade importante da Liga Hanseática de comerciantes dominada pela Alemanha, porém, em 1710, enfraquecida pela peste e a guerra, rendeu-se a Pedro, o Grande. Quando Rosenberg nasceu, em 1893, Reval era um porto importante do Império Russo, e na infância ele caminhou por suas vielas sinuosas e antigos pátios, admirando as muralhas e a arquitetura medieval da época de sua fundação.

A mãe de Rosenberg morreu de tuberculose dois meses depois de trazê-lo ao mundo. O pai, que administrava a filial estoniana de uma grande firma alemã, morreu onze anos depois, aos 42 anos de idade, deixando Rosenberg aos cuidados das tias. Criado como protestante, ele se rebelou contra a fé. Não queria se ajoelhar. "A genuflexão", escreveu ele sobre as ordens de prostrar-se diante de Deus nas aulas de confirmação, "atiça algo em mim que depois não consigo apaziguar."[7]

Ele se recordava com carinho do professor de arte na escola secundária, um pintor que o mandava às ruas para desenhar a cidade.[8] O diretor, que ensinava história e geografia, o convidou a participar de uma escavação arqueológica em um cemitério local, onde encontraram uma urna em pedra, cântaros e anéis. Ele não era um estudante brilhante, mas os professores gostavam dele. Aos 17 anos, Rosenberg foi para um instituto técnico em Riga e seguiu o programa de arquitetura. Fora das salas de aula, ele lia sagas germânicas e mitologia islandesa, os *Vedas* indianos e filósofos como Kant e Schopenhauer. Anos depois, um escritor desdenhou dele como "um homem de profunda meia cultura",[9] mas entre os rapazes do Corpo Rubonia, um grupo estudantil ao qual se filiou em Riga, seu apelido era "o Filósofo".[10]

Certo dia, em uma viagem de trem entre Reval e São Petersburgo, onde seus avós viviam, ele conheceu uma mulher extraordinária. Hilda Leesmann, filha de um comerciante abastado, tinha um ano a mais do que ele e era inteligente, grande leitora e conhecedora das tradições alemãs e russas. Ela instou-o a ler *Guerra e paz* e *Ana Karenina*, de Tolstói. Tocava piano e o fez ouvir grandes compositores nacionalistas russos. Presenteou-o com *Assim falou Zaratustra*, de Nietzsche. Estudava dança em Paris, e, quando ele a visitava, ela o levava para ver a catedral de Notre Dame e o Louvre. Diariamente tomavam café da manhã no imortal Café de la Rotonde, onde pessoas como Picasso e Modigliani jantavam. Ela estava se tornando uma mulher do mundo e era cortejada pelo balé russo, ao passo que Rosenberg, de volta a Riga, era forçado a exibir garbo medieval como figurante em apresentações infantis.

Em 1915, os dois se casaram e passaram o verão juntos em uma propriedade campestre, onde Rosenberg se dedicou à pintura e leu em voz alta para ela a biografia de Goethe. Com o fim do verão, a Primeira Guerra

"ENTEADOS DO DESTINO"

Mundial os separou. Hilda partiu com a família para São Petersburgo, e o instituto que Rosenberg frequentava foi evacuado para Moscou, inclusive a biblioteca. Durante o exílio, as turmas se espalharam por toda a capital russa; algumas inclusive se reuniam em corredores. Rosenberg alugou um quarto de um casal afastado do centro, e jantava modestamente com eles em um espaço que também lhe servia como quarto de dormir. Durante o chá, o anfitrião apoiava um jornal de esquerda nos joelhos e vituperava contra "estes governantes canalhas". Uma vez por semana, Rosenberg se permitia jantar fora, comer tortas e beber cerveja sem álcool. Sua vida social limitava-se a circular pelos restaurantes baratos da rua Tverskaya, o principal bulevar que saía da Praça Vermelha em direção ao norte.

Enquanto ele devorava Tolstói e Dostoiévski, a Revolução Russa irrompia à sua volta. Mas ele estava tão mergulhado nos livros que mal percebeu. Certa manhã, tomou o trem em Moscou e topou com centenas de milhares de pessoas ocupando ruas e praças. "Reinava uma alegria histérica, as pessoas choravam nos ombros de estranhos", escreveu ele, "essa psicose se apossou de milhões."[11]

No final de 1917, Rosenberg soube que a saúde de Hilda tinha piorado no rígido clima do norte. A tuberculose se instalara e a família a enviara à Crimeia para se recuperar. Ele interrompeu então os estudos e juntou-se a ela. Meses depois, fizeram as malas e regressaram à Estônia. Hilda ficou confinada à cama. Rosenberg lia para ela e, enquanto isso, terminava o projeto de fim de curso para obter o diploma. Sinistramente, considerando o rumo que sua vida tomaria, ele projetou um crematório. Apesar da turbulência em Moscou, regressou ao instituto na Rússia para o exame final e voltou para casa a tempo de ver as tropas alemãs marcharem na cidade.

Rosenberg não permaneceu por muito tempo em Reval. Durante alguns meses, ensinou desenho em uma escola a "jovens muito desinteressados" e juntou um pouco de dinheiro vendendo desenhos da cidade antiga. Mas não havia nada para ele na Estônia, então juntou-se às dezenas de milhares de alemães étnicos que fugiram do exército russo em novembro de 1918.

Antes de partir ele fez suas primeiras observações em uma reunião no salão da Fraternidade dos Cabeças Pretas, uma associação cívica de comerciantes e armadores em Reval. Em uma prévia de seus inúmeros discursos futuros, falou sobre a aliança maléfica entre o judaísmo e o marxismo que havia degradado a Rússia. Segundo um relato, um empresário judeu conclamou seus companheiros a deixarem o salão com estardalhaço.[12]

Naquela mesma noite, Rosenberg partiu para a Alemanha. Durante mais de duas décadas, ele não regressaria à sua cidade natal.

"O trem partiu de Reval. Para trás ficou a Rússia com todas as suas recordações, todo o seu futuro incerto", escreveu. "Atrás de mim ficou a cidade da minha juventude, com suas torres e ruas antigas e todos os homens com os quais convivi. Deixei para trás minha terra natal para ganhar uma pátria [...] Assim vim para o Reich. Originalmente um homem totalmente dedicado à arte, à filosofia e à história, que nunca sonhara em se envolver com política. [...] A vida me levou, e eu a segui."[13]

Em Berlim, Rosenberg conseguiu uma entrevista com um arquiteto proeminente, Peter Behrens. Mas se horrorizou com a cidade, que em breve ficaria famosa em todo o mundo por sua vida cultural e sexual decadente. Behrens era um designer com inclinações modernistas. Não era o tipo de mentor que Rosenberg buscava. Ele faltou à entrevista e se dirigiu a Munique, no sul.

A capital bávara se estendia ao longo do rio Isar e aos pés dos Alpes nevados que, em dias claros, se erguia ao sul como um pano de fundo pintado por um artista. Conservadora e católica, era conhecida por sua atitude afável e pelas cervejas: a Hofbräuhaus real, a Augustinerbräu dos monges. A cidade fora governada pela família Wittelsbach por sete séculos, e durante seu reinado de 1825 a 1848, o rei Ludwig I promoveu uma ambiciosa reconstrução arquitetônica que pôs Munique em pé de igualdade com as grandes cidades europeias. Uma avenida ampla — Ludwigstrasse, claro — abria o passo da cidade medieval, no centro, em direção ao norte, ladeada pela universidade e uma biblioteca em estilo italiano. Uma nova praça, a Königsplatz, ancorou um complexo de museus neoclássicos destinados a exibir esculturas gregas, romanas e egípcias e a magnífica coleção familiar dos antigos mestres.

Na virada do século, Munique havia conquistado a reputação de centro da arte e cultura alemãs, uma espécie de "Atenas no Isar".[14] Pintores,

"ENTEADOS DO DESTINO"

escultores, escritores, intelectuais e músicos afluíam para lá, e a aristocracia local os cobria de dinheiro e atenções. A cidade celebrava seus artistas com exposições, desfiles e bailes. Artistas de vanguarda desafiavam o *status quo* conservador em um país conhecido pelo autoritarismo imperial, e um bairro boêmio formou-se em uma vizinhança de espírito livre, chamada Schwabing. "O verdadeiro habitante de Schwabing", escreveu David Clay Large, "preferia os cafés às cervejarias."[15] Ao redor das mesas de mármore do Café Stephanie, frequentado por anarquistas, dadaístas, romancistas e outros, havia poesia, política e uma nuvem de fumaça dos cigarros. O lugar era conhecido pelo apelido irônico de Café Grössenwhan — Café Megalomania. Lenin viveu em Schwabing antes de partir para fazer sua revolução na Rússia; Hitler se mudou para um quarto na periferia do bairro em sua primeira estada em Munique, da primavera de 1913 ao verão de 1914. Quando Rosenberg se aclimatou na capital bávara, mudou-se para um ponto ao sul da vizinhança, na Barer Strasse, a poucos quarteirões das galerias de arte reais, da universidade e da Academia de Belas-Artes.

Quando ele chegou, Munique estava entregue ao desemprego, à fome e a um tumulto indecifrável.[16] O último rei da família Wittelsbach fora forçado a se exilar após a Primeira Guerra Mundial. Os revolucionários da cidade assumiram o controle e instituíram o estado do sudeste como república independente. Kurt Eisner, líder do partido socialista alemão, o Social-Democrata, assumiu o poder. Judeu, ex-jornalista e contrário à guerra, Eisner era para os nacionalistas o inimigo arquetípico do Estado.

Sem um tostão e só, perambulando pela cidade, Rosenberg estava fadado a ser arrebatado pelo fervor revolucionário. A esposa se achava gravemente enferma, e seus pais a haviam levado para se recuperar em Arosa, na Suíça. Ele escreveu que era apenas mais um dentre os "enteados do destino"[17] tentando sobreviver na Europa do pós-guerra. Havia trazido um pouco de dinheiro de casa, e dedicou-se a tentar vender artigos e pinturas. Mas pouco obteve, e foi obrigado a apelar a um comitê de ajuda para conseguir abrigo, sopa de repolho e pão. Passava os dias vagando pelos museus de arte e lendo na biblioteca pública em Ludwigstrasse.

Certo dia, andando na rua, viu um boletim colado em um poste anunciando a apresentação de uma bailarina que conhecia sua mulher. Ele a procurou e, durante a conversa, mencionou que estava tentando publicar artigos sobre a Revolução Russa. Era tudo o que tinha para vender.

A mulher lhe deu um nome que mudaria o curso de sua vida. Dietrich Eckart era um boêmio, dramaturgo, poeta e jornalista, cuja publicação semanal *Auf Gut Deutsch* [Em bom alemão] era leitura obrigatória entre a direita antissemita que se unia em Munique. No dia seguinte, Rosenberg o procurou.

"Fui recebido por um homem irritadiço, porém amistoso, com uma cabeça impressionante e feições que denotavam caráter", escreveu. "Ele apoiou os óculos no alto da testa e me fitou inquisitivamente."

"Você precisa de um guerreiro contra Jerusalém?",[18] perguntou Rosenberg.

"Certamente", respondeu Eckart com uma risada.

Rosenberg entregou-lhe seus artigos, e no dia seguinte Eckart lhe telefonou. A partir de um encontro em um restaurante, os dois homens se tornaram amigos e colaboradores.

Rosenberg começou a escrever para o hebdomadário de Eckart e descobriu uma organização antissemita obscura chamada Sociedade Thule, que havia planejado a derrocada violenta do governo de Eisner. "Sua lista de membros", escreveu o historiador Ian Kershaw, "é o *quem é quem* dos primeiros simpatizantes nazistas e das figuras de proa em Munique."[19] Três meses depois da revolução, Eisner foi de fato assassinado na rua por um jovem de direita; ironicamente, o assassino havia sido rejeitado pela Sociedade Thule por possuir sangue judeu,[20] e atirou em Eisner para provar o seu mérito.

As manifestações lotaram as ruas, e os social-democratas perderam o poder. Um grupo de "anarquistas de vitrine" assumiu o comando brevemente e propôs a distribuição de dinheiro à população. Em seguida, um grupo bolchevique subiu ao poder e começou a deter os ricos e a tentar formar um exército comunista para tomar a Europa de assalto.

Em um dia frio de abril de 1919, Rosenberg se juntou a grupos de homens furiosos que debatiam os acontecimentos na central Marienplatz, sob a sombra do Rathaus, o enorme prédio neogótico da prefeitura, com uma fachada desgastada de 90 metros de altura e arcos, pináculos e colunas extravagantemente ornamentados. Ele se postou em uma balaustrada

"ENTEADOS DO DESTINO"

de pedra, exibiu um cartaz que dizia VIDA LONGA AO TRABALHADOR ALEMÃO! ABAIXO O BOLCHEVISMO![21] e anunciou ruidosamente o novo governo diante de alguns milhares de pessoas. Porém, ao perceber que haviam notado suas palavras estridentes — as pessoas o abordavam na rua para elogiar seu discurso —, decidiu desaparecer, temendo ser detido.

Rosenberg e Eckart fugiram para a cidadezinha de Wolfratshausen, 40 quilômetros ao sul de Munique. Enquanto estavam fora, membros da Sociedade Thule foram feitos reféns e, em meio ao caos, as forças comunistas os alinharam no porão de uma escola secundária e fuzilaram um por um. No início de maio, unidades militares formadas pelo governo social--democrata exilado retomaram Munique em uma luta sangrenta, marcada por execuções e massacres. No final do verão, a República de Weimar foi oficialmente fundada, e a Baviera foi incorporada ao novo Estado.

Semanas depois, Rosenberg e Eckart regressaram do breve exílio. Em maio, participaram de uma reunião do novo grupo de direita denominado Partido dos Trabalhadores Alemães. Em um pequeno restaurante, confabularam contra os judeus e bolcheviques da União Soviética.

Em setembro daquele ano, em uma sexta-feira à noite, um cabo do Exército alemão de 30 anos compareceu a uma reunião do partido incipiente na pequena cervejaria Sterneckerbräu, forrada de lambri escuro e de teto arqueado, onde o partido se reunia semanalmente.

Pouco depois, o grupo adotaria outro nome: Partido Nacional-Socialista dos Trabalhadores Alemães. Seus inimigos abreviaram em duas sílabas que captavam melhor a forte intransigência do partido: *Nazi*.

5

"O jornal mais odiado do país!"

Adolf Hitler e Alfred Rosenberg tinham muito em comum. Embora tenham crescido fora da Alemanha, os dois eram igualmente fascinados pelo passado miticamente heroico do país. Eram jovens quando perderam os pais. Ambos estavam mais interessados em desenhar, ler e sonhar acordados do que em seguir carreira na arquitetura. Na juventude, recorreram às sopas gratuitas para encher os estômagos vazios. Quando se encontraram, não demorou muito para descobrirem que estavam de acordo quanto ao que consideravam os principais problemas da época: o efeito prejudicial das igrejas, o perigo do comunismo e a ameaça dos judeus.

Nascido em Braunau,[1] na Áustria, e criado na periferia de Linz, Hitler era quatro anos mais velho do que Rosenberg. O pai, funcionário público, morreu em 1903, e em 1907 Adolf mudou-se para Viena, onde tentou, sem sucesso, entrar para a Academia de Belas-Artes. ("Exame de desenho insatisfatório", concluiu o examinador. "Poucas cabeças.") Dedicou-se então à vida boemia. No final de 1909, magro e sujo, acabou em um abrigo para moradores de rua. Com um pouco de dinheiro de uma tia e alguns trocados obtidos com a venda de suas pinturas nos bares vienenses, Hitler conseguiu sobreviver até receber a herança do pai, em 1913, aos 24 anos. Naquela primavera partiu para Munique, instalou-se em um quarto acima

80 O DIÁRIO DO DIABO

de uma lòja na ponta oeste do bairro artístico e começou a vender suas pinturas dos pontos turísticos da cidade: a cervejaria Hofbräuhaus, a gótica Frauenkirche e o Alter Hof, onde o Sacro Imperador Romano vivera séculos atrás. Apaixonou-se pela nova morada alemã. "A cidade me era tão familiar", escreveu mais tarde, "que era como se eu vivesse há anos entre seus muros."[2]

Seus preconceitos banais ainda não haviam se cristalizado na ideologia que mudaria a face da Europa.[3] Desde seus dias em Linz, Hitler aderira ao nacionalismo alemão antissemita e anticatólico do político austríaco Georg Ritter von Schönerer. Os anos de pobreza na Viena cosmopolita contribuíram para reforçar essa visão. O prefeito, Karl Lueger, era um antissemita virulento, e os quiosques estavam repletos de jornais de direita retratando os judeus como corruptos e perversos. Mas fazer parte do coro antissemita não o impedia de vender suas pinturas ao médico judeu que cuidou de sua própria mãe em seus últimos dias de vida. Reinhold Hanisch, que o conheceu no abrigo em Viena e o ajudou a vender pinturas nas ruas, mais tarde escreveu em sua breve autobiografia que Hitler parecia se dar excepcionalmente bem com os judeus de Viena.[4] Inclusive os elogiava como povo, recordou Hanisch, e exaltava suas contribuições à cultura mundial.

Hitler conseguiu evadir o serviço militar compulsório na Áustria. Com a eclosão da Primeira Guerra Mundial, apresentou-se como voluntário junto às forças bávaras; na pressa antes da batalha, as autoridades não verificaram sua nacionalidade. Ele passou a guerra levando mensagens entre o comando e as linhas de frente, e o massacre o habituou à morte e à infelicidade humana. Recebeu a Cruz de Ferro em duas ocasiões e foi ferido duas vezes. Adorava os colegas de regimento, que o chamavam de "Artista" e se surpreendiam com suas excentricidades: ele não bebia nem fumava, aparentemente não recebia correspondência e passava grande parte do tempo lendo.

Em outubro de 1918, ficou parcialmente cego devido a um ataque de gás mostarda perto de Ypres, na Bélgica, e ficou no hospital de Pasewalk, 135 quilômetros ao norte de Berlim, até o final do conflito. Regressou a Munique em 21 de novembro, duas semanas antes da chegada de Rosenberg.

Quando o regime bolchevique foi derrotado, em maio de 1919, e a Baviera se uniu à República de Weimar, o exército alemão quis ficar de

"O JORNAL MAIS ODIADO DO PAÍS!" 81

olho na agitação causada pelas atividades dos *partisans* na Baviera. Com dúzias de organizações políticas tentando conquistar apoio às suas ideias, os militares queriam se certificar de que as tropas alemãs derrotadas e amarguradas fossem doutrinadas corretamente, com um viés nacionalista e antibolchevique. Hitler se uniu aos planos de propaganda do exército como informante e instrutor. Recebeu aulas sobre a história alemã e o socialismo, quando pela primeira vez ouviu o economista Gottfried Feder discorrer sobre os malefícios dos banqueiros judeus.

Naquele verão, quando iniciou suas sessões doutrinárias, ele inflamou os ouvintes com discursos exaltados.

Um homem que estivera em uma das sessões escreveu-lhe pedindo explicações sobre a "questão judaica". Como a Alemanha podia lidar com a situação se o país era governado por social-democratas liberais? A carta chegou às suas mãos, e Hitler esboçou uma resposta. Em sua primeira declaração sobre um assunto que viria a obcecá-lo, escreveu que os ataques emocionais contra judeus simplesmente provocariam alguns assassinatos em massa. Contudo, a nação necessitava de um antissemitismo baseado na "razão".[5] Confrontado com os fatos reais, o povo alemão apoiaria a supressão dos direitos dos judeus e, por último, defenderia sua eliminação completa da vida alemã.

A carta era datada de 16 de setembro de 1919, quatro dias depois de sua primeira participação em uma reunião do grupo que se viria a se tornar o Partido Nazista.

Hitler fora enviado a Sterneckerbräu por seu superior, o capitão Karl Mayr, para observar o partido em formação. Terminou manifestando-se, e falou com tanta veemência que Anton Drexler, fundador do partido, pôs um panfleto em suas mãos e insistiu para que voltasse. Seguindo as ordens de Mayr, ele voltou. Mas não seria um mero espião. Imediatamente percebeu que aquele partido estava em consonância com as suas ideias, e era suficientemente pequeno para que pudesse dominá-lo. Em pouco tempo, o Partido Nazista se tornou a sua vida, e Hitler se converteu na figura mais carismática da cena de direita.

Rosenberg conheceu o futuro líder do partido no final de 1919, quando Hitler visitou Eckart. Rosenberg e Hitler conversaram sobre a Roma antiga, o comunismo e o desenraizamento dos alemães na esteira da derrota. "Eu estaria mentindo se dissesse que ele me impressionou e que imediatamente me tornei seu partidário incondicional",[6] escreveu Rosenberg na cela de Nuremberg, após a guerra.

Kurt Lüdecke, um rico sectário que ajudou a levantar fundos para o partido, foi ainda mais longe: na verdade, Rosenberg "não era um grande admirador do intelecto de Hitler".[7]

Porém, como todos, foi cooptado ao ouvi-lo falar em público. "Ali eu vi um soldado alemão do front embarcando na luta de um modo claro e convincente, contando apenas consigo mesmo, com a coragem do homem livre",[8] escreveu ele em uma carta sobre aquele primeiro discurso. "Depois dos quinze primeiros minutos, foi o que me atraiu em Adolf Hitler."

Mais tarde ele viria a enxergar o primeiro encontro com Hitler de um modo claro: fora o ponto de inflexão mais importante em sua vida, um encontro breve que "mudou o meu destino pessoal e o fundiu ao destino da nação alemã como um todo".[9]

Em dezembro de 1920, o incipiente Partido Nazista comprou um pequeno jornal semanal e prometeu "transformá-lo na arma mais brutal da Alemanha contra as forças antigermânicas hostis".[10] Parte dos fundos para a compra provinha de um oficial do exército alemão, o que levou à especulação de que o dinheiro tinha origem em uma conta militar secreta. Doações de pequenos contribuintes, benfeitores privados endinheirados e ao menos uma organização nacionalista mantiveram a publicação funcionando. Mas o jornal se endividou antes de ser comprado pelos nazistas, que no início não sabiam se realmente conseguiriam imprimi-lo e expô-lo nas bancas de jornais.

Em seus discursos, Hitler passou a instar seus seguidores a comprarem "o jornal mais odiado do país!".[11]

A sede do *Völkischer Beobachter*[12] ficava em Schellingstrasse 39, na esquina da casa de Rosenberg. Era uma redação típica — "uma grande confusão: telefones tocando, editores ditando, visitantes, o burburinho das vozes",[13] recordou um empregado —, exceto pelo fato de que o prédio também era o quartel-general do exército privado de milicianos hitleristas,

"O JORNAL MAIS ODIADO DO PAÍS!" 83

o Sturmabteilung, cujos rufiões às vezes iam à redação contar histórias enquanto manuseavam suas pistolas.

Frequentemente Hitler passava parte da manhã no jornal conversando com visitantes, e os restaurantes e cafés da Schellingstrasse se tornaram um foco das atividades do Partido Nazista. Na esquina do quarteirão seguinte ficava um dos restaurantes favoritos do Führer, o Schelling-Salon, com sua cúpula em forma de cebola; o lugar foi ponto de encontro dos nazistas até que o dono se recusou a continuar vendendo fiado para o chefe do partido. Durante muito tempo, Hitler também frequentou um restaurante italiano pouco iluminado — o Osteria Bavaria, situado algumas portas adiante —, que tinha cenas de natureza ornando as paredes. Ele e seus convidados preferiam jantar detrás de uma cortina, em um reservado junto à porta de entrada. Às vezes iam pela Ludwigstrasse até o Café Heck, diante do gracioso jardim real renascentista, o Hofgarten. Quando o tempo estava bom, sentavam-se nas cadeiras de ferro forjado diante de mesas redondas com toalhas de xadrez à sombra das árvores.

Em seus primeiros anos em Munique, Rosenberg passava a maior parte do tempo na Schellingstrasse 39, a princípio trabalhando com a editoria de Eckart na publicação oficial do partido, e posteriormente assumindo responsabilidades cada vez maiores até se tornar, de certo modo, o principal escritor do partido. Em geral seus escritos eram estranhos e precisavam ser editados, e inicialmente Hitler não gostou do jornal que ele e Eckart produziam. Queria algo para as massas, que atraísse a atenção do povo e o fizesse ver o mundo do ponto de vista dos nazistas.

"No início, o *Völkischer Beobachter* estava num nível intelectual tão alto que eu próprio tinha dificuldade para entendê-lo",[14] disse Hitler, "e certamente não conheço nenhuma mulher que conseguisse compreender algo ali!"

Porém, em pouco tempo o jornal começou a publicar outros assuntos, além das meditações opacas de Rosenberg.[15] Ele trazia informações de agências de notícias e histórias subtraídas de outros jornais, artigos sobre esportes e artes, contribuições de simpatizantes, caricaturas políticas, piadas, artigos e discursos de Hitler, anúncios do partido ("Aqui é onde lutaremos amanhã"), folhetins e a cobertura detalhada, ao estilo tabloide, de crimes sangrentos, com foco em ataques sexuais horripilantes perpetrados por judeus e apresentados com detalhes gráficos.

Como se tratava de um jornal partidário, obviamente todas as reportagens passavam por um filtro ideológico, tornando-se, nesse processo, histéricas e ridículas. As páginas de notícias saltavam a cada escândalo de Weimar. Os repórteres escreveram tantas histórias de corrupção envolvendo políticos destacados e quatro irmãos judeus de sobrenome Barmat que aquilo se transformou em uma série: "Die Barmatologie."

Os redatores do jornal gostavam de inserir pontos de exclamação sarcásticos nos comentários dos inimigos. Citavam Bernhard Weiss, o odiado chefe de polícia de Berlim, deste modo: "O tagarela (!!!) Hitler e o demagogo (!!) Goebbels não podem ser levados a sério (!!!)."[16] Na seção de esportes, os leitores encontravam a cobertura de atividades com aplicações militaristas, como caminhadas, ginástica e treinamento. As páginas culturais lamentavam a influência judaica nas artes. O jornal inclusive publicava o tipo de peças pornográficas antissemitas que tornaram Julius Streicher e *Der Stürmer* famosos. Hitler adorava lê-las.

"Tenho certeza de que à época ele não tinha esperança na humanidade", afirmou Hitler mais tarde sobre a editoria de Rosenberg, "e seu desprezo pelos seres humanos só aumentava ao ver que quanto mais ele rebaixava o nível intelectual do jornal, mais as vendas aumentavam!"[17]

Em 1923, uma simpatizante aristocrática vendeu ações que possuía no exterior para ajudar a financiar a conversão do hebdomadário em diário. Ernst Hanfstaengl, por sua vez — sujeito de classe alta, formado em Harvard, que se tornara acólito de Hitler ao regressar à terra natal —, emprestou ao partido a quantia de mil dólares para a compra de novas impressoras, para que o jornal adquirisse um formato mais atraente, como os principais jornais americanos. A expansão coincidiu com a promoção oficial de Rosenberg à editoria. Eckart, boêmio demais para enfrentar o trabalho diário, fora dispensado. Com dinheiro em caixa, o próprio Hitler foi com o novo editor comprar uma escrivaninha. Rosenberg escolheu uma no estilo Palermo, a melhor para ocultar sua típica bagunça. "Hitler se alegrou de um modo quase infantil", recordou Rosenberg. "Mais um passo adiante!" Em novembro, o jornal nazista já contava com 30 mil assinantes.

"O JORNAL MAIS ODIADO DO PAÍS!" 85

O apreço de Hitler pelo escritor de mão pesada intrigava outros nazistas proeminentes. "Rosenberg era um sujeito tão sem graça",[18] escreveu Hanfstaengl. Putzi, como era conhecido, era tagarela e bem relacionado e viria a ser secretário de imprensa internacional de Hitler. Ele tinha uma longa lista de reclamações a respeito de Rosenberg: que era "intrinsecamente analfabeto";[19] que tinha o hábito irritante de assobiar pelos dentes quando Hanfstaengl conversava com ele; que tinha "o gosto de um burro de mascate"; que vestia a mesma camisa dia após dia. "Ele tinha a teoria de que lavar camisas era um desperdício de dinheiro e costumava atirá-las no lixo quando ficavam encardidas até para os seus padrões."

Sobretudo, Hanfstaengl acreditava que Rosenberg era um charlatão. Se o líder nazista insistisse em ouvi-lo, ele derrubaria todo o movimento.

Apesar das horas que passava com o nariz enfiado em volumes poeirentos, Rosenberg não era um pensador visionário. Tomava emprestado de escritores e pensadores anteriores a ele e adaptava suas ideias para a audiência da época.[20] Sua verdadeira importância é ter sido um conduto para as filosofias dos séculos XVIII e XIX, que dariam aos radicais nazistas a justificativa de que precisavam para tentar alterar o curso da história europeia.

Por estranho que pareça, o conceito de uma raça "ariana" idealizada e suprema, composta por gente alta, magra, forte, loura e de olhos azuis, provém da linguística comparativa.[21] No século XVIII, um britânico estudioso da Índia, Sir William Jones, se deparara com semelhanças entre o sânscrito, o grego e o latim, e denominou "arya" — a palavra sânscrita para "nobre" — os povos que falavam essas línguas. Mais tarde, outros pesquisadores categorizaram-nas em famílias de mais de quarenta idiomas que compartilhavam similaridades, incluindo o inglês e o alemão.

No século seguinte, essa simples classificação foi distorcida por pensadores que se perguntavam como indianos e europeus haviam chegado a falar línguas tão parecidas. Um imaginou que um bando de guerreiros do Himalaia havia aberto caminho para o oeste até a Alemanha. Outro decidiu que tinha sido ao contrário — os arianos é que se espalharam para o leste a partir da sua pátria, a Alemanha.

No século XIX, filósofos nacionalistas recorreram a essa noção pseudo-acadêmica e altamente controversa, fazendo dela o fundamento de seus argumentos sobre a excepcionalidade alemã. Mas esqueceram, e também as gerações posteriores, que os arianos tinham em comum a língua, e não a raça.

Em 1853, o conde Joseph Arthur de Gobineau, um diplomata francês, publicou o influente *Ensaio sobre a desigualdade das raças humanas*, em quatro volumes, em que concluiu que a história mundial só podia ser inteiramente compreendida pela lente racial. Os brancos, e sobretudo os míticos "arianos" germânicos, como os chamava, eram superiores a todas as demais raças e responsáveis por todos os grandes feitos da civilização. Só mantendo sua raça livre de outras cepas poderiam continuar avançando.

Então veio Houston Stewart Chamberlain, um britânico apaixonado pela Alemanha, embora descendesse de uma linhagem que incluía almirantes e generais ingleses. Educado por um tutor prussiano, Chamberlain tornou-se cidadão alemão e ficou amigo do compositor Richard Wagner e sua esposa, Cosima. Casou-se com a filha deles, Eva, e iniciou uma correspondência vivaz com o kaiser Guilherme II, o imperador alemão. Chamberlain contava que era assaltado por demônios, um do quais o levou a escrever um livro, *The Foundations of the Nineteenth Century* [Os fundamentos do século XIX], publicado em 1899 e saudado pelo jornal de Rosenberg, duas décadas depois, como "o evangelho do movimento nazista".[22] No livro, Chamberlain argumenta que os judeus eram uma raça bastarda e que o povo teutônico, biologicamente superior, especialmente os alemães, merecia governar o mundo. Tratava-se de um fato científico. Estava escrito no sangue.

Rosenberg depois recordou que, ao ler *Foundations* na adolescência, "um novo mundo se abriu diante de mim. [...] Eu dizia sim, sim, e outra vez sim [...] Eu estava diante de um esclarecimento fundamental sobre o problema judaico e aquilo nunca me abandonou."[23]

Antes de escrever sua própria história torcida ao estilo de Chamberlain, Rosenberg passava dias produzindo outros escritos racistas cotidianos. Os primeiros quatro livros que publicou disseminavam um antissemitismo ilusório, obsessivo e, principalmente, paranoico. "Não há registro

"O JORNAL MAIS ODIADO DO PAÍS!"

na história", escreveu um acadêmico, "de um antissemita polêmico mais acirrado ou mais intransigente que Alfred Rosenberg."[24]

Os judeus eram a causa de tudo o que afligia o mundo, afirmou em *The Track of the Jews Through the Ages* [O rastro dos judeus através dos tempos], publicado em 1920. Se eram perseguidos, a culpa era deles. Como povo, eram gananciosos e inescrupulosos. "Quando lemos informações sobre o comércio judeu na Idade Média [...] percebemos um assombro constante ante a ardileza judaica",[25] escreveu. "Elas falam da recorrência de falsificações no câmbio, falências fraudulentas; [...] notas promissórias escritas em hebreu e aceitas de boa-fé, as quais, uma vez traduzidas, não passavam de uma frase grosseira; troca de pacotes após a venda em que o comprador encontra pedras ou palha em vez do que comprara."

"Conspiradores natos", os judeus careciam de compasso moral interno, por isso seus líderes instituíam um código técnico complicado, "uma barafunda de leis". Eles não podiam ser juízes imparciais nem funcionários públicos, pois sua fé exigia que só tratassem como iguais o "povo escolhido". Eram intolerantes com os gentios. "Objetivamente, a cada passo que dão, os judeus traem sua nação." Eles jamais deveriam ter sido emancipados pelo kaiser Guilherme, jamais deveriam ter sido autorizados a circular entre a sociedade alemã, não deveriam ter sido autorizados a possuir jornais e negócios, insistia ele.

"Não se pode deixar um veneno circular sem observá-lo, nem conceder-lhe paridade com os remédios."[26]

"O povo judeu", escreveu ele no ano seguinte em *The Crime of Freemasonry* [O crime da maçonaria], "foi escolhido como uma praga para as demais nações pelo próprio Satã, o Mefisto, que espreita por toda parte detrás de Fausto para se aproveitar de suas fraquezas e arrastá-lo para a lama."[27] Os judeus podiam tentar se converter, ser batizados dez vezes, mas jamais conseguiriam eliminar o mal do próprio sangue.

Rosenberg contribuiu para difundir o fraudulento *Protocolos dos sábios de Sião*, publicado pela primeira vez na Rússia em 1903, o pretenso relatório de uma reunião secreta de líderes judeus que planejavam dominar o mundo mediante guerras e agitações, o controle da economia e a disseminação do ateísmo e do liberalismo na imprensa.

A origem desse conhecido embuste permanece obscura. Por muito tempo se disse que, na virada do século, a polícia secreta do tsar o forjara a partir de fontes plagiadas. Russos antibolcheviques que fugiram da revolução comunista levaram o livro para fora da União Soviética, e em pouco tempo ele foi disseminado em todo o mundo.

Protocolos apareceu na Alemanha em 1919. Eckart, o editor que havia contratado Rosenberg, reagiu com "horror indizível" àquela sombria conspiração judaica; aparentemente ele o mostrou a Hitler.[28] Em 1921, o *Times* de Londres expôs a falsidade da publicação, mas, em um comentário publicado dois anos depois, Rosenberg declarou que sua autenticidade era uma questão em aberto. De qualquer modo, argumentou, o livro trazia outros relatos e era um esboço preciso da estratégia mundial judaica.[29]

Rosenberg também fez um comentário definitivo em que traça e explica a plataforma oficial do partido, com 25 pontos. Naqueles anos, os membros do partido o enxergavam como uma voz com autoridade sobre a ideologia do nacional-socialismo e uma força dominante no desenvolvimento das doutrinas partidárias. Segundo vários nazistas que escreveram suas memórias depois de romper com o partido e fugir da Alemanha, na década de 1930, no início Rosenberg exercia forte influência sobre Hitler. Em 1923, um dos que desertaram, Otto Strasser, afirmou que ele era "certamente o cérebro por trás de Adolf.Hitler".[30]

Kurt Lüdecke, um entusiasta dos primórdios do nazismo, relembrou que Hitler lhe dissera para prestar atenção nas ideias de Rosenberg sobre política externa.

"Você ainda não conheceu Rosenberg?", perguntou Hitler certa vez. "Pois precisa conhecê-lo melhor, fazer amizade com ele. É o único homem que sempre ouço. Ele é um pensador."[31]

Obviamente, Hitler teria negado ser marionete de alguém. Em *Mein Kampf*, ele descreve uma epifania dramática em que, aos 20 e poucos anos, vivendo nas ruas de Viena, subitamente percebeu o mal judaico. Relatos de sua época em Viena sugerem que a radicalização antissemita de Hitler é posterior à derrota alemã na Primeira Guerra Mundial, porém, como ele construiu um movimento em torno da sua personalidade carismática, precisava que as pessoas acreditassem que tivera uma revelação nascida do estudo exaustivo e da experiência pessoal. Precisava se apresentar como uma figura singular. Foi isso, segundo o historiador Ian Kershaw, o que o levou a "reivindicar a liderança do movimento nacional [...] e a afirmar ser o futuro 'grande líder' da Alemanha".[32]

O modo de falar do futuro Führer dava às suas apresentações o tom de encontros de igrejas pentecostais, escreveu o historiador Richard Evans.[33] Com pendor para a dramaticidade, ele começava em voz baixa e ia subindo lenta e metodicamente até a conclusão arrebatada, aos berros, o cabelo agitado na testa suada, as mãos cortando o ar. Um político de fio a pavio, Hitler relacionava sua história pessoal dos tempos difíceis à da Alemanha, o que calava fundo em uma época de agitação e hiperinflação. Com uma linguagem lacerante, atacava a revolução, a república e os judeus, os quais, dizia, estavam por trás de tudo. "Não pensem que podem lutar contra a doença sem matar o vírus, sem aniquilar o bacilo", gritou ele em um discurso infame, "e não pensem que podem lutar contra a tuberculose racial sem garantir que as pessoas se livrem da causa da tuberculose racial."[34]

Na segunda metade da década de 1920, Hitler acrescentou um elemento importante aos seus discursos. Começou a alertar explicitamente que os judeus haviam trazido o bolchevismo da União Soviética e queriam impô-lo à Alemanha. A estrela vermelha, símbolo da União Soviética, equivalia "à estrela de Davi, símbolo da sinagoga, símbolo da raça acima do mundo, um domínio que se estende de Vladivostok ao Ocidente — o domínio da judaria. A estrela dourada que, para o judeu, significa o ouro reluzente".[35] O povo alemão tinha uma opção: viver sob a estrela dos soviéticos ou sob a suástica dos nacionalistas.

Isso era a influência de Rosenberg em ação. Hitler reconhecera, no verão de 1920, que não sabia muito sobre a situação em campo na União Soviética. Seu acólito que falava russo rapidamente o informou.[36]

Quando chegou a Munique, Rosenberg tentou se firmar como especialista na União Soviética. Argumentou que conhecia os perigos do comunismo tão bem quanto qualquer um, porque estivera lá em 1917, na própria Moscou, na primeira fase da revolta. Escreveu sobre a tal "revolução judia russa" no primeiro artigo que publicou no jornal de Eckart, em 1919.[37]

Na mente de Hitler, Rosenberg relacionou a enganosa conspiração judaica mundial e o levante comunista na Rússia. Como explicou um historiador, sua fórmula era "Rússia = bolchevismo = judaria".[38] Rosenberg foi além: argumentou que os judeus, com a intenção de controlar não só a União Soviética e a Alemanha, mas o mundo todo, controlavam *tanto* o capitalismo *quanto* o comunismo. Essa era a grande fraude judaica. Eles manipulavam as cordas. Jogavam os dois lados contra o meio. Após a breve e sangrenta revolta comunista em Munique, não foi difícil para os leitores de Rosenberg e ouvintes de Hitler imaginarem as consequências apocalípticas caso os vermelhos tomassem a Alemanha. Não tinham acabado de testemunhar o que ocorre quando os comunistas tomam o poder? Houve ameaças de confisco de todas as armas de uso privado. Houve greve geral e escassez de alimentos. Houve prisões e execuções sumárias. Assim como fizeram em Moscou e tentaram fazer em Munique, os judeus matariam quem se opusesse a eles, declarou Hitler. "É suficiente ter a cabeça nos ombros *e não ser judeu*: é a garantia do patíbulo."[39]

Em 28 de julho de 1922, em um típico discurso em Munique, Hitler afirmou à audiência que "judeus da bolsa de valores" na União Soviética se disfarçavam de defensores marxistas dos trabalhadores. "É uma fraude gigantesca: poucas vezes a história mundial viu algo assim."[40]

Os judeus tinham destruído a Rússia e iriam conspirar "até o mundo todo desabar em ruínas".

"A Rússia atual não tem nada para mostrar além de uma civilização arruinada", disse. O judeu — "voraz, nunca satisfeito" — roubava tudo para si. "Ele toma para si os tesouros das igrejas, mas não para alimentar o povo: ah, não! Tudo some sem deixar rastros. [...] E agora a Alemanha está chegando àquele estágio em que a Rússia bebeu até a borra."

Os judeus queriam se apossar da outrora grande nação germânica "indefesa de armas" e seu povo "indefeso de espírito". As pessoas podiam pensar que era prudente permanecer caladas e evitar problemas, mas Hitler assegurou-lhes que, de qualquer modo, estavam condenadas. "Não, meu amigo. A única diferença é que eu posso ser enforcado enquanto falo, ao passo que você será enforcado em silêncio. Aqui também a Rússia nos fornece inúmeros exemplos, e conosco acontecerá a mesma coisa."

"O JORNAL MAIS ODIADO DO PAÍS!"

Hitler anunciou que havia uma única reação lógica ao prospecto de uma ditadura judeu-soviética na Alemanha: o povo deve reagir. "A esta altura não pode haver dúvidas: não deixaremos os judeus cortarem as nossas gargantas sem nos defendermos."

Alguns meses depois, em outro discurso, ele prometeu que haveria uma luta à morte. Seremos nós ou eles, disse aos seus seguidores. Na futura Alemanha, judeus e nazistas não poderão coexistir. "Sabemos que, se eles tomarem o poder, serão as nossas cabeças a rolar por terra", afirmou, "mas também sabemos que quando pusermos as mãos no poder, que Deus tenha piedade de vocês!"[41]

Nos anos posteriores ao surgimento da República de Weimar,[42] a cena política foi sacudida por uma eleição após a outra. A Alemanha teve vinte gabinetes diferentes, de grupos que pelejavam pelo controle do Reichstag: os social-democratas, o Partido Democrático, o Partido Católico de Centro, os comunistas, os nacionalistas. A dívida militar, a transição a uma economia de paz, a destruição da indústria, as reparações de guerra impostas pelos Aliados no Tratado de Versalhes — todos esses problemas assolaram a economia alemã, e a inflação chegou a níveis absurdos. Em certo momento de 1923, um dólar chegou a valer mais de 4 trilhões de marcos.

Naquele verão, Hitler começou a exigir ruidosamente a derrubada da odiada república. Gustav Ritter von Kahr, ministro-presidente da Baviera, reagiu proibindo diversas manifestações nazistas agendadas e ordenando o fechamento do jornal de Rosenberg.

Frustrado, Hitler declarou que era hora de dar um golpe e tomar o poder.[43] Ele contava com um aliado crucial, o general Erich Ludendorff, o qual, ao lado do general Paul von Hindenburg, havia conduzido as forças alemãs na Primeira Guerra Mundial e, em 1923, era a figura de direita mais notória da nação.

Hitler também possuía músculos: uma coalizão de grupos nacionalistas paramilitares, dentre eles 15 mil milicianos comandados por um homem que se tornaria uma das figuras proeminentes do Terceiro Reich, conhecido em todo o mundo por sua corpulência e suas bravatas.

92   O DIÁRIO DO DIABO

Hermann Göring era um sujeito loquaz, com um apetite insaciável pelo luxo e um grande pendor para a crueldade. Ele passara parte da infância em um castelo medieval de propriedade do amante de sua mãe,[44] um médico austríaco de origem judaica. Lá, em meio a muralhas, torres e armaduras decorativas, o jovem Hermann fantasiava sobre a história mítica da Alemanha, quando cavaleiros teutônicos deambulavam conquistando a Europa.

A princípio um estudante rebelde, Göring desabrochou na escola militar. Frequentou o equivalente alemão de West Point, a Academia Militar Prussiana, e na Primeira Guerra Mundial, como oficial de infantaria, foi condecorado com a Cruz de Ferro em seus primeiros combates.

Os joelhos fracos e a boa sorte o mandaram à escola de pilotos. Como observador em um avião de dois lugares, chamou a atenção dos líderes militares por sua habilidade em tirar fotografias admiráveis das fortificações inimigas mesmo sob rajadas de balas. Em pouco tempo aprendeu a pilotar caças adaptados com metralhadoras, que eram uma inovação, e ao final da guerra havia matado 22 soldados. Em 1918, por um tempo, Göring comandou um esquadrão de elite de pilotos de caça, a Jagdgeschwader Richthofen, a mesma unidade que o lendário Barão Vermelho havia liderado antes de morrer.

Göring se indignou com a rendição alemã no final da guerra, e ansiava por participar do retorno do país à glória. "Peço a todos aqui esta noite que alimentem o ódio, um ódio profundo e duradouro contra aqueles porcos que insultaram o povo e as tradições germânicas",[45] bradou em um protesto contra os revolucionários, em 1918. "Mas virá o dia em que os expulsaremos da Alemanha. Preparem-se para este dia. Armem-se para este dia. Trabalhem para este dia. Ele certamente virá."

Quatro anos depois, o amargurado herói de guerra topou com Hitler bem a tempo de ajudar a tentar tomar a Baviera.

A questão era quando atacar. Rosenberg e outro imigrado do leste, Max Erwin von Scheubner-Richter, sugeriram sequestrar von Kahr e forçá-lo a autorizar uma passeata até Berlim. Os nazistas planejaram agir em 8 de novembro, quando von Kahr discursaria na cervejaria Bürgerbräukeller, junto com o comandante do Exército e o chefe da polícia.

"O JORNAL MAIS ODIADO DO PAÍS!"

Naquela manhã, Rosenberg estava trabalhando no escritório em Schellingstrasse que abrigava a redação do jornal e a milícia. O prédio fervilhava de atividades. Hanfstaengl reparou que Rosenberg usava a costumeira camisa encardida com gravata, e que havia uma pistola ostentosamente pousada na escrivaninha.

Hitler apareceu portando um açoite e foi ao escritório de Rosenberg. "Vamos atacar hoje", disse ele aos homens. "Tragam suas pistolas."[46]

Rosenberg pôs o chapéu fedora e uma gabardine, e rodou no Mercedes com Hitler e seus guarda-costas ao longo do rio Isar até a cervejaria. Fortemente armados e com elmos metálicos, os milicianos de Göring cercaram a Bürgerbräukeller pouco depois das 20h30. Os nazistas instalaram uma metralhadora junto à porta principal e abriram caminho até a frente do salão, com Rosenberg, pistola na mão, ao lado de Hitler.

A confusão estava formada. Trajando um fraque preto com a Cruz de Ferro na lapela, Hitler disparou para o alto, declarou que a revolução havia começado e subiu nas mesas para chegar ao pódio. Os principais líderes bávaros foram levados a um cômodo nos fundos.

Göring tentou acalmar o público ("Vocês têm as suas cervejas!") enquanto Hitler, de modo não tão educado, tentava persuadir von Kahr e os outros a se unirem ao golpe nacional. Eles se recusaram a dirigir-lhe a palavra. "Ninguém deixará esta sala vivo sem a minha permissão!", gritou ele. Ludendorff logo apareceu e se juntou às tensas negociações, e os líderes bávaros por fim concordaram em cooperar.

O golpe foi anunciado na cervejaria, aos gritos e ao som do hino nacional alemão, "Deutschland Über Alles".

Rosenberg correu de volta à redação do jornal para supervisionar a publicação do anúncio oficial da revolução. Quando deu a notícia à sua equipe, o escritório explodiu em aplausos ruidosos.

"Só há uma coisa para nós", disse Rosenberg. "Amanhã teremos um governo nacional alemão ou estaremos mortos."[47]

Um editor ditou a chamada: "Alemanha desperta do sonho febril, uma nova era de grandeza se apresenta em meio às nuvens brilhantes, a noite se ilumina, faz-se dia, a águia, símbolo do poderio e grandeza germânicos, alça voo outra vez."[48]

No entanto, antes que o jornal chegasse às ruas, o golpe havia sido abortado.

Os nazistas não conseguiram ocupar os principais quartéis militares, e Hitler deixou a Bürgerbräukeller sem ter certeza de que os líderes bávaros seriam vigiados. Ludendorff permitiu que Von Kahr e os outros escapassem, e eles rapidamente agiram para esmagar a revolta. Os revolucionários não haviam tomado as linhas de comunicação, e tropas leais foram convocadas enquanto Von Kahr denunciava os conspiradores pelo rádio e ordenava a dissolução do Partido Nazista.

Nevou na manhã seguinte, o quinto aniversário da república alemã, o dia negro em que, do ponto de vista dos nacionalistas, os "criminosos de novembro" traíram a Alemanha. Ansiosos por revidar depois do golpe fracassado, os nazistas decidiram marchar até o centro de Munique, na esperança de cooptar o Exército e a polícia com a exibição do seu contingente.

Os revolucionários partiram da cervejaria, 2 mil homens em colunas. A princípio parecia mais uma marcha funerária, mas quando chegaram ao centro da cidade e a população se juntou a eles, por um momento pensaram que ainda seria possível vencer. Rosenberg caminhava na segunda fileira, atrás de Göring, Ludendorff e Hitler, que ia de braços dados com Scheubner-Richter. Os manifestantes chegaram à Marienplatz e ao Rathaus, dobraram à direita e seguiram para o norte pela Residenzstrasse, em direção à Odeonsplatz.

No Feldherrnhalle, um monumento na praça dedicado aos generais bávaros, cem policiais os esperavam.

"Rendam-se!", gritou Hitler.

As armas foram apontadas e, no silêncio que se seguiu, ouviu-se um disparo.

Por quase um minuto, uma saraivada de balas cruzou o ar. Scheubner-Richter levou um tiro na cabeça e, ao cair morto, puxou Hitler para o chão, deslocando o ombro do líder nazista. Göring foi atingido na virilha. Rosenberg, que não era um veterano da Primeira Guerra Mundial, foi ao chão assim que os disparos começaram. Oskar Körner, proprietário de uma pequena loja de brinquedos que marchava ao seu lado, foi morto. Hitler e Göring fugiram em meio ao caos, bem como o desarmado Rosenberg.

"O JORNAL MAIS ODIADO DO PAÍS!"

Dezesseis nazistas e quatro policiais morreram. Ileso, Ludendorff avançou até a linha dos policiais e foi detido.

Hitler foi levado rapidamente para o carro pela equipe médica e logo estava na casa de Hanfstaengl, ao sul de Munique, ferido e deprimido, talvez com pensamentos suicidas. Ante a iminência da prisão, tomou um lápis e escreveu um recado aos seus seguidores, anunciando o líder interino do partido. Escreveu um bilhete diretamente para Rosenberg. Depois, foi detido de pijama e levado à cela número 7 da prisão de Landsberg am Lech.

Ninguém ficou mais surpreso do que Rosenberg ao saber o que Hitler havia decidido a respeito do futuro imediato do Partido Nazista.

"Estimado Rosenberg", dizia o bilhete. "De agora em diante você vai liderar o movimento."[49]

Em pouco tempo Rosenberg demonstrou ser totalmente inadequado para tarefa.[50] Mais tarde, alguns nazistas concluíram que por isso mesmo Hitler o indicara. Ele certamente pretendia voltar ao comando quando saísse da prisão. Não queria entregar o partido a um rival potencialmente poderoso. Ao mesmo tempo, não sabia o que estava por vir. Seria condenado a uma longa pena? Seria banido para a Áustria? Ele estava ferido e angustiado e, na pressa de ditar instruções, escolheu o mais leal *alter Kämpfer* — "velho combatente", como os nazistas se referiam aos seus primeiros membros.

Enquanto Hitler passava um tempo na prisão datilografando *Mein Kampf* em uma máquina de escrever, o Partido Nazista se dividiu sob a supervisão de Rosenberg. Proscrito e com as finanças congeladas, em um memorando de 3 de dezembro Rosenberg informou aos companheiros que teriam de operar na clandestinidade. ("Confidencial!"[51], dizia o memo. "Queime depois de ler.") Ele começou a usar um pseudônimo, Rolf Eidhalt — anagrama de Adolf Hitler.[52]

Um contingente de nazistas que sobrevivera aos disparos em Munique se reuniu em Salzburgo e tentou entrar em contato com Rosenberg, mas era impossível localizá-lo. Temendo a detenção iminente, a cada noite ele dormia em um apartamento diferente.

Até Lüdecke, aliado de Rosenberg, reconheceu que o partido estava à deriva. "Ele não nos liderava muito bem."[53]

Em janeiro de 1924, Rosenberg criou a Grande Comunidade Nacional Alemã, com a intenção de que fosse a sucessora do partido banido, mas nem com o beneplácito de Hitler conseguiu unificar as facções em pugna. Sua estratégia era mudar de grupo revolucionário para partido político legítimo. Na primavera, o novo partido se uniu a outros grupos de extrema direita e propôs candidatos ao Parlamento bávaro e ao Reichstag. Mas quando uma facção nacionalista rival, o Partido da Liberdade do Povo Alemão, foi mais bem-sucedida nas eleições e sugeriu que os nazistas se juntassem à coalizão, Hitler resistiu e anunciou que se retiraria das atividades políticas até ser libertado da prisão.

Sem o seu apoio, as tentativas de unificar a extrema direita de um modo eficaz esmoreceram, bem como a breve e agitada experiência de Rosenberg como Führer substituto. Solapado e marginalizado em um movimento nacionalista dividido por rivalidades internas, ele foi destituído.[54]

Hitler foi solto em 20 de dezembro de 1924, e rapidamente retomou o controle do partido. Enfureceu-se com Rosenberg por ter se aventurado na política eleitoral, embora tenha feito precisamente o mesmo logo em seguida. Quando o *Völkischer Beobachter* ressurgiu, Hitler escreveu seu enredo principal, culpando Ludendorf e Rosenberg pelos erros cometidos enquanto ele estivera afastado.

Rosenberg não foi ao impactante relançamento do Partido Nazista, que ocorreu em fevereiro na lotada Bürgerbräukeller, em Munique. "Não vou participar daquela comédia",[55] disse ele a Lüdecke. "Conheço o tipo de adulação entre irmãos que Hitler pretende promover." Enquanto os combatentes dos anos anteriores subiam ao palco, se saudavam, se perdoavam e se alinhavam com Hitler, Rosenberg — que não queria deixar para trás os tempos passados — escrevia libelos contra seus arqui-inimigos no partido.

Hitler insistiu para que ele esquecesse aquilo tudo e, em troca, ofereceu-lhe de volta a direção do jornal do partido. Rosenberg hesitou, e Hitler pediu a Lüdecke para intervir. "É melhor você tentar fazer Rosenberg voltar à razão e parar de bancar o inocente ofendido."

"Não é tão simples", retrucou Lüdecke. "A ferida é mais profunda do que você pensa."

"*Ja, ja*, veremos",[56] respondeu Hitler, com uma risada.

"O JORNAL MAIS ODIADO DO PAÍS!" 97

Ele curou a ferida entregando a Rosenberg não só o emprego como também uma carta extraordinária. Embora suas intenções fossem dúbias, o bilhete demonstrava o quanto ele desejava manter Rosenberg no rebanho.

Hitler observou que os assuntos do partido estavam tão confusos depois da tentativa de golpe que ele podia entender as palavras amargas e insultantes dos rivais de Rosenberg. "Quando o coração está cheio", escreveu, "a boca é inundada."[57] Porém, independentemente do que fora dito no calor do momento, ele queria que o seu tenente soubesse que lhe devotava grande respeito. "Conheço você, *Herr* Rosenberg, e o considero [...] um dos colaboradores mais valiosos do nosso movimento", escreveu Hitler. "No período difícil em que, de modo inesperado e sem explicações, você assumiu a liderança do movimento, tentou avançar a causa ao máximo — para mim, essa convicção é evidente; houve erros no processo, como pode ocorrer com qualquer um. Mas o meu objetivo não é opinar sobre os erros, e sim sobre as intenções e a boa-fé. Por isso eu lhe dou o maior crédito em tudo."

A relação entre os dois melhorou, porém Rosenberg nunca mais estaria tão próximo de Hitler como antes da tentativa de golpe na Bürgerbräukeller.

O futuro Führer comprou uma Mercedes preta com seis assentos e adorava acelerar pelo campo com divertidos comparsas.[58] Rosenberg, sempre circunspecto, inflexível, e sem senso de humor, parecia saber que não era o tipo de pessoa que se convida para um passeio relaxante de carro. Inevitavelmente a conversa giraria em torno dos assuntos do partido e das disputas burocráticas com outros líderes nazistas. Ele não poderia se conter.

"Ele me valorizava muito", concluiu Rosenberg, "mas não gostava de mim".[59]

Provavelmente Rosenberg não estava tão relutante em voltar às trincheiras como fez parecer quando Hitler lhe devolveu a editoria do jornal. Tinha então 32 anos e só havia feito uma coisa desde que chegara à Alemanha: polemizar para o partido.

Portanto, em 1925, quando os nazistas começaram a reconstruir seu partido desconchavado e lançaram uma campanha permanente pelo poder político, Rosenberg não teve alternativa a não ser voltar à redação na

Schellingstrasse e dirigir o *Völkischer Beobachter*. Precisava do dinheiro, disse a Lüdecke, e "além disso, o trabalho é a minha vida. Não posso desistir da causa".[60]

O porta-voz partidário estava tão sarcástico e combativo como antes.[61] O jornal declarou que os líderes do governo de Weimar eram "internacionalistas-pacifistas-afeminados". Declarou que Javé era "o diabo, um assassino desde os primórdios, e mentiroso e pai dos mentirosos". Denunciou a fé judaica como "uma máscara para lograr o saqueio moral e econômico e a destruição sob a égide da lei estatal alemã". Atacou um editor rival tachando-o de "assassino da alma germânica, traidor do povo alemão e agente da decadência da opinião pública".

Não surpreende que as diatribes do jornal frequentemente levassem Rosenberg e seus redatores ao tribunal, acusados de difamação e provocação.

A Lei para a Proteção da República permitia a funcionários do governo fechar jornais que incitassem à revolta violenta contra o governo, e mais de uma vez a publicação foi multada e suspensa. Rosenberg passou inclusive o mês de março de 1926 na prisão.

"A batalha pela alma do povo ocorreu em plena luz do dia", escreveu ele anos depois. "Os ataques contra nós eram ferozes, e revidamos com ferocidade." Os artigos para o *Völkischer Beobachter* "frequentemente eram escritos às 7 horas, baseados em informações que acabavam de chegar e, portanto, nem sempre eram opiniões ponderadas. Em seus ataques, nossos oponentes não nos poupavam em absoluto".[62] Foi um período duro, uma época de pugnas intermináveis dentro e fora do partido.

Em 1930, Rosenberg foi eleito para uma cadeira do Reichstag, onde era um homem marcado pelos inimigos do nazismo. Certa vez, vestindo a camisa marrom do uniforme nazista, ergueu-se para falar, mas os social-democratas no Parlamento o vaiaram tanto que deixaram furioso o antissemita com um nome que parecia judeu.

"Olha lá o judeu!", gritaram. "Vejam só aquele nariz! Vá embora para a Palestina!"[63]

Mais injuriosas eram as insinuações sobre suas atividades durante a Primeira Guerra Mundial. Hanfstaengl contou a Göring que Rosenberg havia passado um tempo na França trabalhando para a inteligência militar

"O JORNAL MAIS ODIADO DO PAÍS!" 99

francesa. Göring ajudou a espalhar o rumor. "Este sujeito deveria simplesmente contar o que fez em Paris durante a guerra",[64] disse ele certa vez. Os oponentes do nazismo o atacavam na imprensa, mas um inquérito policial não encontrou evidências que comprovassem as alegações. Rosenberg — que declarou ter feito uma viagem totalmente inocente a Paris para visitar a namorada e futura mulher, em 1914 — processou dois jornais socialistas por causa das acusações e ganhou ambas as causas.

Mas a difamação continuou. Durante um debate do Reichstag, em 1932, houve um breve tumulto. Um político comunista sugeriu que Rosenberg havia trabalhado contra a Alemanha durante a guerra, e este se enfureceu. "Você quer que eu lhe dê um murro?"[65] O chanceler Heinrich Brüning, em resposta às duras críticas de Rosenberg naquele dia, descartou-o como "um suposto báltico que, enquanto eu lutava na guerra até as minhas últimas forças, ainda não tinha descoberto qual era sua verdadeira terra natal".[66]

Rosenberg não deixou registrado se encontrava consolo na vida pessoal. Ele e Hilda se divorciaram em 1923,[67] depois de oito anos de matrimônio. Na verdade, o casamento tinha acabado em 1918, quando ele partiu para a Alemanha. Ela não o acompanhou, e em vez disso foi com a família procurar tratamento para a tuberculose em spas na região da Floresta Negra alemã e suíça. "Ela disse que a princípio pensou que poderia me ajudar um pouco, mas agora eu encontrei o meu caminho. Ela me disse que estava doente e provavelmente teria de depender de outrem pelo resto da vida", escreveu ele posteriormente, em um relato notável pelo tom de indiferença. "Mais tarde, ela se reuniu com os pais em Reval, foi para a França, na última tentativa de encontrar a cura, e morreu."

Em um dia de verão, logo após a separação, Rosenberg saía da redação do jornal na Schellingstrasse quando viu "uma dama magra e bonita vestindo uma roupa escura e um grande chapéu preto com uma fita xadrez". Interessou-se imediatamente por ela. Hedwig Kramer tinha 24 anos, seis a menos do que ele. Viu-a entrar em um restaurante grego onde costumava almoçar, seguiu-a até lá e iniciou uma conversa. Cortejou-a em longas caminhadas ao redor dos tanques e prados do Englischer Garten de Munique, o maior parque urbano da Europa, onde os alemães podiam passear por horas sem voltar a passar pelos mesmos trechos. Eles se casaram em 1925 e tiveram dois filhos — um menino que morreu na infância e uma filha, Irene, nascida em 1930. Quando ele e Hedwig formaram família, instalaram-se na Akademiestrasse, em frente ao prédio de pedra lustrosa da Academia de Belas-Artes.

Mas o trabalho era sua vida. Os anos se passaram e Rosenberg seguia à escrivaninha estudando, lendo, pensando, escrevendo. O pouco tempo que tinha fora da redação passava mergulhado nos livros ou estudando a história alemã. Em uma das primeiras viagens que fez com a nova esposa foram visitar as ruínas do castelo de Heidelberg.

Suas responsabilidades editoriais iam além do jornalismo marrom do partido. Ele também supervisionava um jornal antissemita, *Der Weltkampf* [A Luta Mundial] que propunha temas-padrão sobre o antissemitismo em artigos pseudoacadêmicos, com notas de rodapé; Hitler o denominava "uma arma de primeira linha". Depois, Rosenberg assumiria a direção da *Nationalsozialistiche Monatshefte* [Revista Mensal Nacional-Socialista], onde discorria sobre os fundamentos ideológicos e teóricos do partido. Ele era um agitador extraordinariamente prolixo. Produziu mais escritos do que todos os demais líderes nazistas — juntos.[68]

No início de 1933, o trabalho por fim começou a gerar frutos. Dez anos de provações depois da derrota sangrenta na Odeonsplatz — anos de campanha eleitoral em cervejarias, provocações na imprensa, manobras escusas e lutas corpo a corpo nas ruas —, Hitler e os nazistas estavam, assombrosa e finalmente, a ponto de tomar o poder de verdade.

Na ocasião, Rosenberg retornava para Berlim. Dessa vez não seria apenas um transeunte na Unter den Linden, um mero espectador da história.

Dessa vez, seria o braço direito de um homem poderoso e decidido a *fazer* história.

6

Cai a noite

Tudo aconteceu tão rapidamente.[1] Hitler chegou ao poder em 30 de janeiro de 1933 como parte de um compromisso político. O impetuoso revolucionário precisava ser contido — apaziguado, controlado — por um gabinete de homens razoáveis nomeados pelo presidente Paul von Hindenburg, o colossal marechal de campo que comandara os exércitos alemães na Primeira Guerra Mundial.

Mas o chanceler nazista avançava rápido demais, e o gabinete não conseguia conter seu ímpeto.

Horas depois de fazer o juramento como chanceler, Hitler exigiu novas eleições parlamentares para consolidar seu poder. Sabia que, dessa vez, depois de tantos anos de caos político e de pugna contra poderes contrários na República de Weimar, os nazistas tinham tudo a seu favor. Dessa vez não podiam perder.

Eles imediatamente se apossaram do serviço público e puseram a polícia, a mídia estatal e a rádio a serviço do partido. Obtiveram compromissos de financiamento de campanha por parte de líderes empresariais abastados. Interromperam de forma violenta as campanhas dos oponentes e fecharam jornais rivais. Cinco anos depois de prometer que cabeças rolariam, eles rapidamente cumpriram a ameaça e exigiram duras contrapartidas dos inimigos.

102   O DIÁRIO DO DIABO

O medo, naquele momento e sempre, seria o principal instrumento do arsenal nazista.

Na noite em que Hitler subiu ao poder, os milicianos — uma força paramilitar calejada por mais de uma década de lutas nas ruas — marcharam em colunas infinitas pelas ruas de Berlim. Iluminado por tochas, o desfile se alongou por tantas horas que, para alguns observadores, parecia que Hitler já comandava centenas de milhares de beligerantes fanáticos com camisas marrons e botas de cano alto, prontos para aterrorizar quem cruzasse seu caminho. Na verdade, isso já era um fato, e o exército paramilitar cresceu nos meses seguintes: no início de 1934, o contingente chegou a quase 3 milhões.

Os nazistas não haviam completado nem um mês no poder quando um comunista holandês chamado Marinus van der Lubbe incendiou o Reichstag, o prédio ornamentado onde o Parlamento alemão se reunia. Rosenberg estava cruzando o Tiergarten quando avistou as chamas. Um repórter o viu observando a cena,[2] e o primeiro pensamento de Rosenberg foi igual ao de todo mundo: conspiradores nazistas atearam fogo ao edifício para jogar a culpa nos inimigos.

Durante décadas debateu-se sobre quem realmente teria incendiado o Reichstag, e o incidente foi usado politicamente pelos propagandistas de Hitler: aquilo, gritaram, era o início de um plano dos vermelhos para derrubar o governo alemão.

No dia seguinte, o Führer pediu a Hindenburg que suprimisse emergencialmente os direitos e garantias constitucionais. O velho herói de guerra — que nomeara Hitler chanceler, e a única pessoa na Alemanha que poderia ter evitado sua ascensão no ano seguinte — deu aos nazistas tudo o que queriam. A liberdade de expressão e de reunião, a liberdade de imprensa, a proteção contra buscas sem mandato e contra a vigilância — todos estes direitos básicos que foram suspensos "até segunda ordem" em nome da segurança do Estado. Os comunistas imediatamente sentiram o choque da agressão nazista quando milicianos invadiram escritórios do partido e detiveram e confiscaram seus cofres. Em cidades por todo o país, simpatizantes comunistas foram detidos aos milhares: escritores, professores, intelectuais, advogados, pacifistas e políticos, e até legisladores

CAI A NOITE

eleitos para o Reichstag. Os prisioneiros foram amontoados em campos de concentração improvisados. Alguns foram torturados; centenas morreram.

Herman Göring subiu ao poder junto com Hitler, sendo indicado para comandar o Ministério do Interior prussiano. Isso o colocou na chefia das forças policiais no maior estado alemão, que incluía a capital. Göring em seguida demandou poderes emergenciais e pôs seu aparato de segurança para operar impiedosamente suprimindo toda e qualquer organização política contrária aos nazistas.

"Quem cumpre o seu dever a serviço do Estado, quem obedece às minhas ordens e usa o seu revólver implacavelmente ao ser atacado tem a garantia da minha proteção", disse ele aos seus homens em uma diretriz de 17 de fevereiro. "Conheço dois tipos de lei, porque conheço dois tipos de homens: os que estão conosco e os que estão contra nós."[3] Ele contou a diplomatas estrangeiros que estava construindo campos de concentração para os inimigos do Estado, e que eles não deviam "ficar chocados com o que alguns consideram excessos. Açoites, crueldade generalizada e até mortes [...] são inevitáveis em uma revolução enérgica, jovem e de grande envergadura".[4] Aos inimigos, Göring lançou advertências sedentas de sangue em um discurso dois dias antes das eleições: "Camaradas alemães, minhas medidas não serão cerceadas por quaisquer pensamentos jurídicos. [...] Não preciso me preocupar com a justiça. Minha missão é unicamente destruir e exterminar, nada mais!"[5]

Aquele foi um período eleitoral como a Alemanha nunca havia visto, "uma farsa", segundo o embaixador dos EUA.[6] Os nazistas prometeram que seria a última rodada de votações que a Alemanha veria, ou necessitaria. Ganhassem ou perdessem, eles não entregariam as rédeas.

No final, Hitler não precisou ignorar a constituição para permanecer no poder. Os votos foram contados em 5 de março e os nazistas conquistaram assentos suficientes para manter o controle. "Hitler teve um triunfo sem precedentes", declarou Frederic Sackett, embaixador dos EUA. "A democracia na Alemanha recebeu um golpe do qual talvez jamais se recupere."[7]

Quando o novo Parlamento se reuniu em 2 de março na elegante Ópera Kroll, em substituição ao Reichstag incendiado, Hitler subiu à tribuna e vituperou contra a ameaça comunista à segurança alemã. Instou os legis-

104   O DIÁRIO DO DIABO

ladores a aprovarem uma Lei de Concessão de Plenos Poderes, pela qual entregariam grande parte dos seus poderes ao gabinete de Hitler. Para proteger o país, afirmou, ele precisava de uma mão mais firme nas alavancas do poder. Reunidos do lado de fora da sala, os milicianos entoaram um canto: "Plenos poderes, ou vão ver!"[8] A lei de Hitler foi aprovada por ampla margem, colocando a Alemanha no caminho da ditadura, da guerra e dos piores horrores que a Europa jamais vira.

O mais impressionante, admirou-se William Shirer, correspondente estrangeiro americano, foi que, mais ou menos, "tudo ocorreu dentro da legalidade".[9]

Em Berlim, Robert Max Wasilii Kempner, de 33 anos, se aborreceu com a ascensão nazista. Ele estava em situação precária. Seus pais eram judeus de nascimento. Em prol da assimilação, tinham batizado o filho na fé luterana, mas era a raça — e não a religião — o que determinava como os nazistas classificavam os cidadãos. Kempner também era social-democrata, e em 1930 tinha ajudado a preparar um processo para banir o Partido Nazista e mandar Hitler de volta à Áustria.

Apesar disso tudo, era um trabalhador nato, com contatos, além de um operador habilidoso. Mesmo com os nazistas no poder, ele tinha amigos surpreendentes em posições importantes.

Os pais dele eram microbiólogos de certo prestígio. Walter Kempner e Lydia Rabinowitsch-Kempner se consideravam opositores leais.[10] Acreditavam na Alemanha, mas não em seus mitos — não no "sangue e ferro" de Bismarck, não na monarquia, e certamente ainda menos nas lendas teutônicas exaltadas por Alfred Rosenberg. "Cresci em um lar onde o ceticismo tinha um papel importante",[11] escreveu Robert anos mais tarde.

Pouco depois de iniciada a Primeira Guerra Mundial, em 4 de agosto de 1914, Lydia foi ao Reichstag discutir a possibilidade de que os soldados alemães em campo se deparassem com doenças infecciosas como a peste, e como os militares deveriam combatê-las. Após ouvir um histórico discurso do kaiser Guilherme II no Salão Branco do Palácio Real — na ocasião, ele anunciou oficialmente que a Alemanha estava em guerra —, um repórter a reconheceu e perguntou-lhe o que fazia ali. "Esperando a peste", respondeu

CAI A NOITE

ela,[12] e, embora fosse literalmente precisa, o significado metafórico das suas palavras continuou ressoando no filho mesmo durante sua velhice.

Lydia Rabinowitsch era judia russa,[13] nascida na Lituânia em uma família rica, proprietária de uma grande cervejaria. Os Rabinowitsch se tornaram dentistas, médicos, empresários e advogados; Lydia, a caçula, foi à universidade em Berna e em Zurique, na Suíça, onde estudou botânica e zoologia.

Em 1893, terminou seu doutorado e se mudou para Berlim a fim de trabalhar com o microbiólogo Robert Koch.[14] Um dos mais importantes cientistas da época, Koch realizou pesquisas pioneiras sobre o antraz, descobriu as bactérias causadoras do cólera e da tuberculose, e ajudou a provar que os germes são responsáveis por doenças contagiosas. Na virada do século, seu Instituto de Doenças Contagiosas atraía as mentes mais brilhantes no campo da bacteriologia. Foi no instituto de Koch que Rabinowitsch conheceu um jovem médico e inteligente pesquisador chamado Walter Kempner, médico-chefe no hospital do instituto. Ele descendia de uma família judia polonesa que enriquecera negociando ações hipotecárias. Lydia e Walter casaram-se em 1898, e no ano seguinte estavam em Montenegro estudando surtos de malária nos Bálcãs quando Lydia entrou em trabalho de parto. Eles voltaram correndo para casa, para que o primeiro filho nascesse na Alemanha. Ele se chamou Robert em homenagem ao herói do casal, Koch.[15]

Os três filhos dos Kempner viveram imersos no trabalho dos pais. O pai examinava pacientes em um consultório na grande casa da família, na Potsdamer Strasse, em Lichterfelde, um bairro arborizado no sudoeste da capital. Havia um microscópio do escritório, e animais de laboratório — coelhos, ratos — em gaiolas na varanda. Durante os jantares, a família conversava sobre as novidades na pesquisa de bactérias e, aos domingos, Koch levava as crianças para passear e os ensinava a soltar pipa.

Em 18 de junho de 1917, Robert Kempner se alistou no exército. Pensando que, de qualquer modo, seria convocado, apresentou-se de forma voluntária. Independentemente do que sua família pensava sobre o militarismo em geral e o kaiser em particular, ele queria servir. Chegou ao front ocidental em 25 de outubro de 1918, justo quando os exércitos alemães perdiam uma importante posição defensiva diante dos últimos ataques dos Aliados.

106 O DIÁRIO DO DIABO

Regressou a Berlim com sua unidade, e estava entre as legiões de soldados que marcharam na Unter den Linden antes de serem dispensados, em 18 de dezembro. Ele foi condecorado com a Cruz de Ferro por seus serviços.

Ao chegar em casa, escondeu a pistola militar e a carabina no sótão. Aos 19 anos, já havia visto o suficiente para saber que poderia vir a precisar delas novamente.[16]

Dois meses depois da fundação da República de Weimar, o novo governo enfrentou uma insurreição — não dos nacionalistas de direita, mas dos espartaquistas de esquerda.[17] Em 6 de janeiro de 1919, os comunistas se mobilizaram para derrubar o novo governo e instalar um regime ao estilo soviético. Tomaram de assalto o jornal dos social-democratas, tentaram paralisar a cidade com uma greve geral e capturaram importantes prédios governamentais. Chegaram inclusive a instalar rifles no topo do Portão de Brandenburgo.

Dois dias depois do levante, o chanceler Friedrich Ebert refugiou-se no escritório e ponderou se deveria capitular. Em vez disso, o ministro de Defesa, Gustav Noske, criou uma sala de guerra em um internato feminino no sudoeste da cidade e orquestrou um contra-ataque. Ebert e Noske não tiveram alternativa a não ser convocar o Freikorps, remanescente das divisões militares dissolvidas no final da guerra. À época, Berlim contava com cerca de uma dúzia dessas unidades paramilitares, lideradas por antigos oficiais do Exército. Veteranos calejados que eram, fosse por patriotismo ou hábito militar, esses homens se dispuseram a enfrentar a ameaça comunista.

Mesmo para uma era banhada em sangue, o modo como esmagaram a revolta comunista foi especialmente violento. O exército improvisado de Noske marchou para o norte e, quarteirão por quarteirão, foi tomando de volta a cidade. A fachada da redação do jornal foi destruída por morteiros e tanques, e os que resistiam lá dentro — alguns desfraldando bandeiras brancas, outros atirando com pistolas, protegidos pelos enormes rolos das impressoras — foram mortos por obuses, metralhadoras e granadas. O Freikorps lançou um ataque de artilharia contra o quartel-general da polícia de Berlim, onde os comunistas haviam organizado o golpe; os que tentavam fugir da carnificina eram fuzilados. A revolução foi massacrada em poucos dias.

CAI A NOITE

Em meio à luta, Kempner apresentou-se como voluntário para ir a Berlim com o que restou da sua unidade, para consternação do pai, que questionou o filho: "Você está louco?" Ele apresentou diversas versões de suas atividades naqueles dias. Em cartas em que buscava obter crédito pelo serviço militar, contou que havia participado de "combates nas ruas",[18] e na sua ficha militar consta que passou dez dias em janeiro e todo o mês de março com sua unidade, a Freiwilligen-Eskadron Kürassier-Regiment Nº 4.

Porém, anos depois, em sua autobiografia, Kempner minimizou a importância de sua atuação. Ele já havia entrado para a universidade e estava em casa descansando. Tinha "marchado por pura curiosidade".[19] Não participou de nenhuma luta; deixara a carabina no sótão de casa, em Lichterfelde. Ficou por apenas duas semanas. Via a si mesmo como um estudante de férias. "Foi uma excursão ao terror", escreveu.

Quando se apresentou para o serviço, ele foi enviado ao Hotel Eden, na rua em frente ao zoológico, o qual havia sido requisitado como posto de comando de uma unidade do Freikorps, denominada Divisão de Guardas Montados. Ele atendia ao telefone, enviava mensagens e fazia escuta telefônica. Ouviu todo tipo de coisas, reconheceu, mas insistiu que de fato não sabia "o que estava ocorrendo". Montou guarda diante do hotel e perto da Kurfürstendamm, uma rua elegante com lojas e cafés. Apesar do frio e dos bolsões de escaramuças intermitentes, as pessoas iam e vinham. Um amigo de Kempner conheceu uma moça na rua e deixou-a provar o casaco do seu uniforme.

A história viria a recordar aquelas semanas no Éden por diversas razões. Em 15 de janeiro, às 9 horas, dois líderes da revolta, Karl Liebknecht e Rosa Luxemburgo, foram detidos e levados ao hotel, onde foram interrogados e espancados e, por fim, enxotados pela porta dos fundos. Foram golpeados com os rifles, atirados dentro de um carro e fuzilados. O corpo de Luxemburgo foi jogado de uma ponte no canal gelado da cidade para apodrecer; só foi retirado de lá cinco meses depois.

Kempner escreveu que não conhecia os notórios assassinos: dias antes, tinha despido o uniforme e voltado para casa. Na verdade, segundo sua ficha militar,[20] ele ainda estava em serviço quando Luxemburgo e Liebknecht foram levados para fora e fuzilados.

108 O DIÁRIO DO DIABO

Ele voltou à universidade e estudou ciências políticas, direito e administração pública em universidades de Berlim, Breslau e Freiburg. Em 1923, egresso da faculdade de direito, foi contratado por um proeminente defensor público chamado Erich Frey, conhecido por seu cabelo penteado para trás com gomalina e pela argumentação persuasiva em defesa dos criminosos mais ricos e infames de Berlim. Frey era o tipo de advogado que obtinha penas leves para bandidos apresentando-os como gente com um código de justiça próprio.

Após três anos no banco da defesa, Kempner passou para o outro lado. Em 1926 foi assistente no escritório do promotor público, mas o trabalho terminou quando foi flagrado passando informações desfavoráveis sobre o departamento a um jornal.

Depois, embora tenha usado um terno de flanela amarelo brilhante para uma entrevista com o ministro — seu gosto para vestir-se sempre foi extravagante —, ele obteve um emprego no Ministério do Interior prussiano. Foi um funcionário ambicioso e dedicado. Entre 1928 e 1933, como conselheiro legal da Polícia do Estado prussiano, lidou com reivindicações contra a força policial, ajudou a esboçar um novo código administrativo para a polícia, deu aulas no instituto estatal de polícia e escreveu artigos para publicações jurídicas.

Em determinado momento, quando os nazistas angariavam apoio em todo o país com a força de seus discursos bombásticos e clamavam por uma renovação nacional violenta, Kempner encontrou uma causa em comum com os esquerdistas. Um deles era Carl von Ossietzky, um editor pacifista que fora detido quando seu jornal revelou aspectos do rearmamento militar secreto que violavam os termos do Tratado de Versalhes. A pedido de Ossietzky, Kempner trabalhou gratuitamente em prol da Liga Alemã de Direitos Humanos,[21] a organização pacifista mais ativa no país no entreguerras. Um dos seus membros era Albert Einstein.

Em 1930, o Ministério do Interior estava cada vez mais alarmado com a retórica revolucionária de Hitler e lançou uma ampla investigação sobre os nazistas.[22] A questão central era se Hitler e seus apoiadores eram culpados de traição por discutirem constantemente a derrubada do governo.

Investigadores das divisões legal, política e policial assistiram às manifestações nazistas e analisaram a propaganda do partido. Debruçaram-se

CAI A NOITE

sobre panfletos, boletins, documentos educativos, filipetas, gravações de discursos, memorandos internos e o *Völkischer Beobachter*. Após meses de trabalho, os funcionários do ministério produziram três relatórios detalhados que apresentavam a ameaça nazista dos pontos de vista político, religioso e econômico.

O relatório, redigido pela divisão de Kempner, apresentou bases legais para banir o partido e deter seus membros.[23] Os nazistas haviam passado a década anterior dizendo ao mundo o que pretendiam fazer quando — e não se — tomassem o poder. Os radicais alardearam seus planos em lugares públicos, jornais e livros e, principalmente, em *Mein Kampf*, o rígido manifesto de 140 mil palavras publicado em 1925. (Segundo cálculos do eminente romancista Lion Feuchtwanger, o livro continha "139 mil erros"[24]).

De acordo com as palavras dos líderes do partido, o relatório de Kempner argumentava que o nacional-socialismo era mais do que uma organização política; era um culto radical "altamente centralizado". Esperava-se que os seus membros fossem uma "ferramenta obediente" e falassem a uma só voz. Os nazistas pretendiam substituir a república por uma ditadura. Embora alegassem trabalhar para promover mudanças internas mediante a eleição de deputados, na verdade eram revolucionários que nunca renunciaram à ideia de tomar o poder pela força.

Eles praticamente se indiciaram com aqueles pronunciamentos públicos.

"O nacional-socialismo confessa abertamente que é um partido militar que nunca obterá maioria numérica entre o povo", escreveu Rosenberg.

"Estamos criando um grupo poderoso com o qual, um dia, poderemos conquistar o Estado e, então, com o poder de Estado, poremos em prática, brutal e incansavelmente, a nossa vontade e o nosso programa", anunciou Goebbels. "Uma vez conquistado o Estado, o Estado será nosso."

"Estamos construindo nosso novo Estado com coragem e ímpeto", gritou Hitler. "Faremos o que quisermos; temos a coragem de enfrentar qualquer poder!"

O relatório argumentava que havia leis contra esse tipo de alta traição, e o governo deveria aplicá-las, em vez de tratar os nazistas como um partido político legítimo no Reichstag, ou de assistir de forma impotente à formação da tormenta.

110   O DIÁRIO DO DIABO

Naqueles anos, houve um notório processo implicando os nazistas nos tribunais. O governo estava preocupado com as tentativas deles de se infiltrarem no exército. Os generais haviam banido o recrutamento de nazistas e pediram aos soldados que se abstivessem de se imiscuir em questões políticas. Porém muitos oficiais do exército sentiam-se cada vez mais atraídos pela visão hitleriana de um exército robusto e livre das limitações impostas pelo Tratado de Versalhes.

Na primavera de 1930, três jovens oficiais do exército foram acusados de disseminar propaganda nazista e de defender o recuo do exército na eventualidade de um golpe nazista. Kempner atuou na investigação e assistiu ao julgamento dos tenentes por traição. Ao testemunhar na corte de Leipzig, Hitler rejeitou os acusados e assegurou à corte que os nazistas não tinham planos de uma revolta armada.

"Nosso movimento não precisa da força. Chegará a hora em que a nação alemã conhecerá as nossas ideias; então, 35 milhões de alemães me apoiarão." Ao mesmo tempo, ele prometeu que, quando assumissem o poder — por meios legais e constitucionais — os nazistas restaurariam a antiga glória do exército e vingariam os traidores judeus que haviam apunhalado a Alemanha pelas costas em 1918 e levado a nação à ruína.

"Cabeças vão rolar!", gritou, sendo ruidosamente aplaudido.[25]

Os dossiês do Ministério do Interior que Kempner ajudou a preparar foram entregues ao procurador-geral no Ministério de Justiça, que os ignorou. Depois soube-se que ele era favorável aos nazistas, e, quando se tornou chanceler, Hitler o manteve no cargo.

Três anos depois, em 1933, os nazistas estavam no poder e cumpriam tudo o que haviam prometido. "Certamente Hitler não perde tempo", escreveu Bella Fromm, a bem-relacionada jornalista diplomática do jornal *Vossische Zeitung*, de Berlim, no dia em que o Führer assumiu o poder. "Parece uma premonição irônica que o novo gabinete de Hitler comece pelo Ministério de Justiça." *Frau* Bella, como era conhecida, era o tipo de mulher que se materializava em todos os chás, bailes e jantares da alta sociedade, onde conhecia todo mundo. Ela se orgulhava de possuir um sofisticado faro para o clima político em Berlim. Mas os acontecimentos acelerados a deixaram tonta. Como Hindenburg havia permitido que aquele louco tomasse as rédeas?

"É muito difícil acreditar nisso tudo", escreveu, "quando sua mente tende à sanidade."[26]

Em março, o *London Herald* informou que os nazistas planejavam um ataque "em uma escala tão terrível quanto o das perseguições aos judeus dos últimos 2 mil anos".[27] Embora cético ante uma notícia que soava tão histérica, Henry Stimson, secretário de Estado dos Estados Unidos, retransmitiu-a à embaixada de Berlim em busca de respostas.

"Pequenas patrulhas espontâneas de nazistas estão dando o que consideram os últimos retoques na dominação nazista, cada qual segundo sua concepção", informou dias depois Frederick Birchall, correspondente do *New York Times*.[28] Os nazistas espetaram suas bandeiras com a suástica nas sinagogas e lançaram bombas de fedor em lojas de departamento de propriedade de judeus. Interromperam ruidosamente o início de uma apresentação na Ópera de Dresden para exigir a remoção imediata do famoso regente, de quem suspeitavam, equivocadamente, que fosse um socialista, e que foi acusado de contratar músicos judeus em excesso.

As detenções prosseguiram. Um político socialista foi arrancado de casa e surrado até a inconsciência, cuspido e cegado com pó de mostarda. Um refugiado anônimo contou que passara duas semanas em Spandau, onde os guardas arrancaram os olhos de prisioneiros e lhes romperam os dentes com a coronha do rifle. Um escritor foi forçado a comer o próprio manuscrito.[29] "Hoje, já não há dúvidas de que pertencer à fé judaica ou ter origem judaica e viver na Alemanha constitui um crime aos olhos da facção dominante", noticiou o *Times* em 20 de março. "Na questão da avaliação do crime de ser judeu não existe discriminação. Nem a notoriedade profissional, a capacidade gerencial, o serviço público ou a virtude pessoal se contrapõem a isto. Os professores estão sendo expulsos das escolas, os regentes, das salas de concertos, e os atores, dos palcos." Feuchtwanger, o romancista que acabara com *Mein Kampf*, fugiu para a Suíça. Teve a casa invadida e seus manuscritos confiscados.

Em 1º de abril, milicianos organizaram piquetes diante de lojas de judeus e tentaram afugentar os clientes, advertindo-os de que deviam comprar em lojas alemãs.

O DIÁRIO DO DIABO

Cidadãos americanos que regressavam da Alemanha contavam histórias terríveis, "quase inacreditáveis", escreveu o *Times*: um grupo de judeus foi arrastado para um quartel de milicianos e forçado a se espancarem entre si; clientes judeus de um restaurante foram golpeados com socos-ingleses de latão e atirados na rua; corpos encontrados nas florestas foram registrados pela polícia como "suicidas não identificados".[30]

"Havia uniformes por toda parte", escreveu Willy Brandt, inimigo declarado dos nazistas, que se tornaria prefeito de Berlim e chanceler da Alemanha Ocidental décadas depois da guerra. "As colunas de milicianos marchando, seus gritos, o ruído ensurdecedor de suas motocicletas enchiam as ruas. Toda a cidade parecia um campo do Exército."[31] Os famosos cafés estavam meio vazios, sem os intelectuais, artistas e escritores famosos de sempre. "Os que os frequentavam conversavam em voz baixa; eu fui seguido por olhares suspeitos. A suspeição e o medo eram como uma névoa venenosa — aquilo me deprimia, oprimia o meu peito, eu sentia que ia sufocar."

Na embaixada dos Estados Unidos, os diplomatas estavam preocupados. A situação era tão tensa que um massacre de judeus e inimigos dos nazistas não parecia absurdo.[32]

No entanto, nem todos os que observavam o tumulto dia após dia estavam tão alarmados, nem mesmo Birchall, o correspondente do *Times*, que em 1934 ganharia o prêmio Pulitzer por sua cobertura da Alemanha. Naquela primavera ele foi à rádio americana convencer a audiência nacional a "descartar a ideia de que na Alemanha haverá um massacre dos inimigos do governo nacional-socialista ou opressão racial em uma escala considerável. [...] Também podem descartar, estou seguro, a ideia de que a Alemanha e seus atuais governantes queiram entrar em guerra com quem quer que seja".

Birchall admitiu ser um "otimista incurável".[33] Não o seria por muito mais tempo.

O novo regime começou a instituir medidas legais de grande alcance que, como explicou um diplomata americano, "afastaria os judeus da Alemanha".[34] No primeiro ano do governo nazista, foram aprovadas mais de trezentas novas leis e regulamentos restringindo a vida dos judeus na

CAI A NOITE

Alemanha. Eles foram demitidos de cargos no governo, e os acadêmicos judeus foram expulsos do emprego. Advogados e juízes judeus foram barrados nos tribunais. Médicos judeus foram excluídos do sistema de atenção à saúde. Firmas foram obrigadas a despedir diretores judeus. A Bolsa de Valores de Berlim despediu corretores judeus; alguns reagiram suicidando-se.

A ideia era fazer o que fosse preciso para forçá-los a emigrar. Os nazistas eram favoráveis aos planos sionistas de ajudar judeus a emigrarem para a Palestina. "Só resta uma pergunta", observou um deles, "e é quanto os judeus que deixarem a Alemanha poderão levar consigo em termos de propriedades."[35]

Não muito, se os extremistas do partido conseguissem o que queriam.

George Messersmith, um diplomata americano em Berlim, espantou--se de que um descendente de judeus permanecesse em um país que se esforçava com tanto afinco para destruir suas vidas. "É preciso viver na Alemanha e fazer parte do seu cotidiano", escreveu em um relatório ao Departamento de Estado em 1933, "para entender as crueldades mentais infligidas diariamente, as quais, em muitos aspectos, são muito mais graves do que as barbaridades físicas que marcaram os primeiros dias da revolução."[36]

Em 1933, uma das primeiras medidas de Göring como ministro prussiano do Interior foi a nomeação de Rudolf Diels, um homem elegante de 32 anos de cabelo preto que já conquistara a reputação de oportunista de primeira classe. Dois anos antes, Diels entrara para a divisão policial do Ministério do Interior, onde informava sobre as atividades dos partidos de esquerda em geral e dos comunistas em particular. Ele tinha se aproximado de Göring,[37] que pretendia limpar o departamento de inimigos.

"Não quero nada com os canalhas", disse ele a Diels. "Afinal, há homens decentes aqui?"[38]

Diels revisou as fichas policiais e os dossiês pessoais de funcionários de lealdade inquestionável, e em poucos dias Göring pôs mãos à obra para livrar seu império burocrático dos social-democratas e de outros suspeitos incômodos. Os funcionários do ministério tiveram de preencher formulários com informações pessoais sobre religião, participação política e raça. Kempner preencheu as páginas obedientemente; em uma pequena demonstração de desafio, prometeu investigar sobre sua raça.

Göring então convocou uma reunião e informou os funcionários do ministério de que agora tudo seria feito "segundo o espírito do nacional--socialismo". Quem tivesse objeções podia se demitir. Kempner não se apresentou — por que desistir do salário antes da hora? — mas não precisou esperar muito para saber que estava fora.

A maior parte dos funcionários foi purgada por meio de um breve bilhete. Kempner gostava de relatar o tratamento especial que recebeu. Segundo a história, Göring o chamou ao seu escritório e o demitiu — pessoalmente, e demonstrando extremo preconceito.

"Você tem sorte de eu não enfiá-lo na cadeia!", gritou o gordo. "Suma da minha frente. Não quero vê-lo novamente!"[39]

Kempner tinha a reputação de ser o tipo de homem que nunca deixava os fatos atrapalharem uma boa lenda; a história real é bem menos dramática. Em sua autobiografia, ele diz que o chefe de pessoal do ministério, um antigo aliado, disse-lhe que teria de sair, mas permitiu-lhe tomar uma licença e o transferiu à Administração de Construções e Finanças da Prússia. O novo emprego, afirmou, consistia em checar o nível dos cursos d'água em Berlim.

Em abril, a Lei para a Restauração do Serviço Público Profissional impediu judeus de ocuparem postos governamentais, o que incluía professores de escolas e universidades, juízes e promotores. Porém Hindenburg interveio, e a lei isentou os funcionários judeus que estavam na folha desde antes de 1914 e aqueles que, como Kempner, haviam servido no front durante a guerra. De qualquer maneira, a lei colocou 5 mil judeus na rua.

Embora inicialmente protegido em virtude de sua participação na guerra, Kempner foi oficialmente despedido em setembro de 1933 com base em sua inconfiabilidade política.[40]

Neste ínterim, Diels foi recompensado com um novo cargo importante. Chefiaria uma nova força policial secreta, cujo nome, Geheime Staatspo-

CAI A NOITE

115

lizei, foi abreviado para as três sílabas que viriam a espalhar o terror nos corações dos inimigos do nazismo: Gestapo.

Kempner e Diels se conheciam bem. Diels era um excelente conversador e, assim como Kempner, sabia acumular amigos e contatos importantes. Frequentemente eram vistos trocando comentários na cafeteria do ministério.

Muitos anos depois, Diels diria que Kempner era "um verdadeiro homem da Gestapo. Ele simplesmente tinha uma deficiência racial".[41]

Diels tinha cicatrizes no rosto em consequência de duelos de esgrima — duas marcas na face direita, outra mais profunda na esquerda —, mas as mulheres o achavam atraente. "Poderia ser o mocinho de um faroeste americano", opinou uma dama.[42] Ele era casado, mas não rejeitava o afeto das mulheres, o que às vezes o colocava em apuros. Em 1931, Kempner fez um favor crucial ao amigo. Certa noite, a debilidade de Diels com as mulheres o colocou em uma situação comprometedora: ele esqueceu a carteira de identidade no apartamento de uma prostituta, e pouco depois ela apareceu no ministério para queixar-se de que ele a havia agredido. Kempner interveio, deu-lhe algum dinheiro e a mandou embora.[43]

Um romance de Diels escandalizou a comunidade diplomática de Berlim.[44] Em 1933, ele começou a sair com Martha Dodd, de 25 anos, filha do embaixador americano William Dodd. Eles eram vistos passeando no Tiergarten, no cinema, bebendo em boates. Martha, que se separara do marido antes de se mudar para Berlim, rapidamente ficou conhecida por seus casos indiscretos. Ela chamava Diels de "meu bem" e admirava sua "beleza frágil e cruel". Ele contou-lhe sobre a luta mortífera na burocracia nazista e falou-lhe sobre seus temores de acabar em uma lista de assassinatos. Mais adiante, ao ser caçado por inimigos que questionavam sua lealdade à causa nazista, Martha Dodd tentou ajudá-lo.

Em fevereiro de 1933, pouco depois de Kempner deixar o Ministério do Interior, mas antes que o incêndio no Reichstag desse a Göring uma desculpa para deter em massa os inimigos dos nazistas, Kempner se reuniu com o chefe da Gestapo em um restaurante chamado Kempinski & Co., na Leipziger Strasse.

116   O DIÁRIO DO DIABO

— Diels, como vão as coisas? — perguntou. — O que você anda fazendo? Tem muito trabalho?

— Problemas e trabalho — respondeu Diels. — Tenho de fazer listas.[45]

— Listas de quê?

— Para uma possível operação.

O ajuntamento de esquerdistas estava a ponto de começar.

— Há velhos amigos nossos nelas também — contou Diels.

Ao ouvir a dica, Kempner instou seus amigos pacifistas a saírem do país. Um deles, Kurt Grossman, foi para a Tchecoslováquia assim que recebeu o telefonema de Kempner. Mais tarde, explicou que ele "tinha o dom de descobrir coisas que eram segredo para os outros".[46] Outro amigo, Carl von Ossietzky, recusou-se a fugir, e a Gestapo o deteve logo após o incêndio do Reichstag. Com a saúde debilitada, Ossietzky foi condenado a trabalhos forçados e era espancado regularmente.

Enquanto isso, a Liga Alemã de Direitos Humanos foi dissolvida. Kempner queimou a lista de membros da organização e, para não deixar nada ao acaso, jogou as cinzas no rio Spree.[47]

Kempner havia previsto as consequências da tomada do poder pelos nazistas, em 1930. Embora tivesse conseguido evitar ser preso nos primeiros meses aterrorizantes, certamente estava ciente do perigo que corria como um homem classificado como judeu — e opositor do nazismo — vivendo no Reich de Hitler. Mas não deixou Berlim. Ainda não. Nesse sentido, agia como a ampla maioria dos judeus na Alemanha. Para cada um que acudia aos escritórios de vistos, muitos mais — a grande maioria — deciam ficar para ver.

Os de classe média, principalmente estavam atados psicológica e materialmente à terra. *Sentiam-se* alemães.[48] Simplesmente não estavam preparados para desistir das suas vidas no país onde haviam prosperado, principalmente nas últimas gerações.

Depois de anos como cidadãos de segunda classe, em 1871, os judeus haviam sido emancipados pelo kaiser Guilherme, e abraçaram com entusiasmo as novas liberdades para trabalhar no serviço público,[49] se tornarem médicos e advogados, pertencer à academia e criar empresas em um país que estava se tornando uma força econômica na Europa. Muitos judeus se assimilaram rapidamente, ou tentaram-no, abrindo mão da fé dos antepassados em favor do protestantismo ou do secularismo. A Alemanha, e Berlim em particular, tornou-se o destino de judeus de todas as nacionalidades. Pela primeira vez, nomes importantes das finanças alemãs, da política, das ciências e da cultura incluíam judeus. Durante a Primeira Guerra Mundial, 100 mil deles se alistaram, oito de cada dez serviram nas linhas de frente e 12 mil morreram pela causa.

Ao tomar o poder, os nazistas vociferaram, se enfureceram e prometeram expulsá-los, mas para os judeus era difícil saber o quão sérias eram aquelas ameaças. Certamente, muitos pensaram que, uma vez no poder, Hitler teria de moderar sua retórica. Certamente poderiam obter um compromisso que lhes permitisse viver em paz. Os líderes judeus pregavam a paciência e a calma. Talvez a Alemanha recuperasse a razão e expulsasse Hitler após um ou dois anos de loucura.

A violência contra os judeus refluiu e cresceu naqueles anos e, por mais que temessem ataques piores,[50] eles também se preocupavam com os perigos da emigração. Será que ficariam pelas ruas em uma terra estrangeira, sem dinheiro, sem falar a língua, sem encontrar um trabalho adequado? Muitos eram provedores e desconsideraram a súplica das esposas para emigrar até que fosse tarde demais. No fim das contas, os judeus alemães tinham mais motivos para ficar do que para partir, escreveu o historiador John Dippel: "Primeiro, havia coisas demais para superar — enraizamento, complacência, incredulidade, petulância, ingenuidade, otimismo e até oportunismo."[51] Surpreendentemente, alguns empresários judeus chegaram a prosperar nos primeiros anos do governo nazista.[52]

Nem mesmo o judeu mais perspicaz poderia prever que todo o continente cairia nas mãos dos nazistas, escreveu Kempner anos mais tarde.

Então, eles esperaram. Aguardaram os "alemães e patriotas leais".[53]

No início, Kempner esperou, também, em meio às detenções e à discriminação regulamentar e à horrível oratória dos raivosos antissemitas no poder — homens como Rosenberg, que pregavam incansavelmente sua visão de uma raça limpa de toda impureza e um país livre de qualquer traço de sangue judeu.

7

"O caminho de Rosenberg"

Ele tinha o charme de um agente funerário: olheiras escuras e profundas, lábios fortemente contraídos em um resmungo permanente, o cabelo escasso partido e penteado para trás do alto da testa grande. "De estatura média, seu rosto acendrado e as bochechas flácidas dão a impressão de um homem de saúde precária que leva uma vida sedentária",[1] escreveu o repórter americano Henry C. Wolfe ao conhecer Rosenberg. Wolfe achou que ele parecia um homem renuente em sorrir — como se a sua missão fosse tão profundamente séria que qualquer ligeireza fosse uma inconveniência. Ou isso, pensou Wolfe, ou ele sofria de indigestão crônica.

"Seus olhos pálidos e sem viço olhavam na sua direção, mas não para você, como se você não estivesse ali", escreveu Kurt Lüdecke, o angariador de fundos e promotor que trabalhou por um tempo com ele. Rosenberg se considerava um intelectual com altos princípios morais, mas os demais o viam como um homem frio, arrogante, distante e incansavelmente sardônico. "Um bloco de gelo!", escreveu Lüdecke.[2] "A ironia distante e fria de Rosenberg afastava as pessoas, fazendo-as sentirem-se pequenas e desconfortáveis em sua presença."

Albert Krebs, contudo, não se deixava intimidar, ou ao menos não por Rosenberg. Líder sindicalista em Hamburgo, Krebs fora comandante de uma unidade miliciana, era chefe regional do partido e editor de um jornal alinhado com os nazistas, o *Hamburger Tageblatt*. Certa vez, no final da década de 1920, um período turbulento em que o partido se dividiu em facções rivais em Berlim e Munique, Krebs se tornou inimigo de Rosenberg ao escrever um editorial questionando a virulenta oposição do partido à União Soviética, o que, claro, marcou o início e o fim de qualquer diálogo político com o editor do meio de comunicação oficial do partido. Rosenberg disparou um telegrama convocando Krebs a Munique. Quando este chegou à redação na Schellingstrasse, foi saudado com frieza. "Rosenberg estava sentado à escrivaninha", escreveu Krebs depois, "mas não se levantou, não ergueu os olhos, e respondeu à minha saudação com um grunhido incompreensível."

— Você queria falar comigo? — Krebs puxou uma cadeira.

— Catorze dias atrás — retrucou Rosenberg.

— Naquele momento eu estava sem tempo.

— Um empregado da imprensa do partido *deve* ter tempo quando eu o chamo — disparou o outro.

Os dois escritores lançaram-se em um debate sobre o artigo ofensivo. Nada ficou resolvido, mas Krebs descobriu certas coisas sobre o principal ideólogo do partido. Rosenberg lecionou em longos monólogos repetindo o tipo de coisas que escrevia nos artigos do jornal; quando Krebs fazia perguntas, ele as ignorava. "A impressão que tive é que ele não ouvia. De vez em quando, em observações críticas, apertava os lábios ou ensaiava um sorriso calculado, o que naturalmente garantiu-lhe a reputação de mal-humorado e arrogante", recordou Krebs. "Ele era tão rígido ao expressar sua imaginação e seus sonhos vaidosos de ser um nobre báltico, um lorde inglês, o gênio científico de dimensões copernicanas, que perdia por completo a capacidade, por ele mesmo atrofiada, de se relacionar e conversar com outros seres humanos. [...] Ele estava tão imerso em suas próprias opiniões que simplesmente não conseguia entender como alguém podia pensar de outro modo."[3]

Krebs teve outras conversas com Rosenberg. Certa vez, o pensador do partido declarou que o chanceler Heinrich Brüning, líder do Partido Católico de Centro, planejava trazer o comunismo à Alemanha e esmagar a Igreja Protestante para que o Vaticano pudesse avançar e impor o catolicismo.

"O CAMINHO DE ROSENBERG"

Krebs ficou perplexo. "Rosenberg me cansava com os seus acontecimentos políticos irreais, sua imaginação fantasmagórica e as fantasias extraídas de histórias de detetive ou suspense policial."[4]

Krebs achava inacreditável que aquele homem profundamente confuso fosse o intelectual que Hitler tanto estimava. Obviamente, Rosenberg traficava com devaneios e ideias disparatadas — roubadas, claro. "Graças a uma memória excelente e uma energia prodigiosa, ele acumulou uma impressionante quantidade de fatos isolados", escreveu Krebs, "no entanto, era incapaz de integrá-los e desenvolver uma visão própria dos contextos e suas conexões com os acontecimentos históricos."

Talvez Hitler não enxergasse isso. Ou talvez sim, e talvez percebesse, espertamente, que ele era justamente o tipo de sábio ideológico de que necessitava para o seu movimento, pensou Krebs. "Como um mestre da propaganda, ele sabia que era precisamente o incompreensível e o estapafúrdio que provocam maior impacto nas massas."[5]

Para ele, essa seria a única explicação para o título grandioso que Hitler conferiu a Rosenberg nos primórdios do Terceiro Reich.

Enquanto produzia o *Völkischer Beobachter*, no final da década de 1920, Rosenberg trabalhava em outra coisa: uma obra-prima, um trabalho sobre raça, arte e história abrangendo milênios, um livro que ultrapassaria o monte de comunicados diários mensais que enviava ao mundo. Ele queria que *O mito do século XX* tivesse um poder duradouro. Seria a culminação do seu pensamento sobre a Alemanha e o seu lugar no mundo, uma declaração peremptória de filosofia e a formulação mais completa da ideologia nazista já publicada e divulgada. Sua expectativa era que o livro o distinguisse como o principal pensador do partido.

Ele gostaria de poder se dedicar inteiramente ao livro, contudo era forçado a escrever de modo intermitente. "Eu passava o dia inteiro ocupado com o meu jornal", confessou anos depois, "portanto, não podia desenvolvê-lo de um modo tão cabal como um homem ilustrado."[6] Quando escapava para trabalhar nele durante o dia, seu patrão ficava insatisfeito. "Olha ele lá, agachado, aquele tolo, esnobe, bobão sem diploma!",[7] disse certa vez a um colega Max Amann, o chefe de redação do jornal. Ele apontou para Rosenberg, sentado a uma mesa de mármore diante de uma ampla janela no Café Tambosi, na Odensplatz, que dava para as torres gêmeas do relógio da Theatinerkirche, onde estavam enterrados vários membros da realeza Wittelsbach. Rosenberg estava rodeado de livros e papéis espalhados por várias mesas, provavelmente imerso em seus pensamentos. "Escrever 'obras' — esse boêmio!", soltou Amann. "Em vez disso devia estar produzindo um jornal decente."

Rosenberg conseguiu terminar o manuscrito em 1929; sua esposa, Hedwig, o passou a limpo na máquina de escrever, e ele o entregou a Hitler para que o aprovasse. Passaram-se seis meses. O Führer não dizia nada. Quando por fim Rosenberg tocou no assunto, Hitler respondeu que o livro lhe parecera "inteligente",[8] mas ele se perguntava quem realmente leria centenas de páginas com suas teorizações ideológicas. Em primeiro lugar, Hitler já havia publicado o eminente *Mein Kampf*. Ao mesmo tempo, ele era um político pragmático, interessado em tomar e exercer o poder, e algumas ideias d'*O mito* eram, no mínimo, incendiárias.

Contudo, independentemente de suas críticas, Hitler as pôs de lado e aprovou a publicação. Em 1930, o livro de Rosenberg chegou às livrarias.

O mito do século XX era um volume complicado, quase impenetrável. Rosenberg o enxergava como um tratado sobre sua filosofia da arte e da religião e de suas ideias pouco convencionais sobre história e raça.[9] "Cada raça tem a sua alma, e cada alma tem a sua raça — uma arquitetura interna e externa singular, uma aparência característica e estilo de vida, e uma relação única entre as forças da vontade e da razão", dizia um trecho. "Cada raça cultiva o seu ideal mais elevado. A infiltração massiva de sangue e ideias estranhas transforma ou destrói isso, e o resultado desta metamorfose interna é o caos e, às vezes, a catástrofe."[10]

E assim seguia o texto, sem parar, sem forma e interminável. Um admirador tentou ajudar os leitores publicando um longo glossário da terminologia mais obscura.[11]

Em meio aos trechos ambíguos havia momentos de clareza, ideias que permeariam o pensamento nazista nos quinze anos seguintes. Rosenberg escreveu que, ao longo dos séculos, a cultura e a honra nacional alemãs haviam sido cruciais para disseminar a civilização. Onde surgiam grandes culturas havia um sinal da influência ariana. A mistura de raças — o caos racial — havia levado à queda das grandes sociedades. Ao conceder direitos iguais ao "sangue estranho", o homem teutônico havia cometido "um pecado contra o seu próprio sangue".[12] Só retornando à pureza racial a Alemanha seria forte outra vez.

Quem já havia mergulhado na literatura do nacionalismo antissemita — Gobineau e Chamberlain, entre outros — tinha lido aquilo antes: o livro não trazia ideias originais importantes. Contudo, depois de subir ao poder, em 1933, os nazistas saudaram o *Mito* como uma das pedras angulares do nacional-socialismo e, junto com *Mein Kampf*, o livro que os nazistas leais deveriam possuir. Anos depois, muitos na hierarquia nazista negaram que o tivessem lido com atenção. Goebbels classificou-o como "um arroto ideológico".[13] Göring o elogiou em carta a Rosenberg, mas pelas costas do escritor afirmou que o primeiro capítulo quase o fizera dormir.[14] Hitler havia "folheado brevemente" o livro de Rosenberg e o achara "obtuso demais".[15] Ele odiou o título. Os nazistas, disse, não estavam disseminando mitos. Estavam inundando o mundo com um conhecimento recém-descoberto. "É uma estupidez", Putzi Hanfstaengl disse a Hitler. "E estupidez é sempre estupidez. Se você dobrar uma folha de papel com uma mancha de tinta dentro, cinquenta anos depois ninguém vai confundir aquilo com um Rembrandt. Rosenberg é um homem perigoso e estúpido, e quanto mais cedo você se livrar dele, melhor."[16] Franz von Papen, o político conservador indicado por Hitler para vice-chanceler, em janeiro de 1933, rememorou que, em particular, Hitler ridicularizava o livro e seu autor.[17]

Porém, sempre em busca de vantagens políticas, Hitler era conhecido por atuar para a audiência. Outro nazista, Otto Strasser, que mais tarde foi expulso do partido, recordou que Hitler endossava enfaticamente Rosenberg e seus ensinamentos radicais.

Certa vez, em uma reunião no escritório de Strasser em Berlim, este criticou a virulenta oposição de Rosenberg às igrejas cristãs, o seu "paganismo".

Hitler ergueu-se agitado e começou a andar de um lado para o outro no amplo escritório de Strasser.

"A ideologia de Rosenberg é parte integral do nacional-socialismo", disse. "Ele é um precursor, um profeta. Suas teorias são a expressão da alma alemã. Um verdadeiro alemão não pode condená-las."[18]

Strasser recordou que dois anos mais tarde, no lançamento d'*O mito*, Hitler exaltou-o como "o mais tremendo feito desse tipo". Todas as revoluções da história haviam lutado por causa da raça, disse. "Se lerem o novo livro de Rosenberg [...] poderão entender esse tipo de coisas."[19]

Independentemente do que os rivais de Rosenberg na burocracia pensassem sobre *O mito*, o livro tornou-se um texto-padrão na Alemanha. O novo Estado nazista ordenou sua inclusão no currículo escolar e nos acervos das bibliotecas. Os professores deviam levar suas cópias aos cursos de doutrinamento. Os estudantes de direito deviam se familiarizar com seus ensinamentos. Os instrutores da Juventude Hitlerista utilizavam suas ideias nas aulas ideológicas.

"O caminho de Rosenberg", afirmou Baldur von Schirach, líder da organização, "é o caminho da juventude alemã."[20]

O livro vendeu mais de 1 milhão de exemplares[21] e entronou o autor como uma voz importante nas inúmeras discussões em torno de religião, arte e raça da era hitlerista. Nas livrarias do país, *O mito* era exposto junto ao seu único rival no mundo editorial alemão: *Mein Kampf*. Ele se tornou tudo o que Rosenberg queria, e mais: ele havia escrito a bíblia do movimento nazista.

"Acredito", disse um homem a Rosenberg, "que mesmo depois de mil anos sua obra irá perdurar."[22]

Na década de 1930, as ruas de Berlim fervilhavam. Todas as manhãs, empregados de escritórios e fábricas trajando ternos, vestidos e uniformes saíam de estações de trem e paradas de metrô. Acima do estrépito do trânsito pairavam os gritos de vendedores que ofereciam flores, frutas, cigarros, bolas, jornais, truques de mágica.

Os visitantes se impressionavam com a Unter den Linden, o Portão de Brandenburgo e os sendeiros perfumados do Tiergarten, mas nenhum lugar traduzia melhor a natureza da cidade do que a Potsdamer Platz,[23] a resposta da capital à Times Square. Hotéis de luxo e cafés nas calçadas compartilhavam o espaço com cervejarias e lojas. A Haus Vaterland, com seu nome iluminado ao redor da fachada com domo, atraía os berlinenses ao teatro, shows e a uma variedade de restaurantes internacionais

"O CAMINHO DE ROSENBERG" 125

("O Mundo em Uma Casa", dizia o slogan). O café, com 2,5 mil assentos, era a maior cafeteria que havia. O trânsito de oito ruas desembocava em um cruzamento caótico na Potsdamer Platz. Bondes cortavam o centro e pequenos Opels e Mercedes-Benz reluzentes competiam com ônibus de dois andares, caminhões, táxis, carretas de tração animal, bicicletas e pedestres aparentemente destemidos. Um dos primeiros semáforos da Europa foi instalado no centro da praça, em 1925, mas não serviu muito para domar a corrente de máquinas e indivíduos que ali pulsava.

Em janeiro de 1933, Rosenberg por fim se mudou de Munique para o norte, com o intuito de ficar mais perto dos acontecimentos. Instalou então seu escritório na Margaretenstrasse 17, uma casa comum a poucos passos do cruzamento mais movimentado de Berlim. Ele preferia a Wilhelmstrasse, onde se localizava a chancelaria do Reich e os ministérios mais importantes, mas por enquanto a Margaretenstrasse era próxima o suficiente.

No novo Reich, o partido operava como uma espécie de "governo extralegal"[24] paralelo, e mesmo os que não dirigiam um ministério detinham um poder enorme. Nos primeiros oito anos do regime nazista, Rosenberg trabalhou para o partido, tendo começado como chefe do Escritório de Política Exterior, em abril de 1933. O novo chanceler não confiava nos diplomatas veteranos, inclusive em Kostantin von Neurath, o ministro de Relações Exteriores. Porém, enquanto Hindenburg estivesse vivo, Hitler não podia substituí-lo por seu homem de confiança, pois Neurath contava com o respaldo do presidente. Então, a princípio, Hitler pretendia usar Rosenberg como uma espécie de ministro de Relações Exteriores por baixo dos panos, para fazer sua agenda internacional avançar.

De certo modo, aquele era um cargo natural para Rosenberg, que em 1927 escrevera um livro intitulado *O rumo futuro da política externa alemã*. Além de ser membro do Comitê de Assuntos Exteriores do Reichstag, em 1932 ele fora a Roma representando o partido para falar em um fórum internacional sobre o futuro da Europa. Contudo, por outro lado, Rosenberg não sabia muito sobre outras nações e seus interesses, e não possuía o tato polido nem a discrição cheia de nuances dos diplomatas.

O que se dizia era que as conversas com Rosenberg eram sempre iguais. "Ele se dispunha a iniciar uma discussão sobre qualquer assunto, porém, independentemente do ponto de partida, em cinco minutos começava a repetir frases desgastadas pelas discussões constantes a respeito de suas teorias sobre sangue e raça", escreveu um interlocutor. "Começasse falando de história, horticultura ou das botas de cano alto dos paraquedistas, certamente ele logo mudaria o assunto para o sangue e a raça. Era quase possível prevê-lo matematicamente."[25]

O embaixador americano em Berlim, William Dodd, rememorou várias conversas desse tipo com Rosenberg. Ele as abominava. Encolhia-se diante da possibilidade de ser fotografado junto ao filósofo do partido, como ocorreu quando se encontraram no Hotel Adlon, na Pariser Platz, em uma noite de novembro de 1934.

"Para mim não foi um prazer", escreveu ele em seu diário, "pois nenhum oficial alemão pensa de modo tão confuso ou diz tanta bobagem."[26]

A primeira viagem de Rosenberg a Londres no novo cargo evoluiu para o desastre político e de relações públicas para o qual um amigo o havia advertido. "Você não fala nem uma palavra de inglês!",[27] disse-lhe Lüdecke, o financista nazista, antes da partida. "Não tem um único terno decente. Suas roupas estão horríveis. Não pode ir a Londres assim — vá a um alfaiate primeiro." Rosenberg retrucou com um sorriso gélido: "Hitler tem razão. Você precisa de uma mordaça." A viagem, em maio de 1933 — uma primeira tentativa de apaziguar a feroz oposição britânica ao regime repressivo nazista —, provocou protestos e declarações no Parlamento de que ele deveria ser expulso do país. Para o diplomata britânico Robert Vansittart, Rosenberg "parecia um bacalhau frio" e tinha um temperamento coerente com sua aparência.[28] Ele partiu mais cedo, e com tanta pressa que deixou para trás luvas, uma gravata, um lenço, meias e a escovinha de unha.

Ao mesmo tempo, fez contato com um par de britânicos que, na verdade, eram espiões.[29] Um deles, William de Ropp, era um jornalista que foi posto na folha de pagamentos nazista para apresentar-lhe figuras-chave no país. O outro, Frederick Winterbotham, agente do M16, fingia ser um simpatizante nazista do Ministério das Forças Aéreas. Incauto, Rosenberg levou os dois à Chancelaria para uma reunião com o Führer, e depois os convidou para almoçar com chefes militares no famoso restaurante Horcher, em Berlim. Ele pensou que havia acertado a base de uma aproximação entre

"O CAMINHO DE ROSENBERG"

as duas nações. Em vez disso, ajudou os agentes a coletarem um tesouro de informações sobre o rearmamento alemão. Ainda assim, como guru nominal da política externa do partido, Rosenberg não desistiu do mandato. Explorou todos os ângulos que pôde. Entrou em contato com simpatizantes nazistas pelo mundo e chegou a financiar propaganda nos Estados Unidos e em outros países. Fez planos para dividir a União Soviética e pretendeu imprimir sua marca no mapa da Europa.

Chegasse ou não o momento tão esperado, Rosenberg sempre seria o mais importante ideólogo nazista. Aos olhos das tropas, ele estava firmemente estabelecido como um importante defensor da causa, o homem que oferecia apoio intelectual à sua missão radical. Em junho de 1933, foi um dentre apenas dezesseis homens promovidos a Reichsleiter, o topo da hierarquia do partido, um degrau abaixo do Führer. No final daquele ano, Hitler o saudou em uma série de cartas elogiosas dirigidas aos mais importantes líderes do partido, que depois foram publicadas no *Völkischer Beobachter*.

"Querido camarada de partido Rosenberg!", escreveu Hitler. "Uma das primeiras condições para a vitória do movimento nacional-socialista era a destruição espiritual do mundo hostil das ideias que nos confrontam. Você não só [...] foi determinante no ataque contra esse mundo de ideias como também contribuiu de um modo extraordinário [...] para assegurar a unidade filosófica da nossa luta política."[30]

No início de 1934, Hitler oficializou o status de liderança de Rosenberg. Seu leal assistente tornar-se-ia seu "delegado para toda a doutrinação intelectual e ideológica e educação do Partido Nacional-Socialista".

O título interminável — obra de Rosenberg, claro — era quase tão longo quanto as duas frases vagas assinadas por Hitler descrevendo as responsabilidades do cargo.

A indicação surgiu de um pedido de materiais doutrinários feito por Robert Ley,[31] que era líder da Frente Alemã do Trabalho e chefe da organização do partido. Uma de suas responsabilidades era supervisionar um Escritório Central de Treinamento de líderes atuais e futuros do Terceiro Reich. O partido tinha crescido exponencialmente desde que Hitler se tornara chanceler: entre 30 de janeiro e 1º de maio de 1933, quando foram

128 O DIÁRIO DO DIABO

suspensas as afiliações, 1,6 milhão de alemães se filiaram. Ley queria assegurar que aquelas "violetas de março", como os antigos combatentes nazistas apelidavam os militantes tardios, aprendessem corretamente sobre o nacional-socialismo. Ele idealizava um papel de conselheiro para Rosenberg. O ideólogo montaria currículos e ementas,[32] criaria planos de aulas e materiais de treinamento que a equipe de Ley empregaria nos treinamentos, de modo a garantir o doutrinamento consistente dos oficiais do partido.

As ideias de Rosenberg eram mais ambiciosas do que escrever planos de aulas e livros de texto. Ele enxergava sua posição nos termos mais amplos possíveis, e dedicou-se a realizar a grande ambição expressa no longo título de seu cargo.

Em fevereiro, ele se postou diante do microfone na Ópera Kroll e, dirigindo-se a uma audiência de dignitários do partido, deu uma ideia de suas metas de grande alcance. Expressou-se com a pronúncia báltica ondulante que o distinguia como estrangeiro, um imigrante de primeira geração. Mas quando suas palavras ecoaram pelo grande salão, ele fez uma oferta aos corações e almas do povo alemão. "Se hoje nos contentássemos apenas com o poder de Estado, o movimento nacional-socialista não teria cumprido sua missão", afirmou. "A revolução política no Estado foi completada, mas a reformulação intelectual e espiritual das mentes dos homens está apenas começando."[33]

Porém, antes de liderar o ataque, ele precisava vencer um conflito mais perto de casa.

O estilo de administração de Hitler era darwiniano. Ele distribuía diversos títulos aos subordinados com responsabilidades sobrepostas, e costumava dar instruções gerais sobre os seus desejos. Isso estimulava ativamente as disputas internas: jogava os funcionários uns contra os outros, e só quando os conflitos territoriais ou os desacordos políticos chegavam ao auge ele fazia algo para restabelecer a ordem. Todos estavam cientes de que poderiam ser dispensados ou — pior — perder o favor de Hitler. A desconfiança era generalizada. "Entre os funcionários do Partido Nacional-Socialista, não há quem não esteja disposto a cortar alegremente

"O CAMINHO DE ROSENBERG"

o pescoço de outrem para garantir o próprio progresso",[34] escreveu Bella Fromm, a jornalista diplomática. "Hitler prefere assim. Isso os mantém na linha. Além do mais, ele parece pensar que um homem que tem a capacidade de brigar para abrir caminho pode lhe ser útil."

O novo cargo de Rosenberg o colocou em oposição direta à mais poderosa força política em Berlim, um funcionário caviloso e mortífero e um brilhante manipulador das massas: Josef Goebbels, ministro da Ilustração Pública e da Propaganda do Reich. Quatro anos mais jovem do que Rosenberg, Goebbels foi criado em uma família operária na cidade de Rheydt,[35] perto de Düsseldorf. Seus pais eram católicos devotos, e ele pensou em ser padre. Uma cirurgia para tratar uma doença na medula óssea o deixou com uma perna atrofiada e manco para o resto da vida. Envergonhado devido à sua condição física, dedicou-se aos estudos e se tornou um estudante exemplar. Estudou literatura alemã, história e filologia antiga e fez um doutorado em filosofia. A partir daí insistiu em ser chamado de *Herr Doktor*.

Na esperança de se tornar escritor, ele mantinha um diário e tentou escrever um romance autobiográfico, algumas peças de teatro e diversos artigos jornalísticos. Mas não conseguiu publicá-los. Não conseguiu nem emprego em algum jornal. Trabalhou por um curto período em um banco, mas foi demitido durante a crise financeira de 1923.

Ele estava desiludido quando, em 1924, se deparou com os nazistas. Em pouco tempo ficou conhecido como orador e começou a trabalhar com Gregor Strasser, farmacêutico e líder partidário enérgico de Berlim que tentava atrair a classe operária do norte à causa nazista. Goebbels e Strasser, irmão mais velho de Otto Strasser, eram socialistas tanto quanto nacionalistas, e isso os colocou em confronto com Hitler e os homens mais conservadores que o cercavam em Munique, entre eles Rosenberg. Goebbels não entendia por que nazistas e comunistas não podiam trabalhar em conjunto. "Você e eu estamos lutando um contra o outro, mas não somos realmente inimigos",[36] escreveu ele em uma carta aberta aos comunistas. "Ao brigar, dividimos as nossas forças, e nunca alcançaremos o nosso objetivo." Pensando nas pessoas de Munique em 1926, Strasser e Goebbels esboçaram uma nova plataforma para o partido defendendo a ocupação

130 O DIÁRIO DO DIABO

de propriedades aristocráticas e a cooperação alemã com a União Soviética "livre do internacionalismo judaico".

Hitler não gostou, inclusive porque havia nobres entre os seus mais importantes patrocinadores. Chamou Strasser e Goebbels às falas e, em uma reunião partidária em fevereiro de 1926, humilhou-os e os forçou a recuar. Goebbels, que estava encantado com o líder nazista, ficou abalado ao constatar que Hitler se alinhava com Rosenberg. "Que tipo de Hitler é esse? Um reacionário?",[37] escreveu em seu diário. "A questão russa: muito equivocada. A Itália e a Inglaterra, nossos aliados naturais! Terrível! Nossa meta, segundo ele, é a destruição do bolchevismo. O bolchevismo é uma criação judia. Temos de quebrar a Rússia... Não consigo dizer nada. Sinto como se tivesse levado um golpe na cabeça."

Porém, acima de tudo Goebbels era ambicioso e pragmático, e logo voltou para o rebanho nazista. Seus diários se encheram de louvações ao seu herói. (Uma delas dizia: "Adolf Hitler, amo você, porque você é ao mesmo tempo grande e simples. O que também se chama genialidade."[38]) Hitler, por sua vez, cortejava Goebbels ostentosamente. Quando o suposto dissidente se afastou de Strasser, foi enviado a Berlim para liderar um ataque contra os próprios comunistas que pouco antes tentara conquistar. O trabalho exigia um gosto pelo insulto, e ele era o homem certo. Até mesmo um admirador observou que as palavras de Goebbels desciam como uma mistura de "ácido clorídrico, sulfato de cobre e pimenta".[39]

Mestre na intriga de bastidores, Goebbels gastava tanta energia vigiando seus rivais quanto na direção do ministério, ou essa era a impressão que dava. Jornalistas em Berlim teceram comentários sobre sua capacidade de trabalhar horas a fio, sobre o seu intelecto — um bem raro em um partido mais conhecido por se apoiar na força bruta — e a sua disposição para dizer o que fosse necessário e manter a discussão. "Aparentemente franco e direto, com um sorriso encantador e voz polida, ele na verdade era um mestre em ocultar seus pensamentos por trás de uma máscara de civilidade",[40] escreveu Louis P. Lochner, correspondente da Associated Press em Berlim. Assistindo-lhe discursar, Lochner viu um *showman*. Goebbels podia dar a impressão de estar tomado pela emoção quando, na verdade, estava fazendo uma performance, com

"O CAMINHO DE ROSENBERG"

cada movimento minuciosamente estudado e executado para obter o máximo de efeito.

Goebbels tinha um truque que demonstrava sua maestria. Fazia quatro discursos defendendo quatro diferentes formas de governo — a monarquia, o comunismo, a democracia e o nazismo — e deixava os ouvintes absolutamente convencidos de que acreditava piamente em cada um deles. "Goebbels provou ser um artífice da demagogia", afirmou Lochner. "Seus olhos escuros e penetrantes, o cabelo negro liso penteado para trás, a pele firme, remetiam a certas encenações de Mefistófeles."[41]

Rosenberg tinha problemas com Goebbels, e o primeiro deles era que o chefe da propaganda tinha uma noção ampla do próprio trabalho. Segundo um decreto de Hitler de 30 de junho de 1933, ele tinha jurisdição "sobre todo o campo da doutrinação espiritual da nação, da propaganda do Estado, da propaganda cultural e econômica, do esclarecimento do público no país e no estrangeiro".[42] A descrição o colocava no que Rosenberg considerava ser seu próprio território.

Um embate violento consumiria os dois durante a maior parte dos doze anos seguintes.

O primeiro campo de batalha foi a arte. A derrubada da monarquia no final da guerra havia libertado Berlim. Da noite para o dia, a cidade tornou-se um centro cultural e social. Louras pernaltas e personalidades famosas flanavam pelas amplas avenidas e tomavam drinques nos terraços dos cafés. Os visitantes se maravilhavam com as monumentais lojas de departamento, principalmente com a Wertheim, na Leipziger Strasse, que com seu átrio envidraçado, candelabros e arcos altíssimos mais parecia uma catedral do consumo.

Com uma população de 4 milhões, a capital subitamente tornou-se a terceira maior metrópole do mundo, atrás apenas de Londres e Nova York. O berlinense típico era cosmopolita, cínico e talvez de outra cidade. "Eles são os nova-iorquinos da Europa central",[43] determinou um escritor. Inclusive falavam um dialeto que, para o restante dos alemães, soava atrevido e irreverente.

Enquanto esquerda e direita brigaram pelo controle da Alemanha nas ruas e no Reichstag ao longo da década de 1920, o modernismo em todas

132   O DIÁRIO DO DIABO

as suas vertentes floresceu nas galerias e espaços de espetáculos. Artistas expressionistas,[44] como Otto Dix, capturaram em suas telas o caos do campo de batalha e as aberrações urbanas. Os dadaístas contestavam o que quer que se entendesse por pensamento racional. Arquitetos modernistas como Erich Mendelsohn projetaram prédios com linhas fluidas e futuristas. Filmes de horror de vanguarda, Marlene Dietrich em *O anjo azul*, os bandidos de Bertold Brecht, o jazz, os cabarés com topless, uma diva nua na banheira, Josephine Baker bamboleando com apenas uma gargantilha e uma saia de bananas — depois do entardecer os berlinenses podiam ver tudo isso e mais. O autoritarismo conservador do kaiser dera lugar a uma energia sexual descontrolada. As boates e as produções teatrais satisfaziam a subcultura gay emergente. No entreguerras, Berlim era indisciplinada, eclética e orgulhosamente de esquerda.

Naturalmente, os nazistas odiavam aquilo. O *Völkischer Beobachter* condenava a capital como "uma mistura de tudo o que era ruim — prostituição, casas de bebedeira, cinemas, marxismo, judeus, strippers, negros dançando e todas as variantes da chamada 'arte moderna'".[45] Em 1925, Rosenberg lamentou que o cinema estivesse "nas mãos dos judeus" e, por isso, "se tornara um meio de infectar o *Völk* mediante imagens lascivas; e claramente, assim como na imprensa judia, ali são mostrados os planos para a glorificação do crime".[46]

Rosenberg tornou-se o principal defensor de um programa cultural *völkisch* que rejeitava o modernismo — ele o chamava de "bolchevismo cultural" — em favor do que considerava a arte tradicional fundada na história germânica. O movimento *völkisch* foi uma espécie de nacionalismo romântico e racista de celebração do soldado, do camponês e da tradição folclórica alemã. Em 1929, Rosenberg fundou a quase independente Liga de Combate pela Cultura Alemã, que patrocinava palestras de alto nível oferecidas por intelectuais proeminentes e divulgava a causa conservadora em uma publicação ilustrada.

Por sua parte, Goebbels apreciava certas formas da arte moderna e apoiava grupos que não queriam ver os artistas algemados pelos conservadores do campo de Rosenberg.[47] "Garantimos a liberdade na arte", repetia o ministro da Propaganda. Ele emprestou seu prestígio a uma exposição de

"O CAMINHO DE ROSENBERG" 133

arte futurista italiana, decorou as paredes de sua residência com aquarelas expressionistas de Emil Nolde e encomendou um retrato seu ao impressionista Leo von König, que pendurou no seu quartel-general.

Quando os nazistas tomaram o poder, Rosenberg enxergou a oportunidade de atacar a arte moderna. Porém, na primavera de 1933, Goebbels formou uma Câmara de Cultura do Reich, para consolidar o seu poder sobre as belas-artes, o teatro, a música, a rádio, os filmes, a imprensa e a literatura — o que lhe deu uma vantagem clara durante a guerra. Recusando-se a deixar o campo de batalha, Rosenberg renomeou a Liga de Combate e a incorporou ao programa governamental de viagens e lazer Força pela Alegria, tremendamente popular, o que lhe deu certa influência sobre um programa ideológico e cultural dirigido aos trabalhadores alemães e suas famílias.

Paralelamente, ele buscava vias de ataque mais evidentes, na esperança de minar Goebbels e, com o tempo, suplantar a nova agência cultural.

Passou a atacar Ernst Barlach, escultor expressionista cujas figuras corpulentas, encobertas e góticas lhe renderam algumas encomendas para memoriais da Primeira Guerra Mundial na Alemanha. Goebbels estava entre os admiradores de Barlach, e inclusive possuía pequenas peças suas em casa. No *Völkischer Beobachter*, Rosenberg criticou a escultura de Barlach na catedral de Magdenburg: um esqueleto portando um elmo, um homem com uma máscara de gás, uma mulher em sofrimento e três soldados, um dos quais com a cabeça vendada e portando uma grande cruz. Para os nacionalistas, o soldado alemão era um super-homem heroico. A representação de Barlach, conforme criticou Rosenberg, eram "pequenas mesclas meio idiotas de tipos humanos indefiníveis com elmos soviéticos que deveriam representar combatentes alemães!".[48] Barlach tentou aplacar a crítica, e chegou a declarar formalmente que apoiava Hitler, mas no final sua obra foi removida do museu estatal e o memorial de Magdeburg foi abaixo.[49]

Rosenberg contribuiu para a pressão ao forçar o tsar da arte a demitir o compositor Richard Strauss da chefia da Câmara de Música do Reich. A ofensa: sua disposição em trabalhar com judeus. Strauss tinha produzido uma ópera com uma dupla de escritores judeus, Hugo von Hofmannsthal e Stefan Zweig; publicara seu trabalho na editora de um judeu e contratara um pianis-

134 O DIÁRIO DO DIABO

ta judeu. A Gestapo interceptou uma carta de Strauss a Zweig expressando um sentimento que beirava a deslealdade ao regime nazista — Strauss dizia que havia concordado em dirigir a Câmara de Música apenas "para evitar infortúnios maiores" aos artistas —,[50] e Goebbels foi forçado a dispensá-lo.

Em 1935, o ministro da propaganda por fim entendeu a precariedade de sua posição. Ele não estava apenas na mira de Rosenberg. Estava também em descompasso com Hitler, que havia muito se opunha ao modernismo nas artes. Em um discurso sobre a cultura na reunião anual do partido em Nuremberg, no ano anterior, o Führer havia se queixado enfaticamente dos "cubistas, futuristas e dadaístas gagos" que punham em perigo a cultura alemã. "Esses charlatões estão equivocados se pensam que os criadores do novo Reich são suficientemente estúpidos ou suficientemente inseguros para se deixarem confundir, e muito menos intimidar, com as baboseiras deles."[51]

Como havia feito uma década antes, ao ser forçado a escolher entre Strasser e Hitler, Goebbels se alinhou com o Führer e deu meia-volta em relação à arte moderna.

Por não ser um homem de meias medidas quando se tratava de provar sua lealdade, o novo convertido planejou e produziu o mais infame show artístico nazista. "Horríveis exemplos de arte do bolchevismo me foram exibidos",[52] escreveu ele em seu diário. "Quero organizar uma exposição em Berlim da arte do período da degeneração. Para que as pessoas vejam e aprendam a reconhecê-la." A mostra Arte Degenerada, como os nazistas a chamaram, foi inaugurada em julho de 1937: uma coleção de mais de seiscentas obras modernistas de gente como Pablo Picasso, Henri Matisse e Vassily Kandinsky foi exposta com má iluminação e acompanhada de legendas sensacionalistas que proclamavam sua profunda depravação.

Hitler ficou encantado, e Goebbels, aliviado: escorregadio como sempre, havia recuperado seu lugar ao lado dele.

Rosenberg não conseguia destronar Goebbels, mas isso não o impedia de usar sua posição como delegado ideológico de Hitler para impor seus objetivos até nos rincões mais longínquos da Alemanha. Em meio à luta burocrática, mesmo nos anos da guerra, ele manteve seus diversos escritórios e subescritórios culturais funcionando intensamente.

"O CAMINHO DE ROSENBERG" 135

Seu Escritório para a Proteção da Arte examinou e julgou os méritos ideológicos de artistas e oradores selecionados para se apresentarem a audiências nazistas.[53] Funcionários enviavam memorandos à Gestapo sobre artistas cuja lealdade era questionável.[54] A ideia de Rosenberg era que não fazia sentido deixar que os esforços doutrinários do Escritório Central de Treinamento fossem solapados por arte, literatura, peças de teatro e música que não estivessem em consonância com a visão de mundo nazista. A agência também organizava concertos, apoiava palestras e produzia peças que eram levadas estrada afora para cidades pequenas.

O departamento de Rosenberg publicava uma revista mensal sobre arte extravagantemente ilustrada, *Die Kunst im Deutschen Reich*, para disseminar a concepção da arte apropriadamente alemã do partido, além de um jornal sobre música, com o intuito de eliminar quaisquer influências judaicas no palco de concertos.

O Escritório para o Cultivo da Literatura de Rosenberg tinha uma equipe de funcionários e um pequeno exército de voluntários não pagos — 1,4 mil no seu auge —, que examinavam sistematicamente "toda a literatura alemã com qualquer significado educativo para o *Völk* alemão".[55] Eles revisavam a adequação ideológica dos livros novos e informavam seus achados em uma publicação, *Bücherkunde*, que era enviada a 8 mil assinantes na indústria editorial. Os livros aprovados apareciam em páginas brancas; os que tinham revisão desfavorável, em páginas vermelhas; muitas vezes uma crítica negativa era suficiente para que o Ministério da Propaganda acrescentasse o livro à lista de milhares de publicações banidas no país. Os diligentes funcionários de Rosenberg também faziam circular um índice de autores judeus, que terminou por listar 11 mil nomes. Em certo momento, sob os auspícios de uma campanha orquestrada por Rosenberg para reunir livros para os soldados no front, a equipe literária "limpou casas particulares de literatura indesejável".[56]

Os escritórios engendravam outros escritórios na administração ideológica de Rosenberg, que se espalhava por todo o panorama cultural.[57] Um Escritório de Ciências avaliava as indicações acadêmicas. Um Escritório de Investigação da Arquitetura Rural Alemã estudava as casas camponesas para avaliar se não haviam sido aviltadas por influências externas e se permaneciam como um reflexo perfeito do sangue germânico. O Escritório do Folclore e dos Cerimoniais do Partido criou cerimônias nazistas de nascimento, casamento e morte, que foram publicadas em um jornal do partido junto a indicações de música e de decoração adequadas. Havia a sugestão também de nomes de batismo germânicos: Arwed, Erdmut, Sebalt, Ulf.

Um dos escritórios de Rosenberg chegou a examinar a adequação das esculturas e pinturas de Hitler antes de serem exibidas ao público.

Rosenberg viajou por toda a Alemanha espalhando sua mensagem e sendo aclamado. Fora de Berlim, sempre podia contar com grandes multidões e recepções entusiastas. Independentemente do que os companheiros de partido pensassem dele, nas cidades e vilarejos ele era um dos heróis do movimento.

Contudo, na capital, a guerra contra Goebbels prosseguia. Em particular, o ministro de Propaganda chamava o filósofo do partido de "Rosenberg 'quase'".[58] "Rosenberg é quase bom como acadêmico, jornalista, político, mas é sempre quase."

Por sua parte, Rosenberg pensava que a ideologia nazista devia ser imutável, e objetava ao desejo de Goebbels de alterar seu rumo para obter ganhos políticos. "Quando o partido se fartou dos frutos do poder", escreveu um biógrafo, "Rosenberg fazia as vezes de profeta do Velho Testamento, recriminando seu povo por seguir outros deuses."[59] Rosenberg concluiu que o rival, o mestre dos holofotes e da pompa, encarava a mensagem nazista como uma ferramenta de propaganda qualquer, como as bandeiras vermelho-sangue e as passeatas à luz de tochas.

Ele se perguntava se Goebbels alguma vez acreditara realmente nos princípios do partido. E duvidava. O sujeito mudava de ideia com tanta facilidade que Rosenberg só podia pensar que ele faria ou diria qualquer coisa para permanecer no poder.

"A nossa revolução", decidiu ele anos depois, "tem um abscesso."[60]

Não era só Goebbels que estava no caminho entre Rosenberg e seu sonho de um partido unificado sob sua tutela ideológica.

Apesar de sua influência sobre os nazistas de baixo escalão, os que estavam no topo do Terceiro Reich formavam uma gangue tão obcecada

"O CAMINHO DE ROSENBERG"   137

em exercer sua influência que não queriam ser limitados pelo sujeito que chamavam depreciativamente de "filósofo". Eles eram homens de ação e desprezavam o intelectualismo. Hitler pretendia acalmar a comunidade internacional enquanto, em segredo, reconstruía o exército. Queria estar nas boas graças de Hindenburg, que ainda era o presidente da Alemanha, o maior herói nacional, e o homem que podia tirá-lo do cargo. Precisava ser flexível. Precisava ser político.

Rosenberg tinha uma visão oposta. "Quando tinha a profunda convicção de que uma perspectiva era correta para o movimento, eu a adotava, independentemente de quem era a favor ou contra", escreveu. "Fazia isso mesmo ficando *sozinho* no final."[61] Ele não podia esperar outra coisa senão cultivar inimigos.

Um deles era alguém que não queria ouvir falar da sua moralização incansável: Ernst Röhm, o comandante da milícia nazista. De pescoço grosso, o rosto marcado pelas cicatrizes da atuação como oficial do exército alemão na Primeira Guerra Mundial, Röhm propôs uma "segunda revolução"[62] nos meses posteriores à chegada de Hitler ao posto de chanceler. Queria varrer os velhos generais do poder e substituir o exército por seus temíveis homens — o músculo do Partido Nazista.

Certa noite, em 1933, Röhm e Rosenberg se encontraram em uma festa esplêndida em Berlim oferecida pelo embaixador turco. Bella Fromm estava lá, socializando com suas fontes. "Do outro lado, o Tiergarten estava envolto na neblina. O velho palácio renascentista brilhava com uma luz resplandecente. Os portões imponentes estavam abertos de par em par. Havia um fluxo interminável de carros [...] A festa era uma cena de esplendor ostentoso. Fardas, vestidos elaborados, joias faiscantes."[63]

Contudo, o escandaloso Röhm e seus milicianos de camisas marrons formavam uma cena de outro quilate. Beberam champanhe em excesso e em pouco tempo ficaram tão bêbados que lhes pediram que, por gentileza, se retirassem. Em vez disso, agarraram várias garrafas e foram para outra sala.

Quando Rosenberg entrou, trajando fraque, Karl Ernst, o líder dos milicianos de Berlim, estava sentado em um sofá cor-de-rosa, ninando um de seus homens no colo.

138 O DIÁRIO DO DIABO

Rosenberg sempre se revoltara com a homossexualidade aberta de Röhm e de alguns de seus homens. "Ele se cercou de corruptos e parasitas",[64] escreveu no diário. "Todos os seus oficiais tinham amantes jovens do mesmo sexo, afastavam-se cada vez mais do movimento e provocavam a população com sua conduta." Em sua opinião, os homens de Röhm eram um bando repulsivo de "gigolôs de Berlim com camisas marrom".

Indignado, Rosenberg sibilou alguma coisa. O comandante bêbado soltou uma gargalhada estrondosa.

"Vejam só esse porco báltico",[65] gritou Röhm para que todos ouvissem. "O maricas não tem nem coragem de beber! Esse barão báltico presunçoso é arrogante demais para vestir a camisa marrom. O fraque não adianta nada. Diga, barão, quem diabos você pensa que é?"

Furioso, Rosenberg se retirou do cômodo.

Mas a *schadenfreude* da pior espécie não estava muito longe. No verão de 1934, Rosenberg não era o único insatisfeito com Ernst Röhm.

8

O diário

Em maio de 1934 — o mês em que Rosenberg começou a escrever seus pensamentos no diário encadernado em couro —, a ansiedade quanto à nova Alemanha poderosa sacudiu os Estados Unidos e a Europa. O *New York Times* informou que as fábricas alemãs de munição "trabalham a toda capacidade", fabricantes americanos vendiam aviões e tecnologia aeronáutica à Alemanha, firmas alemãs como a BMW estavam produzindo motores de avião, e em breve os nazistas teriam uma força aérea poderosa e defesas antiaéreas sólidas. "No final do próximo ano", informou o jornal em maio, "a Alemanha estará quase tão inexpugnável a um ataque aéreo quanto é possível." Líderes britânicos haviam chegado à conclusão de que não havia alternativa a não ser começarem a se preparar para outra guerra.[1]

Enquanto isto, do outro lado do Atlântico, em uma quinta-feira à noite naquele mês, 20 mil teuto-americanos se dirigiram a uma reunião em um armazém descomunal de um estádio esportivo na 8ª Avenida, em Nova York.[2] Eles passaram por baixo da marquise que dizia MADISON SQUARE GARDEN e, guiados por homens que usavam camisas brancas e braçadeiras com suásticas, encontraram seus assentos. No palco brilhava um par de ameaçadoras águias nazistas.

140   O DIÁRIO DO DIABO

A multidão combativa tinha vindo apoiar um grupo pró-Hitler denominado Amigos da Nova Alemanha. A organização tinha sido fundada no ano anterior pelo imigrante alemão Heinz Spanknöbel com o intuito de unir grupos de nazistas americanos em conflito espalhados pelos bairros alemães de cidades como Detroit, Chicago e Nova York.[3] O beligerante e ambicioso Spanknöbel tinha o apoio de Rudolf Hess, tenente do Führer em Berlim, mas nos Estados Unidos ele rapidamente atraiu todo tipo de atenção equivocada. Em primeiro lugar, invadiu a redação do maior jornal em língua alemã nos Estados Unidos, o *New Yorker Staats-Zeitung und Herold*, e exigiu que se adequasse à linha do Partido Nazista; o editor o expulsou e chamou a polícia. Em seguida, Spanknöbel criou celeuma ao tentar colocar a suástica junto à bandeira americana no alto do Manhattan Armory — um prédio governamental — no dia da celebração do Dia Alemão. Líderes judeus se opuseram, e os homens de Spanknöbel atacaram sinagogas pela cidade portando suásticas. Além disso, um de seus discursos em Newark terminou em pancadaria, quando um de seus guarda-costas começou a promover espancamentos com uma mangueira plástica recheada de chumbo.

Em pouco tempo as autoridades federais emitiram uma ordem de prisão para Spanknöbel acusando-o de ser um agente encoberto do governo alemão, e ele fugiu de volta para sua terra natal. Contudo, seu grupo militante prosseguiu sob nova liderança. Os membros juraram lealdade a Hitler e declararam serem de sangue ariano puro. Um grupo de oficiais de segurança uniformizados mantinha a ordem sob o comando de um ex-membro da milícia de Röhm. O jornal oficial da organização, *Deutsche Zeitung*, veiculava propaganda importada diretamente de Berlim. Uma divisão juvenil doutrinava a próxima geração em acampamentos de verão.

Como Hitler havia feito na Alemanha, a Amigos organizou manifestações e discursos para granjear apoio ao movimento nazista nos Estados Unidos.

No Garden, um orador após o outro subiu ao pódio para protestar contra o boicote judeu aos produtos alemães, que já durava um ano, sob a liderança de Samuel Untermyer, um advogado de Nova York. Enquanto mil comunistas se manifestavam do lado de fora — "Abaixo Hitler!", gritavam —, lá

O DIÁRIO

dentro os simpatizantes do nazismo execravam os inimigos. "Enforque-o!", gritou alguém na multidão à menção do nome de Untermyer.

"Não podemos e não vamos permitir que a Alemanha seja caluniada diariamente ao ser retratada como uma grande prisão!", declarou Walter Kappe, editor do *Deutsche Zeitung*, imitando a linguagem belicosa que Goebbels tinha aperfeiçoado na Alemanha. "Não podemos, não devemos, e não vamos suportar mais isto. Vamos gritar: 'É tudo mentira, mentira, mentira!'." Ele acusou os líderes judeus americanos de incitação. Estavam "envenenado a opinião pública americana contra a Alemanha. Estamos avisando pela última vez",[4] disse. "Se seguirem nesta disputa, vocês nos encontrarão armados e terão de arcar com as consequências."

Do lado de fora, os comunistas estavam prontos para a briga. Depois de marchar e cantar diante do Garden, foram para a Times Square, onde esperaram o final da assembleia. A polícia formou cordões defensivos para mantê-los longe das entradas da arena e enfrentou os manifestantes que tentavam romper o cordão. Quando os Amigos da Nova Alemanha se dirigiam às estações de metrô e entravam em táxis, um deles sentiu o ímpeto de gritar uma mensagem na noite primaveril de Nova York.

"Heil Hitler!"

Ele correu para uma loja na esquina da Broadway com a 45ª rua, e uma patrulha veio socorrê-lo antes que uma multidão furiosa pusesse as mãos nele.

Em maio de 1934, a tensão se apossou de Berlim. Uma semana antes da assembleia no Madison Square Garden, Goebbels foi à tribuna da arena Sportpalast, em Berlim, para fazer seu próprio ataque ao boicote americano. O ministro da Propaganda prometeu que a campanha não melhoraria a sorte dos judeus na Alemanha. "Mesmo que o boicote chegasse ao ponto de afetar a situação econômica alemã, isso não significaria que deixaríamos livres os judeus", garantiu ao público. "Não! O ódio, a raiva e o desespero do povo alemão cairiam primeiro naqueles que podem ser detidos no solo pátrio. Se os judeus pensam que o percurso sem sangue da revolução alemã lhes dá o direito de exibirem sua impudência e arrogância costumeiras e provocar o nosso povo, pois estão avisados de que não devem abusar da nossa paciência."[5]

142 O DIÁRIO DO DIABO

Os judeus, vociferou, precisam entender o seu lugar na nova ordem alemã. Eles eram hóspedes no país, e deviam "manter-se quietos e humildes dentro das suas quatro paredes".

O discurso de Goebbels inaugurou uma nova campanha de propaganda contra "queixosos e críticos",[6] traidores para os quais ele criou um novo termo: *Kritikasters*. Um ano depois de Hitler subir ao poder, começavam a aparecer rachaduras na revolução. Os nazistas não cumpriram a promessa de uma recuperação nacional rápida. O apoio popular ao partido tinha começado a fraquejar. Os críticos se manifestavam na imprensa. Piadas sobre os líderes nazistas circulavam amplamente.

Em resposta, o jornal de Goebbels, *Der Angriff* [O Ataque], alertou sobre as consequências de desdenhar da administração, caso alguém tivesse se esquecido da Gestapo e dos campos de concentração. Como exemplo, havia um editor que protestara sarcasticamente contra a censura à imprensa de Goebbels: foi parar detrás do arame farpado em Oranienburg, um campo prisional ao norte de Berlim. Propagandistas nazistas foram enviados a cafés e restaurantes para discursar apoiando o regime; nas portas, milicianos asseguravam que os patrões ouvissem a mensagem. Reuniões massivas eram promovidas com cartazes — NÃO RECLAME, TRABALHE! — e por grupos de nazistas que, do alto de caminhões, gritavam slogans pelas ruas da cidade.

Os alemães leais deviam comprar distintivos com a suástica e portá-los em público. As menores demonstrações de deslealdade acarretavam consequências. Uma mulher que alguém ouviu declarar que "nunca ficaria melhor" com os nazistas recebeu ordens de se apresentar no escritório do prefeito e recitar: "Já está cada dia melhor, e ainda vai melhorar mais e mais."[7]

Como Goebbels disparava das tribunas, estava ficando óbvio que os nazistas tinham problemas maiores do que o arrefecimento do entusiasmo entre a população. Uma guerra civil se encontrava em gestação, e Hitler estava a ponto de escolher um lado.

No verão de 1934, todos na Berlim oficial sentiam o aumento de um tipo de pressão que, no Terceiro Reich, só seria resolvida por meio da violência.

Em meio àquela ebulição, no dia 14 de maio, Rosenberg inaugurou um caderno produzido em couro vermelho. As guardas eram decoradas com

O DIÁRIO

listras irregulares em aquarela que faziam lembrar papel sem corte. Ele abriu na primeira página e tomou uma caneta tinteiro. No canto superior, à direita, escreveu: "Berlim 15/5/34" e riscou o "15" para corrigir a data. Com uma letra confusa, começou a escrever.

"Há quinze anos não escrevo um diário",[8] escreveu. "Muitas reviravoltas históricas caíram no esquecimento por causa disso. Agora estamos no meio de um novo acontecimento que será decisivo para o futuro, e no qual estou particularmente envolvido em duas questões fundamentais." Uma era "a imposição da nossa visão de mundo aos opositores". Rosenberg vinha denunciando as igrejas cristãs e seus ensinamentos, na esperança de afastar os clérigos e instilar a ideologia nazista nos corações e mentes do povo alemão. A outra questão era a Grã-Bretanha, a qual, na qualidade de chefe da política externa do partido, ele esperava atrair para a causa nazista — apesar do fracasso da sua visita a Londres em 1933 e da renitente oposição dos britânicos a Hitler e seus sequazes beligerantes.

Rosenberg tinha uma visão panorâmica dos tempos históricos, e resolveu documentá-los em detalhes. O que o levou a iniciar o novo diário — o anterior ao qual ele se refere não apareceu depois da guerra — foi não só o ego da figura pública, certo de que viria a ser considerado um grande homem da história. Também deve ter sido influenciado por um livro que aparecera recentemente nas prateleiras alemãs. Seu opositor, Goebbels, um diarista ávido fazia anos, havia editado seus próprios diários de 1932 a 1933 e os publicara para polir sua reputação de peça fundamental na tomada do poder por Hitler.

Para manter um diário, Rosenberg precisaria cuidar da sua indisciplina. Ele tinha a reputação de divagar demais, de não ter foco, de lançar novos empreendimentos e abandoná-los para que outros os gerenciassem — ou os desbaratassem. O diário também teria de competir por sua atenção com os outros textos que ele escrevia diariamente: tratados políticos, peças de propaganda e memorandos e memorandos e memorandos.

Ele não diz se planejava publicar as páginas. É possível que considerasse o diário uma coleção de anotações privadas às quais se referir algum dia, anos depois, quando tivesse tempo de esboçar as memórias de sua carreira nazista.[9]

144 O DIÁRIO DO DIABO

Fossem quais fossem as suas intenções, ele se dedicou à tarefa durante o verão. As folhas sem pauta do caderno vermelho se encheram com o que o preocupava no momento. O diarista Rosenberg era inclinado à crueldade, à autocomiseração, e ao mesmo tipo de narcisismo que criticava nos rivais. Ele gostava de pequenas calúnias. Era um homem que se enfezava facilmente, não tinha empatia pelo custo humano da sua ideologia rígida, e estava quase completamente envolvido com o Partido Nazista. Mal mencionava a família. Não forneceu nenhuma informação sobre a vida além do trabalho.

Nas primeiras páginas, datadas na segunda metade de maio, ele narra seus relatórios a Hitler sobre a opinião pública na Grã-Bretanha, reclama de Goebbels e protesta contra a dubiedade dos diplomatas do Ministério do Exterior.

Os ataques de Goebbels aos judeus no Sportpalast no início daquele mês haviam provocado uma nova onda de críticas em Londres, segundo William de Ropp, um dos espiões que Rosenberg havia recrutado sem querer como mensageiro junto aos britânicos. Por mais que odiasse Goebbels, ele lealmente o respaldou: "Mas então, o que nós diríamos da agitação do *Evening Standard* contra Hitler? Em Londres, uma pessoa pode insultar a tudo e a todos, mas eles se encolhem como dormideiras quando se trata dos judeus."[10] No íntimo, Rosenberg sabia que de Ropp estava certo. Seria melhor que Goebbels baixasse o tom. Ele obtivera uma operação medíocre na Alemanha, mas provocara problemas internacionais.

Rosenberg também se preocupava com a campanha massiva de Goebbels contra os *Kritikasters*. Ela simplesmente anunciava ao mundo que havia um "descontentamento generalizado" entre a população. Por que outro motivo os nazistas teriam de ir tão longe para silenciar os seus críticos? "A ferramenta mais poderosa da política alemã, com toda a população respaldando Hitler, está ameaçada. 'Você apostou no pônei errado', dizem nossos oponentes aos nossos amigos, 'ninguém acredita mais no poder deles.'"

Contudo, o que mais o indignou naquele mês foi uma reportagem negativa na imprensa. Em 9 de maio, em um artigo sobre a estrutura de poder do Terceiro Reich, o *Times* de Londres informou que a autoridade de Rosenberg como principal delegado ideológico de Hitler não era tão ampla como sugeria o título do cargo. "Em vista de rumores recentes de que *Herr*

Rosenberg fora 'posto na geladeira', deve-se explicar que desde o princípio título ribombante de seu cargo era visto, em meios bem-informados, como muito mais impressionante do que a esfera prática de autoridade ao seu dispor",[11] escreveu o correspondente. "Esta visão foi reforçada por ocasião do primeiro grande discurso de *Herr* Rosenberg sobre a ideologia nazista após sua indicação. A presença do Führer no evento havia sido amplamente divulgada com antecedência, mas *Herr* Hitler enviou pedidos de desculpas e foi com o dr. Goebbels assistir a uma partida de hóquei e a uma demonstração de esqui no gelo da srta. Sonja Henie", a loura esquiadora norueguesa, campeã olímpica e futura estrela do cinema em Hollywood.

Inflamado, Rosenberg adentrou o escritório de Hitler e apresentou uma reclamação. Não havia dúvidas, disse. Os diplomatas do Ministério do Exterior deviam estar por trás da reportagem.

O Führer limitou-se a dar de ombros. O que podia fazer?

Mas Hitler se enfureceu quando Rosenberg divulgou um relatório sobre um ex-conselheiro da embaixada alemã em Londres, Albrecht Graf von Bernstorff, que teria dito a Graham Seton Hutchison, oficial reformado do exército britânico — um ativista fascista, espião, romancista e simpatizante de Hitler — que o regime nazista corria perigo de um colapso iminente. Bernstorff era conhecido como opositor à nova ordem em Berlim; ele havia sido chamado de Londres no ano anterior.

"O que faremos com este porco?",[12] perguntou Hitler. Ele disse a Rosenberg que, em deferência a Hindenburg, devia seguir tratando educadamente Neurath e os diplomatas. "Não quero brigas com o velho para não amargar os seus últimos dias." Quando o presidente morresse — o que aconteceria a qualquer momento, pois estava fragilizado —, a camaradagem teria fim. "Então Bernstorff deverá ser preso imediatamente."

Como Rosenberg ansiava por esse dia. "A sabotagem daqueles cavalheiros antiquados é, no mínimo, grotesca!", escreveu no diário. "O seu 'despertar' será ao mesmo tempo súbito e amargo."[13]

Mas Hitler tinha preocupações mais imediatas no Ministério do Exterior. Certamente Rosenberg sabia da crise crescente — todos no governo estavam cientes —, mas não se arriscou a fazer anotações explícitas a respeito. Algumas questões eram delicadas demais para descrever, mesmo em um diário íntimo.

Ernst Röhm, o chefe da Sturmabteilung — a milícia do Partido Nazista —, estivera agitando em prol de uma "segunda revolução" desde meados de 1933. Queria que os nazistas fossem atrás dos empresários, dos grandes homens de negócios e, sobretudo, dos generais prussianos. "Ainda há homens em cargos oficiais que não têm a menor ideia do espírito da revolução", disse ele em um discurso. "Devemos livrar-nos deles sem piedade se ousarem pôr em prática suas ideias reacionárias."[14] Röhm podia respaldar suas palavras com a força. No início de 1934, havia quase 3 milhões de homens sob o seu comando, gente que havia lutado nas ruas por anos e esperava ser paga com empregos. Röhm queria que seus milicianos fossem a base do novo exército alemão.

Mas Hitler não lhe dava ouvidos. A revolução havia terminado. Nada de bom viria de mais caos. Ele sabia que precisava do apoio do exército para permanecer no poder. Os generais tinham apenas 100 mil homens sob o seu comando — eles continuavam limitados pelo Tratado de Versalhes —, mas os soldados estavam bem armados e eram mais disciplinados do que os agitadores de Röhm. O exército também tinha o apoio incondicional do presidente Hindenburg. Portanto, Hitler sabiamente cortejava os generais, principalmente estimulando o rearmamento, apesar das restrições do tratado de paz.

Em fevereiro de 1934, Röhm apresentou uma proposta de fundir os milicianos com o Exército, sob o seu comando. Em vez disso, Hitler fez um acordo secreto com os generais durante uma conferência em abril, a bordo do cruzador *Deutschland*. Hindenburg estava à beira da morte, e Hitler temia que o Exército se voltasse contra ele quando o velho marechal de campo partisse. Prometeu cortar a milícia de Röhm e garantir a supremacia do Exército nos assuntos militares alemães se os generais o apoiassem como sucessor de Hindenburg.

Desavisado do pacto, Röhm seguiu incitando agitações, e na primavera de 1934 começaram a circular rumores de golpes e traições em Berlim.

Dois inimigos poderosos começaram a lançar as bases para uma jogada contra Röhm. Um era Göring, que havia comandado as milícias em 1923,

O DIÁRIO

antes da tentativa de golpe na Bürgerbräukeller. O outro era um homem que o próprio Röhm havia recrutado para o partido: Heinrich Himmler. Filho de um diretor de escola e católico devoto, Himmler cresceu mergulhado na história germânica.[15] Na infância memorizou em detalhes as mais famosas batalhas do país. Passou a adolescência aflito para se juntar à luta na Primeira Guerra Mundial. Mas a Alemanha se rendeu antes que pudesse chegar ao front, e durante os primeiros anos do pós-guerra ele estudou e trabalhou em uma fazenda.

Röhm trouxe Himmler para as asas do partido em 1923, e seis anos depois ele foi indicado para dirigir a SS. À época tratava-se de uma divisão pequena e insignificante no seio das milícias; contudo, ele trabalhou para transformá-la em um exército temível.[16] Enquanto os milicianos de Röhm eram uma turba violenta e indisciplinada, a SS de Himmler — a Schutztaffel, ou Esquadrão de Proteção — viria a ser uma guarda de elite composta pela nata da linhagem ariana, os mais puros dentre os mais puros, homens que viviam segundo um estrito código germânico. Depois que Hitler se tornou chanceler, homens com o uniforme negro da SS passaram a ser os seus guarda-costas. Mas as ambições de Himmler eram ainda maiores: ele queria comandar toda a polícia estatal alemã, e começou a reunir poder de um modo discreto e metódico.

Sua aparência não impressionava: quase esquálido, tinha um queixo pequeno e olhos miúdos por trás de óculos redondos. Mas era determinado e meticuloso e já havia conseguido assumir o controle de divisões da polícia política por toda a Alemanha quando Göring entregou-lhe a Gestapo, a polícia secreta prussiana, em abril de 1934. Os dois nazistas superambiciosos se uniram para derrubar Röhm. Göring e Himmler o viam como um rival e uma ameaça — um empecilho no meio do caminho, como Göring diria anos depois. A SS começou a forjar evidências de que o chefe das milícias estava planejando um golpe, e repassou a falsa informação a Hitler.

Contudo, outras forças trabalhavam contra Röhm. Os conservadores, dentre eles o vice-chanceler Franz von Papen e seu protetor, Hindenburg, há muito se preocupavam com os efeitos desestabilizadores da revolução nazista. Em junho, na Universidade de Marburg, Papen fez um discurso incomumente mordaz criticando o terror nazista descontrolado e o estardalhaço com que Röhm exigia uma segunda revolução. "A Alemanha não pode se tornar um trem descarrilado", declarou. "O governo está ciente do egoísmo, da falta de princípios, do comportamento não cavalheiresco, da arrogância crescente disfarçada de revolução alemã." Papen também fustigou Goebbels ao dizer que o povo não acreditaria na sua propaganda amadorística. "As tentativas canhestras de enganá-lo com um falso otimismo simplesmente fazem o povo sorrir", afirmou. "A longo prazo, nenhuma organização, nenhuma propaganda, por melhor que sejam, irão granjear a confiança do povo."

Furioso, Goebbels impediu a divulgação do discurso. Poucos dias depois, em outro discurso no Sportpalast, ele descartou os conservadores como "tolos ridículos". "Esta gente não vai deter o progresso do século", afirmou. "Nós os derrubaremos ao avançar." Papen queixou-se com o Führer da proibição de Goebbels, e prometeu levar o caso a Hindenburg.

Hitler foi mais rápido e, em 21 de junho, voou à propriedade de Hindenburg para visitar o presidente moribundo. O que ouviu foi como um choque. O presidente deu-lhe um ultimato: a menos que o chanceler silenciasse os chamados a uma nova revolução e pusesse fim à agitação em Berlim, Hindenburg declararia a lei marcial e poria a nação nas mãos do Exército.

O ímpeto final para agir veio de Göring e Himmler. Röhm havia tirado algumas semanas de licença e se instalara no Hotel Hanselbauer, na cidade-spa de Bad Wiessee, e mandou o restante dos seus homens planejarem as férias de verão. Porém, em 28 de junho, em um casamento em Essen, o pessoal de Göring levou a Hitler informações falsas de que, na verdade, os homens de Röhm estavam se armando para uma insurreição em todo o país.

O Führer ouvira o suficiente. Mandou Göring de volta a Berlim e o encarregou de derrotar os inimigos.

Hitler pegou um avião para o sul e cuidou pessoalmente de Röhm.

Dias depois, Rosenberg tomou o diário e rabiscou um relato apressado do que ocorreu em seguida.

Parece literatura barata.[17]

No relato de Rosenberg, Hitler bate educadamente à porta do quarto de hotel em Bad Wiessee, onde Röhm está planejando derrubar o governo, executar os inimigos e instalar uma classe governante de homossexuais.

O DIÁRIO

Porém o Führer, herói que é, descobriu o plano maligno bem a tempo. Agora Röhm estava frito.

"Mensagem de Munique", diz Hitler, disfarçando a voz, ao bater na porta.

"Entre", responde Röhm, "está aberta."

Hitler escancara a porta, adentra o quarto e, ao ver Röhm ainda na cama, agarra-o pela garganta. "Você está preso, seu porco!", grita o super--homem da Alemanha enquanto entrega o traidor à SS. Röhm recusa-se a se vestir e um oficial o golpeia no rosto com a sua roupa.

No quarto ao lado, Hitler encontra o vice de Röhm, Edmund Heines, "envolvido em um ato homossexual".

"Estes líderes pretendem ser tudo na Alemanha!", exclama exasperado um Hitler impávido.

"Meu Führer", balbucia Heines enquanto é beijado gentilmente na face pelo jovem que o acompanha. "Eu não fiz nada com o rapaz." Indignado, Hitler agarra o amante de Heines e o atira contra a parede.

Em seguida, vai até o corredor e vê um homem que usava ruge. "Quem é você?", grita.

"O chefe de gabinete", responde o homem.

Possesso, Hitler ordena que os jovens amantes dos milicianos — *Lustknaben*, como Rosenberg os chama — sejam imediatamente detidos, levados ao porão e fuzilados.

Hitler não quer fuzilar seu velho amigo Röhm. Porém Max Amann, chefe da editora nazista, se interpõe para fazer o que era necessário. "O maior porco de todos deve ser eliminado." Amann e Rudolf Hess, o vice do Führer, se oferecem para fuzilar pessoalmente o traidor. Em vez disso, Röhm recebe uma arma para se matar.

Ele se recusa, a SS faz o trabalho por ele, e assim termina mais um capítulo na luta de Hitler para proteger a Alemanha da ignomínia e da desonra.

O mais impressionante no relato fantasioso de Rosenberg sobre a Noite das Facas Longas — como ficou conhecido o banho de sangue —[18] é que, apesar do excesso de licença poética, ele foi mais ou menos preciso ao descrever a operação, ainda que não o contexto geral nem o motivo do im-

150 O DIÁRIO DO DIABO

passe. A história do Terceiro Reich estava sendo apresentada como algo saído das páginas de uma esdrúxula história em quadrinhos.

Ao amanhecer, o avião de Hitler pousou em Munique. Tinha chovido um pouco, mas o céu estava claro quando ele cruzou a pista. "Este é o dia mais negro da minha vida", disse ele a dois oficiais do exército que foram buscá-lo. Entrou em uma Mercedes que o esperava e partiu para resolver o assunto. Acompanhado de um contingente da SS, Hitler foi ao hotel onde Röhm — que obviamente não suspeitava de nada — dormia.

Empunhando a pistola, o Führer despertou o chefe das milícias, chamou-o de traidor e mandou prendê-lo. Depois foi ao quarto ao lado, onde Heines estava na cama com seu jovem amante. "Vou mandar matar você aqui mesmo!" Os milicianos foram sem protestar para a prisão Stadelheim de Munique, e Göring recebeu um telefonema. "*Kolibri*", disseram-lhe.

Colibri era a senha para que ele iniciasse as execuções. Os líderes dos milicianos em Berlim foram mortos por um pelotão de fuzilamento, mas o massacre foi muito além. Também foram assassinados inimigos políticos do presente e do passado, inclusive o ex-chanceler Kurt von Schleicher (junto com a esposa), e o ex-líder nazista Gregor Strasser. O corpo de Gustav Rotter von Kahr, o político bávaro que sufocara a tentativa de golpe em 1923, foi encontrado em um pântano retalhado a golpes de machado. "Assim, *depois de tudo*, houve vingança pelo 9 de novembro de 1923", escreveu Rosenberg, "e Kahr foi julgado pela sorte que havia muito merecia." Erich Klausener, antigo patrão de Kempner no departamento de polícia do Ministério de Interior prussiano, foi morto a tiros enquanto lavava as mãos. Göring ordenou o assassinato de Edgar Jung, o homem que havia escrito o ofensivo discurso de Papen em Marburg. Papen, um alvo proeminente demais, foi posto em prisão domiciliar.

Göring e Himmler comandaram a operação de um palácio em Berlim, e uma testemunha ocular os viu, com a lista de execuções em mãos, monitorando alegremente o progresso da matança. O Reichsmarschall estava de bom humor, porém, em certo momento, ao saber que alguém tinha escapado, começou a gritar ordens sedentas de sangue. "Atire neles [...] Traga uma companhia inteira! [...] Atire neles! [...] Atire [...] Mate-os logo!"

O DIÁRIO

Depois de ordenar a execução de diversos líderes de milícias em Munique — embora ainda não a de Röhm —, Hitler voou de volta a Berlim.

"Ele não estava usando chapéu; seu rosto estava pálido, com a barba por fazer, sem dormir, ao mesmo tempo emaciado e inchado", informou uma testemunha. "Sob a franja grudada na testa, seus olhos estavam embaçados. Ainda assim, não me pareceu infeliz. [...] Era claro que os assassinatos dos amigos não lhe haviam custado nenhum esforço. Ele não sentia nada; agira simplesmente impelido pela raiva."

A história desconhece o número preciso de vítimas. Göring ordenou que destruíssem as listas após a operação. Algumas estimativas apontam quase mil.

Röhm foi um dos últimos. Hitler hesitava quanto à sua sina. Era um de seus mais antigos amigos, leal desde o início. Mas Göring e Himmler o pressionaram para que despachasse o suposto traidor, e por fim Hitler concordou. Oficiais da SS foram enviados à prisão e entregaram a Röhm uma cópia do informe no *Völkischer Beobachter* sobre o suposto golpe que ele planejara e uma pistola com uma só bala na agulha.

Dez minutos depois, quando voltaram, o encontraram ainda vivo. Ele tinha tirado a camisa e estava em posição de sentido.

Quando atiraram, Röhm disse suas últimas palavras: "Meu Führer, meu Führer."

A purga tornou Himmler mais poderoso do que nunca. Hitler elevou o status da SS acima dos milicianos e estes, embora limitados e castigados, seguiram exercendo violência contra os adversários dos nazistas sob a nova liderança. Agora Himmler respondia diretamente ao Führer, e o seu império se expandia. Ele supervisionava não só sua adorada SS, a Gestapo e a polícia política em toda a Alemanha, mas também uma rede crescente de campos de concentração, onde os inimigos do Estado eram confinados. Em pouco tempo ele tinha o controle total do aparato de segurança nazista, e o empregava impiedosamente para impor sua vontade.

Um mês depois, às 9 horas do dia 2 de agosto, Hindenburg faleceu. O gabinete de Hitler concordou em unir os postos de chanceler e presidente, e o Exército fez votos de obediência incondicional ao Führer. Hitler coroou a si mesmo ditador da Alemanha, e ninguém se opôs. Ao menos não alguém capaz de detê-lo.

Naquele dia, Rosenberg o encontrou e aproveitou a oportunidade para criar discórdia contra os diplomatas. Hitler respondeu que estava cansado dos remanescentes impostos pelo antigo presidente. "No Ministério do Exterior eles vão se enforcar hoje, porque eu tenho a autoridade de Hindenburg", disse ele. "Agora a brincadeira acabou." Hitler jurou identificar os traidores dentre os diplomatas e ameaçou levá-los à Corte do Povo, um dos notórios tribunais especiais que julgavam casos contra os inimigos políticos do partido. "Ninguém", afirmou, "vai querer conhecer *aquilo*."[19]

Rosenberg fez um comentário breve sobre a morte de Hindenburg: "Uma profunda tristeza se abate sobre a Alemanha. Uma grande perda."[20]

Mas a tristeza rapidamente deu lugar à alegria. Por fim, Hitler tinha liberdade de fazer o que quisesse. "Agora", exultou Rosenberg, "o Führer é o homem solitário no topo da Alemanha."

Agora podiam fazer o que quisessem.

9

"Atitude inteligente e coincidências felizes"

Enquanto os amigos fugiam para o exílio, Robert Kempner abriu um negócio em Berlim e se dedicou a fazer dinheiro. Depois de ser expulso do funcionalismo público em Berlim, montou o que denominou um "escritório de transferência" na Meineckestrasse 9, a meio quarteirão da agitada Kurfürstendamm, a sudoeste do Tiergarten. Em colaboração com Ernst Aschner, um juiz judeu expulso do cargo pelos nazistas, Kempner ajudou emigrantes a navegar pelo labirinto burocrático exigido para escapar da Alemanha: trâmite das implicações tributárias, transferência da maior quantidade de bens possível, obtenção de todos os documentos necessários.

A localização era perfeita. No prédio ao lado havia uma série de organizações que promoviam a emigração de judeus à Terra Santa, como um grande jornal sionista, a Federação Sionista da Alemanha e a Seção Palestina da Agência Judaica. Kempner e Aschner prometiam "uma solução tranquila, favorável e rápida" para colocar os clientes a caminho — não só da Palestina, mas da América do Sul, da Itália ou qualquer terra distante que escolhessem.[1] Os advogados só cobravam quando seus esforços eram bem-sucedidos.

O negócio prosperou. Embora a maioria dos judeus tenha permanecido na Alemanha quando os nazistas tomaram o poder, cerca de 81 mil fugiram entre 1933 e 1935,[2] a maior parte para outros países europeus ou para a Palestina. Uma primeira leva partiu após o boicote violento às lojas judaicas, em abril de 1933, e das leis emitidas naquele mês forçando-os a abandonarem diversas profissões. Durante o restante da década houve uma corrente contínua de emigrações.

Os nazistas viram o êxodo com bons olhos. Eles favoreciam quaisquer políticas que retirassem os judeus do país. Ao mesmo tempo, tornaram isso caro e difícil. As políticas repressivas já os haviam forçado a abrir mão de seus trabalhos e negócios. Agora, para fugir do país, muitas vezes eles eram obrigados a deixar para trás grande parte de suas propriedades. A Taxa de Fuga do Reich foi criada em 1931 como uma forma de manter o capital no país. Os nazistas a usaram contra os judeus e a incrementaram de tal modo que alguns tiveram de vender tudo o que possuíam para pagá-la.

As contas bancárias foram bloqueadas, e os emigrantes só obtinham dinheiro trocando-o por moedas estrangeiras a taxas exorbitantes. (Os sionistas que propunham a emigração para a Terra Santa, porém, fizeram um trato com os nazistas em 1933 para que os judeus a caminho da Palestina pudessem conservar uma parte maior dos seus bens.) Além disso, os emigrantes tinham de apresentar documentos e preencher formulários para obter autorização oficial. A cada passo podiam se oferecer propinas, presentes e até sexo.[3] Os homens da Gestapo podiam bater à porta e confiscar uma mesa, um tapete ou uma bela pintura.

Entrementes, havia listas de espera por vistos estrangeiros, e muitas vezes outros países exigiam provas de que, ao chegar, os refugiados não seriam um peso para o sistema de bem-estar social local. Os Estados Unidos exigiam uma declaração juramentada de um patrocinador que se responsabilizava caso o imigrante tivesse dificuldades financeiras.

Confundidos ante a complexidade atordoante do processo, diversos emigrantes acudiam ao escritório de Kempner e Aschner. Kempner deu de ombros ao ser indagado, anos mais tarde, sobre ter vivido à custa de judeus que fugiam para salvar suas vidas. Ele estava vivendo em uma ditadura. A

"ATITUDE INTELIGENTE E COINCIDÊNCIAS FELIZES" 155

força da lei não se aplicava. Se você soubesse contornar os regulamentos, podia fazer muito dinheiro.[4]

Ele não tinha certeza de quanto tempo aquilo ia durar. Ao contrário de outros, Kempner não achava que o nazismo fosse algo passageiro. Como em um mau agouro, inspetores nazistas vasculharam os seus negócios. Examinaram os livros contábeis em busca de evidências de que ele estava ajudando os judeus a contrabandear dinheiro para fora do país ilegalmente.

Ele sabia que se desse um passo em falso seria preso.[5] Ou morto.

Contudo, aparentemente valia a pena arriscar. Ele estava indo tão bem financeiramente que quase não podia se dar o luxo de partir. Mais tarde estimou sua renda anual naqueles anos entre 5 mil e 8 mil dólares.[6]

Kempner tinha outro motivo para evitar a emigração: queria cuidar da mãe, Lydia,[7] que sofrera com o nazismo mas não estava em condições de escapar. Em 1934, ela estava com 63 anos e sua saúde era precária. A filha dela havia morrido de tuberculose no ano anterior — a mesma doença que levara o marido, Walter, em 1920. Quando os nazistas se consolidaram no poder, Lydia foi forçada a se aposentar como diretora do laboratório de bacteriologia do Hospital Moabit de Berlim, e a entregar o cargo de editora-gerente do *Zeitschrift für Tuberkulose*, um importante periódico alemão sobre tuberculose.

Robert Kempner enviou o filho para a segurança relativa de um internato judaico em Florença, na Itália. Lucian era fruto do casamento de Kempner com Helene Wehringer, terminado em 1932, após nove anos. Foi uma separação desagradável. Ela o acusou de espancá-la e expulsá-la do apartamento de forma violenta, o que ele não contestou no tribunal. Mas Kempner obteve a custódia do menino, e uma década depois o advogado dele afirmou, em uma declaração juramentada, que Helene, "influenciada por certas doutrinas políticas, passou a ter fortes preconceitos contra o marido e a família dele em virtude de sua origem judaica".[8]

Em 1933, Kempner continuava vivendo na casa da família com a mãe e, antes que ela perdesse o emprego, ele a levava de carro ao trabalho no hospital. No dia em que as bandeiras nazistas foram enfileiradas ao longo do percurso, ela teve uma crise de choro.

"Mamãe", perguntou ele, "o que houve?"

156 O DIÁRIO DO DIABO

Criada em Kaunas, na Lituânia, ela conhecia bem os ataques violentos contra as comunidades judaicas na Rússia nos últimos cinquenta anos, e para ela era óbvio que os judeus alemães receberiam o mesmo tratamento.

"Agora", respondeu ela, "vão começar os *pogroms*."[9]

Certo dia, em março de 1935, pareceu que Kempner tinha esperado demais para escapar.

A Gestapo havia lançado um plano para deter um jornalista alemão de esquerda chamado Berthold Jacob.[10] Durante os anos de Weimar, Jacob, um judeu pacifista, fora multado e detido por escrever histórias sobre o rearmamento secreto da Alemanha. Quando os nazistas chegaram ao poder, ele fugiu para Strasbourg, na França, criou um serviço de notícias e prosseguiu com as reportagens investigativas sobre os planos militares alemães. Ele foi atraído a Basileia, na Suíça, por agentes que propuseram vender-lhe um passaporte alemão falso; os nazistas o haviam privado da nacionalidade alemã. Depois de beber várias taças de vinho durante um jantar amistoso no restaurante Schiefen Eck — Esquina Torta —, Jacob concordou em acompanhar seus contatos até um apartamento para terminar a transação. Mas ao entrar no carro o motorista acelerou para o norte, passou pelos guardas fronteiriços da Suíça e entrou na Alemanha. O jornalista foi levado a Berlim naquela mesma noite.

Os agentes da Gestapo examinaram a agenda de endereços dele. As páginas listavam seus contatos militares e outros possíveis informantes. Lá estavam os nomes de Robert Kempner e Ernst Aschner.

Em 12 de março, a Gestapo cruzou o portão de ferro da casa de Kempner em Lichterfelde e bateu à porta. Estreita e alta, a elegante residência de pedra tinha três andares, um frontão de madeira e a cobertura de telhas. Três arcos e uma balaustrada em pedra cercavam a varanda, à esquerda. No segundo piso havia balcões que davam para a rua.

"*Mitkommen!*", disseram os oficiais a Kempner quando ele abriu a porta. "Venha conosco!"

Aquele era o momento que os alemães temiam, principalmente os judeus e os opositores políticos dos nazistas: a intimação aleatória a comparecer ao quartel-general da Gestapo na Prinz-Albrecht-Strasse. Às vezes ela vinha

"ATITUDE INTELIGENTE E COINCIDÊNCIAS FELIZES"   157

na forma de um cartão-postal; às vezes, os oficiais iam pessoalmente, sem avisar, para forçar o assunto. Podia acontecer de a polícia ter algumas perguntas, ou querer alguma informação, e rapidamente mandava a pessoa de volta. Ou podia ficar sob o que denominavam "custódia protetora" em um dos novos campos de concentração de Himmler.

Kempner recebeu a "custódia protetora". Foi preso na Columbia-Haus, notória e dilapidada, uma antiga prisão militar conhecida pela brutalidade e ilegalidade.

Ao chegar ele só pensou em uma coisa: "É o fim."[11]

O que mais o angustiou nos nove dias de confinamento na solitária foi não saber exatamente *por que* havia sido preso.[12] Tinha a ver com seu escritório de emigração? Com o romance que escreveu sobre a ameaça nazista e publicou com pseudônimo? Com a aliança com Ossietzky e a Liga Alemã de Direitos Humanos? Ele não diria uma palavra a respeito, recordou depois, "pois Ossietzky não era exatamente uma primeira referência em um interrogatório da Gestapo".[13]

Só quando voltou à Prinz-Albrecht-Strasse e foi interrogado ele soube que a prisão tinha relação com Berthold Jacob. A Gestapo suspeitava que ele passasse informações sobre as atividades nazistas em Berlim. Ele negou. "Por que ele tinha o meu nome na caderneta", disse ele anos mais tarde, "eu não sei."

Ao saber de sua prisão, Lydia sofreu um ataque cardíaco. Os parentes de Kempner imediatamente se mobilizaram para tentar libertá-lo, porque, como ele escreveu depois, quando alguém amado era detido pelos nazistas, você não esperava pelos trâmites legais. Fazia tudo o que pudesse para tirá-lo de lá. Imediatamente.

Antes de deixar a casa em Lichterfelde com a Gestapo, Kempner havia telefonado para o seu advogado, Sidney Mendel, que apresentou um protesto formal. Ferdinand Sauerbruch, um famoso cirurgião que conhecia a mãe de Kempner, foi enviado para falar com Oskar von Hindenburg, filho do presidente falecido, e pedir-lhe que interviesse. Não se sabe se Hindenburg tentou ajudar, mas uma mulher com quem Kempner estava saindo, Ruth Hahn — uma assistente social e, como ele, luterana —, procurou outro contato potencialmente influente: Rudolf Diels.

158   O DIÁRIO DO DIABO

Diels não era mais o chefe da Gestapo. Ele havia acumulado inimigos poderosos e, em 1934, afetado pela luta de poder entre Göring e Himmler, foi demitido do comando e substituído por Reinhard Heydrich, acólito de Himmler. Tendo o Reichsmarschall como protetor, Diels escapou da purga nazista na Noite das Facas Longas, foi nomeado presidente distrital em Colônia e mais tarde recebeu um cargo no império de negócios de Göring. Ele inclusive se casou com uma parente de Göring.

Certamente Diels se lembrava de que Kempner o havia livrado da situação comprometedora com a prostituta. Mas ninguém disse se ele devolvera o favor em 1935 e ajudara o antigo colega.

De qualquer modo, Kempner foi solto em duas semanas. Anos depois, em carta a um amigo, ele relatou que saíra ileso da Columbia-Haus graças "à atitude inteligente" de Ruth "somada a coincidências felizes".[14]

Quanto a Berthold Jacob, os jornais souberam da história. Houve uma gritaria internacional. Os suíços protestaram porque a Gestapo havia cruzado a fronteira para detê-lo sem avisar e sem autorização, e o assunto foi parar em um tribunal internacional. Ainda vulnerável à pressão diplomática nos primeiros anos de sua ditadura, Hitler mandou soltar o jornalista após seis meses.[15]

Para Kempner, já não havia o que pensar. Ele sabia que precisava sair do país. Em agosto de 1935, Lydia morreu e, por fim, ele começou a fazer os preparativos necessários.[16] Quando viajava ao exterior para tratar de assuntos dos clientes, discretamente pesquisava o melhor lugar para ir com Ruth — com quem se casara em 25 de maio de 1935, pouco depois de ser solto da prisão — e a mãe dela. A Holanda ficava perto demais, a Grã-Bretanha só era viável para os emigrantes mais proeminentes, a França era inóspita a longo prazo, e a Palestina ainda era pouco convincente.

Certo dia, Kempner se encontrou com um antigo colega para um café na Potsdamer Platz, em meio ao estrépito dos bondes, pedestres e automóveis. Magro e de óculos, Werner Peiser era judeu e tinha sido secretário de Imprensa do primeiro-ministro prussiano, tendo passado depois ao Instituto Histórico prussiano em Roma até ser demitido com a chegada dos nazistas ao poder.

"ATITUDE INTELIGENTE E COINCIDÊNCIAS FELIZES"

Tentando achar trabalho, Peiser teve a ideia de criar uma escola no exterior que recebesse crianças judias por questões de segurança. Conseguiu um sócio capitalista, obteve as licenças oficiais necessárias e pôs anúncios em jornais alemães. Aberto no outono de 1933 com um punhado de crianças, em pouco tempo o Istituto Fiorenza de Peiser tornou-se uma empresa solvente com cerca de trinta estudantes. A escola possuía um atrativo irresistível: a localização. "Landschulheim Florenz", dizia o anúncio, "localizada no campo toscano".[17] Mais tarde, um aluno comentou: "Não é difícil anunciar um internato localizado na Toscana."[18] Quando decidiu que era hora de tirar o filho Lucian da Alemanha nazista, Kempner o enviou à escola de Peiser. Agora, este lhe sugeria que fosse para Florença ajudá-lo a dirigir a instituição.

Quanto mais pensava no assunto, mais Kempner pensava que a Itália seria o lugar ideal para esperar a queda do nazismo.

Apesar de Hitler ter grande admiração por Benito Mussolini, o líder fascista que subira ao poder em Roma em 1922, o ditador italiano ainda não havia sido cooptado. Ele suspeitava particularmente dos planos de Hitler para a Áustria. Depois que alemães apoiados pelos nazistas assassinaram o chanceler austríaco Engelbert Dollfuss e tentaram derrubar o governo, no verão de 1934, Mussolini deixou Hitler furioso ao alinhar seu exército na fronteira e prometer ajuda ao governo austríaco.

Kempner sabia que os alemães sempre tinham sido bem-vindos na Itália; eles sequer precisavam de visto.

O mais importante, escreveu depois, era que "não havia uma questão judaica na Itália".[19] Pelo menos até aquele momento.

Ele vendeu então a casa da família em Lichterfelde e a biblioteca da mãe. O piano de cauda foi para a Haus Vaterland, na Potsdamer Platz, por 500 marcos. Seu passaporte havia expirado, mas o chefe da polícia no seu distrito lhe devia um favor e rapidamente lhe entregou um novo. Kempner presenteou Ruth com um anel para comemorar a emigração.

Então ele fez a mala. Uma mala pequena. Não queria que pensassem que estava partindo para sempre.

Ele não podia levantar suspeitas.

10

"A época ainda não está madura para mim"

Em uma carruagem puxada por seis cavalos negros, o caixão de Paul von Hindenburg, coberto com a bandeira, cruzou as planícies prussianas. O cortejo fúnebre parecia se estender infinitamente: trombeteiros, porta-bandeiras, infantaria, cavalaria, artilharia, generais de alta patente, familiares, criados. As rodas da carruagem esmagaram as flores e os gravetos de pinheiro atirados pelos assistentes da procissão. Por quilômetros e quilômetros viam-se tochas tremeluzindo.

Os restos do presidente iam para o Memorial Tannenberg, no leste da Prússia, local de seu grande triunfo militar sobre os russos, em agosto de 1914, onde ele seria enterrado ao lado de vinte soldados desconhecidos. Às cinco da manhã do dia seguinte, 7 de agosto de 1934, a procissão chegou ao memorial colossal. Era uma fortaleza, um Stonehenge marcial, com oito ameias gigantescas erguendo-se acima dos campos e dos muros em pedras que formavam um pátio octogonal. Naquele dia sombrio de luto, as torres estavam amortalhadas de preto, e a fumaça que saía do topo "as convertia em altares sacrificiais",[1] comparou um assistente. Sete aviões com

162   O DIÁRIO DO DIABO

fitas pretas presas às asas circularam no alto, enquanto unidades da SS e das milícias permaneciam em formação militar.

Os dignitários estrangeiros e os oficiais do partido se acomodaram enquanto o Führer subia na pequena plataforma junto ao caixão para confiar o marechal de campo à eternidade.

"General!", ordenou o ditador recém-empossado. "Adentre agora o Valhalla!"

Na audiência, Rosenberg se regozijou em silêncio com as palavras de Hitler. Havia anos ele atacava a cristandade, o que lhe rendera a infâmia internacional como figura-chave da facção radical do Partido Nazista contrária à Igreja. Durante o funeral, ele ouvira com irritação e desprezo o capelão militar afirmar que Hindenburg fora "leal até a morte ao Deus Vivo". Depois ele se queixou em seu diário que o capelão os tinha "bombardeado com citações bíblicas".[2] Não conseguia entender que alguém merecedor do sangue alemão pudesse acreditar naquelas baboseiras. "Mais uma vez a Igreja demonstrou que fala grego com palavras alemãs", escreveu mais tarde naquele dia. "A nação já não *quer* ouvir esta tolice de Salmos, 'profetas' etc."

Mas Rosenberg sempre podia contar com Hitler para acertar as coisas, e ele ficou encantado quando o Führer enviou Hindenburg à eternidade não no céu cristão, mas no palácio do mitológico deus nórdico Odin. Quem prestasse atenção, pensava, ouviria o tiro disparado contra a proa da cristandade.

Ele torcia para que aquele fosse o primeiro de muitos. Tivera tantas conversas com Hitler sobre a traição das igrejas. Gostaria de convencê-lo a tornar suas ideias públicas para arrebatar o povo alemão dos clérigos.

Apesar de vociferar contra os judeus em público, Rosenberg raramente tratava da obsessão central dos nazistas ao tomar a caneta tinteiro para acrescentar algo ao diário que crescia. É como se isso fosse um assunto que não merecia consideração, uma batalha vencida ao tomarem o poder. Rosenberg fitava a próxima guerra adiante.

Nas igrejas cristãs, os nazistas atacavam uma instituição que se mantinha de pé havia séculos. Rosenberg sabia que estavam dando início a uma

"A ÉPOCA AINDA NÃO ESTÁ MADURA PARA MIM"   163

luta que duraria uma era, mas fazia proselitismo com o fervor de quem esperava vencer em vida.

"A terra santa pode não ser a Palestina", alardeou em um discurso, "mas a Alemanha."[3]

Ele se alegrava com qualquer informe de progresso. Em Oldenburg disseram-lhe que "em uma paróquia de 4 mil pessoas, o sermão foi cancelado em 31 domingos do ano por falta absoluta de audiência". Para arruinar as igrejas ele acreditava que os nazistas precisavam minar as crenças profundas dos alemães, eliminar a fé dos seus pais e substituí-la por algo novo. "Ao vestir a camisa marrom", disse ele a uma multidão em Hanover, em 1934, "deixamos de ser católicos ou protestantes. Somos apenas alemães."[4]

Ele explicou isso em *O mito*, que trazia um ataque violento à cristandade moderna. Argumentou que os judeus da antiguidade, principalmente São Paulo, haviam solapado a verdadeira mensagem de Jesus, se infiltrado e se apossado do cristianismo, divulgando uma falsa mensagem de submissão e sofrimento, humildade e amor universal. Do ponto de vista de Rosenberg, a mensagem de São Paulo de igualdade ante Deus — "não há judeu nem grego, escravo nem livre, não há homem nem mulher, pois todos são um em Jesus Cristo" — equivalia ao "niilismo". Ele rechaçou a ideia de uma religião para todos. Os alemães não podiam se submeter a uma fé que esperava que se sentassem à mesa com raças inferiores. Rejeitou ainda a ideia do pecado original, porque o homem nórdico era um herói. Ridicularizou os conceitos centrais do catolicismo: o inferno cruel, o nascimento por uma virgem, a ressurreição no terceiro dia. Todos esses ensinamentos eram charlatanismo, "magia [...] uma superstição atrás da outra".[5]

Em *O mito*, ele catalogou de modo laborioso os pecados do cristianismo através dos tempos: como as igrejas se basearam em uma "história sistematicamente falsificada",[6] como o Vaticano perseguiu cruelmente, caçou e exterminou com hereges quem questionasse a política oficial da Igreja, como os clérigos defenderam a sua autoridade com a espada e a Inquisição. Os ensinamentos da Igreja, escreveu, eram "internamente falsos e mortos".[7]

Os alemães — livres, poderosos, fortalecidos — precisavam de uma fé nova e musculosa, uma "religião do sangue" que os unisse em uma luta comum e heroica pela honra nacional.[8] Eles eram uma raça de super-

-homens que devolveria a Alemanha à glória após décadas de sofrimento e ignomínia. Rosenberg projetava uma nova igreja alemã, uma fé popular nacional. O Velho Testamento seria abolido, o Novo Testamento seria expurgado de mensagens supostamente judaicas e um "quinto evangelho" seria escrito para refletir os autênticos ensinamentos de Jesus.[9] Todos os "crucifixos horríveis" viriam abaixo, porque a Igreja não se centraria no sofrimento de Cristo, mas na sua vida heroica.[10] O Jesus germânico era "o pregador poderoso e o homem irado no templo",[11] que seria retratado "magro, alto, louro, culto",[12] porque o mais provável é que fosse ariano, e não judeu. As hosanas a Jeová seriam eliminadas dos hinários. No lugar da Bíblia, com suas histórias de "gigolôs e negociantes de gado", os fiéis buscariam inspiração nos mitos germânicos. "Hoje está surgindo uma nova fé — o mito do sangue; a crença de que defender o sangue é também defender a natureza divina do homem em geral",[13] declarou o profeta da nova fé. "É uma crença, incorporada a um conhecimento brilhante, de que o sangue nórdico representa aquele *Mysterium* que ultrapassou e substituiu os sacramentos mais antigos."

Em seu diário, Rosenberg ansiava também por um grande reformador carismático que varresse as denominações e hipocrisias ultrajantes e sua horrível arte religiosa. As "esculturas do Gótico Tardio, em geral distorcidas e feias",[14] deviam ser retiradas dos santuários e entregues aos museus. Os "emblemas barrocos revoltantes" deviam ser eliminados. As estátuas de santos deviam ser substituídas por bustos de grandes heróis germânicos. O evangelho do "sangue e solo", a mensagem de que a raça ariana e a Alemanha devem prevalecer acima de tudo seria pregada nos púlpitos em vez do Deuteronômio e Levítico, e nas igrejas "já não soaria nenhuma 'palavra profética' judia".

No final de 1934, Rosenberg afirmou a uma audiência em Stuttgart que os nazistas pretendiam convocar "uma ordem social com todo o misticismo sagrado da época medieval" no quartel-general nazista da capital bávara. "Vocês sabem que há um salão senatorial com 61 assentos na Casa Marrom em Munique que ainda não foi usado", disse. "Estamos apenas esperando um sinal do Führer para providenciar a fundação da ordem sagrada da Alemanha neste salão."[15]

"A ÉPOCA AINDA NÃO ESTÁ MADURA PARA MIM"

Rosenberg, que havia deixado a igreja oficialmente em 1933, pensava que o Führer estava do seu lado. Nos anos seguintes, por várias vezes ele teve amplas discussões filosóficas com Hitler sobre os cristãos e seus 2 mil anos de traições.

Certa vez ele contou a Hitler do choque que teve, aos 18 anos, ao visitar a abadia Ettal, um monastério beneditino ao sul de Munique, quando viu, sob o grande domo central da igreja, que "os esqueletos dos santos estavam em vitrines, com anéis de ouro nos ossos e coroas de ouro nos crânios". Aquilo parecia saído da África, disparou. Era o tipo de coisa de uma "religião axânti".[16] Porém, na Alemanha, esperava-se que os membros da congregação realmente *acreditassem* nas histórias da Bíblia.

"Seja qual for o *significado* da vida e do mundo, nunca o entenderemos."[17] Em uma conversa com Rosenberg, Hitler falou certa vez: "Todos os microscópios não nos trouxeram soluções, apenas expandiram um pouco a nossa compreensão. Mas, se existe um deus, temos o dever de desenvolver as habilidades que recebemos. Podemos estar errados, mas não fingir, nem mentir."

Em outra ocasião, disse que gostaria de poder regressar aos dias anteriores a Jesus, aos dias gloriosos da Grécia e de Roma. Jurou nunca bombardear Atenas e declarou gostar de Roma. "Mesmo em seu declínio, ainda era magnífica, e pode-se entender por que os jovens teutônicos se maravilharam ao vê-la", disse Hitler. Observe a diferença entre "a cabeça real de Zeus" e "o Cristo agonizante" e você entenderá a diferença entre as culturas. "O mundo antigo parecia livre e alegre em comparação com a Inquisição, a queima de bruxas e de hereges."

Na visão de Hitler, os antigos eram abençoados por desconhecerem dois males: a sífilis e o cristianismo.[18]

Mas ele não podia se arriscar a dizer essas coisas em público. "Ressaltou mais de uma vez, rindo, que sempre fora pagão, e que chegara o momento de acabar com o veneno cristão",[19] escreveu Rosenberg no diário, mas "estas atitudes permanecem estritamente sigilosas". O chanceler tinha que se preocupar com considerações práticas. Como escreveu em *Mein Kampf*, mesmo um político que desprezava as igrejas precisava reconhecer que a religião era a chave para manter a ordem cívica. "Para o homem político,

166   O DIÁRIO DO DIABO

o valor de uma religião deve ser estimado menos por sua deficiência do que em virtude de um substituto melhor à vista. Enquanto este faltar, o que existe só pode ser destruído por loucos ou criminosos."[20] Ele não podia ofender abertamente os 40 milhões de protestantes e 20 milhões de católicos alemães se quisesse manter o povo do seu lado.

Antes de 1933, os nazistas se ocultaram na tradição protestante alemã para obter os votos dos fiéis. Quando Hitler subiu ao poder, uma facção de nacionalistas e simpatizantes nazistas unificaram as diversas congregações protestantes espalhadas em uma Igreja do Reich. Com o respaldo de Hitler, o nazista Ludwig Müller tornou-se bispo do Reich, encarregado de supervisionar a fé protestante e disseminar o evangelho do partido.[21] Não se tratava de uma igreja oficial de Estado — ao menos não ainda —, mas ela se encaixava na nazificação mais ampla que se infiltrava em cada aspecto da vida alemã. Os nacionalistas da nova igreja estavam contentes em lutar contra a ameaça judaica e promover uma forma racialmente "pura" de cristianismo. Alguns pastores chegavam a celebrar o culto trajando o uniforme da SS.

Os católicos, por sua vez, tinham uma relação mais complicada com o Partido Nazista. Eles não concordavam com alguns pontos. Assim como os protestantes, deploraram a ascensão do comunismo ateu e deram as boas-vindas ao impulso contrário ao bolchevismo de Hitler. Os bispos alemães condenavam o liberalismo cultural da República de Weimar. Sobretudo, uma tensão antissemita percorrera o pensamento católico durante séculos: os teólogos traçavam a corrupção judaica bem antes, no Calvário. Porém, para os católicos, aquilo era uma questão de religião, e não de raça. Um judeu podia se converter e ser salvo por Jesus. Obviamente os nazistas não reconheciam essa distinção. Nos pergaminhos oficiais, um judeu cristão continuava sendo judeu.

O antagonismo católico ao nazismo era principalmente uma questão política. Antes da chegada do nazismo ao poder, os bispos haviam apoiado sua própria organização política, o Partido Católico de Centro. E nunca puderam aceitar completamente um partido que abrigava blasfemos como Rosenberg. Eles leram *O mito* com atenção e temiam que suas ideias ameaçadoras sobre o clero se transformassem em política de Estado. "A

"A ÉPOCA AINDA NÃO ESTÁ MADURA PARA MIM"

perspectiva de Rosenberg sobre a vida", concluiu um teólogo que fugiu da Alemanha em 1932, "é pura demência, e a sua doença mental provavelmente vai infectar cada vez mais cidadãos se as atuais circunstâncias não mudarem."[22] Se aquilo era o que os nazistas e Hitler tinham em mente, pensavam eles, as igrejas estavam condenadas.

No final de 1930, logo após a publicação do *O mito*, o cardeal Adolf Bertram, arcebispo de Breslau, vituperou contra os nazistas e seu culto a uma raça ariana superior. "Aqui já não estamos lidando com questões políticas", escreveu ele em um artigo no *Germania*, o jornal do Partido do Centro, "mas com uma ilusão religiosa que deve ser combatida com todo vigor."[23]

Em 1931, os bispos bávaros decretaram que os padres católicos não poderiam se filiar ao Partido Nazista devido à sua hostilidade à fé, e abriram a possibilidade de negar os sacramentos aos nazistas. Bispos de outras dioceses emitiram instruções impedindo os fiéis de se afiliarem ao partido.

Quando subiu ao poder, Hitler fez o que era mais natural: disse às igrejas o que queriam ouvir, e depois fez o que ele queria — resumidamente, o oposto do prometido. Em seu primeiro discurso à nação por rádio, em 1º de fevereiro de 1933, ele declarou expressamente que o cristianismo era "o fundamento da nossa moral nacional".[24] Naquele março, ao fazer *lobby* no Reichstag para aprovar a Lei de Concessão de Plenos Poderes, ele prometeu diversas concessões aos políticos católicos. No discurso no dia da votação, disse às igrejas que "os direitos não serão infringidos".

Em resposta, os bispos alemães suspenderam as restrições à filiação da igreja ao nazismo. Os clérigos e as principais organizações católicas trabalhistas, juvenis e fraternas instaram seus rebanhos a obedecer ao novo governo nacional e trabalhar com Hitler para restaurar a honra alemã.[25]

Os católicos estavam ansiosos por um acordo formal que garantisse o seu lugar na nova ordem alemã. Os bispos temiam a restrição de sua liberdade para pregar e o fechamento das escolas católicas. Os funcionários do Partido Católico de Centro estavam sendo ameaçados e intimidados. Padres eram detidos, e escritórios católicos eram devassados. Os bispos se preocupavam, principalmente, em proteger a instituição. Eles não tinham objeções ao devastador ataque do regime aos comunistas. De fato, denun-

168 O DIÁRIO DO DIABO

ciaram a ideia nazista da primazia de uma raça em detrimento das outras; os católicos convidaram gente de todas as raças para orar nas catedrais. Protestaram verbalmente contra a perseguição aos judeus que tinham se convertido ao cristianismo. Mas não se manifestaram explicitamente contra as implicações mais amplas do antissemitismo nazista sobre a comunidade judaica como um todo.

Na primavera e no verão daquele ano, embaixadores de Hitler negociaram um tratado formal com o Vaticano. Segundo os termos do acordo, feito em julho de 1933, o Vaticano não se imiscuiria na política alemã, e os nazistas assegurariam a independência religiosa dos católicos. Mas as cláusulas da Concordata estavam abertas à interpretação, e Hitler não se deixaria engessar por promessas diplomáticas.

O assédio nazista às igrejas prosseguiu praticamente inalterado. No mesmo dia em que o gabinete ratificou o acordo com o Vaticano, aprovou também uma lei que determinava a esterilização dos doentes e incapazes, à qual os católicos se opuseram ferozmente.[26]

Parecia que os líderes católicos operavam a partir de uma incompreensão fundamental.[27] Eles acreditavam que, se demonstrassem fervor patriótico e se mantivessem à distância dos assuntos de Estado — como faziam em outros países —, seriam deixados em paz. Estavam dispostos a cooperar com o regime caso os nazistas parassem de importuná-los. O que não perceberam, ao mesmo num primeiro momento, é que o *ethos* nazista exigia que o partido tivesse voz ativa em todos os aspectos da vida alemã. Eles não entenderam que os nazistas os viam como competidores. "Os bispos", escreveu o historiador alemão Guenter Lewy, "não conseguiram entender o fato básico de que fazia parte da essência do totalitarismo nazista eliminar totalmente a influência das igrejas na vida pública". O regime não pretendia compartilhar a lealdade da população com outras instituições.

Em dezembro de 1933, uma multidão de paroquianos se reuniu na igreja de São Miguel, em Munique, para as missas do Advento. Ao entrar na catedral renascentista do século XVI,[28] passaram debaixo de um enorme arcanjo São Miguel alado, o defensor da fé, em bronze, empunhando sua longa lança contra o pescoço de um Satã angustiado, retratado como

"A ÉPOCA AINDA NÃO ESTÁ MADURA PARA MIM"   169

meio humano, meio besta. Eles ocuparam os assentos nas fileiras sob o teto abobadado de um branco luminoso e ouviram o cardeal Michael Faulhaber pregar contra a apostasia de Rosenberg do púlpito.

Faulhaber, arcebispo de Munique e Freising, liderava a maior comunidade católica do país. Ele se opusera à tentativa de golpe de Hitler em 1923 e, em resposta aos ataques dos nazistas naquele inverno, declarou que toda vida era preciosa — incluindo explicitamente a dos judeus.[29] Porém, como outros clérigos alemães, ele adotou uma abordagem mais prática quando Hitler tornou-se chanceler. Depois do boicote nazista às lojas de judeus, em abril de 1933, Faulhaber enviou uma carta pessoal ao cardeal Eugenio Pacelli, secretário de Estado do Vaticano — e futuro papa Pio XII — em que dizia que não via sentido prático na objeção pública por parte dos católicos: os protestos simplesmente fariam Hitler retaliar contra o catolicismo. O arcebispo observou que o clamor internacional dos simpatizantes em prol do judaísmo havia levado os nazistas a suspenderem imediatamente o boicote. "Os judeus", argumentou, "podem ajudar a si mesmos."[30]

Depois que o Vaticano assinou a Concordata, Faulhaber congratulou Hitler e escreveu: "Que Deus conserve o chanceler do Reich para o nosso povo."[31]

No entanto, naquela manhã, no púlpito da igreja de São Miguel, Faulhaber tinha em mente questões mais celestiais. Atacou aqueles que, como Rosenberg, declaravam que o Velho Testamento era um livro judeu que envenenava o cristianismo. Criticou os que negavam o judaísmo de Jesus e "tentavam salvá-lo com uma certidão de nascimento falsa, dizendo que não era judeu, mas ariano".[32]

"Quando estas vozes se alçam, quando movimentos assim se formam, o bispo não pode permanecer em silêncio", declarou Faulhaber. No interior da catedral cavernosa, a audiência cativa o ouvia em silêncio. Do lado de fora, alto-falantes transmitiam sua voz desencarnada às multidões que não puderam entrar na igreja lotada. "Quando a pesquisa racial, que em si não é um assunto religioso, entra em guerra com a religião e ataca os fundamentos do cristianismo; quando o antagonismo aos judeus de hoje se estende aos livros sagrados do Velho Testamento [...] o bispo não pode permanecer em silêncio."

O arcebispo não precisou dar nomes. Todos sabiam qual era o seu alvo.

No mês seguinte, quando Hitler nomeou Rosenberg como seu representante ideológico, as igrejas reagiram com grande alarme. Embora o Führer tenha instado Rosenberg a esclarecer que *O mito* era um esboço de suas crenças pessoais — e não um dogma oficial nazista —, poucos na Alemanha acreditaram que o filósofo do partido tivesse escrito aquilo sem, ao menos, a aprovação tácita do Führer. Hitler nunca silenciou o agitador, não o impediu de escrever nem o puniu.

Duas semanas depois da nomeação de Rosenberg, o Vaticano colocou *O mito* no índice de publicações banidas. "O livro caçoa de todos os dogmas da Igreja Católica e dos próprios fundamentos da religião cristã, e os rejeita por completo",[33] dizia a explicação oficial da decisão do *Sanctum Officium*. Rosenberg ficou entusiasmado. "Este protesto débil contribuirá para disseminar ainda mais a obra", escreveu. "No índice, estou nas melhores companhias."[34]

No dia do anúncio do Vaticano, o cardeal Karl Joseph Schulte, bispo de Colônia, foi enviado à Chancelaria do Reich para apresentar uma objeção formal à promoção daquele conhecido herege e principal inimigo das igrejas. Hitler o interrompeu.

— Este livro não me é útil — disse.[35] — Rosenberg sabe. Eu mesmo disse isso a ele. Não quero saber de coisas pagãs, como o culto a Wotan e coisas semelhantes.

Schulte não se deixou persuadir.

— O senhor não pode falar assim sobre Rosenberg e seu livro, *Herr* Reichskanzler.

— E por que não?

— Porque alguns dias atrás o senhor nomeou oficialmente este mesmo *Herr* Rosenberg como instrutor ideológico do Partido Nazista e, portanto, instrutor de uma grande parte do povo alemão. Portanto, queira ou não, o senhor será identificado com *Herr* Rosenberg.

— É verdade — respondeu Hitler. — Eu me identifico com *Herr* Rosenberg, mas não com o autor do livro *O mito*. — Se os escritos de Rosenberg aborreciam tanto o Vaticano — advertiu Hitler —, deveriam protestar menos ruidosamente. Isso só faria os alemães serem impelidos a ler o livro, ou ao

"A ÉPOCA AINDA NÃO ESTÁ MADURA PARA MIM"   171

menos a tentar fazê-lo. Afinal, foram os bispos que tornaram *O mito* tão amplamente conhecido, ao criticá-lo.

A Igreja decidiu que a única saída era atacar Rosenberg no púlpito e na imprensa. Os clérigos não podiam censurar Hitler, a Concordata o proibia. (É de se notar que *Mein Kampf* nunca tenha ido parar na lista do Vaticano.) Mas podiam atacar Rosenberg, já que suas declarações não consistiam em um dogma oficial. Eles estavam fazendo uma distinção: seriam leais ao regime, mas sem tolerar heresias por parte dos seus líderes.[36]

"Há pagãos novamente na Alemanha", declarou Clemens von Galen, bispo de Münster, ao criticar Rosenberg por classificar as arianos acima de todos os outros. "A chamada alma racial eterna não passa, na verdade, de uma nulidade."[37] Os padres protestaram contra o apoio de Rosenberg à eugenia para acabar com "a reprodução da sub-humanidade"[38] e à poligamia para promover o "melhoramento"[39] da raça ariana. Em *O mito*, Rosenberg havia argumentado que toda mulher alemã devia cumprir o dever patriótico de produzir filhos. A simples aritmética justificava medidas extremas: havia mais mulheres do que homens. Além disso, indagou: "Devem milhões de mulheres serem classificadas, com um sorriso de pena, como solteironas que tiveram seu direito vital roubado?"[40]

Estudiosos católicos esboçaram um panfleto delineando os erros factuais,[41] as inexatidões históricas e os erros teológicos em *O mito*. Havia muitos: a publicação tinha 144 páginas e foi lançada em cinco cidades simultaneamente — um modo de evitar que a Gestapo confiscasse todos exemplares —, e Von Galen o publicou em seu nome para proteger os críticos anônimos que haviam redigido as argumentações. Essas precauções eram necessárias. Os nazistas estavam vigilantes e mantinham Rosenberg informado com relatórios da inteligência sobre as ações da Igreja.[42]

O combate ficou cáustico. Do púlpito, Faulhaber denunciou Rosenberg novamente em fevereiro de 1935, e este quis mandar prendê-lo.

"Como ainda não se atrevem a tocar no Führer, a intenção é atacar seu companheiro mais perigoso",[43] escreveu. "A resposta a este homem já virá. Segundo a nova lei, posso acusá-lo e prendê-lo." Cortes especiais estavam processando alemães segundo a recém-promulgada Lei contra Ataques Maliciosos ao Estado e ao Partido. Contudo, até Rosenberg entendia que prender um homem da estatura de Faulhaber detonaria uma avalanche de críticas.

De um modo ou de outro, "o maldito cardeal" — como Rosenberg se referia a ele — teria de pagar.

Foi o que Alban Schachleiter disse a Rosenberg pouco depois, "praticamente em seu leito de morte".[44] Aliado dos nazistas, o abade católico romano escrevera um artigo no *Völkischer Beobachter* no início de 1933 defendendo que os católicos se alinhassem com Hitler. O artigo foi publicado antes de os bispos suspenderem as restrições à filiação nazista na igreja, e Faulhaber respondeu censurando Schachleiter e impedindo-o de celebrar missas na arquidiocese.[45] Nos primeiros anos do Terceiro Reich, o abade, tentando fazer as pazes entre a igreja e os nazistas, instou Hitler a rejeitar publicamente *O mito*. Apesar disso, mantinha relações cordiais com o autor do livro, e seu rancor do cardeal Faulhaber nunca diminuiu. Naquele dia, falando com Rosenberg, com a voz rouca "acesa pelo ódio", o abade moribundo disse que a "justiça material já não pode afetar o cardeal, mas espero que a justiça celeste caia sobre ele".

Hitler tinha razão em uma coisa. A declaração de guerra de Roma só contribuiu para aumentar a visibilidade do livro. Folheando cartas de leitores, Rosenberg achou que havia despertado milhões de alemães hipnotizados pelos padres e suas bíblias. "O meu *Mito* foi reeditado com 250 mil cópias, um êxito que só ocorre uma vez a cada século", escreveu no diário um dia depois do Natal de 1934. Ele se deleitava com os ataques e prometeu lutar até a morte contra o Vaticano. "O contra-ataque de Roma vai ter resposta. Eles perceberam que agora tudo está em jogo [...] O cristianismo de Roma se funda no *medo* e na humildade, e o nacional-socialismo, na coragem e no orgulho. [...] A grande revolta começou."[46]

Enquanto os católicos combatiam Rosenberg, Ludwig Müller, o bispo do Reich protestante indicado pelos nazistas, viu sua campanha para unificar a igreja rachar e desmoronar. Os simpatizantes nazistas nas congregações exigiram que os pastores desleais fossem afastados e que todos os empregados judeus, e até os cristãos convertidos, fossem demitidos. Segundo o raciocínio de Rosenberg, alguns pressionaram a igreja a abandonar o Velho

"A ÉPOCA AINDA NÃO ESTÁ MADURA PARA MIM" 173

Testamento e arrancar os crucifixos. Isso foi demais para outros protestantes, e os dissidentes começaram a se declarar independentes. Formou-se uma Igreja de Confissão rival, que repudiou a liderança de Müller.

Em 1935, Hitler criou um Ministério para Assuntos Religiosos e nomeou Hanns Kerrl para acabar com a rebelião entre o clero. Nos anos seguintes, o novo tzar da igreja tentou de tudo. Um importante editor protestante foi detido. Uma igreja em Munique foi esmagada. Pastores dissidentes foram silenciados e setecentas pessoas foram presas.

Um dos detidos, Martin Niemöller,[47] de Berlim, era um simpatizante antigo do nazismo que tinha votado em Hitler em 1933. Embora tenha sido absolvido e solto — ele insistiu que suas queixas eram exclusivamente religiosas —, o Führer ordenou pessoalmente que fosse detido outra vez de imediato. Niemöller foi enviado ao campo de concentração de Sachsenhausen, fora de Berlim, e enviado à solitária. Depois da guerra, em um famoso discurso de arrependimento, ele reconheceu que não havia feito nada quando os nazistas prenderam os comunistas e os judeus e, quando a Gestapo chegou para detê-lo, não havia ninguém para defendê-lo.

Desde o início, Rosenberg viu o novo Ministério de Assuntos Religiosos com preconceito. Ele considerava Kerrl superficial. Sua visão filosófica era "muito primitiva [...] *Pessoalmente* ele pode fazer o que quiser, mas oficialmente não tem o direito de fazer disto o credo do movimento". Todo o projeto parecia equivocado, pensava; eles não deviam trabalhar com as igrejas, mas se prepararem para aniquilá-las.

"*Toda* a parte saudável do partido está comigo nesta questão",[48] escreveu Rosenberg no diário, "e enxerga o ministério das igrejas como o que é — um mal necessário, ao passo que a convicção da sua *necessidade* é cada vez menos consistente." Ao mesmo tempo, ele via com bons olhos quaisquer controvérsias criadas por Kerrl na tentativa de promover a Igreja do Reich. "*Tudo* o que está ocorrendo levará, finalmente, ao caminho que eu, em primeiro lugar, abri."

Ele acrescentou: "Naturalmente, Kerrl não gosta de mim."

Kerrl queria fazer o que fosse preciso para alinhar as igrejas com os nazistas, e não contra eles. Mas por toda parte os agitadores nazistas fomentavam a discórdia.

Um dos agitadores era Carl Röver, amigo de Rosenberg e governador de Oldenburg, de maioria católica. Em 4 de novembro de 1936 ele baniu crucifixos e retratos de Martinho Lutero dos edifícios públicos, incluindo as escolas. Em seu lugar seriam expostas imagens do Führer. "A notícia se espalhou pela região como um incêndio",[49] escreveu um líder católico aos seus paroquianos. "Para nós, qualquer ataque à Cruz é, necessariamente, um ataque ao cristianismo."

Os católicos protestaram como nunca,[50] e centenas foram às ruas se manifestar. Um padre jurou que, se preciso, lutaria até a morte contra a ordem. Os paroquianos deixaram o partido em massa, e vários prefeitos ameaçaram renunciar. As paróquias soavam os sinos constantemente. Certo dia, tantos dissidentes foram a Oldenburg entregar petições que a pequena praça principal ficou congestionada. Von Galen, o bispo de Münster, escreveu em sua carta pastoral daquele mês que "um arrepio de horror" havia percorrido o seu coração ao saber do decreto. "Tinha de ser aqui [...] que se daria o primeiro passo fatal na trilha de Rosenberg?"

Diante da revolta pública incomum, os nazistas fizeram algo inesperado: recuaram. Em face de uma multidão de 7 mil pessoas, Röver declarou que um "governo sábio" admitia seus erros. "As cruzes permanecem nas escolas."

Von Galen congratulou os fiéis por combater aquela grave ofensa contra a liberdade religiosa dos católicos. "Em quase todas as paróquias, seus representantes, bravos alemães desafiados e testados na guerra e na paz, viajaram até Oldenburg e, descartando o temor aos homens, foram testemunhas de vocês e de sua lealdade ao Cristo, o Crucificado. Graças a Deus por esta coragem dos homens cristãos."

Quando estava em Berlim, Hitler costumava oferecer um almoço prestigioso na Chancelaria do Reich, na Wilhelmstrasse. A refeição começava tarde e se estendia por longas horas,[51] de acordo com os excêntricos horários do Führer. Ele acordava tarde, lia os jornais e os relatórios no quarto, até que, por fim, deixava os seus aposentos privados, por volta do meio-dia, para se inteirar dos assuntos no Wintergarten, que dava para os jardins do pátio traseiro do prédio da Chancelaria. Só então se dirigia à sala

"A ÉPOCA AINDA NÃO ESTÁ MADURA PARA MIM"   175

de jantar e tomava assento à grande mesa redonda, de onde via *Entrada da deusa do sol*, a pintura de Kaulbach.

Diante de vinte ou trinta convidados — Rosenberg, Goebbels e Göring eram assíduos —, ele disparava longos monólogos, ou ouvia e julgava enquanto outros debatiam as questões do dia. Goebbels entretinha os convivas com piadas e imitações dos críticos do nazismo. Certa vez, Hitler tratou de questões alimentares: vegetarianos como ele versus "comedores de cadáveres",[52] como ele os chamava. "Ele está convencido de que os que comem plantas são as forças *perseverantes* da vida", escreveu Rosenberg no diário. "Os carnívoros, como o leão, têm um poder súbito, enorme, mas não têm perseverança. Elefantes, touros castrados, camelos e búfalos, por outro lado, são contraexemplos que falam por si. Pode-se ver que as plantas são boas para nós no tratamento dos doentes. Hoje em dia, as crianças e os doentes tomam sucos de frutas e vegetais, e não carne." Hitler garantiu aos presentes que, quando os cientistas entendessem "a ciência das vitaminas", o homem chegaria a viver 250 anos.

Aqueles almoços podiam ser insuportáveis para quem tivesse trabalho de verdade para fazer.

Certo dia, em janeiro de 1937, dois meses depois da pugna pelos crucifixos, Rosenberg estava à mesa do Führer quando Kerrl começou a reclamar dos efeitos secundários do episódio. Como iria apaziguar as igrejas se os líderes nazistas atiçavam a revolta?

Hitler fez um aceno e ficou filosófico. Alguns "erros táticos" haviam sido cometidos. Aquilo era natural em uma guerra. As controvérsias amainariam e, de qualquer modo, as queixas dos padres não tinham grandes consequências.

"A grande luta pela supremacia absoluta do Estado sobre a Igreja prossegue", escreveu Rosenberg mais tarde no diário, recordando a argumentação de Hitler. "Devemos levar adiante a batalha dos grandes kaisers contra os papas, e lhe daremos fim. Se a Igreja não concordar, só a tática [...] precisa ser considerada: cortar uma veia depois da outra ou iniciar uma guerra declarada. Afinal de contas, a Igreja está perdendo poder em todo o mundo."[53]

— Nós chegamos ao poder com ou sem as igrejas? — perguntou Hitler.

— E o que você acha, Kerrl, há mais gente alinhada conosco *agora* ou antes?

176 O DIÁRIO DO DIABO

— Havia mais antes.

— Bem — respondeu Hitler —, não enlouqueça, Kerrl.

Kerrl ficou "completamente ensimesmado com a admoestação do Führer", escreveu Rosenberg. Seu trabalho não era angariar a cooperação dos clérigos; era estabelecer o Partido Nazista como "senhor da Igreja". Para Rosenberg, as igrejas já nem estavam interessadas em religião. Só queriam o poder político.

Elas precisavam ser detidas. Kerrl, o tolo, não enxergava isso. Ele nunca entendeu a tarefa que tinha optado por desenvolver. "Isso só demonstra", escreveu Rosenberg, "que há consequências quando uma pessoa *tão* incompetente ideologicamente ocupa um cargo que não consegue dimensionar."

Rosenberg não tinha dúvidas quanto à sua missão. Em qualquer oportunidade falava contra as igrejas.

"Por meio de um longo esforço conseguimos adquirir esta joia de sabedoria interna", disse ele em um discurso típico. "Se existir um céu [...] então é mais certo que quem luta com honra e se sacrifica pela sua raça e os seus mais altos valores vá para lá do que quem, com orações nos lábios, trai o seu povo e o seu país."[54]

Enquanto os combates políticos e culturais se propagavam por toda a Alemanha, os nazistas reconstruíam o exército e se preparavam para levar a luta para fora das fronteiras.

No final da Primeira Guerra Mundial, o Sarre havia sido extirpado do flanco oeste da Alemanha e entregue à França, sob a condição de que em quinze anos a população fosse autorizada a votar se deveria se unir novamente à Alemanha. Em janeiro de 1935, a população majoritariamente alemã votou em peso pela reunificação com a pátria de origem. "No final", disse Hitler no dia da unificação, 1º de março de 1935, "o sangue é mais forte do que um mero documento de papel."[55]

Duas semanas depois ele declarou ao mundo que a Alemanha estava construindo uma força aérea, a Luftwaffe de Göring, e estava alistando um exército de meio milhão de homens, violando deste modo os termos do Tratado de Versalhes e desafiando os vizinhos europeus a fazer algo a respeito.

"A ÉPOCA AINDA NÃO ESTÁ MADURA PARA MIM"

No início de 1936, Hitler resolveu empurrar ainda mais a fronteira alemã em direção ao oeste, e enviou tropas para reocupar a Renânia. A região montanhosa cruzada pelos rios Reno, Ruhr e Mosela se estendia da Holanda à Suíça e incluía as cidades de Düsseldorf, Colônia, Bonn e Mannheim. Embora depois da guerra continuasse a fazer parte da Alemanha, era uma zona desmilitarizada. Os generais de Hitler advertiram que o exército não estava preparado para lutar se os franceses tentassem impedir a incursão. Quando Hitler anunciou o avanço, um contingente de 3 mil tropas alemãs já havia se posicionado, e a França não fez nada para repeli-lo, pensando que a força de ocupação fosse muito maior e, de qualquer modo, o país não quis se arriscar a entrar em guerra pelo que já era território alemão. O risco valeu a pena.

Hitler imediatamente convocou novas eleições para o Reichstag e um referendo sobre a reocupação da Renânia. Em 29 de março, os nazistas ganharam a eleição com 98,9% dos votos.

Naquela noite, Rosenberg encontrou Hitler na escadaria do apartamento do Führer, no interior da Chancelaria do Reich. "Bem, Rosenberg", disse Hitler, "o que tem a dizer sobre isto? Não escolhi um grande lema para a votação? Até os bispos tiveram de abrir caminho ao longo do Reno e dobrar os sinos!" Ele riu, e acrescentou o que outros observadores enxergaram como uma alfinetada no escritor: "Os resultados não teriam sido os mesmos se tivéssemos votado sobre *O mito*."

— Não, respondeu Rosenberg. — Isto só será possível dentro de cem anos.

Rosenberg se orgulhava de ser considerado tão perigoso, controverso e inflexível a ponto de precisar ser mantido sob controle para não afundar a revolução nazista. Ainda assim, certa vez disse a Hitler que era difícil ser visto apenas como um homem de ideias. Ele anotou no diário que, em resposta, Hitler lhe garantiu que repetia a todos que ele era o pensador mais profundo do partido e "o pai da igreja do nacional-socialismo".

Refletindo sobre a conversa, Rosenberg foi realista: "Estou ciente", escreveu, "de que a época ainda não está madura para mim."[56]

11

Exílio na Toscana

Kempner adotou uma precaução simples ao fugir da Alemanha nazista:[1] ele e a esposa viajaram separados. "Se um de nós for preso", decidiu, "o outro precisa estar do lado de fora." Um ano depois de ser detido e interrogado, ele continuava abalado. Fez a mala, tomou o trem para o aeroporto Tempelhof e perguntou ao funcionário a que horas partiria o voo seguinte para a Itália. Conduzido ao portão, descobriu que, por um acaso do destino, viajaria em um avião particular fretado por Fritz Hess, pai de Rudolf Hess, o vice de Hitler. Ele estava indo para o Cairo, com escala em Veneza. Ninguém reconheceu Kempner quando este embarcou e procurou um assento.

Olhando pela janela enquanto o avião decolava e Berlim ficava para trás, sua partida parecia definitiva. Ele pensou que nunca regressaria ao seu país de nascimento.

Quando chegou em Veneza, Kempner comprou uma passagem de trem para Florença, onde no dia seguinte se reuniu com a esposa e a mãe dela na estação de trem.

Depois de tanta preocupação — anos de ansiedade —, a viagem transcorrera absolutamente tranquila.

Os Kempner eram parte de um fluxo pequeno mas constante de judeus que se dirigiam à Itália fascista.[2] Dois anos depois da tentativa de

180   O DIÁRIO DO DIABO

golpe nazista na Áustria que alarmou os italianos, as tensões entre Hitler e Mussolini começavam a amainar. Quando a Liga das Nações ameaçou com sanções econômicas depois da invasão italiana da Abissínia — na atual Etiópia — em busca de uma nova colônia africana, a Alemanha permaneceu neutra, para o alívio de Mussolini.

Mas o país ainda era visto como um refúgio dos terrores nazistas. O ministro do Exterior italiano permitia a imigração de judeus "sempre que não envolvesse pessoas atuantes em partidos políticos contrários ao fascismo". Nem os imigrantes sem cidadania precisavam de visto e havia poucas restrições ao trabalho. O mais importante, após um acordo comercial entre a Itália e a Alemanha, em 1934, era que os refugiados podiam transferir grandes quantias de dinheiro para a Itália para investir, pelo menos até aquele momento. Deste modo, artistas, escritores, políticos, médicos e acadêmicos fugiram para o sul, atraídos pelas condições favoráveis e o baixo custo de vida.

Kempner tinha aceitado a oferta de Werner Peiser para se encarregar dos assuntos administrativos do internato nas montanhas, nos arredores da cidade. O Istituto Fiorenza de Peiser era um refúgio para crianças judias, em sua maioria adolescentes, expulsos das escolas públicas pelos nazistas.[3] Alegando falta de vagas, em 1933, a Alemanha limitou a 1,5% a população não ariana nas escolas secundárias e universidades. Os jovens judeus ainda inscritos eram atormentados por professores e estudantes hostis. Em algumas salas de aula, eram segregados às "carteiras judias" e ouviam que os judeus eram inerentemente desonestos e racialmente inferiores. Do lado de fora das salas de aula, sofriam *bullying* dos membros noviços da Juventude Hitlerista. Um estudante lembrava-se de ter visto o tabloide *Der Stürmer*, de Streicher, notoriamente antissemita, pregado na parede da sua escola jesuíta em Munique. "Você cheira como um judeu",[4] disse-lhe um colega de classe. Os nazistas, escreveu outro aluno que foi parar em Florença, "não deixavam nenhuma dúvida de que queriam acabar conosco, e educadamente deixavam isso claro, por meio dos diretores das escolas, ou, de modo mais peremptório, por meio dos chefes de polícia".[5]

Alguns pais que enviaram seus filhos à escola de Peiser já haviam fugido da Alemanha e precisavam de um lugar onde eles pudessem continuar seus

EXÍLIO NA TOSCANA

estudos. A maioria enviou os filhos às pressas para fora enquanto fazia arranjos migratórios para si mesmos.[6] As crianças iam na frente, disse Kempner, como "pioneiras".

Às vezes ele tinha a impressão de que cada vez que Goebbels abria a boca, os pedidos de inscrição na escola aumentavam.[7] Kempner ficava surpreso com o fato de os nazistas deixarem os jornais imprimirem os anúncios da escola. "Nós anunciávamos mais ou menos assim: se vocês não nos enviarem seus filhos, [...] eles serão mortos."

O caminho de Florença até a escola serpenteava por estradas de pedra que de repente descortinavam belas paisagens de olivedos e vinhedos. "A paisagem toscana é como uma mulher bonita: sempre mudando",[8] escreveu um dos alunos que fez a viagem.

A escola ocupava diversas vilas na cidade de Arcetri, que incluía Il Gioiello, ou a Joia, onde o astrônomo Galileu passou seus últimos dias em prisão domiciliar depois de enfrentar a Inquisição. A direção do Istituto ocupava uma mansão no ponto mais alto da aldeia. Para os estudantes novatos aquilo lembrava um castelo, com o portão de ferro forjado, uma alameda de ciprestes e uma torre do século XII. No interior, eles comiam e estudavam em quartos com piso de cerâmica vermelha e pés-direitos altos. Na sala de jantar, as portas duplas se abriam para um terraço com jardim onde havia limoeiros, canteiros de flores e uma quadra de tênis. À distância se viam colinas suaves e os picos dos Montes Apeninos. O prédio era conhecido como Vila Pazzi e, embora o nome fosse o de uma famosa família florentina, os internos brincavam que podia ser traduzido por "o Hospício". Na verdade, o lar temporário era um lugar tranquilo, uma propriedade rural limitada por antigas muralhas grossas cobertas de glicínias. Um estudante recordou-se do dia em que contemplou o campo sentado em uma varanda. "Havia um pouco de névoa e algumas nuvens no céu, e o sol ia e vinha. Era tudo tão calmo e pacífico — galos cocoricavam à distância e pássaros chilreavam. A temperatura estava agradável e os sinos da igreja tinham começado a soar."[9] O Istituto Fiorenza era um esconderijo em um mundo enlouquecido."

As crianças seguiam um currículo-padrão. Recitavam Platão e liam *Commentarii de Bello Gallico*, as observações de Júlio César sobre as

182 O DIÁRIO DO DIABO

Guerras Gálicas. Encenavam peças e recitais de poesia. Faziam viagens a Florença, onde admiravam o domo maciço, arquitetonicamente engenhoso da catedral de Santa Maria del Fiore, se detinham diante do David de Michelangelo e examinavam as obras-primas da famosa Galeria Uffizi. A escola era bastante pequena e os professores podiam dar atenção individual às crianças; uma coesa comunidade havia sido formada.

Peiser atraiu um professorado impressionante, embora poucos fossem docentes profissionais. Dentre eles havia linguistas renomados, um jornalista, uma atriz e uma futura autoridade em filosofia renascentista. Eles recebiam pouco ou nada; alguns trabalhavam em troca de casa e comida. Seus aposentos eram minúsculos. "A beleza singular da paisagem era a parte principal da nossa subsistência",[10] rememorou um professor. A anuidade escolar não era barata, e a escola atraía principalmente crianças ricas e de classe alta, ou, como queixou-se um professor, "os filhos paparicados da burguesia".[11]

A chegada de Kempner trouxe mudanças. Ele se esforçou para atrair mais estudantes, e em pouco tempo havia quase cem crianças matriculadas. Principalmente judeus, os estudantes vinham não só da Alemanha, mas também da Áustria, Hungria, Polônia e Romênia. Com o acirramento da crise na Europa, o currículo já não se centrava apenas nas humanidades e na preparação para os exames que qualificassem os estudantes para o nível superior. Eles agora passavam os dias com lições mais práticas, preparando-se para trabalhar no exílio. Estudavam línguas estrangeiras — italiano, hebreu, polonês e, principalmente, inglês — e aprendiam as habilidades necessárias para se tornarem marceneiros, ferreiros, encadernadores, estenógrafos, assistentes farmacêuticos e técnicos em saúde. Mas nem todos receberam com bons olhos a inserção desse advogado arrebatador e conflituoso ao equilibrado mundo acadêmico em 1936. Alguns professores se aborreceram porque Kempner estava tão focado na emigração permanente que estava transformando seu "pequeno reduto de cultivo humanista" em uma "instituição transitória".[12]

"Ele gostava de abordar as relações humanas como um detetive",[13] escreveu Ernst Moritz Manasse, um professor que teve atritos com Kempner. Ele lhes contava histórias divertidas sobre como extraía informações sigilosas

EXÍLIO NA TOSCANA

das pessoas. Contudo, Manasse escreveu sem muita explicação que ficava perturbado com os "métodos moralmente questionáveis" que Kempner descrevia em suas histórias.

Com o tempo, outro professor achou que Kempner estava empregando a mesma tática com os docentes e funcionários do Istituto Fiorenza. Wolfgang Wasow escreveu em suas memórias que Kempner era uma das poucas pessoas que conhecera na vida a quem "detestou por completo". O sujeito não se preocupava em aprender nada de italiano; aborrecido, quando tentava enxotar alguém do seu escritório, confundia *venga* ("venha") com *vada* ("vá"). "Seu maneirismo conjugava uma insensibilidade brusca, e até rude, com uma solicitude obviamente falsa quando ele achava necessário", escreveu Wasow. "Além disso, estou convencido de que era [...] um bandido. Eu não poderia provar isso em uma corte de justiça, mas os indícios são tantos que a maioria dos meus colegas professores concordava inteiramente comigo."[14]

Certo dia, ele acusou Kempner de espionar os funcionários, abrir com vapor e ler as cartas que seriam remetidas. Wasow acabou imediatamente demitido.

Porém os adolescentes adoraram a temporada na Itália. "Estávamos despreocupados, contentes, focados apenas nos nossos assuntos", recordou um deles. Eles fofocavam. Faziam brincadeiras. Debatiam o sionismo. Roubavam cerejas dos pomares. Dormiam de janelas abertas e gritavam quando os morcegos entravam. Eles caçoavam dos discursos retumbantes do Führer usando um pente como bigode. Eles se apaixonavam.[15]

Por três meses, no verão, toda a escola se mudava para o Hotel Continentale, em Bordighera, na Riviera italiana, para uma espécie de férias de trabalho longe do calor da Toscana. Naquela época os turistas evitavam a cidade nos meses quentes do verão, então o dono do hotel ficava satisfeito em alugar o espaço para o internato. Sob o céu azul tropical e em meio às palmeiras, eles caminhavam, nadavam e encenavam cabarés. Alguns faziam viagens curtas a Monte Carlo. "Aqui tudo é maravilhosamente lindo", escreveu Kempner, "todos os dias com carnaval, bolo e esportes."[16]

Observando o mediterrâneo das sacadas do hotel, os exilados viam os navios que se dirigiam ao oeste, para os Estados Unidos, e sonhavam estar a bordo.[17]

184 O DIÁRIO DO DIABO

Sentiam-se muito distantes da realidade pesada da Alemanha nazista. "Estávamos aliviados por termos escapado",[18] escreveu Manasse, "e nos deixamos seduzir pela beleza de Florença e seus arredores, pela simpatia dos vizinhos italianos e a camaradagem entre nós, estudantes e professores, que o destino havia reunido."

Tudo aquilo estava prestes a mudar. Na primavera de 1938, era impossível ignorar a tensa situação.

O irmão mais novo de Kempner, Walter, tinha ido para os Estados Unidos em 1934 para um posto de pesquisa na Faculdade de Medicina da Universidade Duke,[19] na Carolina do Norte. Ele odiava Hitler e fez o que pôde para colocar um oceano entre ele e o Führer. Em 1938, Robert Kempner começou a se perguntar se teria sido um erro drástico não ter feito o mesmo.

Em 15 de setembro de 1935, na assembleia anual do partido, Hitler anunciou novas restrições avassaladoras contra os judeus. Aprovadas imediatamente pelo Reichstag, a primeira das Leis de Nuremberg transformou oficialmente os judeus em cidadãos de segunda classe,[20] proibindo-os de usar a bandeira alemã, que, de qualquer modo, continha a suástica. A segunda lei — baseada no princípio de que "a pureza do sangue germânico é essencial para a futura existência do povo da Alemanha" — baniu os casamentos mistos, o sexo entre judeus e arianos, e tornou ilegal que judeus contratassem mulheres arianas com menos de 45 anos como empregadas domésticas.

Os turistas e homens de negócios estrangeiros não percebiam necessariamente esse abuso, ou não consideravam terrivelmente alarmante que os judeus fossem excluídos de praticamente todos os aspectos da vida alemã. Muitos regressavam para casa muito impressionados com o rápido rejuvenescimento do país sob o regime hitlerista.

Os nazistas foram capazes de forjar uma boa aparência, principalmente durante os Jogos Olímpicos de 1936, quando Goebbels alertou seus compatriotas para serem "mais charmosos que os parisienses". Os cartazes que diziam JUDEN UNERWÜNSCHT! — judeus não são bem-vindos — foram retirados das lojas e restaurantes. Os jornais suspenderam as denúncias. As turbas violentas desapareceram.[21] A ordem do dia era tolerância.

EXÍLIO NA TOSCANA

Os visitantes "ficaram muito impressionados com o poderio do regime, o entusiasmo da juventude, a propaganda de Goebbels", escreveu Willy Brandt. "Era difícil não se assombrar, já que em toda parte via-se o êxito do nazismo confirmado nos rostos sorridentes dos jovens, nos novos prédios monumentais, no crescimento econômico. Berlim era o cenário magnífico de um espetáculo que deixava o mundo sem fôlego."[22]

Mas era só isso: cenário e espetáculo. Terminadas as Olimpíadas e dispersadas as massas, a perseguição recomeçou. "Nenhuma voz divergente perturbou o júbilo", prosseguiu Brandt, "pois os gritos dos campos de concentração e das vítimas torturadas não chegaram ao estádio."

Dois dias depois da cerimônia de encerramento, Wolfgang Fürstner, oficial militar alemão que supervisionou a construção da Vila Olímpica, cometeu suicídio com sua pistola de serviço. Outros oficiais haviam descoberto que Fürstner possuía ancestrais judeus, e ele foi degradado e ameaçado de expulsão do Exército. Rosenberg teve pouca simpatia pelo caso. Em vez disso, aplaudiu Fürstner por lidar de modo adequado com seu sangue tragicamente misturado. "Minha profunda consideração por seu ato", escreveu no diário.[23]

Nos dois anos seguintes, quaisquer ilusões que os judeus poderiam ter a respeito de Hitler e os nazistas se desvaneceram.

No verão de 1938, um amigo escreveu a Kempner sobre as condições na Alemanha. Quem podia estava se preparando para partir.[24]

Os exilados em Florença pensavam que haviam escapado da perseguição. Os fascistas italianos não eram antissemitas estridentes, como os nazistas. No íntimo, Mussolini inclusive descartava os fundamentos raciais do Terceiro Reich e dizia que a cabeça de Hitler parecia atolada em ideologias confusas e filosofias incoerentes.

Em 1936 houve uma reaproximação entre as duas nações. Ao aliar-se a Mussolini para apoiar o general Francisco Franco e os nacionalistas na Guerra Civil espanhola, Hitler enviou artilharia, aviões e milhares de soldados. Em 26 de abril de 1937, no ataque mais notório da guerra, aviões alemães e italianos bombardearam e metralharam o povoado de Guernica, matando mais de 1,6 mil pessoas e inspirando o famoso mural de Picasso. A guerra colocou a Alemanha e a Itália no campo contrário ao da França e da Grã-Bretanha, o que abriu caminho para uma aliança conveniente entre os dois ditadores.[25] Eles logo fizeram um acordo secreto e criaram o Eixo nazifascista e, em setembro de 1937, a Alemanha recebeu Mussolini com pompa militar e enormes multidões que agitavam bandeirolas.

No ano seguinte, Mussolini retribuiu o favor. Hitler chegou a Roma em 3 de maio de 1938 e,[26] ao lado do rei da Itália, cruzou o Portão de São Paulo em uma carruagem puxada por cavalos, passou pela pirâmide de Caio Céstio e chegou ao centro da cidade. Dramaticamente iluminada para emprestar à cena um ar de cerimônia religiosa, Roma fora "transformada em um amplo cenário operístico", escreveu um jornalista italiano. Era "um espetáculo digno de Nero; o Coliseu lançava chamas dos seus arcos caídos, os pinheiros irradiavam luzes verdes e amarelas que os faziam parecer cristalinos, o Arco de Constantino parecia fosfóreo e as ruínas do Fórum emanavam reflexos prateados".[27]

Na semana seguinte, Hitler se deleitou com a arquitetura histórica romana, assistiu a exercícios militares minuciosamente coreografados e passou horas em museus e galerias. "Roma", diria depois, "me cativou."

Em seu último dia no país, ele foi a Florença para uma rápida visita. Os ditadores avançaram pelas ruas em um conversível preto à frente de uma caravana de vinte carros, ladeados pela guarda em motocicletas. Os sinos soaram e, no alto, a força aérea italiana voava em formação cerrada. A cidade ficou lotada de italianos que saudavam os líderes, ornamentada por bandeiras com a suástica. Eles visitaram a basílica de Santa Cruz, onde estão enterrados Michelangelo, Machiavel e Galileu. Anunciados pelos trombeteiros florentinos, surgiram em uma sacada do Palazzo Vecchio e, radiantes, saudaram a enorme multidão que os recepcionava na praça abaixo. Visitaram a Galeria Uffizi,[28] jantaram no Palácio Medici e assistiram a uma ópera de Verdi.

A caminho da estação de trem, os ditadores foram saudados com fogos de artifício que soletravam as palavras "Führer" e, para Mussolini, "Duce", o seu equivalente italiano.

EXÍLIO NA TOSCANA

Até que se acabou. Hitler embarcou no seu trem blindado e deu adeus a Mussolini e à Itália.

No total, Hitler passou dez horas em Florença. Mas os professores do internato, junto com suas esposas, 21 estudantes do sexo masculino e a sogra idosa de Kempner passaram três semanas na prisão. "A nossa prisão fazia parte das comemorações", escreveu um aluno. "Éramos reféns, e fomos postos na posição esdrúxula de ter de esperar que o Visitante voltasse ileso para casa."[29]

Em 1936, as polícias de ambos os países começaram a compartilhar informações e documentos sobre "elementos subversivos" em potencial em suas fronteiras. Durante os preparativos para a visita de Hitler, em 1938, a Gestapo trabalhou em estreita colaboração com a polícia italiana para identificar e investigar sistematicamente exilados alemães, austríacos e poloneses que viviam no Estado fascista.[30] Havia oficiais de segurança nazistas em quase duas dúzias de departamentos de polícia italianos, e eles montaram listas detalhadas classificando os imigrantes como "perigosos", "suspeitos" ou confiáveis.

Então, em abril, um mês antes da viagem de Hitler, oficiais da SS e da Gestapo inundaram a Itália para conduzir interrogatórios e vasculhar residências. Nos dias 20 de abril e 1º de maio, imigrantes judeus foram detidos em massa.

Homens e mulheres foram divididos em prisões. Demorou um pouco para os guardas se convencerem de que os imigrados não eram os ladrões e prostitutas de sempre que povoavam as celas. Os homens tiveram de entregar os cintos, para o caso de terem ideias suicidas. Mas, em uma época em que na Alemanha a prisão significava o campo de concentração, as condições da detenção foram amenas. Um padre amigável contrabandeava notícias e cartas sob a batina, os detentos podiam circular pela prisão durante o dia e todos foram soltos depois que Hitler cruzou em segurança o Passo Brenner e entrou em solo alemão.

Como por osmose,[31] o antissemitismo cruzou a fronteira italiana. Aparentemente, a prisão dos imigrantes levou Mussolini a crer que, assim como a Alemanha, a Itália tinha um problema judeu. Alguns meses depois da visita de Hitler, no verão de 1938, *Il Duce* imitava seu aliado do norte. "Sem uma consciência racial clara não é possível manter impérios", escreveu em um artigo para um jornal italiano. Mussolini anunciou que seus ancestrais de ambos os lados eram nórdicos, e em julho o governo emitiu um "Manifesto de Cientistas Raciais" que serviu de base para medidas que excluíam os judeus da vida italiana.

A primeira dessas leis, aprovada em setembro de 1938, não deixou espaço para o internato. Os judeus foram proibidos de assistir, ensinar e trabalhar em escolas italianas — do jardim de infância à universidade, pública e privada.

Além disso, judeus que tivessem chegado à Itália depois de 1919 tinham seis meses para deixar o país.

Kempner sabia o que estava por vir, e dessa vez não tardou em agir. Havia meses sabia que seu tempo na Itália estava acabando.[32] Os sinais estiveram por toda parte durante o verão. Oficiais alemães em Berlim começaram a questionar se a escola seria antinazista e cortaram as transferências das mensalidades enviadas pelos pais.[33] As autoridades italianas fizeram visitas intimidadoras. Em 22 de agosto, os administradores tiveram de informar sobre a linhagem racial de alunos e estudantes. "O medo e o pressentimento permearam a escola", escreveu um estudante, "e sabíamos que nossa existência despreocupada estava terminando."[34]

Certo dia, um funcionário público italiano apareceu e exigiu que Peiser assinasse um documento "confessando" que o Istituto Fiorenza era uma instituição liberal e social-democrata. Peiser perguntou se seria preso caso o assinasse. A resposta foi "sim".

Ele e Kempner não queriam voltar para uma prisão italiana ou, pior, ser extraditados para a Alemanha. "Soubemos confidencialmente", escreveu Kempner a um amigo, "que era melhor sair do país imediatamente e não deixar para o último minuto."[35]

Por fim, em 3 de setembro, eles receberam a notícia inevitável: os italianos mandaram fechar a instituição alegando que era "inspirada em ideias políticas e ideológicas contrárias à doutrina fascista".[36]

Naquele momento, professores e alunos estavam de férias em Bordighera. Kempner e Peiser se apressaram para fazer arranjos da noite para o dia e

EXÍLIO NA TOSCANA

devolver as crianças às suas famílias "por intermédio de pessoas idôneas". Depois voaram para Nice, do outro lado da fronteira francesa, com as esposas, alguns professores e os dez estudantes que detinham vistos válidos.

Na manhã de 4 de setembro, Gabriele Schöpflich, que ensinava na escola, chegou ao restaurante do hotel em Bordighera e soube que Peiser e Kempner haviam partido, junto com "todas as crianças cujas anuidades eram pagas em moeda estrangeira".

A dúzia de alunos que ficou para trás entrou em "choque".[37] Schöpflich e um colega tiveram que resolver a situação. Os empregados do hotel não recebiam fazia uma semana, e se demitiram em massa. Os lojistas os confrontaram com faturas que não podiam pagar — dentre eles o açougueiro, o leiteiro, o merceeiro e o dono da loja de ferragens. Nos dez dias seguintes, Schöpflich e o colega entregaram os estudantes remanescentes aos seus guardiões. "Nós mal dormimos naqueles dez dias",[38] escreveu ela, que acompanhou pessoalmente duas crianças a Florença para se encontrarem com a mãe na estação de trem e voltarem a Viena.

Espalharam-se rumores sobre a partida confusa. A secretária de Kempner, Margot Lipton, uma judia de Frankfurt de 24 anos, recebeu pouco depois uma carta da irmã, Beate Davidson, que vivia em Roma.

Davidson contou que os informes sobre o fechamento da escola a tinham deixado enojada.[39] Como era possível que a tivessem fechado da noite para o dia? Era verdade que algumas crianças tinham sido largadas para trás aos cuidados de pessoas da comunidade? "Afinal, a escola é responsável por estas crianças menores de idade", escreveu. "Nas atuais condições, deixar crianças para trás em um país estrangeiro, sem dinheiro, é simplesmente atroz." Ela ouvira dizer que Kempner dissera às crianças que não discutissem as circunstâncias do fechamento da escola com os pais. Soubera que Kempner insistira em guardar sigilo sobre o seu destino e que ele havia levado o passaporte de alguém como garantia. Soubera também que a escola deixara dívidas. Aquilo tudo era criminoso, afirmou. Lipton não estava informada daquilo?

Davidson logo recebeu uma carta de Kempner e Peiser. Eles disseram estar muito ofendidos de que alguém que os conhecia os acusasse de fraude. Descartaram as alegações como fofocas de *Judenweiber* — velhas judias — amarguradas e maliciosas.[40]

190 O DIÁRIO DO DIABO

Um advogado italiano foi contratado para acertar as dívidas. Eles tinham deixado débitos porque alguns pais não haviam pago todas as anuidades. (Em circular enviada aos pais explicando as circunstâncias do fechamento, Kempner e Peiser listaram os "inadimplentes" que deviam à escola mais de 3 mil liras. [41]) Além disso, a culpa do descumprimento não era do Estado italiano? E as circunstâncias não os haviam forçado a deixar toda a mobília para trás? Como alguém podia criticá-los por fugir antes que os italianos os detivessem outra vez? "Os senhores pensam que queríamos permitir que eles nos trancafiassem novamente depois da experiência em abril e maio, quando nós e nossas mulheres tivemos de compartilhar espaço com prostitutas e criminosos durante três semanas? [...] Não, estimada e honrada senhora, ainda não estávamos letárgicos ou masoquistas a ponto de deixá-los tirar a nossa liberdade ou a nossa vida, além da perda de muito dinheiro e itens de valor."

Quanto aos estudantes, eles afirmaram que havia meses tinham alertado os pais de que a escola enfrentava problemas e as crianças precisariam encontrar novos lares. Eles salvaram as crianças que puderam salvar.

Em muitos casos, como os administradores explicaram em cartas aos amigos, os estudantes não queriam voltar — ou não podiam fazê-lo em segurança — para a casa dos pais na Polônia, na Hungria ou na Alemanha. "Se estivéssemos sós, nunca teríamos sido presos [...] porque poderíamos ter fugido",[42] escreveu Kempner a um amigo em Paris. "Mas não podíamos deixar as crianças sozinhas. Ao mesmo tempo, não podíamos levar cem crianças conosco, porque teria custado muito dinheiro, e os pais delas [...] teriam escrito que isso não era necessário e não arcariam com os custos, porque as crianças nunca são detidas."

A vida de Kempner havia se tornado inimaginavelmente complicada. Ele tinha poucos motivos para crer que a França seria "a última parada da nossa peregrinação",[43] escreveu a um amigo, porque as democracias ocidentais pareciam "ignorar por completo os métodos do Terceiro Reich e seus amigos do Eixo".

Ele trazia dez estudantes sob a sua guarda, além da esposa, a sogra e a secretária, Margot Lipton.

EXÍLIO NA TOSCANA

Em algum momento teve de contar três fatos constrangedores à esposa: que mantinha um caso com Lipton; que ela estava grávida; que o filho era dele.

O filho de 15 anos de Kempner, Lucian, não foi com ele para a França. O rapaz tinha passado dois anos no Istituto Fiorenza. A mãe dele, Helene, que não era judia, havia contestado sem sucesso a partida do menino, queixando-se de que Kempner o havia levado do país sem a permissão dela.

No final de 1937, Kempner providenciou para que a ex-esposa passasse duas semanas com Lucian "em um pequeno hotel italiano na montanha ou algo assim".[44] Comprou para ela uma passagem de trem de ida e volta na terceira classe. Dia após dia, Helene e Lucian saíam para longos passeios até que, uma noite, para o horror de Kempner, eles não regressaram. No dia de Ano-Novo, Helene disse a Lucian que o pai os tinha autorizado a esquiar em outro lugar da Itália, mas em vez disso levou-o de volta à Alemanha. Tempos depois, Lucian afirmou que havia sido sequestrado e que as autoridades nazifascistas haviam ajudado a mãe.[45] Ele nem sequer possuía um passaporte válido naquele momento.

Como filho de pai judeu, Lucian era *Mischling*, de raça mista, e os nazistas ainda debatiam quais sofreriam tratamento discriminatório como judeus. Kempner não podia se arriscar a voltar para a Alemanha e lutar pelo menino, mas apelou aos tribunais, questionando a capacidade de Helene de ser mãe.[46] Apresentou cartas provando que ela tinha um histórico de alcoolismo e dependência de analgésicos, que havia tentado se suicidar com uma overdose, que era portadora de doença venérea e que um médico a lhe aconselhara a dar um jeito em sua vida. Diferentemente da ex-esposa, Kempner argumentou, ele tinha situação financeira estável e dirigia uma escola onde Lucian podia estudar. Helene se defendeu alegando que a escola funcionava "segundo um espírito marxista-bolchevique e sob influência judaica", e que os estudantes aprendiam "atitudes antigermânicas".[47]

O tribunal decidiu a favor de Kempner, mas Lucian foi impedido de partir. Ele contou mais tarde que não conseguia um passaporte e que as autoridades deram à mãe sua custódia física. Ela inscreveu o rapaz na

Zinzendorfschulen, um internato morávio para meninos em Königsfeld im Schwarzwald.

"Minha mãe me submeteu a muitos sofrimentos", escreveu ele depois, "e os alemães só pioraram tudo."[48]

Kempner não podia fazer muito além de escrever ao filho e enviar as cartas à Alemanha nazista. "Achei que você tinha esquecido completamente que ainda tinha um pai",[49] escreveu pouco depois de fugir para Nice. Ele assegurou a Lucian que as coisas "estão calmas aqui agora" e não contou sobre sua partida caótica e o fechamento da escola. "Ainda estamos na bela Nice, que você ainda recorda da viagem no ano passado",[50] escreveu ele uma semana depois. "O tempo está deliciosamente quente e temos um clima bom aqui. [...] Você falou em italiano com os trabalhadores italianos ou já esqueceu? E as habilidades com as outras línguas em geral, francês, inglês? Você sabe que precisa praticar; um rapaz como você, com pai judeu e mãe ariana, precisa das línguas estrangeiras; você já tem idade bastante para sabê-lo e para ter isso em mente."

Ele inclui selos postais e pediu a Lucian que enviasse fotografias. "Por favor, escreva-me logo."

12

"Conquistei o coração do velho partido"

Em Nuremberg, "a mais alemã das cidades alemãs", como dizia o prefeito, os sinos das igrejas dobraram sem parar durante meia hora no dia 6 de setembro de 1937 para celebrar a chegada de Hitler à abertura do congresso anual do Partido Nazista. Centenas de milhares de seguidores do partido compareceram ao que prometia ser o maior congresso até então — oito dias de discursos e espetáculos, marchas regimentais e demonstrações imponentes do poderio militar.[1]

Em vastas extensões de tendas e barracas improvisadas, as tropas receberam 3,5 milhões de marmitas, talheres e tendas de acampamento, sempre que o tempo permitisse. Era tão difícil encontrar acomodações decentes que os delegados dos Estados Unidos e da Grã-Bretanha permaneceriam no trem especial que os trouxera de Berlim. Os nazistas de alta patente se hospedariam em hotéis e jantariam nos mais famosos restaurantes da cidade, como a salsicharia Goldenes Posthorn, na Glöckleingasse, fundada em 1498 e a favorita do pintor Albrecht Dürer, nascido em Nuremberg. Muitos visitantes aproveitariam para ir à zona vermelha e tentar atravessar o cordão da SS à procura de uma das centenas de prostitutas que, convenientemente, viviam perto dali.[2]

194 O DIÁRIO DO DIABO

Naquela semana, Rosenberg não era apenas mais um orador no congresso. Era o convidado de honra. Dezoito anos depois de participar de uma reunião regular de um pequeno bando de antissemitas em uma cervejaria de Munique, seria saudado como o homem que havia lançado as bases ideológicas do nacional-socialismo. Sua obra-prima, *O mito do século XX*, já constava ao lado de *Mein Kampf* na pedra angular da sala do congresso da cidade, a arena monumental que se erguia no centro do espaço. Quando estivesse terminada, ela seria maior do que o Coliseu de Roma.

Rosenberg não tinha como saber, claro, mas a atenção generosa que receberia em Nuremberg naquela semana seria o ápice de sua vida.

Hitler havia escolhido a cidade como o local regular dos congressos do partido por razões simbólicas: queria explorar o passado glorioso do país. A fortaleza medieval fora uma das cidades mais ricas e importantes da Europa havia seiscentos anos.[3] Por trás de uma grossa muralha defensiva e um fosso de quase 5 quilômetros à sua volta se localizava a velha cidade, ainda ornamentada com uma arquitetura genuinamente alemã: uma fantasia de frontões góticos e portais intrincadamente esculpidos, uma praça de mercado tradicional, igrejas extravagantes e, no alto da colina, um castelo inexpugnável que já hospedara sacroimperadores romanos. Para um partido que invocava tradições folclóricas míticas, Nuremberg era o pano de fundo ideal. "Em poucas cidades", declarou o *Völkischer Beobachter* de Rosenberg, "o contraste entre passado e presente tem uma expressão tão precisa como em Nuremberg — torres, muralhas imponentes e fortalezas testemunham o poder do homem e o espírito de luta."[4]

Os congressos do partido em Nuremberg eram mais do que uma convenção política. Eram cerimônias místicas projetadas para exibir a força do movimento de massas nazista e alimentar o culto ao Führer.[5]

Nos dias seguintes, Goebbels atacaria o bolchevismo, os diplomatas tomariam chá com Hitler em seu hotel, e a líder da Liga das Mulheres Nacional-Socialistas treinaria as donas de casa para organizarem seus lares do jeito nazista. A bandeira de sangue, um estandarte levado pelas ruas de Munique durante o golpe fracassado na Bürgerbräukeller, em 1923, seria hasteada para consagrar os padrões do partido. A SS e as milícias marchariam pela cidade, uma formação atrás da outra, passando pelas estreitas ruas de paralelepípedos,

"CONQUISTEI O CORAÇÃO DO VELHO PARTIDO" 195

tendo no alto os espectadores debruçados nas janelas dos prédios. Hitler se postaria na sacada do seu hotel, o Deutscher Hof, com um HEIL HITLER iluminado na fachada, e saudaria as multidões de alemães que, como observou um repórter, "olhavam-no como se fosse um Messias". Em uma demonstração assombrosa em um momento cujos temores da guerra preocupavam o mundo, as forças armadas alemãs exibiriam seu novo arsenal: artilharia motorizada, carros blindados, motocicletas, tanques, aviões de reconhecimento, bombardeiros. Os novos caças mergulhariam a 600 quilômetros por hora, enquanto canhões antiaéreos avançariam como se os desafiassem.

No que seria a imagem mais impressionante dos congressos, centenas de milhares de nazistas se reuniriam disciplinadamente em posição de sentido no Campo Zeppelin. A cena reforçaria sua absoluta insignificância como indivíduos. Hitler se deteria no centro de uma tribuna majestosa pontuada por 170 pilares de pedra branca. À noite, quando centenas de holofotes inundassem a cena, alguns deles apontando para o céu e criando a famosa "catedral de luz" do arquiteto nazista Albert Speer, o resplendor seria visto em Frankfurt, mais de 160 quilômetros a oeste.

"*Heil*, meus homens!", Hitler gritaria.

"*Heil*, meu Führer!", responderiam as massas.

Choveu intermitentemente durante toda a semana. Na tarde anterior à chegada fanfarronesca em Nuremberg, Hitler e seu entourage avançaram para o oeste em um comboio de Mercedes-Benz pretos e cruzaram ruas apinhadas de simpatizantes até o Luitpoldhalle, onde aconteciam as cerimônias de abertura.[6] "Os gritos que anunciavam sua chegada podiam ser ouvidos a 1,5 quilômetro dali", escreveu Frederick Birchall, correspondente do *New York Times*. "Eles foram subindo de tom e, quando ele entrou, a multidão no salão se juntou em um coro frenético de *Heils*." A delegação avançou pela entrada, um bloco monolítico de pedra branca, ladeado por vinte estandartes vermelhos altíssimos, tomando o salão. O local estava decorado como uma catedral, com uma nave central que conduzia a um palco elevado. Uma suástica gigantesca pairava como uma cruz torcida acima do palanque dos oradores, repleto de bandeiras. Em pouco tempo, o salão ficou úmido; os oradores suavam sob os refletores.

O DIÁRIO DO DIABO

A pompa daquelas cerimônias de abertura era suficientemente tocante para comover até o mais cínico observador da imprensa estrangeira. O correspondente estrangeiro William Shirer escreveu em seu diário que aquilo era "mais do que um show maravilhoso; tinha também algo do misticismo e do fervor religioso de uma missa de Páscoa ou de Natal em uma enorme catedral gótica".[7] Seria de admirar, perguntou-se, que os alemães ouvissem cada palavra de Hitler como se fosse um evangelho?

Mais tarde naquela noite, Hitler e Rosenberg foram à Ópera, e adentraram ao som da "Entrada dos deuses em Valhalla", de Richard Wagner. Rosenberg fez um discurso "com numerosos trechos de seus livros", como escreveu Birchall no *Times*, e depois Goebbels anunciou o que o chefe ideológico do Partido Nazista esperava com deleite: Alfred Rosenberg seria um dos primeiros a receber o Prêmio Nacional Alemão de Arte e Ciência.[8]

Um "impacto tangível" vibrou no espaço, escreveu Rosenberg no diário, e o aplauso parecia perdurar "com uma força unânime".[9]

O prêmio acabara de ser criado em protesto contra a decisão do comitê do Nobel, em 1936, de conceder o Prêmio da Paz a Carl von Ossitezky, o amigo pacifista de Kempner, trancafiado pela Gestapo três anos antes. O comitê saudou Ossietzky como "um cidadão do mundo cuja causa é a liberdade de pensamento, liberdade da palavra e a livre competição no âmbito das ideias".[10] Os nazistas se indignaram. "Isso é absurdo e fatal",[11] declarou um deles ao *Times*. Hitler respondeu impedindo os alemães de aceitarem o Nobel no futuro e criou sua própria honraria. O Prêmio Nacional Alemão vinha acompanhado de 100 mil marcos e de uma insígnia cravejada de diamantes, com uma borda de águias nazistas e um baixo-relevo em ouro de Atenas com o elmo. "Estou quase constrangido", escreveu Rosenberg, "de usar uma estrela tão preciosa."[12]

"Em suas obras, Alfred Rosenberg se distinguiu por lutar infatigavelmente para manter a pureza da visão de mundo do nacional-socialismo", dizia a citação que Goebbels leu para audiência. "Só as futuras gerações poderão avaliar corretamente a profunda influência que este homem exerceu na formação espiritual e na visão de mundo do Estado nacional-socialista. O movimento nacional-socialista, e com ele todo o povo alemão, se regozija profundamente de que o Führer conceda este prêmio a um de seus companheiros mais antigos e mais próximos."[13]

"CONQUISTEI O CORAÇÃO DO VELHO PARTIDO"

Rosenberg escreveu no diário que todos estavam cientes de que o prêmio não era uma simples "questão acadêmica", em vista da sua "batalha amarga contra Roma". Ele soubera que o Vaticano o considerava um golpe contra o próprio Papa. "Defendi o meu trabalho, e mesmo se o Führer tivesse de recuar oficialmente, ele sempre me permitiu liderar a batalha", escreveu, com o ego iludido inchando cada frase.[14] Para ele, estava claro que agora suas posições — aquelas declarações radicais em *O mito* que Hitler havia garantido serem opiniões pessoais de Rosenberg — se tornaram as mesmas da política do Reich. Eram nada mais, nada menos, que o "fundamento de toda a revolução do Führer".

Todos se comoveram com o reconhecimento da obra de Rosenberg, ou foi o que o homenageado pensou. O próprio Hitler reprimira as lágrimas ao dar a notícia. "Só você poderia receber o primeiro prêmio do Reich. Afinal, você é o homem [...]" Na Ópera, os amigos choraram. Carl Röver, governador de Oldenburg e forte aliado de Rosenberg, se aproximou de Hitler e disse-lhe que aquele era o mais grandioso dia da vida *dele*. "Então eu soube que havia conquistado o coração do velho partido", escreveu Rosenberg, "que agora estava liberto pelo grande gesto do Führer".

Acima de tudo, ele se deleitou com o fato de que o próprio Goebbels tinha sido obrigado a recitar a proclamação. "Tudo isso depois de fazer o possível para me alijar com todo tipo de chicanas, com *todos* os recursos à disposição em virtude do seu controle executivo sobre a imprensa." Ainda mais depois de dizer a todos que o *O mito* estava fadado a desaparecer na obscuridade ante os protestos da Igreja. "Este cavalheiro se equivocou neste ponto, bem como nas questões mais profundas", gabou-se Rosenberg no diário. "Agora, teve de ler em voz alta que só uma era futura compreenderá cabalmente o que AR significou para a formação do Reich Nacional-Socialista."

Ele se regozijou na fama. No mês seguinte à premiação, foi discursar em Freiburg e se deparou com guirlandas, bandeiras e multidões que o aclamavam na Münsterplatz diante da torre da catedral católica com séculos de antiguidade. Certamente, escreveu mais tarde, a cidade nunca havia visto algo assim: um "herege radical contrário a Roma ser recebido pelo *povo* como um rei" na própria cidade do arcebispo.[15]

Em seu aniversário de 45 anos,[16] em janeiro de 1938, Rosenberg recebeu Hitler na sua nova casa no Dahlem, bairro chique de Berlim que ele, assim

198 O DIÁRIO DO DIABO

como o restante da hierarquia nazista, havia expropriado dos judeus. O Führer levou consigo um busto de Dietrich Eckart, o homem que os apresentara em 1919. Também presenteou Rosenberg com uma fotografia sua em moldura de prata com uma dedicatória que deixou o destinatário mais comovido do que nunca: "Para Alfred Rosenberg, meu mais antigo e fiel companheiro de combate, com os melhores votos por seu aniversário de 45 anos e a minha amizade cordial, Adolf Hitler."

Goebbels poderia ter feito a entrega do prêmio, mas o embate entre Rosenberg e o ministro de Propaganda não havia cessado. Desde 1933, Goebbels ficava cada vez mais rico: seus ternos eram feitos por encomenda e suas festas eram esplêndidas.[17] Ele se mudara para um palácio junto ao Portão de Brandenburgo, e comprara uma casa de veraneio e um iate em um lago exclusivo, ao norte da capital. Tinha também granjeado amplos poderes. Controlava a imprensa, a rádio, o teatro e — sua favorita — a indústria do cinema. Imaginando-se uma espécie de diretor de estúdio, ele passou a ordenar mudanças nos roteiros, revisava o material bruto, convivia com estrelas das telas e tinha casos com atrizes estreantes. Durante os Jogos Olímpicos de 1936, deu uma festa enorme e caríssima para 3 mil pessoas em uma ilha decorada para a ocasião como algo saído do cinema. Entretidos por músicos da Filarmônica de Berlim, os convidados chegavam por uma ponte flutuante coalhada de lanternas. A longa noite de bebedeira e baile fora marcada por uma queima de fogos de artifício espetacular.

Goebbels controlava milhares de empregos, tantos que mesmo gente que o detestava temia desafiá-lo. Ninguém queria ser alvo de sua ira. "Eles observam", queixou-se Rosenberg, "enquanto *eu* enfrento a batalha."[18]

Hitler não moveu uma palha contra Goebbels, muito embora Rosenberg reclamasse dos seus "fracassos flagrantes" como tsar da cultura do Reich e apontasse defeitos em toda a produção do rival. A Câmara de Cultura do Reich organizou apresentações de dança em uma celebração de três dias do 650º aniversário da Universidade de Heildelberg, assunto propagandístico encenado para refutar alegações de que o nazismo era hostil à academia. Para indignação de Rosenberg, o evento apresentou *czárdás* húngaras e

"CONQUISTEI O CORAÇÃO DO VELHO PARTIDO" 199

danças polonesas e, como ele escreveu no diário, "danças pretas!"[19] "Há anos que combatemos as coisas pretas — e agora elas aparecem como se fossem as *nossas* danças festivas!"

Por que, indagou ele em outra ocasião, Goebbels não fazia nada para educar o povo alemão sobre os fundamentos das teorias nazistas sobre os judeus? Ninguém parecia conhecer os principais textos, como o *Manual da questão judaica*, de Theodor Fritsch. Ele estava de acordo com o que ouvira de um companheiro: "Se isto continuar assim, nossos filhos vão nos chamar de burros por termos nos preocupado tanto com os judeus!"[20] As futuras gerações não entenderiam que os nazistas haviam abortado um plano judeu para destruir a Alemanha e controlar o mundo.

O problema de Goebbels, pensava Rosenberg, era que estava envolvido demais com a própria personalidade, era demasiado narcisista, sempre muito ocupado em ser fotografado. Era um ator, "um homem que *atua como ministro*".[21] Hitler podia não enxergar isso, mas certamente as tropas enxergavam.

Quando Rosenberg e Goebbels apareciam em uma conferência do partido, a audiência saudava Goebbels com "assobios repetidos" e "um silêncio gélido", escreveu Rosenberg no diário. "Isto é uma aniquilação moral [...] O partido e a população simplesmente não tolerarão o abuso escandaloso do executivo para a autopromoção asquerosa." Entretanto, como o vaidoso Rosenberg afirmava no diário, suas falas eram saudadas com "ovações intermináveis". Eles o viam como o oposto de Goebbels. "Conquistei o coração do movimento, o que é uma grande alegria, considerando-se que isto às vezes parecia uma batalha desalentadora contra o envenenamento do partido pela vaidade do dr. G."[22]

Para a alegria de Rosenberg, pouco depois a carreira de Goebbels correu grande risco. Isso não tinha relação com suas múltiplas acusações, mas com o casamento dele.[23]

Goebbels tinha uma queda pelas mulheres, e propusera à esposa, Magda, um casamento aberto. Ela se recusou, e em 1936 ele soube que ela mantinha um caso com outro oficial nazista. Ele ficou lívido — principalmente por ter sido informado por Rosenberg. Mais tarde naquele ano, Goebbels ficou caído de amores pela atriz de cinema tcheca Lída Baarová, de 21 anos,

200 O DIÁRIO DO DIABO

e eles iniciaram um caso notório. O marido dela os flagrou no ato e a deixou; Magda, por sua vez, mandou Goebbels dormir no alojamento dos hóspedes.

Dois anos depois, quando Goebbels sugeriu que um *ménage à trois* resolveria as brigas matrimoniais, Magda procurou Emmy Göring para queixar-se daquele "diabo em forma de gente". Hermann Göring conseguiu marcar um encontro de Magda com Hitler, que tinha sido padrinho de casamento dos Goebbels e estivera próximo do casal nos primeiros anos do matrimônio. Magda disse que queria o divórcio. Hitler não deu sua autorização, mas convocou Goebbels e exigiu que ele terminasse o caso se não quisesse perder o ministério. Hitler não queria escândalos nos altos escalões, mas tampouco podia se dar ao luxo de perder o talentoso ministro da propaganda. Relutante, Goebbels concordou em romper com Baarová. "A vida é tão dura e cruel",[24] queixou-se em seu diário, "mas o dever está em primeiro lugar."

Para Magda, aquilo não foi suficiente. Em outubro de 1938, ela mais uma vez pediu permissão para deixar Goebbels, e novamente Hitler negociou um cessar-fogo.

Em Berlim, os inimigos de Goebbels perceberam que ele podia estar condenado. Himmler, o chefe da SS, visitou Rosenberg no final de 1938 e informou-lhe que a Gestapo recebera "dúzias" de queixas contra Goebbels. Ele havia transmitido algumas a Hitler e estava em campanha para que o ministro da Propaganda fosse demitido. "Ele é agora o homem mais detestado da Alemanha",[25] Himmler teria dito ao Führer: "Antes, lutamos contra os gerentes judeus que acossavam sexualmente as funcionárias. Agora, quem faz isso é o dr. G."[26] Satisfeito, Rosenberg espalhou amplamente esses rumores e alegações.

Ele não entendia por que Hitler simplesmente não despachava aquele homem. O ministro devia estar na prisão, e não em posição de destaque no governo. "O dr. G.", escreveu em seu diário, "está moralmente isolado e desprezado no partido."

No entanto, Rosenberg intuía o que Goebbels pensava: ele se esquivaria das consequências, "sobreviveria a tudo e, mesmo assim, prevaleceria sobre tudo o que é íntegro".

Por mais que odiasse admiti-lo, ele também sabia que, provavelmente, Goebbels estava certo.

"CONQUISTEI O CORAÇÃO DO VELHO PARTIDO"

Dois meses depois, em uma recepção para o corpo diplomático, Goebbels declarou que se Hitler não aprovava seu estilo de vida, não devia tê-lo trazido para seu círculo íntimo nos dias iniciais do combate. Todos deviam deixá-lo conduzir sua vida privada do jeito que lhe aprouvesse. "Apesar de conhecer a sordidez do dr. G.", escreveu Rosenberg sobre essa fofoca, "fiquei espantado com a sua franqueza."

Hitler devia ter banido Goebbels em 1924, escreveu Rosenberg, quando o jovem escritor se rebelou por um curto tempo contra a liderança do Führer. Os nazistas teriam se salvado de suas atitudes destrutivas. Ele fizera uma carreira espalhando pus nos inimigos; agora, estava contaminando os fiéis do partido também.

"Com a tolerância perpétua do seu caráter", queixou-se Rosenberg, "a degradação da nossa revolução começou."

O assunto Goebbels foi um show secundário em um ano crucial que viu Hitler colocar a Alemanha em direção à guerra mundial de um modo decisivo.

No final de 1937, ele ordenou aos seus generais que se preparassem para invadir a Tchecoslováquia e a Áustria. Depois de recuperar o controle da Renânia e do Sarre, ele queria abocanhar as terras de língua alemã ao leste. Elas formariam uma reserva estratégica e seriam fonte de mão de obra e de matéria-prima para o Reich. Em novembro, Hitler informou aos líderes militares e de política externa que "o objetivo da política alemã é assegurar e preservar a linhagem racial e ampliá-la. Portanto, é uma questão de espaço".[27] O que significava atacar — talvez já no ano seguinte.

Os chefes militares resistiram; certamente anexar os vizinhos à força levaria à guerra com a França e a Inglaterra. Embora a Alemanha estivesse se rearmando havia anos, ainda não estava pronta parta outro embate contra os grandes poderes ocidentais.

Contudo, logo Hitler não precisou mais se preocupar com essas objeções internas. Quando o ministro do Exterior, Konstantin von Neurath, o remanescente da era de Hindenburg, lançou advertências alarmantes, Hitler o substituiu — não por Rosenberg, mas pelo mais maleável Joachim von Ribbentrop.

202   O DIÁRIO DO DIABO

Em seguida, aproveitou alguns escândalos para se livrar do topo da hierarquia militar.

No início de janeiro de 1938, o marechal de campo Werner von Blomberg, ministro da Guerra e comandante das forças armadas, casou-se com sua secretária, Margarethe Gruhn. Ele era viúvo; ela era 36 anos mais nova. Enquanto os recém-casados partiam para Capri em lua de mel, telefonemas anônimos levaram a uma investigação sobre o passado de Gruhn: descobriu-se que tinha sido prostituta e havia posado para fotos pornográficas. Göring mostrou os arquivos a Hitler, que teve um acesso de raiva e, mesmo depois de se acalmar, despediu o marechal de campo.

Ao mesmo tempo, Hitler se lembrou de ter visto documentos que manchavam a reputação do general Werner von Fritsch, comandante-chefe do exército e o homem mais provável para suceder Blomberg. Segundo o dossiê reunido pela polícia secreta de Himmler, Fritsch havia sido flagrado em atos homossexuais e por muitos anos pagara subornos para manter o assunto em sigilo. "Um monte de mentiras nojentas!", gritou Fritsch quando soube das acusações, mas ele também foi removido do cargo.

Aproveitando o impulso, Hitler removeu mais doze generais, remanejou outros 51 e assumiu pessoalmente o comando das forças armadas alemãs.

Rapidamente o exército passou a ser empregado como instrumento diplomático de intimidação. Em 12 de fevereiro de 1938, Hitler convocou o chanceler austríaco Kurt von Schuschnigg ao Berghof, seu retiro nas montanhas perto da cidade bávara de Berchtesgaden. Schuschnigg encontrou o ditador alemão agitado por uma energia desenfreada.[28] Ele o ameaçou com a invasão caso o chanceler austríaco não assinasse um acordo entregando o total controle do país aos nazistas. Schuschnigg inicialmente capitulou, mas em 9 de março convocou um plebiscito sobre a independência do país com relação à Alemanha. Furioso, Hitler enviou tropas à fronteira, o governo de Schuschnigg entrou em colapso e, em 12 de março, o Führer invadiu sua terra natal como um herói conquistador.

Em abril, ambos os países votaram sobre a anexação. Na Áustria, os que se recusaram a votar ou lançaram um voto de "não" foram acossados, surrados, exibidos pelas ruas com um cartaz que denunciava a traição e até trancados em hospícios. Depois da campanha intimidadora e da

"CONQUISTEI O CORAÇÃO DO VELHO PARTIDO" 203

manipulação das urnas, foi anunciado que 99,75% dos austríacos desejavam que o país fizesse parte da Alemanha.[29]

Incentivado por aquela ocupação sem derramamento de sangue, Hitler voltou os olhos para a Tchecoslováquia, onde 3 milhões de alemães étnicos viviam no oeste do país, na região conhecida como Sudetos. Alentado pelos nazistas, o líder do Partido Alemão dos Sudetos começou a fazer demandas ao governo tcheco; no início de 1938 exigiu nada menos do que a secessão. Enquanto isso, Hitler, que queria toda a Tchecoslováquia, mandou seus generais se prepararem para a invasão enquanto ele buscava um pretexto plausível para soltar o exército sem instigar a indignação internacional.

Internamente, em maio, ele confiou aos generais: "Minha vontade inabalável é de varrer a Tchecoslováquia do mapa!"

Publicamente, afirmou que apenas queria trazer os sudetos — os quais, insistiu, estavam sendo aterrorizados pelos tchecos — para a segurança do Terceiro Reich. A Grã-Bretanha e a França não objetaram. Estavam mais interessadas em manter a guerra à distância do que em enfrentar o ditador, e no final de setembro, em Munique, após semanas de tensas negociações com um Hitler cada vez mais transtornado, concederam aos nazistas a ocupação dos Sudetos.

"Creio", declarou o primeiro-ministro britânico Neville Chamberlain da janela de Downing Street nº 10, "que é a paz para o nosso tempo".[30]

Cinco semanas mais tarde, liberados dos caprichos da opinião pública internacional, os nazistas atacaram seu grande inimigo interno.

Até aquele momento, a campanha contra os judeus consistira mais em manobras legais do que em ataques físicos. Em 1938, uma série de novas medidas discriminatórias isolou ainda mais os judeus da vida econômica alemã.[31] Eles tiveram de registrar seus bens; mais tarde, só foram autorizados a sacar quantias limitadas das suas contas bancárias, e unicamente mediante permissão burocrática. Foram obrigados a identificar suas lojas como sendo propriedade de judeus, além de serem forçados a ter primeiros nomes judeus "identificáveis" — ou então acrescentar "Sara" (no caso das mulheres) e "Israel" (no dos homens) antes de seus nomes originais.

204 O DIÁRIO DO DIABO

As medidas de controle acabaram provocando violência declarada quando um polonês chamado Herschel Grynszpan entrou na embaixada alemã em Paris, em 7 de novembro de 1938, e atirou em um diplomata.[32] Ele estava indignado porque os pais dele haviam sido deportados para a Alemanha. Dois dias depois, quando o diplomata morreu, Goebbels, Hitler e o resto da liderança nazista estavam reunidos em Munique para a comemoração anual do Golpe da Cervejaria de 1923. Eles não deixaram passar aquela oportunidade.

O Führer ordenou a retaliação imediata contra os judeus alemães: incendiar as sinagogas, destruir suas propriedades, deter tantos homens quantos fosse logisticamente viável — e fazê-lo parecer uma revolta espontânea contra os judeus por parte de uma turba enraivecida.

Goebbels reuniu os líderes do partido e os informou da morte do diplomata.

"Camaradas", gritou, "não podemos permitir que este ataque da judaria internacional fique sem resposta. Devemos repudiá-lo."[33]

Instantaneamente, a diretriz foi difundida por telefone por todo o país, dos líderes do partido aos quartéis-generais regionais, às milícias locais e aos oficiais do partido.

No dia 9 de novembro, às 23h55, um telex com ordens de Hitler foi enviado aos chefes de polícia de todo o país. Em breve haveria ataques às propriedades judaicas. A violência não deveria ser contida, a menos que envolvesse saques ou "outros excessos em particular".

Os nazistas ocuparam as ruas, em geral trajando roupas civis, e atacaram mais de mil sinagogas por toda a Alemanha. Mas não se limitaram a isso. Foram adiante e quebraram vitrines de lojas de judeus e destruíram os móveis e as mercadorias. As residências judaicas tiveram a mesma sorte. Em alguns lugares, cemitérios judeus foram profanados. Um orfanato judeu foi saqueado, e as crianças, largadas à própria sorte. Judeus foram obrigados a dançar de pijamas diante de uma casa de oração enquanto os nazistas os encharcavam com mangueiras. Centenas foram assassinados.

Em Oberlustadt — cidade de onde o avô de Henry Mayer, o arquivista do museu do Holocausto, fugiu em 1937 —, os nazistas usaram uma enxada para arrebentar a porta da sinagoga.[34] Uma turba armada de machados

"CONQUISTEI O CORAÇÃO DO VELHO PARTIDO"

invadiu o recinto. Arrancaram os rolos da Torá da arca, espalharam-nos pelo pátio e os incendiaram junto com bancos quebrados. Alguns desenrolaram os pergaminhos e fingiram recitá-los enquanto os comparsas dançavam ao redor da fogueira cantando "Hocus pocus". Um policial do povoado derramou gasolina debaixo da escada que levava ao coro, e em pouco tempo a sinagoga estava em chamas. Então a turba marchou pela cidade e atacou a pequena comunidade de judeus.

Os aldeões, inclusive crianças da Juventude Hitlerista e da Liga de Moças Alemãs, se postaram diante da casa dos primos de Heinrich, Salomon e Elise Frank, quebraram as janelas e espatifaram os vidros. Os nazistas devastaram a casa a machadadas. Destruíram os móveis e pratos, empurraram a família para a rua e golpearam Salomon, que era inválido, com bastões.

O irmão de Salomon, Jacob Frank, supostamente estava em casa com as filhas Irma e Martha, comemorando o aniversário da esposa. Mas a polícia foi buscá-lo pela manhã e as mulheres ficaram sozinhas para defender a residência. Martha tentou trancar o portão, mas os invasores o abriram à força. O golpe arrancou vários de seus dentes, e ela correu para dentro pouco antes dos aldeões depredadores.

Arrebentando a porta, os nazistas cortaram as pernas do sofá, arrebentaram os estofados e quebraram ao meio as mesas e cadeiras. Arrancaram as luzes, jogaram os lençóis pela janela e esvaziaram a despensa de frutas e vegetais. As mulheres se trancaram em um quarto depois do outro, aterrorizadas, até serem forçadas a fugir. Chegaram ao estábulo de Salomon, onde havia uma carroça. Puseram-no na carroça, levaram-no à estação de trem e fugiram para a cidade de Karlsruhe.

Os homens de Obserlustadt tinham sido detidos naquela manhã, e apenas os velhos foram enviados a Dachau, o campo de concentração perto de Munique. Faziam parte dos 30 mil enviados aos campos naquela semana.[35] Lá, os novos prisioneiros foram obrigados a permanecer de pé, imóveis, no frio. Quem saísse da linha levava uma surra desmedida. As novas acomodações não tinham leitos, só o piso coberto de palha.

De volta a Munique, Goebbels comemorou a noite que viria a ser conhecida como Kristallnacht, a Noite dos Cristais. "Os vidros se espatifam enquanto me dirijo ao hotel", escreveu Goebbels em seu diário. "Bravo!

Bravo!"[36] Dias depois ele declarou ao mundo que aquela havia sido uma revolta antissemita espontânea, e que as autoridades haviam feito o possível para deter a violência.

Em uma virada cruel tipicamente nazista, os judeus foram impedidos de receber o seguro pelos danos e, como punição pela morte do diplomata em Paris, tiveram de pagar uma multa coletiva, que Göring estabeleceu em 1 bilhão de marcos alemães. Como o homem responsável por colocar a economia alemã de volta nos trilhos, ele se aborreceu ao saber que os nazistas saqueadores haviam destruído milhões de marcos em mercadorias nas lojas de judeus.

"Teria sido melhor", afirmou, "que vocês tivessem matado a pauladas duzentos judeus, em vez de destruir bens tão valiosos."[37]

Rosenberg tinha a mesma queixa sobre a Kristallnacht. Ele não nutria simpatia pelos judeus que haviam perdido suas casas e sinagogas, mas pensava que o *pogrom* era uma explosão emocional excessiva e desnecessária que pouco fizera para ajudar os nazistas a alcançarem a meta de livrar a Alemanha dos judeus. Ele também se preocupou com o custo financeiro da destruição provocada pela multidão saqueadora, e pôs a culpa no bode expiatório de sempre.

"Danos à propriedade pública: quase 2 Winterhilfswerk: 600 milhões!", escreveu no diário. O *Winterhilfswerk* era um fundo anual para prover alimentos e vestuário aos pobres. "Tudo o que o dr. G. faz, nós temos de pagar. É horrível."[38]

Para os judeus no Reich, a Kristallnacht foi o acontecimento que finalmente extinguiu qualquer esperança de que poderiam permanecer na Alemanha. O tempo da paciência tinha se acabado. Seus compatriotas não derrubariam Hitler nem trariam a tolerância de volta. As diatribes de Rosenberg e os discursos de Goebbels já não podiam ser descartados como palavras ocas. Os nazistas queriam que os judeus fossem embora e, se não saíssem voluntariamente, seriam postos para fora de casa à força.

Nos dez meses seguintes, mais de 100 mil judeus fugiriam do país.

Mais do dobro ficaria para trás.

13

Fuga

Os refugiados do Istituto Fiorenza de Kempner passaram seus dias em Nice buscando saídas. A conjuntura era imensamente desalentadora para todos. Como disse um deles, uma atitude realista, amigos prestativos e sorte eram o que necessitavam naquele momento.[1] "Cada um espera, com o relógio em mãos, para ir a outro país", escreveu a um amigo Walter Hirsch, professor que se viu sem trabalho quando a escola foi fechada. Naquele momento, sua situação era "suportável". A tutoria pagava os cigarros e as solas novas dos seus sapatos. Mas ele temia o futuro.

"Ultimamente tive tantas decepções", escreveu, "tantos sinais de desconsideração, maldade, incompreensão e rejeição quando quis ser entendido, que me tornei amargo e desconsolado."[2]

Em 21 de outubro de 1938, sete semanas depois de chegarem à França com vistos temporários, Robert e Ruth Kempner foram formalmente destituídos da cidadania alemã.[3] Não poderiam voltar a Berlim e tampouco poderiam ficar em Nice permanentemente. Eles procuravam trabalhos que os levassem aos Estados Unidos. Kempner indagou a colegas do outro lado do Atlântico sobre cargos em universidades e reuniu cartas de recomendação de amigos e aliados. Apresentou-se como especialista em administração policial, professor universitário de Direito Administrativo

208 O DIÁRIO DO DIABO

e escritor. Uma recomendação redigida por antigos colegas elogiava sua "coragem ao enfrentar o desafio do nacional-socialismo".[4]

Dentre as pessoas às quais ele escreveu estava o decano da Universidade Médica Feminina da Pensilvânia, onde sua mãe havia sido docente por um breve tempo décadas antes de regressar a Berlim para se casar e trabalhar com Robert Koch; o retrato dela ainda estava pendurado no Departamento de Bacteriologia. O decano o pôs em contato com Stephen Sweeney, diretor do Instituto de Governo Local e Estatal da Universidade da Pensilvânia. Sweeney respondeu dizendo que o receberia de bom grado no instituto, na condição de que ele "estivesse disposto e vir ao país sem nenhum compromisso da nossa parte" e aceitasse "honorários"[5] de apenas um punhado de dólares.

Kempner escreveu de volta em dezembro aceitando a oferta. O salário "não tinha muita importância", explicou, porque ele tinha como se manter por um tempo. Na mesma época, ele contou a outro correspondente que possuía "centenas de milhares de francos franceses",[6] talvez o equivalente a 100 mil dólares de hoje. Mas ele precisava de uma carta confirmando que o instituto lhe pagaria. Assim, poderia solicitar um visto que não estivesse sujeito à cota migratória dos EUA, que limitava o número de alemães admitidos anualmente. "Sem este visto fora da cota, eu teria de esperar alguns anos para ir aos Estados Unidos, porque a cota alemã está muito disputada", escreveu. "Espero realmente que o senhor me dê uma oportunidade. [...] Aguardo sua carta com grande impaciência."[7]

Entrementes, os Kempner pediram ajuda a um amigo da família na Filadélfia, Otto Reinemann, que emigrara da Alemanha em 1934 e conseguira um cargo no sistema de justiça da cidade. Reinemann prometeu apresentar sua petição na Filadélfia.

Enquanto esperava, Kempner minimizou os riscos. Elas por elas, preferiria permanecer na Côte d'Azur a mudar sua vida e ir para os Estados Unidos. Ele e Peiser passaram o outono e o inverno de 1938-1939 tentando reestruturar a escola em Nice. Solicitaram ajuda financeira ao Comitê Judaico-Americano de Distribuição Conjunta — "a Junta" —, que arrecadava dinheiro para ajudar judeus assediados na Europa.[8] Com o apoio de Kurt Grossman, o jornalista que fora secretário-geral da Liga Alemã

FUGA 209

de Direitos Humanos em Berlim antes de os nazistas subirem ao poder, a escola recebeu 21 mil francos.[9] Isso os ajudou a sustentar os dez estudantes que haviam fugido com eles da Itália.

Ainda havia muitíssimos pais judeus na Alemanha, Polônia, Tchecoslováquia, Áustria e Itália que ficariam agradecidos de enviar a Nice seus filhos que corriam perigo, não importava a que custo. O problema era que os estudantes não conseguiam vistos; na França, a burocracia levava meses.[10] Kempner escreveu à Liga de Direitos Humanos em Paris, pedindo ajuda para obter vistos para "essas crianças infelizes cujos pais muitas vezes estão em campos de concentração, ou estão sendo torturados do modo mais brutal".[11]

Quando ficou óbvio que seria difícil ou impossível obter os vistos, Kempner e Peiser tentaram recrutar crianças refugiadas que já estavam na França. Anunciaram em jornais franceses e suíços, e quando o ministro do Exterior, Georges Bonnet, sugeriu que a França criasse uma organização para cuidar das crianças órfãs dos judeus alemães, Kempner instou Grossman a se preparar para incluir a escola no novo grupo. "Mexa-se", escreveu, "e não faltará recompensa!".[12] Kempner pediu orientação ao professor de matemática pacifista Emil Gumbel, que havia sido expulso da Universidade de Heidelberg e emigrara a Lyon, tendo agora um comitê de ajuda a refugiados. Gumbel o alertou de que ninguém lhe pagaria para ensinar e abrigar crianças.[13] Decidido, Kempner escreveu a comitês de refugiados franceses e ingleses oferecendo os serviços da escola por 600 francos ao mês,[14] o equivalente a 350 dólares hoje. A um comitê de refugiados sediado em Nice, explicou que conhecia judeus ricos na cidade — alguns deles imigrados, outros, visitantes dos Estados Unidos e da Inglaterra — que talvez pudessem ser convencidos a doar somas altas para educar crianças refugiadas.

Os administradores estavam em campanha para conseguir estudantes ao mesmo tempo que ativistas na Grã-Bretanha trabalhavam para organizar *Kindertransports* e resgatar jovens do perigo nazista no continente. Mas o tom das cartas de Kempner sugeria que ele estava mais interessado em ganhar a vida do que em resolver uma iminente crise humanitária, e quando as perspectivas de trabalho no exterior lhe pareceram pro-

210   O DIÁRIO DO DIABO

missoras, no início de 1939, ele imediatamente abandonou a campanha para reconstruir o internato. Em vez disso, começou a procurar alguém que se responsabilizasse pelos estudantes que haviam fugido com ele de Bordighera. "Você teria interesse em assumir a liderança de uma pequena casa com dez crianças judias[15] de diversos países que, atualmente, oferece uma vida favorável e provavelmente pode ser expandida?",[16] escreveu a um antigo colega em Paris. "O dr. Peiser e eu estamos à espera de contratos nos Estados Unidos."

Na primavera de 1939, enquanto Kempner procurava uma saída, os vizinhos da Alemanha caíam um após o outro, e a guerra pairava no horizonte.

Primeiro, maquinações nazistas levaram os eslovacos a romper com a Tchecoslováquia e a se submeterem à proteção alemã.[17] Depois, os próprios tchecos propuseram uma reunião na calada da noite entre Hitler e o presidente Emil Hácha, quando o líder alemão informou que o Exército já havia iniciado a invasão e a Luftwaffe tomaria os campos de pouso tchecos em poucas horas. O ditador deu duas opções a Hácha: render-se ou enfrentar as consequências sangrentas. O líder tcheco desmaiou ante a pressão, recuperou-se com as injeções ministradas pelo médico de Hitler, e entregou sua nação aos alemães. No final do dia, em 25 de março de 1939, Hitler passou a noite no antigo Castelo Hradcany, em Praga, de onde reis, imperadores e presidentes haviam governado.

Em seguida, Hitler começou a provocação contra a Polônia.[18] Sua grande meta era obter *Lebensraum*, ou "espaço vital" para a Alemanha, e o vizinho ao leste teria de cedê-lo. Mais uma vez ele encontrou um pretexto para a invasão. Depois da Primeira Guerra Mundial, a Polônia havia recebido um "corredor" para o mar Báltico que cortava ao meio o estado alemão da Prússia. A Prússia do Leste era agora uma ilha cercada pela Polônia, Lituânia, o mar Báltico e a cidade portuária de Danzig — hoje Gdansk, na Polônia —, que era povoada principalmente por alemães étnicos e havia sido declarada "cidade livre" sob a proteção da Liga das Nações.

Os nazistas consideravam aquele arranjo intolerável, e exigiram que a Polônia entregasse Danzig e permitisse aos alemães construir uma ferrovia até a Prússia do Leste. Os poloneses recusaram, e em 31 de março, quando

FUGA 211

Chamberlain anunciou que os britânicos garantiriam a soberania polonesa, Hitler teve um acesso de raiva. "Vou fazê-los engolir isto!", vociferou na privacidade de seu gabinete na Chancelaria do Reich. Em poucos dias, ele aprovou um plano de guerra para esmagar a Polônia.

Três semanas depois, em 28 de abril de 1939, Hitler apareceu diante do Reichstag para responder a um telegrama de Franklin D. Roosevelt, em que o presidente americano lhe pedia que garantisse aos vizinhos da Alemanha que não os atacaria. Discursando para uma audiência mundial, o Führer reiterou as intenções pacíficas do país. Ele não tinha planos bélicos contra nenhuma nação. "Eu recuperei para o Reich províncias que nos tinham sido roubadas em 1919", esbravejou. "Eu trouxe de volta ao seu país natal milhões de alemães que estavam afastados de nós e estavam sofrendo [...] e isto, sr. Roosevelt, sem derramar sangue e sem trazer sofrimentos de guerra para o meu povo e, consequentemente, para outrem."

Essas foram suas palavras. Mas aquilo estava a ponto de mudar. O exército de Hitler passou o verão de 1939 se preparando para lançar uma inovação na guerra: o Blitzkrieg, o ataque militar relâmpago.

Na primavera de 1939, o trabalho de Kempner na universidade dos Estados Unidos ainda não tinha saído. Em maio, ele escreveu a Sweeney, na Universidade da Pensilvânia, e disse que estava ficando desesperado: seu visto de trânsito na França estava a ponto de expirar. "Passarei por muitas dificuldades se não conseguir ir para os Estados Unidos em breve."[19] Sweeney também recebeu cartas em que Peiser intercedeu em favor de Kempner depois de obter o cargo de professor em Atlanta, em maio, e do irmão de Kempner, Walter, da Universidade Duke.

Robert Kempner escreveu diversas vezes a Reinemann pedindo mais ajuda. Eles já não podiam esperar por muito tempo. As autoridades vinham dificultado muito as coisas para conceder uma breve extensão do visto de trânsito, e só o obtiveram porque Ruth tinha passado por uma cirurgia de apêndice e precisou ficar doze semanas no hospital.

O problema era que Sweeney oferecia muito pouco dinheiro a Kempner, apenas algumas centenas de dólares no total. Para se qualificar para um visto fora da cota, ele precisava demonstrar que o instituto pagaria

212 O DIÁRIO DO DIABO

um salário que lhe permitisse viver, com ao menos 200 dólares por mês, durante dois anos.

Para driblar esse requisito, Kempner recorreu a um truque financeiro. Se o instituto pudesse aumentar sua oferta salarial no papel, escreveu ele a Sweeney em maio, "amigos meus" poderiam depois "depositar a diferença" para reembolsar a universidade.[20] Na verdade, Kempner planejava pagar a maior parte do seu "salário" transferindo dos seus próprios fundos a uma terceira pessoa que, então, doaria o dinheiro à universidade. Sweeney se mostrou disposto a aceitar aquele arranjo pouco ortodoxo, e Kempner conseguiu uma terceira pessoa, um "fideicomissário", para fazer a transação. Seu amigo Reinemann pediu à decana da Faculdade de Medicina para Mulheres, mas ela se negou. Se fosse fazer um favor a alguém, preferia que fosse a uma mulher.

Eles recorreram então a Wilbur Thomas,[21] cuja Fundação Memorial Carl Schurz trabalhava para fomentar melhores relações entre alemães e americanos. Ele concordou em ajudar e, em 9 de junho, com todas as partes de acordo, Reinemann enviou um telegrama a Kempner em Nice dizendo-lhe que enviasse o dinheiro.

Na manhã seguinte Kempner enviou um telegrama à Filadélfia: TRANSFERÊNCIA BANCÁRIA REALIZADA MIL OBRIGADOS.[22]

Reinemann escreveu de volta avisando que o contrato estava a caminho. "Assim, tivemos a oportunidade de iniciar uma nova época nas nossas vidas",[23] respondeu Kempner, e agradeceu ao amigo a tenacidade na defesa dos seus interesses. O contrato chegou em 21 de junho. No dia seguinte, os Kempner preencheram os formulários no consulado. Para assegurar que tudo correria bem, ele levou uma cola datilografada com temas de conversa. "Como tem passado", dizia. "Recebi um convite da Universidade da Filadélfia e rogo-lhe que me conceda um visto fora da cota. Tenho todos os documentos e acho que estão todos corretos."[24]

Cinco dias depois eles tinham documentos para os dois, para a mãe de Ruth e para Margot Lipton, a amante de Kempner. As cartas para o amigo nos Estados Unidos se inundaram de um júbilo agitado quando as questões existenciais cederam lugar às questões práticas.

Era possível usar um rádio europeu nos EUA? Ele poderia recomendar um hotel para se hospedarem enquanto procuravam um apartamento?

FUGA 213

Quanto custaria um apartamento de dois ou três quartos em uma boa vizinhança na Filadélfia? Seria com uma sacada?

Eles precisariam deixar para trás a mobília deles em Florença; seria possível alugar alguma?

O que podiam trazer da Europa para Reinemann?

Mas aquela não era uma época de alegria genuína. Uma amargura se insinuava e amornava as comemorações. No percurso da jornada tortuosa entre Berlim e a Filadélfia, Kempner passou por uma transfiguração: de funcionário governamental de alto escalão, próspero e bem relacionado, passou a ser um pesquisador associado emigrante e desconhecido. Ele já tinha perdido sua ocupação, a casa da família, a mobília e grande parte de sua poupança. Os nazistas haviam confiscado tudo o que ele possuía, exceto sua vida.

Agora, ao fugir pela última vez, ele deixava ainda mais para trás: os filhos.

Em março, Lipton tinha dado à luz André. Na impossibilidade de conseguir um visto para o bebê a tempo, decidiram deixá-lo em um orfanato em Nice na esperança de que tudo correria bem.[25] Entrementes, Lucian continuava preso na Alemanha e, conforme sabia o pai, correndo um grande perigo. Os *Mischlinge*, judeus de raça mista, tinham sido excluídos dos regulamentos discriminatórios das Leis de Nuremberg, contudo, como escreveu um amigo a Kempner em 1938, "a longo prazo não haverá futuro no Terceiro Reich para quem for metade judeu".[26]

Em julho de 1939, pouco depois de receberem os vistos, Kempner enviou uma carta resignada ao filho na Alemanha.

"Querido Lucian. Agora você vai fazer 16 anos e desejo-lhe o melhor em seu aniversário — acima de tudo, que mais uma vez você tenha a sorte de viver em um país livre como uma pessoa livre e igual, onde possa trabalhar no que quiser sem estar sujeito a limitações em virtude de raça ou religião. Esse é o meu desejo, e tenho certeza de que se realizará um dia, quando ficarei feliz em tê-lo de volta como filho. A realização desse desejo será mais importante para toda a nossa vida do que os pequenos desejos materiais que eu, por mais que queira, não posso cumprir neste momento, pois, como você sabe, o Terceiro Reich me espoliou, como fez com outros não arianos ou figuras políticas malquistas. Não sei onde você comemorará o seu aniversário este ano, nem sei se esta carta será interceptada por criminosos, mas isso não importa. Ainda estou com você em espírito, e meus pensamentos e sentimentos por você são os mesmos, apesar de tudo o que fizeram comigo. Não se esqueça de que só enfrento esta luta por amor a você, e não por motivos egoístas, mas porque, como seu pai, eu sei — mais do que todos aqueles que decidiram deixá-lo vegetar no Terceiro Reich — o que significa ser um judeu, um não ariano, um *Mischling*."[27]

No final de agosto, Kempner e seu *entourage* foram ao porto de Boulogne-sur-Mer, no norte da França, no canal da Mancha, e embarcaram em um navio da Holland America Line, o SS *Nieuw Amsterdam*,[28] um cruzeiro rápido e luxuoso fabricado no ano anterior. Quando o transatlântico de 758 pés zarpou para a América emanando vapor preto das chaminés gêmeas listradas de verde e dourado, Kempner não tinha ideia de quando — ou se — veria os filhos outra vez.

Uma semana depois, o barco aportou no cais de Nova York e atracou no píer ao final da Fifth Street, em Hoboken. O local estava abarrotado de americanos que saudavam e gritavam dando as boas-vindas a amigos e parentes. Os Kempner pegaram suas bagagens, desceram do navio e tomaram um ônibus para cruzar o rio Hudson e chegar a Manhattan. Três anos depois de deixar Berlim, tinham chegado em segurança.

A data era 1º de setembro de 1939. Naquela mesma manhã, Adolf Hitler havia lançado seus exércitos na Europa e iniciara a guerra mais mortífera que o mundo já vira.

EM GUERRA

1939-1946

14

"O peso do que está por vir"

Ele não tinha ideia de que aquilo iria acontecer. Alfred Rosenberg ouviu a notícia devastadora no rádio como todos na Alemanha, pouco antes da meia-noite de 21 de agosto de 1939: o seu amado Führer estava fazendo as pazes com seu mais odiado inimigo, a União Soviética. Hitler enviava uma delegação a Moscou, comandada pelo ministro do Exterior, Joachim von Ribbentrop, para finalizar um pacto de não agressão.

A simples ideia — o odioso Ribbentrop brindando doses de vodca com Joseph Stalin, no Kremlin — era demais para o estômago de Rosenberg.

Ninguém no Terceiro Reich ficou mais abalado do que Rosenberg ao saber do pacto. Ele passara vinte anos alertando sobre os comunistas e sua "criminalidade judia".[1] Aquele tinha sido o trabalho de sua vida. Sempre fora e sempre seria a pedra angular de sua visão política do mundo. Agora, o que ele devia fazer? Engolir quieto e se resignar?

Certamente este não era o Hitler de *Mein Kampf*, o que havia escrito que o espaço vital dos alemães só poderia existir à custa da União Soviética e seus territórios, e que havia ridicularizado a ideia de uma aliança com os bolcheviques. "Nunca esqueçam que os atuais governantes da Rússia são criminosos comuns de sangue impuro; que são a escória da humanidade que, favorecidos pelas circunstâncias, tomaram um grande Estado em um momento trágico."[2] Certamente este não era o homem que havia lançado o terrível alerta: "A luta contra a bolchevização mundial dos judeus exige uma atitude clara ante a Rússia soviética. Não se pode enxotar o Demônio com Belzebu."[3] Certamente este não era o Führer que dissera a Rosenberg alguns anos atrás que os nazistas nunca fariam causa comum com os soviéticos, aquele ninho de bandidos, "porque não era possível proibir o povo alemão de roubar e, ao mesmo tempo, fazer amizade com ladrões".

Ao enviar Ribbentrop para firmar um acordo com Moscou, os nazistas sofriam "uma perda moral à luz da nossa luta de vinte anos",[4] escreveu, furioso, no diário. "Talvez um dia a história esclareça *se* a situação que se apresenta *deveria* ter surgido." Ele esperava que fosse mais um dos golpes de estratégia brilhantes do Führer, uma aliança momentânea de conveniência antes de a Alemanha voltar ao plano de longo prazo que Rosenberg havia vislumbrado, e que consistia não em fazer amizade com comunistas, mas aniquilá-los.

Ele precisava se encontrar com Hitler. Precisava entender o que tinha acontecido.

O pacto havia surgido em meio aos planos do ditador de invadir a Polônia. Enquanto os generais faziam planos militares, o Führer começou a abrir o caminho diplomático. Ele — ainda — não queria entrar em guerra com a Grã-Bretanha no oeste e não podia iniciar um confronto com a União Soviética ao leste.

Ponderando sobre seu dilema geopolítico, Hitler consultou o ministro do Exterior que, na opinião de todos, menos a dele, não possuía perspicácia diplomática nem agudeza política para lidar com a questão. Até Rosenberg, que não era um mestre da habilidade, podia enxergar aquilo. "Não é segredo [...] que ele é seu pior inimigo, com sua arrogância e vaidade",[5] escreveu ele em 1936. "Eu escrevi a ele sobre isto — sobre suas atitudes desde que o sol começou a brilhar sobre ele."

Ribbentrop teve uma educação ilustrada.[6] Quando a mãe morreu, seu pai se casou com a filha de um aristocrata. Ele não era nobre; na idade adulta, só obteve o direito a usar o "von" depois de pagar a um parente distante para que o adotasse. Ribbentrop cresceu jogando tênis e tocando

"O PESO DO QUE ESTÁ POR VIR" 219

violino; na adolescência, viveu por um tempo nos Alpes suíços, estudou em Londres durante um ano e aos 17 velejou com amigos até o Canadá — onde passou quatro anos apaixonado por uma mulher e montando um negócio de importação de vinhos.

A Primeira Guerra Mundial o trouxe de volta à Alemanha. Ao recomeçar após o armistício, ele abriu um negócio bem-sucedido de vinhos e destilados e enriqueceu. Em 1932, filiou-se ao Partido Nazista, e no ano seguinte ajudou a formular o tratado que entregou as rédeas do poder a Hitler.[7] Ribbentrop tinha servido em Constantinopla durante a guerra com Franz von Papen, que chegou à chancelaria em 1932 e que, nas semanas fatídicas de janeiro de 1933, contava com a atenção de Hindenburg. Ribbentrop passou aquele mês entre Papen e Hitler, enquanto ambos negociavam a divisão do poder. Houve reuniões secretas cruciais na vila de Ribbentrop no rico bairro de Dahlem, em Berlim, em que Papen chegou na limusine de Ribbentrop e Hitler entrou furtivamente pelo jardim. "O papel dele como intermediário em 1932 foi muito importante para o Führer", escreveu Rosenberg mais tarde no diário, "e ele sente que tem uma dívida extraordinária com Ribbentrop."[8]

Na primeira vez que falou com o futuro Führer, em uma festa que ofereceu em 1932, conversaram longamente sobre a Grã-Bretanha. Ribbentrop havia vivido pouco tempo em Londres, mas Hitler deve ter ficado impactado com a conversa, porque a partir daí — equivocadamente — passou a ver no mercador de vinhos um especialista no império. "Foi a harmonia das nossas opiniões sobre a Inglaterra", recordou Ribbentrop, "que semeou a confiança entre nós naquela primeira noite que passamos juntos."[9]

Nos primeiros dias do Terceiro Reich, Ribbentrop empregou seu status nas fileiras nazistas para conseguir reuniões com funcionários britânicos e franceses. Hitler não sabia, mas os diplomatas internacionais consideravam Ribbentrop um peso leve. Ele desconhecia o protocolo da política internacional, era um negociador torpe e ambíguo, e conseguia ser ao mesmo tempo ignorante e arrogante. Nada disso impediu Hitler de muni-lo com uma força-tarefa própria, a Comissão Ribbentrop,[10] e de enviá-lo a Londres para negociar um importante acordo naval com os britânicos. Para o assombro de seus muitos inimigos, inclusive Rosenberg, Ribbentrop teve êxito e

O DIÁRIO DO DIABO

Hitler o nomeou embaixador na Inglaterra em 1936. Porém, enquanto ele trabalhava para consertar as coisas, os britânicos repeliam suas abordagens torpes e começaram a se referir a ele como "*Herr* Von Brickendrop" e "Von Ribbensnob".* Hitler se impressionou porque, aparentemente, Ribbentrop conhecia todas as figuras da política britânica, ao que Göring retrucou: "Certo... mas o problema é que eles conhecem Ribbentrop."[11] Sem conseguir conquistar os britânicos, o embaixador voltou-se decididamente contra eles.

Hitler o nomeou ministro do Exterior em 1938, e um ano depois Ribbentrop garantiu ao Führer que não devia se preocupar com a reação britânica à invasão planejada. Assim como haviam feito vista grossa para a invasão da Tchecoslováquia, prometeu que eles não entrariam em guerra por causa da Polônia.[12]

Hitler acatou o conselho errôneo e mirou o leste em busca de uma aliança.

Na primavera de 1939 era público e notório que a Grã-Bretanha e a França estavam negociando uma coalizão com os soviéticos para impedir a agressão nazista à Polônia. Hitler podia ter fulminado os soviéticos durante anos, mas agora, diante de inimigos poderosos no Ocidente, com o combate prestes a começar, ele e seus diplomatas decidiram fazer o que fosse para ter Stalin ao seu lado. Desse modo, enquanto a data da invasão se aproximava — 1º de setembro, para evitar a lama do outono —, os nazistas corriam contra o relógio para firmar um pacto.[13]

Suspeitando dos democratas ocidentais, e um calculista tão frio quanto Hitler, Stalin foi receptivo à ideia de dar as mãos aos nazistas. Temia que, aliando-se à Grã-Bretanha e à França, o único resultado que conseguiria seria uma guerra mundial, cujo custo cairia desproporcionalmente no seu país, o único bastião no longo front leste.

Meses de conversações e telegramas entre a Alemanha e a União Soviética chegaram ao fim em 20 de agosto,[14] quando Hitler escreveu a Stalin dizendo que queria concluir o pacto "o mais cedo possível", pois a "crise" na Polônia eclodiria a qualquer momento. "A tensão entre a Alemanha e a Polônia", escreveu, "tornou-se intolerável."

---

* "Herr von Caiotijolo"; e "von Ribbenesnobe" [*N. da T.*]

"O PESO DO QUE ESTÁ POR VIR"

No dia seguinte, às 21h45, Stalin telegrafou concordando. "O assentimento do governo alemão para a conclusão de um pacto de não agressão", escreveu, "estabelece as bases para eliminar a tensão política e estabelecer a paz e a colaboração entre os nossos países."

A notícia foi imediatamente difundida pela rádio alemã, e dois dias depois Ribbentrop voou até Moscou para discutir os detalhes.[15]

Ele se reuniu à tarde com os soviéticos por três horas e voltou durante a noite, e não havia desacordos de fato, mesmo no concernente a um anexo que dividia as terras entre os dois países. Os soviéticos ficariam com os Bálcãs até o norte da Lituânia, e as duas nações dividiriam a Polônia ao longo dos seus rios principais. Na verdade, a maior parte da noite foi passada não tratando dos detalhes técnicos, mas trocando ideias sobre questões internacionais e saudando-se entre si com grande efusividade e — repetidos — brindes. "Sei o quanto a nação alemã ama o seu Führer", disse Stalin quando chegou a sua vez. "Portanto, quero brindar à sua saúde." Em seguida eles beberam à saúde de Stalin, à de Ribbentrop, à do Reich e também à nova relação entre eles.

Nas primeiras horas da manhã, antes de a reunião terminar, Stalin chamou Ribbentrop a um canto para dizer-lhe o quão seriamente respeitaria o pacto. Garantiu pela sua honra que jamais o romperia.

Na condição de mais comprometido anticomunista do Terceiro Reich, Rosenberg havia sido deixado de lado durante as negociações que levaram ao acordo. Todo aquele tempo ele tinha esperado que a Alemanha fizesse um pacto para compartilhar o poder com a Grã-Bretanha. Eram duas nações arianas que deveriam trabalhar em conjunto, em vez de se armarem para a guerra. Deveriam se postar lado a lado para governar como senhoras do mundo. Mas isso não iria acontecer, e ele amargamente culpou Ribbentrop — "aquela piada da história mundial",[16] como o chamou — por não ter sabido lidar com os britânicos. Ele não havia feito nada para promover a boa vontade; havia feito justamente o contrário. "Na própria Londres, v. R., que afinal tinha sido enviado para lá em virtude das suas supostas 'ligações', deixou todos ressentidos", escreveu no diário. "Sem dúvida, muito se deveu à *sua* personalidade." Aparentemente,

Rosenberg se esquecera de sua própria missão de boa vontade à Inglaterra alguns anos antes.

"Estou convencido de que na Inglaterra ele se comportou do modo estúpido e arrogante, da mesma forma que se comporta aqui", Rosenberg recordou ter dito a Göring mais cedo naquele ano, "e, por isso, foi pessoalmente rechaçado."

Na verdade, o ministro do Exterior só tinha um amigo na Alemanha, respondeu Göring, e este era Hitler. "Ribbentrop é um palhaço ou um idiota?"[17]

"Um indivíduo verdadeiramente estúpido", murmurou Rosenberg, "arrogante como sempre."

"Ele nos enganou com suas 'ligações'. Quando se vê de perto, os condes franceses e os aristocratas ingleses [que ele conhecia] não passavam de proprietários de fábricas de champanhe, uísque e conhaque", retrucou Göring. "Hoje o idiota crê que deve bancar o 'Chanceler de Ferro' por toda parte", disse. "Contudo, pouco a pouco esse imbecil cuida dos próprios interesses; o problema é que ele *pode* provocar uma calamidade terrível."

Agora, com o pacto de Moscou, a calamidade havia chegado. A lealdade de Rosenberg a Hitler subitamente entrou em conflito com a certeza de que o Führer tinha cometido um erro de proporções gigantescas. Rosenberg podia entender uma aliança temporária; ele alegava inclusive ter já conversado com Göring sobre um arranjo dúbio como tal. Mas aquilo não parecia temporário. Os jornais diziam que alemães e russos eram amigos e aliados tradicionais. "Como se a nossa luta contra Moscou tivesse sido um mal-entendido e os bolcheviques fossem os verdadeiros russos, com os judeus soviéticos no topo! Este pequeno abraço é para lá de embaraçoso."

Sempre disposto a ceder à sabedoria de seu herói, Rosenberg tentou se convencer de que Hitler não tivera alternativa a não ser fazer um acordo com os soviéticos antes que a Grã-Bretanha e a França o fizessem. Tinha sido uma questão de autopreservação. "A mudança de rumo do Führer", reconheceu, "provavelmente foi uma necessidade, à luz da *atual* situação." No entanto, ele não conseguia se livrar da sensação de que Hitler estava fazendo uma aposta decisiva.

"O PESO DO QUE ESTÁ POR VIR" 223

"Tenho o pressentimento de que este pacto de Moscou trará consequências terríveis para o nacional-socialismo",[18] escreveu. "Não foi um passo dado livremente, mas uma ação a partir de uma posição forçada — uma súplica em favor de uma revolução ao líder de outra. [...] Como podemos falar do resgate e da reformulação da Europa quando precisamos pedir ajuda a quem destrói a Europa?"

"E a questão volta à baila: esta situação *tinha* de suceder? A questão polonesa *tinha* de ser resolvida *agora* e desta forma?"

Ninguém tinha respostas a essas perguntas, pensava.

"Tranquem os seus corações para a piedade", declarou Hitler aos seus comandantes militares dez dias antes de enviar seus exércitos à guerra contra a Polônia. "Ajam com brutalidade! [...] Sejam duros e impiedosos! Resistam a qualquer sinal de compaixão!" Ele não queria que o exército se limitasse a derrotar as forças polonesas; queria "a aniquilação física do inimigo. [...] Pus as formações da Cabeça da Morte na dianteira com a ordem de matar homens, mulheres e crianças de origem polonesa sem piedade e sem remorso".[19]

Como sempre, a selvageria de Hitler tinha um viés racial: os alemães aprendiam desde pequenos que os poloneses eram um povo primitivo e desordeiro que merecia ser governado por uma autoridade forte. Ao mesmo tempo, havia realidades geográficas em jogo: a Polônia estava no caminho da expansão da Alemanha em direção ao Leste, e os líderes de Varsóvia tinham provocado a ira de Hitler ao rejeitarem sua exigência escandalosa de concessões territoriais.

Assim, no dia 1º de setembro os alemães cruzaram a fronteira a partir do norte,[20] sul e oeste: 1,5 milhão de homens, 300 mil cavalos puxando artilharia e equipamentos bélicos, 1,5 mil tanques, centenas de novos aviões da Luftwaffe. Contra esta *Blitzkrieg* — literalmente uma "guerra--relâmpago" —, os poloneses não tinham a menor chance. Suas linhas de defesa foram bombardeadas pelos caças e rompidas pelas divisões de tanques blindados. A força aérea, destruída. As cidades polonesas, dizimadas. Os civis fugiram aos milhares, em carros, carretas, bicicletas ou a pé. Correram para o leste, onde sua fuga foi detida pelos soviéticos. Na invasão,

224 O DIÁRIO DO DIABO

120 mil soldados poloneses foram mortos — dez para cada alemão morto. 1 milhão de homens foram feitos prisioneiros.

Duas décadas depois da rendição que deu à luz os nazistas, os alemães haviam construído a máquina de guerra mais temível do mundo. "O exército de hoje é incomparavelmente melhor que o de 1914", escreveu Rosenberg no calor da vitória, "um laço totalmente diferente entre a liderança e as tropas: os generais que lideram o front comem na mesma cozinha que os soldados. Quando vê todo o batalhão avançar [...] [ele pensa:] tanta humanidade não existirá novamente."[21]

O próprio Rosenberg estava fora da luta — literalmente — no dia em que a Segunda Guerra Mundial começou: foi acometido de uma doença crônica no tornozelo durante a maior parte de agosto e setembro. Ele, havia muito tempo, sofria de uma saúde débil. Nos anos de 1935, 1936 e 1938 ele passou meses em um hospital da SS em Hohenlychen, ao norte de Berlim, para tratar uma inflamação tão dolorosa nas articulações que mal podia se mover. "A antiga artrite no meu pé voltou com a mesma dor intensa de sempre, e o músculo das costas está se rebelando outra vez",[22] escreveu no diário em 1936. O superintendente médico, Karl Gebhardt, concluiu que Rosenberg era altamente suscetível às mudanças de clima e que a vida sedentária o deixara excessivamente acima do peso.[23] O médico também culpou o "isolamento psíquico", pois Rosenberg tinha poucos amigos com os quais conversar de forma aberta e sincera.

Mesmo que não estivesse confinado em casa, escreveu ele com amargura em 1939, Hitler não o teria procurado nos primeiros dias cruciais da invasão. O Führer não precisava de um ideólogo que havia se distinguido como o principal opositor do novo aliado da Alemanha.

"Decisivamente, outros homens, distintos daqueles dos primeiros anos de luta, formam agora o círculo do Führer."[24]

No dia em que a guerra começou, Rosenberg mancou até o Reichstag para ouvir Hitler explicar a situação. Os poloneses eram culpados,[25] insistiu. Eles ignoraram suas ofertas perfeitamente razoáveis. Rechaçaram um acordo pacífico. Ele não teve alternativa a não ser atacar. "Serei julgado erroneamente se o meu amor à paz e minha paciência forem mal-entendidos como fraqueza e até covardia", disse. "Portanto, resolvi falar com a Polônia

"O PESO DO QUE ESTÁ POR VIR"

na mesma língua que há meses ela usa conosco." Os poloneses haviam atirado em soldados alemães, alegou, apesar de não ser verdade — o Exército simplesmente tinha retaliado. "De agora em diante", disse, "as bombas serão respondidas com bombas."[26]

Antes do discurso, Rosenberg encontrou Göring, e os dois conversaram no átrio enquanto esperavam a chegada de Hitler. "Tenho a sensação", disse ele, "de que a Inglaterra foi deliberadamente subestimada."[27]

Ele estava certo. Nos dias anteriores à invasão, os líderes britânicos se esforçaram para levar alemães e poloneses à mesa de negociação. Hitler assegurou a Nevile Henderson, o embaixador inglês em Berlim, que desejava a paz com a Grã-Bretanha. O problema eram os poloneses intransigentes. Assim que resolvesse as diferenças com a Polônia, ele poria fim à guerra — para sempre. Porém, àquela altura, depois da Áustria, depois de Munique, depois da Tchecoslováquia, Londres não podia aceitar as promessas de Hitler. Em 25 de agosto, a Grã-Bretanha assinou um pacto de assistência mútua com a Polônia. Ribbentrop estava errado: eles não ficariam de fora.

Horas antes da invasão, após dias de diplomacia infrutífera, Henderson tomava chá com Göring, cujo estado de ânimo estava expansivo como sempre. Se os poloneses não desistirem, explicou ele ao embaixador, a Alemanha os "esmigalhará como se fossem piolhos",[28] e os britânicos seriam "muito imprudentes" se interviessem.

Na manhã de 3 de setembro, Henderson chegou ao Ministério do Exterior alemão para entregar a declaração oficial de guerra da Grã-Bretanha. Ribbentrop não recebeu o embaixador naquele dia crucial. Em vez disso, seu intérprete aceitou o breve comunicado, correu para o gabinete de Hitler e encontrou o Führer à mesa, e Ribbentrop, de pé junto à janela. Os dois ouviram em silêncio e, após um longo tempo — "pareceu um século", escreveu mais tarde o intérprete —, Hitler, com uma "expressão selvagem", virou-se para o ministro do Exterior. "E agora?"[29]

Correspondente da CBS na Rádio Berlim, William Shirer estava na praça diante da Chancelaria e ouviu em meio a uma multidão de alemães quando os alto-falantes anunciaram que Hitler tinha levado a nação a outra guerra mundial. "Era um lindo dia de setembro, o sol brilhava, o clima estava agradável, o tipo de dia em que o berlinense adora passear pelos bosques e lagos nos arredores", escreveu ele em seu diário. Quando o anúncio terminou, "não houve um só murmúrio. Eles só ficaram lá, de pé, como estavam antes. Perplexos."[30]

Os franceses declararam guerra no mesmo dia que os britânicos, mas nenhum dos dois países estava preparado para a luta, e nada fizeram para impedir a Alemanha de tomar a Polônia. Nas semanas seguintes, as propostas dos nazistas não conseguiram atrair franceses e britânicos a conversar sobre a paz. Rosenberg não entendia a teimosia britânica.[31] Depois de seis anos ouvindo os líderes do país, estava tão confuso a respeito do que eles queriam quanto todos em Berlim. "Fizemos de tudo", escreveu no diário, "mas reina uma minoria insana, liderada por judeus. Chamberlain é um velho sem força de vontade. Parece que só enxergam quando a coisa é martelada na cabeça deles."[32]

Na Chancelaria do Reich, Hitler começava a entender que não havia nada que os nazistas pudessem fazer para persuadir os britânicos a desistirem. Chegou a hora de forçá-los a se submeter, disse ele a Rosenberg.

"Se os ingleses não querem a paz", escreveu Rosenberg um mês depois de iniciada a guerra, "ele vai atacá-los e destruí-los de todas as maneiras possíveis."[33]

Enquanto isto, os nazistas descarregaram sua visão radical do mundo nos poloneses.[34] Heinrich Himmler os conduziu.

Na Noite das Facas Longas, em 1934, Himmler havia entregue evidências forjadas de que Röhm planejava um golpe, e foi a SS de Himmler que se encarregou de boa parte da matança quando Hitler ordenou a grande purga.[35] Desde então, a SS tinha se tornado uma força aterradora. Os oficiais trajavam uniformes pretos com uma insígnia no colarinho que remetia a raios rúnicos. Os chapéus traziam uma "cabeça da morte" em prata, com um crânio e ossos cruzados. "Sei que muitos ficam nervosos ao ver este uniforme preto",[36] disse Himmler certa vez. "É compreensível, e não esperamos que muita gente goste de nós." Ele enxergava a SS como uma espécie de ordem religiosa e instituiu ritos pagãos e rituais teutônicos e vikings, que para os nazistas eram os seus antepassados arianos.[37] Rosenberg não

"O PESO DO QUE ESTÁ POR VIR" 227

era o único apóstata na hierarquia. Himmler também acreditava que "o confronto final com o cristianismo estava a caminho". A SS não comemorava o nascimento de Cristo, mas o solstício de verão.

Com a anexação da Áustria, os homens de Himmler seguiram à entrada do Exército e detiveram dezenas de milhares de indivíduos potencialmente ameaçadores e submeteram os judeus a humilhações cruéis. Quando Shirer foi a Viena fazer uma reportagem sobre o cenário, ficou chocado ao ver judeus lavando pichações nas calçadas e limpando banheiros diante da multidão exultante. "Muitos judeus estão se matando", escreveu. "Há todo tipo de informação sobre o sadismo nazista."[38]

Imediatamente após a invasão da Polônia, Himmler consolidou sua operação policial devastadora e poderosa no Escritório Central de Segurança do Reich,[39] dirigido por Reinhard Heydrich. Implacável, amoral e cinicamente eficiente,[40] Heydrich era odiado e temido em partes iguais. Criado por um pai da ópera e uma mãe do teatro, ele tocava violino; era também um exímio esgrimista. Foi tenente na Marinha, mas sua carreira militar terminou quando engravidou a filha de um importante empresário. Himmler o levou para a SS, onde o encarregou de reunir informação sobre adversários políticos e companheiros nazistas. Em pouco tempo tornou-se um favorito de Himmler, e em 1936 já dirigia tanto a Gestapo quanto a polícia. Três anos depois, tudo foi posto sob o mesmo guarda-chuva.

Depois que o exército detonou a defesa polonesa, Heydrich despachou cinco unidades criminosas especiais, chamadas Einsatzgruppen, para aniquilar o país derrotado, matar e enforcar quem pudesse, um dia, organizar a resistência. Ali incluíam-se intelectuais, aristocratas, empresários notórios e padres.

Quando a batalha terminou, a Polônia foi dividida em três partes. As terras ao leste se tornaram parte da União Soviética. As terras a oeste foram anexadas à Alemanha, para serem "despovoadas e reassentadas por alemães",[41] como anunciou Hitler aos seus generais dias após o ataque. As terras centrais, que incluíam as cidades de Varsóvia, Cracóvia e Lublin, foram transformadas em uma colônia alemã denominada Governo Geral. Governadas por Hans Frank, um administrador nazista impiedoso, esse território com 11 milhões de pessoas tornar-se-ia um vasto espaço onde despejar aqueles que os nazistas considerassem indesejáveis.

Em outubro, Hitler acrescentou outro cargo ao currículo de Himmler: Reichskommissar para o fortalecimento da raça alemã. Ele coordenaria o complexo reassentamento dos alemães étnicos nas novas colônias e supervisionaria a eliminação da "perniciosa influência da parte estranha da população que representasse um perigo para o Terceiro Reich".

No ano seguinte, Himmler coordenou a brutal deportação de mais de 1 milhão de poloneses e judeus para o abandonado Governo Geral. Eles foram arrancados de seus lares, embarcados em vagões de trem sem calefação e largados sem mantimentos para sobreviver. Ao chegarem aos seus destinos — se conseguissem sobreviver, pois muitos morriam pelo caminho —, Frank empregava medidas severas: guetos, trabalhos forçados e privação de alimentos. "Não estou nem um pouco interessado nos judeus",[42] disse ele na primavera de 1940. "A última coisa que me preocupa é se têm ou não o que comer."

Outros poloneses foram embarcados para a Alemanha, onde trabalharam por salários ínfimos em condições frequentemente terríveis. Eram alojados em barracões superlotados. Eles portavam pedaços de pano que diziam OST — "Leste" —, costurados às roupas, para evitar que os alemães se rebaixassem confraternizando com eles. As crianças dos orfanatos poloneses, muitas das quais estavam sozinhas porque os nazistas haviam levado seus pais, foram entregues a lares adotivos no Reich.

Enquanto isso, alemães étnicos da Estônia, Lituânia, Romênia e outras partes foram repatriados e instalados nos novos territórios saneados a oeste da Polônia e anexados ao Reich, que incluíam as cidades de Poznan e Lodz.

Em uma breve visita às terras recém-conquistadas, confirmou-se a visão de Hitler sobre os poloneses como um povo negro, informou Rosenberg. "Os poloneses: uma fina camada alemã e, debaixo dela, uma substância horrível",[43] escreveu no diário depois de um encontro com o Führer ao final daquele mês fatídico de setembro de 1939. "Os judeus são da pior espécie. As cidades estão cobertas de sujeira. Ele aprendeu muito nestas últimas semanas. Acima de tudo: se a Polônia tivesse governado as antigas partes

"O PESO DO QUE ESTÁ POR VIR"   229

do Reich por outro par de décadas, tudo teria se arruinado e depravado; aqui, só a mão certeira de um chefe pode dominar."

Em meio à grande agitação na Europa, Rosenberg procurava distrações. "Hoje pintei depois de um longo tempo",[44] escreveu certo dia. "Os estudos que eu pintei há 21 anos chegaram de Reval. Não ficaram melhores, nem mesmo com mais pintura." Em seu aniversário, ele se animou com as cartas que recebeu. "É um sentimento estranho saber que, pouco a pouco, centenas de milhares foram internamente transformados pela minha obra. Muitos encontraram alívio e paz interior e um novo *significado*, já que o antigo se perdera. É o que me escrevem homens e mulheres, moças e estudantes. Alguns escrevem poemas, muitos descrevem seu progresso."[45]

Ele meditou sobre a guerra em curso, as guerras por vir, e sobre o povo para quem escrevia desde 1919, o povo alemão. Perguntava a si mesmo se as pessoas sabiam o que as esperava.

Perguntava-se, escreveu, se teriam forças para "suportar o peso do que está por vir".

15

A luta para sobreviver

Ao chegarem a Nova York após a viagem de uma semana, provenientes de Boulogne-sur-Mer, Robert e Ruth Kempner se instalaram no quarto 1063 do Hotel Pennsylvania, na Sétima Avenida, do lado oposto à fachada simétrica e ornamentada da Estação Penn. Em um cartão-postal do hotel, Ruth enviou um recado a Otto Reinemann, o homem que os havia ajudado a imigrar. Estava encantada com a viagem, com Manhattan e, principalmente, com a boa sorte deles.[1]

Os jornais informaram que, se tivessem saído apenas uma semana mais tarde, o capitão teria sido forçado a apagar as luzes do navio durante a noite, para evitar os submarinos. A empresa Holland America Line decidiu manter atracado o *Nieuw Amsterdam*, o navio que os trouxera aos Estados Unidos, para não correr mais riscos no Atlântico Norte em época de guerra. Outros amigos e aliados do casal continuavam presos na Alemanha e na França; em pouco tempo, suas cartas ansiosas começariam a chegar pelo correio.

A mãe de Ruth, idosa, tinha viajado bem, assim como Margot Lipton. Independentemente do estresse criado no casamento em virtude do caso do marido com Lipton, Ruth deve ter aceitado o arranjo: Lipton, que deixara os pais em Frankfurt, iria viver na casa dos Kempner. Os pais dela

O DIÁRIO DO DIABO

seriam deportados para o campo de concentração de Theresienstadt,[2] na antiga Tchecoslováquia, e não resistiriam; seus irmãos conseguiram sair da Alemanha e se estabeleceram na Inglaterra e em Israel. Com o tempo, Lipton passou a ver os Kempner como sua verdadeira família e, obviamente, o sentimento era mútuo.

Os Kempner tinham passado os meses anteriores à viagem estudando inglês intensamente. Além da língua nativa, eles não sabiam nada sobre o país. Mais tarde, Kempner afirmou que o que importava era que estavam em um "país vasto, rico e politicamente livre".[3]

Ele sabia que a vida de imigrante não seria fácil. Nunca teria de volta o que deixara em Berlim. Seu cargo elevado antes de ser despedido do Ministério do Interior prussiano — *Oberregierungsrat*, funcionário público sênior — não significava nada para os americanos. Seu conhecimento dos meandros da lei e da administração da polícia alemãs não o ajudavam a entender o sistema dos Estados Unidos. Certamente a impressão de excentricidade que ele causava à primeira vista também não era favorável. Uma pessoa que o entrevistou para um estudo sobre acadêmicos deslocados na década de 1940 comentou que ele "se vestia de um modo bastante desleixado" e "sentava-se de qualquer jeito na poltrona". Ele fitava o entrevistador com um olhar fixo. "Algumas informações que deu e a própria natureza das suas respostas não pareciam soar genuínas", escreveu o entrevistador, "e fiquei com a impressão de um indivíduo mentalmente perturbado."[4]

Ao menos Kempner tinha obtido um emprego, por mais modesto e pouco convincente que fosse, como assistente de pesquisa no Instituto de Governo Local e Estadual da Universidade da Pensilvânia. Ele conhecia juízes, homens de negócios e professores de certa proeminência que tinham chegado ao país e começado lavando pratos ou sendo contadores. Nem todos os imigrantes eram Albert Einstein. Nem todos conseguiam um posto na Universidade no Exílio da New School for Social Research, em Nova York, criada para receber acadêmicos exilados. As reputações e os diplomas nem sempre podiam ser traduzidos. Muitos novos imigrantes precisavam sobreviver e se reestruturar, enquanto buscavam trabalho nos classificados de empregos dos jornais dos refugiados.

A LUTA PARA SOBREVIVER   233

Sendo Kempner quem era, não bastava ler os jornais em busca de oportunidades; ele passou a incluir o próprio nome nos jornais para que as oportunidades o buscassem. Surpreendentemente — talvez com a ajuda de alguém como Reinemann, que trabalhava no governo da Filadélfia e provavelmente conhecia alguns repórteres —, ele conseguiu um artigo sobre sua chegada antes do fim de setembro.

"Ex-assessor da polícia da Alemanha chega para começar uma vida nova", dizia a manchete do *Evening Post Ledger*, da Filadélfia, em 29 de setembro. A breve reportagem falava do trabalho da mãe dele na Faculdade de Medicina para Mulheres, da Pensilvânia, e da sua fuga dos nazistas. Kempner contou ao jornal que fora aos EUA para ficar, que não havia nada para ele na Europa; e não mencionou Lucian e André. "É melhor começar uma nova vida neste país", afirmou.

Ele fez questão de mencionar ao repórter que seu trabalho na polícia de Berlim não tinha relação com a Gestapo. Ele fora simplesmente um burocrata legal e administrativo antes da chegada dos nazistas.

"Por favor, diga que estou na universidade como estudante", concluiu, "e, por favor, diga que não sou um político nem posso discutir política."[5]

Ele tinha motivos para ficar na defensiva, como explicaria mais tarde em sua autobiografia. Nos anos da guerra, os americanos tinham uma fórmula simples: "Um alemão é um alemão."[6] Temendo espiões e sabotadores nazistas, eles acreditavam que todos os imigrantes tinham saído do mesmo molde, fossem ou não judeus, tivessem ou não sido privados de direitos por Hitler, tivessem ou não lutado contra os nazistas.

Assim, a nota no *Public Ledger* deu a Kempner um cartão de visitas e um mínimo de credibilidade quando ele começava a abrir caminho em terras estrangeiras.

A família de Kempner se mudou primeiro para uma casa de tijolos vermelhos em um trecho da Avenida Osage, não muito longe do campus da Universidade da Pensilvânia. O escritório ficava no último andar da Mansão Blanchard, uma casa pitoresca de três andares com fachada gótica em pedra por onde subia uma hera, com um sótão sob o telhado e portas pesadas de nogueira.

234 O DIÁRIO DO DIABO

Em seu novo cargo, ele escrevia informes, fazia palestras e publicava artigos em jornais acadêmicos. Também fez cursos de ciência política, entrevistou refugiados alemães para uma transmissão radiofônica semanal de uma rádio da Filadélfia e fomentava convites para falar em público. Apresentava-se como um sobrevivente dos assassinos do Führer. Estivera tão perto da morte, dizia, que alguns jornais europeus haviam anunciado erroneamente sua execução por um pelotão de fuzilamento quando foi preso pela Gestapo, em 1935. As palestras, que ele dava em clubes locais e escolas de segundo grau, tinham títulos atraentes: "Eu conheço estes homens: Hitler, Göring, Himmler, Goebbels", "O amor nas ditaduras" e, naturalmente, "Meu álbum de recortes começa com a minha morte".[7]

Depois de pagar o próprio salário para ser contratado, em 1939, Kempner mais tarde recebeu bolsas, inclusive um estipêndio do Comitê de Emergência de Ajuda a Acadêmicos Estrangeiros Deslocados. Recebeu também uma bolsa de mil dólares da Corporação Carnegie de Nova York para estudar métodos policiais e administrativos no Terceiro Reich. A encomenda de materiais de pesquisa da Alemanha exigia certos subterfúgios. "Como o meu nome está em todas as listas negras dos nazistas como inimigo expatriado do regime, e meus livros foram queimados pelos nazistas, eu me apresento com nomes como Cemper ou Cempen."[8]

Às vezes, suas pesquisas o levavam a caminhos incomuns. Em certa ocasião, escreveu a um professor da Universidade de Washington inquirindo sobre "o problema da nova fisionomia nazista" da Juventude Hitlerista e dos oficiais da SS. "A nova geração de nazistas", escreveu, "tem os rostos congelados' devido a certos aparatos administrativos. Com respeito a isso, gostaria de pedir sua opinião sobre a existência de estudos nesta linha ou em linhas similares, por exemplo, sobre mudanças nos rostos dos prisioneiros de longa data, de grupos de imigrantes etc."[9]

Grande parte da biblioteca de Kempner fizera a tortuosa viagem para fora da Alemanha nazista, e ele a usou de modo produtivo. Publicou o relatório que ajudara a redigir em 1930 estabelecendo a natureza criminosa do partido, que foi repaginado como *Esquema do submundo nazista segundo relatórios policiais secretos*.[10]

"Vida longa à eterna Alemanha!" Nazistas locais dão as boas-vindas a Alfred Rosenberg (no centro, acenando) em Heiligenstadt, Turíngia, em 1935. (*ullstein bild/ ullstein bild via Getty Images*)

O promotor Robert Kempner no Palácio de Justiça de Nuremberg. (*Museu Memorial do Holocausto dos Estados Unidos, cortesia de John W. Mosenthal*)

Robert Kempner e Jane Lester, sua assistente e tradutora, durante o Julgamento dos Ministérios de 1948-1949, em Nuremberg. (*ullstein bild/ullstein bild via Getty Images*)

Henry Mayer, consultor sênior de arquivos do Museu Memorial do Holocausto dos Estados Unidos, examina o diário de Rosenberg. (*Museu Memorial do Holocausto dos Estados Unidos, cortesia de Miriam Lomaskin*)

Alfred Rosenberg (de pé na terceira fila, o terceiro a partir da esquerda com chapéu fedora e sobretudo) com um grupo de nazistas reunidos em Coburg, na Baviera, para uma festa do Dia Alemão, em 1922. Os nazistas expulsavam seus oponentes das ruas brandindo bastões em brigas violentas. (*Bayerische Staatsbibliothek München/Bildarchiv*)

Rosenberg (à esquerda) e Hitler, em Munique, durante a tentativa de golpe na Bürgerbräukeller, em novembro de 1923. (*Keystone/Getty Images*)

Hitler com alguns companheiros em 30 de janeiro de 1933, dia em que assumiu o poder. A partir da esquerda: Wilhelm Kube, Hanns Kerrl, Joseph Goebbels, Adolf Hitler, Ernst Röhm, Hermann Göring, Richard Walther Darré, Heinrich Himmler e Rudolf Hess. Sentado, Wilhelm Frick. (*Universal History Archive/ UIG via Getty Images*)

Alfred Rosenberg, principal escritor do Partido Nazista. (*Bundesarchiv, Bild 146-2005- -0168/Heinrich Hoffmann*)

Com quinhentas páginas, o diário manuscrito de Rosenberg abrange dez anos. (*Museu Memorial do Holocausto dos Estados Unidos, cortesia de Miriam Lomaskin*)

Carteira de identidade de Robert Kempner, emitida pelo Ministério do Interior prussiano em 1929. (*Museu Memorial do Holocausto dos Estados Unidos, cortesia de Robert Kempner*)

Rosenberg divulgando a filosofia nazista ao povo alemão, 1933. (*Bundesarchiv, Bild 102-14594/Georg Pahl*)

A esposa de Kempner, Ruth. O casal fugiu da Alemanha em 1936. Juntos, dirigiram um internato para estudantes judeus em Florença. (*Museu Memorial do Holocausto dos Estados Unidos, cortesia de Robert Kempner*)

Margot Lipton, secretária de Kempner no internato, tornou-se sua amante. (*Museu Memorial do Holocausto dos Estados Unidos, cortesia de Robert Kempner*)

Rosenberg ao lado de Hitler na primeira fila do Teatro Apollo, em Nuremberg, durante reunião do Partido Nazista, em 1934. (*SZ Photo/Scherl/The Image Works*)

O rio Hudson e o Empire State ao fundo, fotografados pelos Kempner na chegada aos Estados Unidos a bordo do SS *Nieuw Amsterdam*, em 1º de setembro de 1939. (*Museu Memorial do Holocausto dos Estados Unidos, cortesia de Robert Kempner*)

Em seu aniversário de 45 anos, Rosenberg dá as boas-vindas a Hitler em sua casa no bairro de Dahlem, em Berlim. (*SZ Photo/ Scherl/The Image Works*)

Kempner passou seus primeiros anos nos Estados Unidos trabalhando em um escritório na Mansão Blanchard, da Universidade da Pensilvânia, na rua Walnut, na Filadélfia. (*Universidade da Pensilvânia*)

Tesouros saqueados formam pilhas enormes em uma igreja em Ellingen, na Baviera. (*National Archives*)

Uma arma de assalto da Divisão Totenkopf da SS – a Divisão "Cabeça da Morte" – avança pela União Soviética no início da Operação Barbarossa, no verão de 1941. (*Bundesarchiv, Bild 101I-136- -0882-12/Albert Cursian*)

O integrante de um dos Einsatzgruppen se prepara para atirar em um judeu ucraniano à beira de uma vala em Vinnitsa, na Ucrânia. (*Museu Memorial do Holocausto dos Estados Unidos, cortesia de Sharon Paquette*)

Max e Frieda Reinach com a filha, Trude, em dias mais felizes. (*Museu Memorial do Holocausto dos Estados Unidos, cortesia de Ilana Schwartz*)

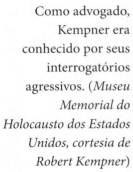

Como advogado, Kempner era conhecido por seus interrogatórios agressivos. (*Museu Memorial do Holocausto dos Estados Unidos, cortesia de Robert Kempner*)

Rosenberg em uma pista de pouso em visita à Ucrânia, em 1942. O seu Ministério dos Territórios do Leste nunca se firmou. (*Yad Vashem*)

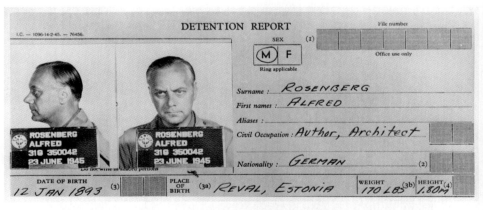

Preso em 18 de maio de 1945 pelas forças britânicas, Rosenberg a princípio ficou aliviado por não ter sido entregue aos soviéticos. (*Yad Vashem*)

Nuremberg em ruínas. (*National Archives*)

Os homens que recuperaram o diário perdido: Mark Olexa, agente especial do Departamento de Segurança Nacional; Dave Hall, promotor-assistente; Robert Wittman; Henry Mayer, do Museu do Holocausto; e o filho de Robert, Jeff. (*Coleção do autor*)

A LUTA PARA SOBREVIVER

Tentou também atrair editores com uma tradução comentada para o inglês de *O mito do século XX*, "as profecias deste 'Nostradamus-Rosenberg'". O mundo de língua inglesa precisava ler "a única obra básica que existe sobre a filosofia, a nova religião, e teoria política nazista", escreveu nas cartas que enviou às editoras Knopf, Oxford University Press, Macmillan, dentre outras.

Ele tinha certeza de que seria um best-seller,[11] e sugeriu que distribuíssem os lucros entre refugiados alemães pobres.

Educadamente, todos os editores recusaram. "Temo que esse feito ribombante não chegue a lugar nenhum no mercado americano", respondeu um editor, "e não signifique nada para 99% dos leitores americanos."

Em meio a tantos estudos, escritos e discursos, Kempner buscava algo maior. Queria trabalhar para a agência de aplicação da lei mais elogiada no mundo.

Kempner tinha escrito primeiro a J. Edgar Hoover, diretor do FBI, em dezembro de 1938, quando ainda estava em Nice. Embora seu domínio da língua inglesa ainda não fosse perfeito — ele estudara mais grego do que inglês na escola —, conseguiu deixar claras as suas ideias.

Apresentou-se como "especialista criminal", ex-instrutor da polícia e "Primeiro-Secretário no Departamento de Polícia do Ministério do Interior em Berlim". Indagou se a agência teria um cargo para ele, assegurou a Hoover que "poderia prestar muitos bons serviços ao seu país, por conhecer diversos ramos dos temas criminalistas de grande importância atual para os Estados Unidos".[12]

O destinatário da carta tinha ficado famoso graças ao retrato que Hollywood fizera da sua caça furiosa a ladrões de banco e assassinos.[13] A carreira de Hoover começara no Departamento de Justiça, três meses depois de iniciada a Primeira Guerra Mundial, quando a histeria com relação a espiões inimigos e sabotadores varreu o país. No dia em que os Estados Unidos entraram na guerra, quase cem alemães foram detidos e presos; outros 1,2 mil passaram a ser monitorados. A Lei de Espionagem de 1917 proibia quaisquer atos de deslealdade. Até falar contra a guerra constituía um crime. O escritório caçou espiões alemães, abateu os sindicatos contrá-

O DIÁRIO DO DIABO

rios à guerra do movimento Trabalhadores Industriais do Mundo e prendeu dezenas de milhares de suspeitos de evadirem o alistamento militar.

Após a guerra, Hoover foi indicado para dirigir a nova Divisão Radical do Departamento de Justiça e, com quase 61 agentes sob seu comando, rapidamente montou dossiês sobre milhares e milhares de pessoas que poderiam estar trabalhando para derrubar o governo americano. Os agentes se infiltraram nas organizações comunistas, prenderam seus membros e forçaram o movimento a entrar na clandestinidade. Críticos apontaram que as liberdades civis estavam sendo pisoteadas, e, quando veio à luz que agentes haviam espionado membros do Congresso, o presidente Calvin Coolidge puxou as rédeas. "Um sistema de polícia secreta pode se tornar uma ameaça à liberdade do governo e das instituições", declarou Fiske Stone, o novo advogado-geral de Coolidge, "por carregar em si a possibilidade de abusos de poder que nem sempre são imediatamente percebidos ou compreendidos." Ele disparou contra o diretor-geral do Escritório e entregou o cargo a Hoover, com uma condição: a vigilância tinha de parar. Hoover consentiu — e depois encontrou um modo de prosseguir com ela na surdina.

Em 1938, às vésperas de uma nova guerra, os temores americanos tinham relação com nazistas e fascistas. A Federação Germano-Americana alardeava mensagens pró-nazistas em revistas e pelas ruas. Charles Coughlin, um padre católico de Royal Oak, em Michigan, que antes da guerra acumulara uma audiência de 40 milhões de ouvintes, vituperava contra a "questão judaica" e os comunistas. "Quando acabarmos com os judeus", gritou em um discurso no Bronx, "eles vão achar que o tratamento que receberam na Alemanha não foi nada."[14] Sinclair Lewis inflamou a paranoia com seu livro *It Can't Happen Here* [Isso não pode acontecer aqui], em que um presidente eleito dos EUA instaura uma ditadura.

Em meio a este torvelinho de ansiedade e pânico de espiões e sabotadores, o novo presidente recorreu a Hoover.

Diante de uma ordem tão secreta que nem foi escrita, em 25 de agosto de 1936, Roosevelt ordenou ao diretor do escritório que reunisse inteligência sobre nazistas e comunistas nos Estados Unidos. Hoover deu um passo além. Transmitiu informações não só sobre agentes e infiltradores

A LUTA PARA SOBREVIVER

estrangeiros, mas também sobre os inimigos políticos de Roosevelt, como o aviador Charles Lindbergh, cujas visitas à Alemanha o deixaram impressionado com Hitler e o Terceiro Reich. "Estou absolutamente convencido de que Lindbergh é nazista",[15] disse Roosevelt a um membro do seu gabinete.

Em fevereiro de 1938, agentes desvendaram um círculo de espiões alemães que tinham se infiltrado no exército americano e entre empresários ligados à defesa. Em uma década de espionagem, os criminosos tinham conseguido roubar projetos de novos aviões e navios. O caso semeou uma ideia aterrorizante na opinião pública: os nazistas estavam realmente ali, trabalhando daquele lado do Atlântico.[16]

Em pouco tempo, Hoover persuadiu Roosevelt a entregar-lhe o controle total da inteligência americana e das operações de contraespionagem. Driblando uma decisão da Suprema Corte, o presidente autorizou sigilosamente que espiões e subversivos em potencial fossem grampeados. O escritório compilou listas de traidores em potencial que deveriam ser detidos ou monitorados caso os Estados Unidos entrassem na guerra.

Libertários civis — dentre eles Robert H. Jackson, advogado-geral e futuro promotor chefe no Tribunal de Nuremberg — se opuseram às táticas agressivas de Hoover. Quando Eleanor Roosevelt descobriu que havia agentes investigando a história pregressa de sua secretária, escreveu uma carta pessoal a Hoover: "Esse tipo de inquérito me soa parecido demais com os métodos da Gestapo."[17]

Tais eram o homem e a agência com os quais Robert Kempner queria trabalhar no verão de 1938.

Sua carta a Hoover, contudo, não abriu caminho para uma audiência pessoal com o diretor do FBI. O escritório de Hoover respondeu com um bilhete curto e um livreto que indicava como se tornar um agente especial. Mas o diretor não enviou palavras de incentivo ao refugiado alemão desconhecido.[18]

Insistente, Kempner escreveu em julho informando que havia conseguido trabalho nos Estados Unidos. Seria possível telefonar para Hoover quando chegasse a Washington? Ele gostaria de entregar "informações que neste momento são particularmente interessantes para o seu escritório". Hoover respondeu que certamente Kempner poderia ir, e que seria "conduzido em um tour detalhado das nossas instalações e exposições".

238   O DIÁRIO DO DIABO

Esse desdém não desencorajou Kempner. Em 25 de setembro de 1939, o advogado exilado rascunhou uma carta informando Hoover de que tinha chegado. "Considero um privilégio especial viver e trabalhar nos EUA, e contribuir com os modestos conhecimentos que reuni durante os muitos anos em que trabalhei em Berlim e em outros lugares. Espero ter em breve a oportunidade de ir a Washington para uma visita. Ficarei encantado em procurá-lo e discutir com o senhor questões de interesse comum."

Kempner parecia saber algo sobre seu novo país: era preciso ter iniciativa para sobreviver na América.

16

Ladrões em Paris

Os complôs contra a vida de Hitler se sucediam. Um grupo de conspiradores se formou no exército entre generais alarmados com os planos de Hitler de, após esmagar a Polônia, virar-se para o oeste e atacar a França imediatamente. O Exército não estava pronto, insistiam. Irritado, Hitler acusou-os de serem fracos de vontade e insinuou suspeitar de traição. Os conspiradores se dispersaram.[1]

Em 8 de novembro de 1939, no aniversário de 16 anos do golpe fracassado em Munique, Hitler subiu ao palco da Bürgenbräukeller, a cervejaria onde ele havia atirado para o alto com sua pistola e feito os líderes da Baviera reféns. A cada ano os velhos combatentes iam a Munique e desfilavam pelas ruas como haviam feito em 1923, só que agora eram vitoriosos, saudados pela multidão como heróis conquistadores. Hitler adorava aquele espetáculo. Certa vez ele virou-se para Rosenberg, que caminhava atrás dele na segunda fileira, e disse radiante: "Você não chega a isto com os seus velhos santos."[2] Rosenberg passou a chamar o desfile de "procissão do Corpus Christi alemão" — a resposta nazista à procissão do papa pelas ruas de Roma com a Sagrada Eucaristia.

O discurso comemorativo de Hitler na cervejaria era uma tradição anual, e ele costumava se dirigir à multidão à noite, entre 20h30 e 22 horas.

240 O DIÁRIO DO DIABO

Naquele ano havia uma bomba-relógio em funcionamento junto ao pilar atrás do palco, programada para explodir às 21h20, na metade do discurso.[3]

Mas Hitler rompeu a rotina. Pouco depois das 21 horas ele terminou o discurso e, em vez de se misturar à multidão, como sempre fazia, embarcou em um carro e foi para a estação ferroviária.

"Ele me disse que precisava urgentemente ir a Berlim",[4] Rosenberg anotou três dias depois no diário. Tinha uma reunião importante sobre a invasão da França; ela estava planejada para 7 de novembro, mas o tempo ruim forçou um adiamento. "Depois do discurso abreviado, pediram-lhe que se juntasse aos velhos combatentes na galeria da Bürgerbräukeller. Ele perguntou que horas eram. 21h10. [...] Em virtude do horário do trem, ele não quis se atrasar, [...] por isso partiu rapidamente. Se não tivesse feito isso, estaríamos todos soterrados."

A bomba explodiu na hora e arrebentou o pilar e o teto. Cerca de sessenta pessoas ficaram feridas, e oito morreram. No dia seguinte, o *Völkischer Beobachter*, o jornal de Rosenberg, celebrou a "salvação milagrosa do Führer".

Assim como Hitler, que suspeitou de um complô do serviço secreto britânico, Rosenberg escreveu no diário que sabotadores estrangeiros estavam "trabalhando para acabar conosco". A tentativa de assassinato levou Rosenberg a inspecionar a própria casa. "É fácil atirar uma bomba no meu quarto, em mim, no espaço vazio à noite." Ao mesmo tempo, ele ficou filosófico. Grandes homens correm grandes riscos. Não era essa a mensagem da tentativa de golpe em Munique, em 1923? "Por fim: sem o descuido, nunca teríamos conseguido começar."

A tentativa também o fez pensar no estado da opinião pública alemã. Aqui, como sempre, ele culpou Goebbels. O ministro da Propaganda havia destruído a confiança do povo, escreveu, e era culpado pelo "rancor no país. [...] É inestimável a quantidade de confiança destruída pela arrogância do dr. Goebbels e do exibicionismo de outros. Todos pagamos [...] pelo que indivíduos destroem com sua vaidade e suas pretensões de levante".

Rosenberg não sabia, mas estava percebendo algo. A bomba-relógio na Bürgerbräukeller tinha sido instalada por um carpinteiro, Georg Elser,

LADRÕES EM PARIS

que trabalhou sozinho. Ele passara meses escondido depois do expediente, escavando a pilastra e instalando os explosivos.

Quando a bomba explodiu, ele já estava preso. Tinha sido flagrado tentando cruzar ilegalmente a fronteira da Suíça.

Interrogado, disse que estava aborrecido com o que Hitler estava fazendo com a Alemanha, temia outra guerra e estava alarmado com as drásticas restrições às liberdades civis. Ele decidira que Hitler devia morrer, assim como Göring e Goebbels.

A Grã-Bretanha e a França passaram o final de 1939 e o início de 1940 incrementando sua produção bélica e se preparando para a guerra. Entrementes, os nazistas se voltaram para a Dinamarca e a Noruega.[5]

Dois fatores estratégicos impulsionaram a decisão de Berlim de atacar a Escandinávia neutra. Os oficiais da Marinha alemã não queriam ter o acesso ao oceano bloqueado por uma linha britânica no mar do Norte, como havia ocorrido na Primeira Guerra Mundial. Ao mesmo tempo, advertiram Hitler — corretamente, como ficou claro depois — que os britânicos queriam ocupar a Escandinávia e cortar a fonte de minério de ferro alemã que provinha da Suécia. Nos meses de inverno, a passagem sueca para a Alemanha ficava obstruída pelo gelo, e o minério tinha de ser embarcado em um porto norueguês.

Rosenberg encontrou seu papel neste capítulo da guerra. Desde 1933, ele cultivava uma aliança na Noruega com um político de direita chamado Vidkun Quisling,[6] cujo Partido da Unidade Nacional pretendia trazer o nazismo à sua terra natal. Em agosto de 1939, Rosenberg conseguiu trazer um pequeno grupo de seguidores de Quisling para treinarem na Alemanha, e mais tarde naquele ano, com a difusão de conversas sobre uma operação escandinava, ele informou à Marinha alemã que Quisling planejava um golpe. Talvez, sugeriu, o conspirador norueguês e os alemães pudessem trabalhar em conjunto?

Em dezembro de 1939, Quisling se reuniu com Hitler três vezes, fez planos para um golpe e assegurou que contava com apoio no seio do Exército norueguês. Hitler relutou em intervir. Disse a ele que preferia que a Noruega permanecesse neutra, mas que não ficaria impassível se

242

O DIÁRIO DO DIABO

a Grã-Bretanha tentasse tomar os portos do país e bloquear as importações alemãs. Inicialmente, o Führer prometeu apenas apoio financeiro ao golpe.

Antes de deixar Berlim, Quisling visitou Rosenberg e agradeceu-lhe efusivamente o apoio.

Rosenberg respondeu que ansiava visitar a Escandinávia como um hóspede bem-vindo. "Apertamos as mãos um do outro e provavelmente não nos veremos novamente", escreveu no diário, "até que a ação tenha tido êxito e o primeiro-ministro da Noruega se chame Quisling."

Nos meses seguintes, Hitler acalentou a ideia de uma ocupação escandinava, e em 9 de abril de 1940 os exércitos alemães atacaram a Dinamarca e a Noruega. Os dinamarqueses se renderam imediatamente, mas os alemães enfrentaram uma resistência feroz da marinha britânica e do Exército norueguês.

No dia da invasão, Quisling foi à rádio, anunciou que era o novo líder do país e instou seus compatriotas a suspenderem a resistência aos alemães. "Hoje é um grande dia na história da Alemanha",[7] escreveu Rosenberg no diário. "A Dinamarca e a Noruega ocupadas. Congratulo o Führer pelo trabalho, que também ajudei a preparar."

O rei e os ministros do governo legítimo fugiram para o norte, e no dia seguinte enviaram uma mensagem diferente aos nazistas. Eles não apoiariam Quisling. Lutariam. Mas a resistência deles não fazia muita diferença, e tampouco a ajuda dos britânicos. Os alemães rapidamente ocuparam Oslo e as outras cidades importantes.

Rosenberg se vangloriou de seu pequeno papel na invasão. Não se podia negar que seu Escritório de Política Exterior havia "cumprido uma tarefa histórica" ao abrir caminho para a operação, escreveu no final de abril. "A ocupação da Noruega talvez seja decisiva para a guerra."[8]

Não foi, mas a vitória alemã na Escandinávia teve um resultado significativo. Ela levou a uma forte reação contra o primeiro-ministro Neville Chamberlain no Parlamento britânico. A queda da Noruega logo após a anexação da Áustria, da perda da Tchecoslováquia e do fim da Polônia arruinaram sua administração.

LADRÕES EM PARIS

No dia 10 de maio, Chamberlain renunciou e um homem que havia construído a reputação de inimigo implacável do Terceiro Reich subiu ao poder: Winston Churchill.

Em abril de 1940, Rosenberg fez uma série de palestras pelo oeste da Alemanha, e aproveitou para visitar a Saarbrücken e as fortificações no alto da cidade. Ao longo da fronteira os alemães tinham a Muralha do Oeste, e os franceses, a Linha Maginot; redes enormes de defesas impenetráveis: pesadas fortificações antitanques enterradas no solo,[9] uma fileira atrás da outra de arame farpado, bunkers subterrâneos, torretas blindadas. Oficialmente, a França estava em guerra contra a Alemanha desde 1939, mas nenhum dos lados estava preparado para uma ofensiva. Na primavera de 1940, contudo, a "guerra de mentira" deu lugar à luta real. Semanas antes da viagem de reconhecimento de Rosenberg, os Exércitos francês e alemão trocaram tiros de artilharia pesada e os céus foram riscados pelo combate aéreo entre ambas as forças. As escaramuças tiveram início quando patrulhas alemãs testaram as fortificações dos Aliados. A tensão aumentava.

Rosenberg vagou pela paisagem desolada e rabiscou suas impressões no diário. "Povoados bombardeados numa terra de ninguém. Trincheiras francesas abandonadas [entulhadas] com colchões e cobertores. Um café francês transformado num pequeno bunker de concreto. Bunkers erguidos ininterruptamente."[10] Os oficiais e soldados alemães que ele encontrou pareciam animados. Mas em Saarbrücken as casas tinham sido reduzidas a montes de escombros.

"Se todo o oeste chegar a ficar *assim* um dia", escreveu Rosenberg, "será um pesadelo."

10 de maio de 1940: "A batalha final começou",[11] escreveu, "e decidirá o destino da Alemanha. Pode-se dizer que para sempre ou, de qualquer modo, por vários séculos."

Os Aliados tiveram anos para se preparar, mas ainda não estavam prontos para o plano de guerra projetado pelos nazistas para invadir o Ocidente.[12] Eles esperavam que a Alemanha cortasse a Holanda até o coração

244 O DIÁRIO DO DIABO

da Bélgica. Em vez disso, Hitler apoiou um plano ousado e uma força de tanques e blindados cruzou as Ardenas, mais ao sul. Um trecho despovoado, inóspito e frequentemente nebuloso de bosques densos e colinas, as Ardenas não seriam fortemente defendidas; eram consideradas escarpadas demais para um ataque blindado.

O plano funcionou com perfeição. Ao norte, os holandeses se renderam rapidamente quando os alemães bombardearam Roterdã, em 14 de maio. Na Bélgica, os Aliados a princípio defenderam a linha no norte, onde haviam concentrado seus exércitos para revidar o que acreditavam ser a principal força ofensiva.

Enquanto isto, nas Ardenas, ao sul, os tanques alemães e os veículos blindados abriram caminho lentamente para o oeste, em quatro linhas que se estenderam por mais de 160 quilômetros. Os alemães chegaram ao rio Meuse ilesos e, depois de romper o front aliado, em 14 de maio, aceleraram desenfreados pelo campo aberto. Em 20 de maio tinham chegado ao Canal da Mancha, e rapidamente cercaram as forças francesas e britânicas em Dunquerque. Embora 340 mil soldados aliados tenham conseguido recuar em segurança cruzando o canal, a primeira rodada de combates estava longe de terminar. Os alemães cobriram o sul como uma grande onda, e em 14 de junho entraram em Paris sem encontrar resistência.

Os líderes franceses pediram um armistício. Uma semana depois, foram convocados ao bosque de Compiègne,[13] exatamente onde os alemães haviam se rendido aos Aliados em novembro de 1918. Hitler comandou uma delegação até a clareira para iniciar as conversações, e ao chegar fez questão de caminhar até um monumento comemorativo do final da Primeira Guerra Mundial e da queda da Alemanha. Uma lápide dizia: AQUI, EM 11 DE NOVEMBRO DE 1918, SUCUMBIU O ORGULHO CRIMINOSO DO IMPÉRIO ALEMÃO — CONQUISTADO PELOS POVOS LIVRES QUE TENTOU ESCRAVIZAR. Ele leu a inscrição com um desdém evidente. William Shirer, o correspondente estrangeiro, que estava lá para testemunhar e informar sobre o momento histórico, observou atentamente o Führer. "Vi aquela expressão diversas vezes nos grandes momentos da vida dele", escreveu mais tarde em seu diário. "Mas hoje, ele ardia de desprezo, raiva, ódio, vingança, triunfo!"

LADRÕES EM PARIS

245

No dia seguinte, os franceses assinaram um armistício devastador. Dois dias depois, os alemães demoliram o monumento.

Nos seis anos desde que Hitler o nomeara chefe do doutrinamento, Rosenberg tinha visto seus ensinamentos se infiltrarem por todos os cantos da vida alemã. A *Gleichschaltung*, ou "coordenação",[14] colocara os nazistas no controle de sindicatos, câmaras de comércio, ligas de professores, grêmios estudantis, associações juvenis e praticamente todos os agrupamentos sociais e comunitários até o nível local, clubes esportivos, de tiro ou corais.

Sujeito à educação ideológica a todas as horas do dia, inevitavelmente todo cidadão alemão era apresentado às ideias radicais de Rosenberg.

Ele era um palestrante regular ante os líderes da Juventude Hitlerista,[15] que em 1939 contava com 8,7 milhões de crianças entre seus membros. Hitler via na organização um campo de treinamento de futuros soldados e membros leais ao partido. Junto com a educação física contínua, caminhadas, acampamentos e esportes — e, à medida que a guerra prosseguia, atividades mais soldadescas como código Morse, orientação e marcha —, as crianças recebiam uma dose de ideologia. Entoavam canções, liam livros e sentavam-se para ouvir lições cuidadosamente preparadas sobre o Führer, os mitos germânicos e a pureza racial. Um dos textos que os instrutores da Juventude Hitlerista deviam estudar e ensinar era *O mito*.

O livro parecia ubíquo no Terceiro Reich. Professores de escolas secundárias passavam por testes de proficiência das teorias apresentadas no livro. Em 1935, uma publicação da Liga Nacional-Socialista de Professores declarou que "todo alemão que luta pela liberdade da mente e da alma" tinha o dever de lê-lo. "Em *O mito do século XX*, Rosenberg pôs nas mãos dos alemães uma arma com a qual reconquistar sua honra e autodeterminação espiritual."[16] Educadores, estudantes universitários, funcionários públicos, até homens de negócios estavam sujeitos aos campos de doutrinamento nazistas,[17] onde *Mein Kampf* e *O mito* eram empregados para ensinar a importância da pureza racial. "O nacional-socialismo é uma ideologia, e esta ideologia se encontra em *O mito do século XX*, de Rosenberg", disse um funcionário do partido em uma sessão de doutrinamento para univer-

246 O DIÁRIO DO DIABO

sitários, em setembro de 1935. "Quem não possui a nossa fé, ou não pode possuí-la em virtude da sua inferioridade racial, deve ser eliminado."[18]

Os homens de Himmler recebiam a mensagem de Rosenberg no jornal oficial da SS, *Das Schwarze Korps*; seus artigos eram reproduzidos no *SS-Leitheft*, boletim de treinamento ideológico para as lideranças da SS que trazia capas chamativas com o logo de raios da corporação sobre fundo preto ou vermelho.

No entanto, embora sua filosofia se infiltrasse por toda a cultura, Rosenberg continuava insistindo junto a Hitler para expandir ainda mais sua autoridade sobre os corações e mentes dos alemães. Ele queria uma tribuna mais elevada de onde pregar ao povo. Com o país em guerra, ele argumentava que Hitler precisava de sua voz singular para manter o partido e o povo leais às doutrinas nazistas.

Não foi por coincidência que, neste processo, o esquema de Rosenberg apequenou a enorme influência de seu arquirrival, Joseph Goebbels.

"As pessoas agora olham para o partido",[19] escreveu ele no diário em setembro de 1939, rememorando uma discussão com Rudolf Hess, o vice de Hitler. Eles haviam dado um voto de confiança aos nazistas e os líderes tinham abusado da confiança. A Câmara de Cultura do Reich, comandada por Goebbels, tinha se tornado corrupta. Depois de conseguir que Rosenberg preparasse material de doutrinamento para o partido, Robert Ley tentou "fraudar a obra da minha vida pelas minhas costas", queixou-se. "Assim o partido perde sua forma: em alguns casos o comportamento ostentoso dos recém-chegados, a obstrução traiçoeira de outros em virtude de vaidades de pavão, e depois a debilidade e a incerteza da pequena burguesia. Por isso, milhares de nacional-socialistas sensíveis se perguntam: 'Mas o Führer não vai intervir? Vai continuar nos impondo o dr. G.? Não haverá nenhuma organização?' Eles continuam trabalhando lealmente, como sempre — porque eles *lutaram* e esta luta não pode ser abandonada —, mas sem *aquilo*, a nossa fé interior, que todos tínhamos antes."

Rosenberg via o partido rachado sem sua condução rígida nas questões ideológicas. A única coisa que mantinha o Terceiro Reich coeso era a autoridade inatacável de Hitler. Quando o Führer falecesse, seus acólitos

LADRÕES EM PARIS

entrariam em guerra uns contra os outros, como os generais de Alexandre, o Grande, lutaram pelos despojos que ele deixara para trás na Grécia antiga. Era hora de uma "reforma", e ele era o homem certo para conduzi-la.

Mais adiante, em 1939, Rosenberg apresentou seus argumentos a Hitler. A guerra não era só por território, afirmou. Era também por almas. Ele se preocupava de que o povo alemão estivesse sendo seduzido por novos líderes e "filósofos *art nouveau*".[20] As igrejas estavam fortalecendo suas atividades subversivas, e os nazistas não podiam esmorecer na luta contra elas. O clérigo continuava aferrado à ideia de que eles — e não os nazistas, não Rosenberg — eram os responsáveis pelo bem-estar espiritual dos alemães. Um teólogo tivera o desplante de sugerir que o treinamento ideológico do partido estava nas mãos das igrejas. "Este memorando descarado está eivado de arrogância tacanha, mas mostra o quão profundamente incompreensível pode ser uma mente bombástica tomada pelo Velho Testamento ao ser confrontada à vida alemã", escreveu. "Esta encarnação do atraso nunca *suspeitou o quanto* está datada. Em algumas regiões, os padres proclamaram que a guerra é uma punição de Deus. Eles estão corrompendo as almas dos homens, e a tática de Goebbels — 'contos de fadas e propaganda enganosa e apresentações de vaudeville' — não convence contra esses inimigos."[21]

"Todo este tempo acredito ter lutado lealmente pela confiança do partido", argumentou, "e, se não formos rígidos, no futuro o nosso combate fracassará."[22]

Rosenberg colocou suas ideias por escrito e apresentou-as à máquina política nazista, negociando e cedendo para torná-la palatável aos seus rivais. Porém, na primavera de 1940, Hitler subitamente as vetou,[23] culpando, sobretudo, Benito Mussolini. O ditador italiano se preocupava com as repercussões na Roma católica caso Hitler desse um novo cargo de alta visibilidade a Rosenberg. A indicação poderia "cair como uma bomba neste momento, pouco antes do início da grande ofensiva".[24] Mais tarde, os nazistas fariam o que quisessem, mas não era o momento de enfrentar uma nova rebelião dos clérigos. "A Igreja ainda mantém alguma esperança de se perpetuar", explicou Hitler. "Com sua promoção, eles por fim enterrarão esta esperança e se livrarão das inibições."

248   O DIÁRIO DO DIABO

Mas logo o Führer teve outras ideias para o seu fiel tenente.

Nos próximos cinco anos, a ambição ilimitada de Rosenberg e sua busca incansável pelo poder pessoal o colocariam em papel de destaque em alguns dos crimes nazistas mais infames.

O novo capítulo na vida de Rosenberg começou, insuspeitadamente, com planos para uma nova biblioteca.[25] Por ordens de Hitler, ele estava esboçando uma Hohe Schule nazista — "Ensino Médio" —, a instituição que, esperavam, garantiria que os ensinamentos do partido fossem transmitidos de uma geração à outra. O campus principal seria construído no Lago Chiemse, um trecho com água doce cercado de montanhas no sul da Baviera. O arquiteto projetou o edifício principal em um bloco imponente de 80 metros de altura,[26] de linhas austeras ao estilo nazista, cercado de pilares monumentais e vigiado por um par de águias de pedra no topo.

A Hohe Schule seria o pináculo de um sistema educacional ideológico de elite.[27] Os adolescentes alemães que no futuro quisessem ocupar posições de liderança no partido seriam encaminhados a frequentar uma das novas Escolas Adolf Hitler. Dirigidas pela Juventude Hitlerista, as escolas teriam ênfase na preparação militar e física. Os formandos mais destacados iriam depois para os Castelos da Ordem — três deles foram construídos, a um alto preço, na Renânia, Baviera e Pomerânia —, onde os poucos escolhidos fariam uma imersão na biologia racial, no atletismo avançado e no treinamento ideológico. Os Castelos da Ordem seriam também locais onde os atuais líderes do partido seriam treinados e educados. A Hohe Schule treinaria instrutores para as Escolas Adolf Hitler e os Castelos da Ordem, o que daria a Rosenberg o domínio de todo o sistema educacional do partido.

Além disso, a instituição treinaria os encarregados do doutrinamento no partido e se tornaria um centro de pesquisas nazistas. Haveria postos avançados por todo o país para estudar comunismo, teologia, "higiene racial", folclore germânico, arte e outras coisas mais. O primeiro instituto foi inaugurado em Frankfurt, onde os estudiosos nazistas se puseram a pesquisar o tema mais premente do momento: a questão judaica.

LADRÕES EM PARIS 249

As instituições precisavam de bibliotecas, e as bibliotecas, de livros. Em janeiro de 1940, Hitler instruiu funcionários do governo e do partido a colaborarem com o esforço de Rosenberg para reunir coleções para a Hohe Schule.[28] Rosenberg persuadiu a cidade de Frankfurt a compartilhar sua coleção de materiais judaicos, e começou a comprar outras bibliotecas.

Contudo, ao irromper a guerra, ele enxergou uma brecha. Em 18 de junho, quatro dias depois da queda de Paris, um de seus funcionários descobriu que importantes instituições judaicas e muçulmanas na capital francesa haviam sido abandonadas; seus arquivos seriam uma mina de ouro para o instituto de pesquisas de Rosenberg.

Aproveitando a oportunidade, Rosenberg pediu autorização formal a Hitler para criar uma força-tarefa e buscar os materiais abandonados pelos judeus fugidos. Assim nasceu a infame Einsatzstab Reichsleiter Rosenberg, a Força-Tarefa Reichsleiter Rosenberg. Em pouco tempo seus homens — com a ajuda da Gestapo, o Serviço de Segurança da SS e a polícia militar secreta, a Geheime Feldpolizei — estavam saqueando bibliotecas, arquivos e coleções privadas por toda a Holanda, Bélgica e França.

Eles foram atrás das coleções de duas das maiores instituições judaicas em Paris, e confiscaram 50 mil livros da Alliance Israélite Universelle e da École Rabbinique. Pilharam 20 mil livros da Lipschutz, uma grande livraria judaica de Paris. Saquearam as grandes coleções privadas dos Rothschild. Ocuparam lojas maçônicas importantes; estas, na mente de Rosenberg, eram na verdade "organizações de combate".[29] Como se tratava de uma produção de Rosenberg, eles também esvaziaram bibliotecas ucranianas e russas no Ocidente ocupado. A Einsatzstab tinha competidores ferozes, principalmente o Escritório Central de Segurança do Reich, comandado por Himmler, que estava formando sua própria grande biblioteca secreta de pesquisa para servir de apoio às investigações sobre inimigos do Reich.[30] Mas rapidamente Rosenberg conseguiu arrebanhar centenas de milhares de livros. Em agosto de 1940, um carregamento de 1.224 caixas com livros lotou onze vagões de trem.[31]

"As coisas que a minha Einsatzstab confiscou em Paris", anotou ele no diário, "são certamente únicas."[32]

No novo Instituto de Pesquisa da Questão Judaica, em Frankfurt, ele estava compilando a maior biblioteca de judaísmo do mundo; ela teria centenas de milhares de volumes roubados. O intuito de Rosenberg era oferecer aos estudiosos os materiais necessários para estudar minuciosamente o grande inimigo da Alemanha. "No futuro, quem quiser estudar a questão judaica", escreveu, "*terá* de vir a Frankfurt."[33]

Em pouco tempo, a missão da Einsatzstab passaria por uma expansão radical. Ao examinarem a paisagem do território recém-conquistado, seus olhos deram com objetos muito mais valiosos do que pilhas de livros empoeirados em bibliotecas.

Hitler sonhava com um grandioso complexo de museus em Linz, na Áustria,[34] a cidade onde cresceu. Sua rápida passagem pelas galerias Uffizi e Borghese, em 1938, o convencera de que seu país não possuía nada parecido com as peças de alto valor que seu museu exigiria. Aquilo iria mudar. Na Alemanha, a Gestapo estava confiscando arte e outros bens dos judeus — para "salvaguarda". As melhores peças seriam separadas para Linz e outros museus alemães, e o resto seria vendido ou destruído.

Em 1939, com obras de arte inundando os seus armazéns, Hitler nomeou um historiador de arte, Hans Posse, para examinar as peças confiscadas e escolher o que iria para o Führermuseum. Respaldado por um orçamento praticamente ilimitado e com alto poder de barganha, Posse também começou a adquirir peças no mercado.

Ele competia com Hermann Göring, um espoliador ímpar na Alemanha nazista.[35] Göring se imaginava um homem do Renascimento. Ele mobiliou sua residência em Berlim com pinturas emprestadas de museus alemães; um Rubens enorme ocultava uma tela de cinema. Assim que os nazistas tomaram o poder, ele havia começado a formar uma grande coleção de obras de arte. Em 1936, quando Hitler o encarregou da economia do país, fundos governamentais fluíam para os seus cofres, e quem tinha interesses comerciais o cobria de presentes magníficos. Na floresta Schorfheide, a 80 quilômetros ao norte de Berlim, o Reichsmarschall construiu uma propriedade extravagante batizada de Carinhall, que deixava admirados os visitantes estrangeiros não só por suas dimensões

LADRÕES EM PARIS

251

colossais, como também pela ostentação. Havia centenas de pinturas junto a leões e bisões empalhados. Göring mantinha uma vasilha com diamantes ao seu lado na escrivaninha para manter os dedos ocupados durante as reuniões.

Depois da anexação da Áustria, os alemães pilharam Viena.[36] Famílias proeminentes perderam suas coleções; alguns judeus entregaram seus bens em troca de autorização para emigrar. As joias da Coroa do Sacro Império Romano — cetros, globos, o livro de orações de Carlos Magno cravejado de pedras preciosas — foram saqueadas pelo prefeito de Nuremberg com a alegação de que, depois de ficarem por quatro séculos em sua cidade, tinham sido levadas em 1794 a Viena para salvaguarda e nunca haviam sido devolvidas.[37]

No ano seguinte, após a invasão da Polônia, os nazistas pilharam da igreja de Nossa Senhora, em Cracóvia, a maior peça gótica de altar do mundo, talhada pelo escultor alemão Veit Toss, além de pinturas famosas de Rembrandt, Raphael e Leonardo da Vinci.

Na Holanda, os agentes de Göring deram um jeito de saquear mesmo enquanto os Exércitos aliados estavam sendo cercados em Dunquerque. O arrastão nazista parecia conseguir capturar tudo: as propriedades dos que tinham sido presos e dos que fugiram antes da invasão, e as dos que deixaram obras de arte em galerias ou tentaram embarcar seus bens para fora do país.[38]

Nem tudo era roubado descaradamente. Os nazistas davam à operação um verniz de legalidade comprando coleções.[39] Mas tratava-se de vendas forçadas a preços de desconto sob a ameaça de confisco. "Se desta vez o senhor não conseguir se decidir", advertiu Göring a um galerista belga, "serei obrigado a retirar a minha oferta e então as coisas seguirão o seu curso natural, sem que eu possa fazer nada para impedi-lo."[40]

Às vezes, o visto de saída era um bom negócio para o vendedor deses- perado. Um deles trocou quatro painéis de Brueghel pela liberdade de dois empregados judeus. Outro conseguiu obter vistos para 25 parentes em troca de *Retrato de um homem da família Rama*, de Rembrandt, de 1634. Uma das transações mais significativas envolveu a coleção que Jacques Gouds- tikker, judeu que era um importante *marchand* dos Grandes Mestres. Em

252   O DIÁRIO DO DIABO

maio de 1940, enquanto fugia dos nazistas em um barco, ele quebrou o pescoço ao cair no porão do navio pela escotilha aberta. Dois empregados dele convenceram a viúva de que, se não vendessem a coleção por um preço baixíssimo, tudo seria confiscado. Ao final da transação, Göring tinha seiscentas pinturas, inclusive nove Rubens.

No verão de 1940, os nazistas voltaram sua atenção para a França derrotada. Hitler ordenou que a arte fosse "salvaguardada", e o embaixador de Ribbentrop, Otto Abetz, imediatamente se dedicou pessoalmente à tarefa. Seus homens invadiram cofres bancários, galerias de arte e residências de judeus. O butim se amontoava na embaixada. Porém, oficiais militares — acreditando que eles, e não o embaixador, eram os responsáveis pelos tesouros de arte — rechaçaram a agressividade de Abetz e tentaram impedi--lo de embarcar o material para fora do país. Outras figuras envolvidas competiam pelos despojos, dentre eles Goebbels, na qualidade de chefe da Câmara de Cultura do Reich.

Contudo, dessa vez, Rosenberg derrotou os rivais. Hitler entregou a tarefa de "salvaguardar bens judeus sem donos",[41] como dizia a ordem, à Einsatzstab. Diferentemente de Goebbels, Rosenberg não tinha uma coleção privada de arte para incrementar. Era confiável e garantiria a pilhagem para o Führer de um modo seguro e escrupuloso.

Os agentes de Göring, claro, já estavam operando na França, então Rosenberg escreveu-lhe para avisar que esperava plena cooperação. O Reichsmarschall respondeu de um modo entusiasmado. Ofereceu-se para resolver um dos problemas de Rosenberg: como levar as obras de arte para a Alemanha. Os trens podiam ser difíceis de conseguir, mas Göring pôs a Luftwaffe à disposição para ajudar a empacotar, preparar, salvaguardar e transportar as obras.

Os dois tinham uma relação complicada. Durante a breve gestão de Rosenberg como líder do partido, em 1923-1924, quando Göring estava no exílio recuperando-se de um ferimento de bala disparada durante o golpe fracassado, Rosenberg riscou o nome dele das listas nazistas, o que Göring nunca esqueceu. Uma década mais tarde, enquanto Rudolf Diels alimentava os dossiês de Göring com nomes de funcionários do Ministério do Interior prussiano potencialmente desleais, fornecia também inteligência sobre

LADRÕES EM PARIS

outros nazistas. Em suas memórias, Diels alega que o dossiê de Rosenberg incluía cartas de amor a uma mulher judia,[42] Lisette Kohlrausch, que havia sido presa pela Gestapo. Ele afirmou que Rosenberg conseguiu que ela fosse solta, mas o caso entre eles o pôs em uma situação comprometedora. Em questão de segundos, Göring podia revelar o episódio a Hitler e destruir a carreira de Rosenberg. (As cartas que Diels menciona se perderam, se é que existiram.)

Porém, em meados de 1940, o apoio de Göring foi uma bênção para Rosenberg.[43] Os rivais rapidamente se submeteram à autoridade da Einsatzstab. O Devisenschutzkommando de Göring, uma unidade de controle da moeda, ajudou nas buscas e inclusive entregou à agência de Rosenberg obras de arte que descobriu por conta própria. Os nazistas pareciam saber, sem perguntar, onde encontrar os museus, galerias, bancos e depósitos de residências privadas mais importantes. Enormes caminhões de mudança apareciam diante da porta de judeus abastados, escreveu uma testemunha em seu diário. "Belas tapeçarias, tapetes, bustos, obras de arte, porcelanas, móveis, cobertores, lençóis, tudo foi levado para a Alemanha."[44]

Criou-se um depósito central no Jeu de Paume, um pequeno museu parisiense na Place de la Concorde, e em pouco tempo as obras de arte chegavam tão rapidamente ao escritório que os historiadores da arte de Rosenberg mal davam conta. "Usando todos os meios possíveis, descobrimos e confiscamos todas as coleções de arte escondidas em residências de judeus em Paris, castelos nas províncias ou em depósitos e outros locais de guarda",[45] informou Rosenberg a Hitler. "Os judeus fugitivos sabiam camuflar os esconderijos dessas obras de arte." A famosa coleção Rothschild na França tinha sido espalhada por toda Paris, Bordeaux e a região do Loire.

Em um almoço com Hitler no início de setembro, Rosenberg informou com animação sobre o que tinha sido encontrado em um palácio dos Rothschild em Paris. Debaixo de um alçapão em um celeiro oculto havia 62 caixas repletas de documentos e livros,[46] e um pequeno baú contendo botões de porcelana que tinham pertencido ao próprio Frederico, o Grande.

254 O DIÁRIO DO DIABO

Depois da guerra, ao ser interrogado a respeito do saqueio de obras de arte e antiguidades sem compensação, Rosenberg ofereceu uma justificativa simples:

"Os donos estavam longe."[47]

Rosenberg rapidamente entendeu que a colaboração com Göring teria um preço.

Göring criou uma relação próxima com os homens da Einsatzstab em Paris, principalmente com Kurt von Behr — o mesmo von Behr que, cinco anos depois, mostraria aos exércitos aliados os papéis que Rosenberg havia escondido no Palácio Banz. Altivo e vaidoso,[48] Von Behr vinha de uma família aristocrática e tinha dirigido a Cruz Vermelha alemã. Embora não estivesse no exército desde a Primeira Guerra Mundial, conseguiu ser nomeado tenente-coronel pelo governo militar de Paris. Ele falava francês, flanava trajando uniformes ostentosos, cultivava contatos em posições de destaque e oferecia festas magníficas. Sua esposa era britânica, mas odiava seu país de origem. Outros homens da Einsatzstab se queixavam de que Von Behr era "um egocêntrico inescrupuloso" que não entendia nada de arte e se comportava como um gângster. Mesmo em um regime que levou a rapacidade a níveis históricos, Von Behr sobressaía.

Aparentemente, o escritório da Einsatzstab em Paris era diferente de todos os outros no império de Rosenberg, segundo uma investigação do Escritório de Serviços Estratégicos dos EUA feita no final da guerra. Os homens tinham casos declarados com as secretárias. Uma mulher "apropriou-se de objetos de valor, como peles, joias e pratarias"[49] e teve uma briga feia com uma colega, o que as levou a "calúnias histéricas e contra-acusações". Outra empregada era suspeita de espionar uma colega para o patrão. A administração militar detestou Von Behr e toda a sua operação.

No início de novembro, Göring foi a Paris fazer compras.[50] Seus agentes tinham descoberto coleções particulares que ainda não haviam sido confiscadas e enviaram as melhores peças ao Jeu de Paume.

Na galeria, Von Behr montou uma elaborada exposição particular para o Reichsmarschall. O champanhe espocou e o museu foi decorado com palmeiras, móveis elegantes e tapetes finos. O convidado de honra circulou entre as obras o dia todo, e voltou dois dias depois para examinar o relativo mérito de novas obras. Ele merecia umas duas dúzias de artigos para si — um Rembrandt, um Van Dyck, um grupo de vitrais, algumas tapeçarias —, e estrategicamente marcou outras para o Führermuseum, principalmente a obra-prima de Vermeer, *O astrônomo*.

Ao final da visita, Göring emitiu uma ordem insolente decidindo sobre a divisão dos despojos, embora não tivesse autoridade formal sobre a Einsatzstab e os confiscos de arte em Paris.

Primeiro, decretou, os representantes de Hitler reservariam o que quisessem para Linz. Depois, Göring levaria o que precisava para "completar as coleções do Reichsmarschall". Em seguida, Rosenberg podia levar o que quisesse para sua Hohe Schule. Por fim, os museus alemães e franceses poderiam ficar com o restante. Em uma demonstração vazia de benevolência, ele declarou que a arte remanescente — se sobrasse alguma coisa — poderia ser leiloada, e o resultado da venda seria dividido entre viúvas e órfãos de guerra.

Três semanas depois da farra de compras de Göring, Rosenberg chegou a Paris, cidade que nem os nazistas conseguiam bombardear.

"Não tenho intenção de atacar a bela capital da França",[51] declarou Hitler quando o Exército avançou pelo país no verão de 1940. Parte deste raciocínio era estratégico. Os nazistas sabiam que, destruindo Paris — como fizeram com Roterdã, por exemplo —, criariam antagonismo com os britânicos, com os quais esperavam negociar a paz após a derrota francesa. Mas Hitler também admirava a cidade por sua beleza e estilo. Ela era "uma das joias da Europa", e ele jurou protegê-la.

Duas semanas depois de os alemães entrarem em Paris sem encontrar resistência, o Führer subiu em uma Mercedes conversível e passeou pela cidade. As ruas certamente estavam vazias — quase 4 milhões de pessoas haviam fugido. Ele se deteve no Opéra e se maravilhou com sua arquitetura, e no Hôtel National des Invalides visitou o túmulo de Napoleão. Posou para a foto que todo turista faz na cidade: de pé, diante da Torre Eiffel.

Os nazistas não destruíram Paris, mas fizeram sentir sua presença. Quando os parisienses regressaram à cidade após a rendição, encontra-

256 O DIÁRIO DO DIABO

ram-na tomada por jovens soldados uniformizados. A suástica parecia drapejar em todas as sacadas. Símbolos recém-pintados haviam surgido nos principais cruzamentos, dirigindo o trânsito em alemão. As ruas que homenageavam judeus famosos tinham sido renomeadas. O Grand Palais vazio, na Champs-Élysées, tinha sido transformado em garagem de caminhões militares, e a administração nazista ocupara os hotéis e palacetes mais opulentos da cidade; eles requisitaram um levantamento de endereços que encheu seiscentas páginas.[52]

Os nazistas se regozijaram com os luxos da cidade: os restaurantes e cafés, as boates, o Cassino de Paris, o Folies Bergère. Repletos de dinheiro trocado a um câmbio favorável, lotaram as lojas chiques e os mercados de rua. Estavam contentes por "manter Paris como Paris", como ordenara o Ministério da Propaganda. Muitos soldados, estivessem de serviço na cidade ou em visita de licença, usavam um pequeno manual de viagem lançado um mês após a ocupação. "Para a maioria de nós, Paris é uma terra desconhecida. Chegamos com sentimentos desencontrados: superioridade, curiosidade e uma expectativa ansiosa. A palavra Paris evoca algo especial."[53] Quando os avós que lutaram na França em 1870 falavam dela, o nome soava "misterioso, extraordinário. Agora estamos aqui e podemos desfrutá-la à vontade".

Rosenberg foi a Paris para discursar no Palais Bourbon, a antiga casa do Parlamento francês, que agora era a sede da ocupação nazista. O marechal de campo Hugo Sperrle, da Luftwaffe, e outros comandantes militares estavam entre as seiscentas pessoas que se reuniram na grandiosa câmara circular do palácio para ouvi-lo.

"É estranho falar aqui, onde Clemenceau e Poincaré vociferaram contra o Reich; de onde a agitação mundial contra a Alemanha surgiu diversas vezes",[54] refletiu mais tarde no diário. "Fui o primeiro a falar pela revolução nacional-socialista no, por assim dizer, túmulo da Revolução Francesa." Seu discurso, intitulado "Sangue e ouro", foi muito comentado na imprensa parisiense. "Pelo que ouvi, o discurso foi o assunto do dia entre os franceses", escreveu depois. "Calçado entre a Igreja e a democracia, eles viram ali um novo caminho espiritual. Contudo, no momento não se pode esperar

LADRÕES EM PARIS

uma mudança interna no país. [...] Os franceses ainda não entenderam a magnitude do colapso."

Naquela noite, Rosenberg foi a uma festa no Hotel Ritz, e depois visitou os aposentos suntuosos e recém-remodelados de Sperrle no Palais de Luxembourg. Pouco depois da vitória na França, a Luftwaffe tinha começado a bombardear campos de pouso, cidades e infraestrutura britânicos, em preparação para uma invasão anfíbia pelo Canal da Mancha. Nos combates aéreos, os Spitfires e Hurricanes britânicos tinham vencido os Messerschmitts alemães na batalha pela supremacia do ar, e, em setembro de 1940, Hitler descartou os planos da invasão. Mas a Blitz prosseguia: bombardeios noturnos frequentes em Londres, Liverpool e outras cidades que faziam os britânicos correrem para os abrigos. Sperrle mostrou a Rosenberg imagens aéreas da devastação causada por seus pilotos.

Em Paris, Rosenberg visitou a equipe da Einsatzstab, que trabalhava duro no Jeu de Paume. O museu tinha sido decorado com crisântemos em sua homenagem. "Havia muitas coisas belas para ver", anotou no diário. "Rothschild, Weill, Seligmann etc. tiveram de entregar o resultado de cem anos de lucros: Rembrandt, Rubens, Vermeer, Boucher, Fragonard, Goya etc. etc. estavam empilhados em grande quantidade, [junto com] antigas esculturas, gobelinos etc. Os especialistas avaliaram tudo em quase 1 bilhão de marcos!"

Mas ele tinha motivos para se preocupar. Göring já estava reivindicando parte daquilo.

Rosenberg podia ter morrido no caminho de volta.[55] Depois de assistir a uma peça de teatro, ele correu para a pista de pouso e embarcou no avião do marechal de campo Gerd von Rundstedt para uma viagem de 965 quilômetros até Berlim. Quando o piloto regressou a Paris, os manômetros congelaram, e ele foi forçado a voltar. Acabou aterrissando com tanta pressa que uma asa do avião bateu no solo. "Quando ele soube", recordou Rosenberg, "Sperrle quase ergueu o pobre capitão no ar pelo colarinho."

De volta a Berlim, Rosenberg tratou de evitar que Göring arrebatasse o controle sobre a operação de saqueio das obras de arte francesas.[56]

258   O DIÁRIO DO DIABO

Tinha chegado uma carta do Reichsmarschall em que ele afirmava que respaldava totalmente a autoridade da Einsatzstab. Porém, ele corretamente observava que seus homens e suas fontes de inteligência tinham ajudado a encontrar grande parte do tesouro, e explicou que guardaria alguns itens para si — "uma pequena porcentagem", escreveu — que prometia deixar para o Reich no final da vida.

Rosenberg enviou Robert Scholz, um assessor de arte de Berlim, em visita à Einstazstab em Paris. Este informou que, de fato, Göring plane-java um "movimento por atacado" de obras de arte para Carinhall. Isso aparentemente disparou os alarmes. A decisão sobre a arte confiscada não cabia a Hitler? Rosenberg solicitou a intervenção do Führer. Pediu que Scholz escrevesse ao assistente de Hitler no gabinete da Chancelaria em dezembro sugerindo que os quinze carregamentos com as peças mais valiosas fossem retirados da França imediatamente e desempacotados, inventariados e entregues a Hitler.

Em 31 de dezembro, Hitler escolheu as obras que queria para o museu: 45 pinturas, diversas tapeçarias e peças de mobiliário francês do século XVIII. A maior parte tinha sido confiscada dos Rothschild: o *Astrônomo* de Vermeer, um Rembrandt, um par de Goyas, um trio de Rubens, e outras três pinturas de Boucher. As obras foram levadas a Munique em fevereiro, no trem especial do Reichsmarschall, e guardadas em abrigos antiaéreos no Führerbau. Göring levou 59 obras para si.

Mas os nazistas estavam apenas começando.

Ao terminarem, tinham roubado cerca de um terço de todas as obras de arte particulares na França.

Por sua parte, a Einsatzstab saqueou aproximadamente 22 mil objetos de mais de duzentas coleções particulares de judeus: pinturas a óleo, aqua-relas, desenhos, vasos antigos. Entre 1941 e 1944, 22 carregamentos foram armazenados em seis castelos alemães, inclusive no castelo de contos de fadas Neuschwanstein, nas montanhas escarpadas a sudeste de Munique. Os nazistas levaram o *Retrato de Madame Pompadour*, de Boucher, e *Cristo na piscina de Bethesda*, de Panini. Levaram também um retrato feminino de Frans Hals, uma paisagem portuária de Vernet e uma imagem de rio de Berchem.

LADRÕES EM PARIS

Os franceses protestaram, mas sem resultados. O pessoal de Rosenberg recordou-lhes que os alemães estavam derrubando uma conspiração mundial judaica. Ao confiscar os tesouros inestimáveis da França, estavam simplesmente buscando compensação "pelos grandes sacrifícios que o Reich fez pelo povo europeu".

Göring visitou o Jeu de Paume apelo menos vinte vezes nos dois anos seguintes, e pilhou mais de seiscentas obras de arte para a sua coleção que crescia. Em uma visita, examinou 22 baús com joias roubadas das casas de campo dos Rothschild. Olhando as peças, que incluíam pingentes do século XVI, o Reichsmarschall escolheu seis dentre as mais finas e as enfiou no bolso.

Rosenberg estava aborrecido com a intromissão de Göring em suas operações. Sempre leal, acreditava que os tesouros pertenciam não ao homem, mas ao partido, que havia "pago pela luta contra os judeus durante vinte anos".

Mais tarde, Rosenberg insistiria que havia "proibido estritamente todos os meus colaboradores de se apropriarem de quaisquer objetos, mesmo como suvenires".[57] Mas ele não pôde impedir Göring de se apossar do que quisesse. Soube-se depois que nem Rosenberg ficou imune à tentação. Ele decorou sua residência em Berlim com três pinturas valiosas saqueadas na Holanda, uma delas do retratista holandês Frans Hals.[58]

No final, ambos conseguiram o que queriam: Göring, a sua parte da arte pilhada, e Rosenberg, o controle sobre uma operação que seria reconhecida como um dos saqueios de arte mais avassaladores da história.

A Einsatzstab de Rosenberg produziu álbuns de fotografias encadernados em couro para documentar o tesouro que agora estava nas mãos dos alemães. Em abril, ele enviou alguns volumes a Hitler "com o ensejo de dar-lhe alegria em seu aniversário, meu Führer".[59] Tinha outros mais, afirmou, e ofereceu-se para entregá-los pessoalmente "na esperança de que esse tipo de ocupação com as coisas belas da arte que estão próximas do seu coração despejem um raio de beleza e alegria em sua vida venerada".

Quanto às pinturas "degeneradas", as obras dos impressionistas franceses e outros pintores modernos eram tão ofensivas à sensibilidade nazista que foram trocadas pelos Grandes Mestres. Em uma transação descoberta

260 O DIÁRIO DO DIABO

por investigadores americanos, Göring aprovou uma troca com um negociador de arte alemão em Paris chamado Gustav Rochlitz, que selecionou
onze pinturas de Degas, Matisse, Picasso, Renoir e Cézanne, entre outros,
em troca de um "retrato de Ticiano altamente questionável e uma obra
menor de Jan Weenix".

Mais tarde, outras obras modernas — de Picasso, Miró e Dalí — foram
retiradas das molduras, levadas ao jardim do Jeu de Paume e queimadas
junto com o lixo.[60] Nas listas meticulosas da Einsatzstab, os títulos das
obras de arte condenadas foram riscados e marcados com uma palavra.

Vernichtet. Destruída.

Na primavera de 1941, a atenção de Rosenberg voltar-se-ia para um tipo
de destruição mais sombria. Não arte, mas vidas.

17

"Rosenberg, esta é a sua grande hora"

Ao sintonizar o rádio no final de março de 1941, os alemães ouviram a voz do tsar ideológico de Hitler retumbar. Rosenberg falava sobre os judeus, e, embora o fizesse de um modo formal e pouco natural, mesmo sem prestar muita atenção, quem o ouvisse saberia que suas palavras eram mortíferas.

"Acreditamos que esta grande guerra constitui uma revolução de limpeza biológica",[1] dizia o Reichsleiter. "Hoje consideramos a questão judaica um dos problemas políticos mais importantes que a Europa enfrenta, problema que deve ser resolvido, e será resolvido. E esperamos, sim, hoje sabemos, que no final todas as nações europeias façam esta limpeza."

Em Frankfurt, naquele fim de semana, os dignitários nazistas estavam reunidos no prédio medieval da prefeitura para inaugurar o novo Instituto de Pesquisa sobre a Questão Judaica de Rosenberg. Uma multidão de repórteres, escritores e funcionários antissemitas de baixo escalão de dez nações europeias foram à cidade debater sobre a eliminação dos judeus do continente.[2] Todos sabiam que o momento era adequado: com os nazistas no controle de uma enorme faixa da Europa, os inimigos do povo judeu finalmente tinham poder para transformar suas palavras em ação mortal.[3] Rosenberg participou da primeira parte da conferência, mas Hitler o chamou de volta a Berlim por uma questão urgente e ele não pôde regressar a Frankfurt, então leu seu discurso para todo o país no estúdio de uma rádio berlinense.

A guerra exterminaria "todos os germes infectantes da judaria e seus bastardos", afirmou à audiência. "Todas as nações estão interessadas na solução deste problema, e devemos declarar com grande entusiasmo: não podemos e não iremos mais suportar ver os dedos gordurosos da alta finança judaica outra vez intrometidos nos interesses do *völkisch* da Alemanha e de outros povos da Europa. Já não vamos suportar ver bastardos judeus e negros correndo pelos povoados e aldeias no lugar das crianças alemãs."

A única questão era "onde colocar os judeus". A ideia de um Estado judeu independente estava morta; tinha sido um complô sionista para criar um centro de onde os judeus poderiam prosseguir com seu controle insidioso do mundo. Rosenberg sugeriu deportá-los para uma reserva, onde seriam mantidos "sob supervisão policial experiente".

Fosse qual fosse a logística, "como nacional-socialistas nós temos apenas uma resposta categórica a todas essas questões: para a Alemanha, a questão judaica só será resolvida quando o último judeu tiver deixado o grande espaço alemão", afirmou. "Para a Europa, a questão judaica só será resolvida quando o último judeu tiver deixado o continente europeu."

Ao dizer isso, Rosenberg sabia que, pela primeira vez na vida, teria a oportunidade de colocar sua retórica em prática.

Finalmente Hitler lhe conferia poder para moldar a história mundial.

Em julho de 1940, o Führer já estava com a atenção voltada para sua última meta: a União Soviética. Rosenberg estivera certo todo o tempo. Apesar do pacto histórico com Moscou, ele secretamente continuava decidido a destruir o país — quanto mais cedo, melhor.

Ele não confiava em que Stalin cumprisse o pacto. Aproveitando a invasão alemã do oeste, em maio e junho de 1940, o implacável líder soviético havia anexado mais territórios. Primeiro, Stalin arquitetou a ocupação da Estônia, Letônia e Lituânia e depois exigiu, com sucesso, que a Romênia

"ROSENBERG, ESTA É A SUA GRANDE HORA"

entregasse duas províncias orientais aos soviéticos. Quando Stalin começou a barganhar com a Alemanha por novas concessões no leste europeu — o controle da Finlândia e um pacto com a Bulgária para a instalação de bases militares soviéticas nos estreitos de Dardanelos e do Bósforo —, Hitler pôs seus projetos bélicos em ação.

O plano recebeu o codinome Operação Barbarossa. A Alemanha esmagaria os exércitos soviéticos e ocuparia um território que se estenderia até os Montes Urais, bem ao leste de Moscou. Quando os exércitos alemães cruzaram a fronteira, Hitler se vangloriou: "O mundo vai ficar com a respiração suspensa."[4] Stalin, que costumava alimentar suspeitas ao ponto de ser paranoico, estranhamente não acreditou nos relatórios que recebeu sobre a iminente traição de Hitler.

O Escritório de Política Exterior de Rosenberg vinha trabalhando intensamente na questão russa fazia quase uma década. Ele mencionou o trabalho pela primeira vez em agosto de 1936: "Por duas vezes, o Führer me pediu para preparar documentos explicativos para o caso de um ataque russo."[5] Seus homens eram especialistas no leste. Estavam atentos ao que ocorria na região,[6] preparavam análises étnicas e políticas da população e mantinham contato com líderes anticomunistas. Planejavam como o país seria repartido quando chegasse a hora. Durante o outono de 1940, eles produziram um boletim quinzenal para oficiais do partido sobre assuntos internos da União Soviética.

Eles estavam perfeitamente cientes do sofrimento do povo da Ucrânia, Bielorrússia e do oeste da Rússia depois da incorporação à União Soviética.[7]

No início da década de 1930, em todo o território soviético, fazendas de camponeses foram confiscadas, coletivizadas e transformadas em extensas áreas agrícolas. A ideia era torná-las mais eficientes para vender os grãos excedentes e, assim, financiar a modernização da nação.

O primeiro passo foi subjugar os fazendeiros abastados, os *kulaks*. Os soviéticos fizeram deles objeto de uma propaganda que soaria familiar na Alemanha nazista: eles não eram humanos, mas macacos avaros. Quase 2 milhões de *kulaks* foram detidos e deportados para os *gulags*. O peso dessa violenta política agrícola caiu desproporcionalmente sobre os ucranianos. A coletivização fracassou de um modo terrível; o excedente de grãos que

264 O DIÁRIO DO DIABO

se esperava não se materializou. Stalin insistiu no programa, embora 5 milhões de camponeses tenham morrido de fome.

Os moradores das cidades eram cercados por crianças mendicantes de barrigas inchadas — crianças que, paradoxalmente, não tinham conseguido sobreviver nas fazendas. Do alto de torres, guardas vigiavam os campos para evitar saques. Agora, tudo o que brotasse nos campos era propriedade do Estado, e colher um pouco para se alimentar ou alimentar a família equivalia a um crime. Quando as cotas não eram preenchidas, as autoridades acusavam os camponeses de sabotagem, invadiam suas casas e confiscavam toda a comida que encontravam. Em muitos lugares a população recorreu ao canibalismo.

No verão de 1932, ignorando ostensivamente a fome, Stalin viajou ao sul em um trem de luxo para veranear em Sochi.

Cinco anos depois, durante o Grande Terror, a região passou por novos choques. Stalin ordenou uma nova perseguição feroz aos *kulaks*, dessa vez visando os poloneses e outras minorias étnicas que viviam na Ucrânia e na Bielorrússia. Esta gente é espiã estrangeira que tenta derrubar o Estado comunista, vociferou. "Vamos destruir totalmente os nossos inimigos, vamos destruir a eles e suas famílias!"[8]

Mais de 70 mil ucranianos foram executados na ação contra os *kulaks*, em geral com uma bala na nuca após escutas secretas de *troikas* que trabalhavam febrilmente. Dezenas de milhares de poloneses étnicos na Ucrânia e na Bielorrússia foram embarcados em caminhões pretos. Terminaram nos *gulags* ou em cemitérios. As esposas foram exiladas, e as crianças, levadas a orfanatos para garantir que não fossem criadas como polonesas.

Surpreendentemente, as matanças não provocaram o clamor internacional. Mal foram notadas.

Agora, em 1940, Hitler mirou para o leste e planejou outra rodada de horrores para o povo.[9] Ao estudar os mapas, viu uma tábula rasa onde construir um plano utópico de 10 mil anos. Vastas regiões ficariam isentas de indesejáveis, deportando-os, matando-os, fazendo-os morrer de fome, ou, como se soube mais tarde, gaseando-os. Depois, arianos leais e puros repovoariam aquelas terras. O Reich teria acesso a todos os grãos e todo o petróleo de que necessitava para ser autossuficiente. "O colono alemão

"ROSENBERG, ESTA É A SUA GRANDE HORA"

deve viver em fazendas bonitas e espaçosas. Os serviços serão instalados em prédios maravilhosos, e os governadores, em palácios", proclamou Hitler. "Os territórios da Rússia serão para nós o que a Índia foi para a Inglaterra."[10]

Em março de 1941, quando mandou chamar Rosenberg, Hitler havia decidido que quando o exército entrasse na União Soviética e dizimasse as forças no seu caminho, a autoridade passaria de imediato a uma nova administração política alemã. O Führer deu a Rosenberg a grande responsabilidade de planejar a reconstrução política da área ocupada no leste. Mas Rosenberg chegou à cena relativamente tarde. Muitas importantes decisões políticas já haviam sido tomadas, e desde o início os seus planos políticos estiveram a reboque das metas militares e econômicas que estavam sendo discutidas havia meses.

Göring supervisionaria a operação de extração de matérias-primas para as fábricas de armamentos e, tão importante quanto isso, do confisco dos alimentos de que os alemães em casa necessitavam. Mesmo em tempos de paz, a nação dependia da importação de alimentos. Agora, a Marinha britânica detinha e vasculhava navios com destino ao Reich e confiscava energicamente suprimentos essenciais, matérias-primas e alimentos — bloqueio que ameaçava provocar uma escassez debilitante para a Alemanha. Hitler temia depender de Stalin para obter alimentos. E se os soviéticos se aproveitassem da situação? E se ameaçassem os alemães com a fome, como tinham feito na Ucrânia em 1932?[11] A Alemanha já sofria com a escassez de pão, frutas e vegetais, e o racionamento de carne estava no horizonte. Göring temia perder força no front em virtude dos estômagos vazios em casa.

Esse era o pano de fundo de um plano criado no inverno de 1940-1941 por Herbert Backe, secretário de Estado do Ministério de Alimentos e Agricultura do Reich, e apoiado por Georg Thomas, chefe do Escritório de Economia de Guerra e Armamento do exército. O déficit de grãos do país tinha de ser resolvido, argumentou Thomas em um relatório entregue a Hitler em fevereiro de 1941, tomando-os da Ucrânia, que supria a União Soviética.

Teoricamente, segundo os cálculos, uma pequena redução no consumo soviético liberaria milhões de toneladas de grãos para os alemães. Não ha-

266 O DIÁRIO DO DIABO

via motivo de preocupação com o povo que seria exposto a rações magras, escreveu Backe em uma diretriz à sua equipe, às vésperas da invasão. Eles eram "inferiores", argumentou e, de qualquer modo, "os russos sobreviviam havia séculos na pobreza, na fome e na austeridade. O estômago deles é flexível; portanto, nada de falsa piedade!"[12]

O resumo do plano de fome rascunhado em maio pelos planejadores econômicos de Göring não trazia esse tipo de racionalização. Durante a guerra, o povo da União Soviética enfrentaria "uma fome terrível". Os nazistas cercariam Moscou, Leningrado e outras cidades do norte e cortariam o fornecimento de alimentos do sul. Os exércitos invasores seriam os primeiros a serem servidos. O que sobrasse seria transportado ao oeste, para alimentar o povo alemão e a Europa ocupada. "Dezenas de milhões de pessoas neste território se tornarão supérfluas e morrerão ou deverão emigrar para a Sibéria", dizia o relatório. Diante da escassez de alimentos na Alemanha, aquilo era necessário para ganhar a guerra. "Com relação a isso, deve haver absoluta clareza."[13]

O plano não encontrou resistência entre os líderes militares, que o consideravam crucial na sua estratégia bélica. Eles poderiam avançar mais rapidamente se alimentassem os homens com base na terra e liberassem as ferrovias para o transporte de munições, combustível e outros suprimentos. Como na Polônia, a celeridade era crucial.

Os alemães esperavam acabar com o Exército Vermelho em dez semanas.

Quando se juntou à equipe de planejamento, Rosenberg — "aquele palerma nazista com talento para não compreender a história",[14] na definição do correspondente estrangeiro William Shirer — começou a fazer o que melhor fazia: escrever memorandos.

Ele levou o memorando primeiro a um jantar privado com Hitler, em 2 de abril. O Führer queria conversar fora do burburinho do gabinete, então eles comeram na sala de jantar da antiga Chancelaria em Wilhelmstrasse, onde Hitler residia. Depois, retiraram-se para a estufa vizinha, o Wintergarten, cujas vidraças davam para um pátio gramado repleto de árvores.

No plano que apresentou a Hitler, Rosenberg defendia um tratamento impiedoso para a Rússia. Os nazistas deviam destruir o governo "judeu "bolchevique" em Moscou e evitar sua substituição legítima. Deviam desmantelar a indústria nacional e suas redes de transportes. Deviam arrasar a terra e usá-la "como depósito dos elementos indesejáveis da população".[15]

Ele tinha diversas ideias sobre como lidar com o Báltico, a Bielorrússia e a Ucrânia. Argumentou que deviam ser espertos e ponderar as considerações políticas. Depois da guerra, precisariam desses aliados para formar um cordão defensivo ao redor de Moscou.

Rosenberg sugeriu que os três Estados bálticos fossem incorporados à Alemanha após a "remoção necessária" da *intelligentsia* letã e da deportação de "setores racialmente inferiores" do povo lituano — em 1941, 250 mil judeus viviam lá.

Para a Ucrânia, ele apoiava a independência cultural e política, mas ao mesmo tempo defendeu que a região fornecesse toda a matéria-prima e os grãos de que a Alemanha necessitaria no pós-guerra.

A Bielorrússia era um caso sem solução. Atrasada e povoada por judeus, nunca poderia ser independente.

Quando Rosenberg terminou de delinear suas ideias, Hitler guardou o memorando para lê-lo mais tarde. "Quero criar uma agência sobre a questão russa, e você vai se encarregar disto", disse. "Faça um esboço amplo. Você terá à disposição todo o dinheiro necessário. Rosenberg, esta é a sua grande hora."[16]

Os dois assistiram juntos ao noticiário cinematográfico, voltaram para o Wintergarten e conversaram noite adentro sobre a psicologia dos russos e o papel dos judeus na União Soviética. "Não preciso me alongar para expressar os meus sentimentos", um Rosenberg atônito escreveu no diário naquela noite, ao voltar para casa. "Vinte anos de trabalho antibolchevique agora terão consequências *políticas* e históricas mundiais. Milhões [...] e os seus destinos estarão em minhas mãos. Por séculos a Alemanha será aliviada de um peso que sempre, de várias formas, a atrapalhou. O que importa se milhões de *outros* amaldiçoarem a satisfação desta necessidade já que uma futura grande *Alemanha* abençoará estes feitos!"

Rosenberg também fez uma anotação enigmática sobre a noite no Wintergarten. Escreveu que Hitler discorrera detalhadamente sobre sua perspectiva para o leste. O que o Führer lhe disse, exatamente, era sigiloso demais para escrever mesmo em um diário íntimo.

268 O DIÁRIO DO DIABO

"Não quero registrá-lo *hoje*", escreveu, "mas *nunca* vou esquecê-lo."[17]

Aparentemente, uma coisa que Hitler não disse a Rosenberg foi que não tinha a intenção de seguir seus conselhos a respeito dos territórios do leste.

"Ele esticava as mãos para o poder", escreveu sobre Rosenberg naqueles anos um historiador, "de um modo ávido e infantil."[18]

À medida que se aproximava a data da invasão, ficou claro que Rosenberg não estava planejando uma mera administração civil do leste. Hitler havia decidido que, quando a guerra começasse e os alemães ocupassem territórios soviéticos, o leal Reichsleiter comandaria o novo ministério. Ninguém mais achava que seria uma boa ideia entregar-lhe as chaves da organização, principalmente porque, no papel, ela parecia onipotente. Como Goebbels escreveu, Rosenberg só conseguia "teorizar [...] e não organizar".[19]

Quase imediatamente, os rivais interpuseram obstáculos ao comando de Rosenberg. Ninguém era tão poderoso nem cruel quanto Himmler, que havia passado o ano e meio anterior massacrando a população polonesa. Hitler queria enviar o chefe da SS atrás do exército para limpar as terras recém-conquistadas de judeus, comunistas, *partisans* e outros inimigos, reais ou imaginários. "Em nome do Führer, o Reichsführer-SS está encarregado de tarefas especiais na preparação da administração política, tarefas estas que resultaram da luta entre dois sistemas políticos opostos",[20] dizia uma diretriz militar de 13 de março de 1941. "No marco dessas tarefas, o Reichsführer-SS atuará de modo independente e com autoridade própria."

Respaldado pela força da diretriz, Himmler recusou-se a colocar suas forças policiais sob a autoridade do novo ministério civil de Rosenberg.

Rosenberg reclamou: "Se for assim, não posso assumir esta tarefa",[21] disse a Hans Lammers em abril. Lammers, um advogado careca com um olho fora do eixo, era o conduto para todas as ordens oficiais que saíam do gabinete do chanceler. Rosenberg queixou-se de que já era obrigado a compartilhar poder com os militares e com a divisão econômica de Göring. Se Himmler também tivesse rédeas soltas, seu ministério ficaria praticamente sem poder.

"A polícia não pode formar um governo paralelo", queixou-se. "As medidas deles podem obstaculizar as metas políticas que tentamos alcançar."

"ROSENBERG, ESTA É A SUA GRANDE HORA" 269

Lammers concordou em conversar com o chefe da SS na manhã seguinte. Quando a reunião se arrastou indefinidamente, Rosenberg entendeu que Himmler havia fincado o pé e seria impossível demovê-lo. Às 11h45, Lammers por fim apareceu.

"Sem esperança", escreveu Rosenberg. "H. alegou que Göring faria tudo, *ele* tinha a autoridade executiva e eu teria uma função *consultiva*. Não estudei um problema por vinte anos para 'assessorar' Herr Himmler, que nunca teve nenhuma ideia sobre este assunto, e que só por intermédio do meu trabalho nos últimos quinze anos chegou a saber algo sobre a Ucrânia etc. O capítulo escrito por sua gente jovem até aqui certamente não é glorioso."

Rosenberg se recolheu para se acalmar. No início de 1941, comprou uma pequena fazenda em Mondsee, nos arredores de Salzburg, na Áustria, "um local glorioso no meio do paraíso";[22] uma casa de campo com pomar, criação, uns poucos bosques e quase 1 quilômetro de margem em um lago pitoresco. Lá ele meditou sobre o seu dilema. Mais uma vez, Himmler estava "tentando arrebatar as coisas". Ele não trabalhava em vão; só queria reunir mais poder. "Em princípio, ele tem tarefas bastante grandes, que exigem uma vida de trabalho."

Rosenberg viu as coisas passarem diante de seus olhos como em um filme: no precipício da grandeza, ele estava caindo.

"Espero", escreveu, "que isto termine de outro modo."[23]

Em 2 de maio, Rosenberg organizou uma reunião com líderes do alto escalão encarregados da futura exploração econômica no leste.[24] Eles discutiram as consequências do plano alemão em detalhes cruéis: se o exército tomasse o que precisasse nos territórios invadidos, "certamente x milhões de pessoas"[25] morreriam de fome. Estes milhões incluiriam soldados soviéticos capturados, pois não havia previsão de alimentá-los.

Quando a reunião terminou, Rosenberg escreveu em seu diário que tinha sido "uma boa reunião geral de trabalho".[26]

Naquele dia, ele informou Hitler e a conversa se desviou para uma longa discussão sobre a missão de Rosenberg. Ele agradeceu ao Führer a confiança. Nos últimos meses, sentia-se ora assombrado, ora animado com o trabalho.[27] Ele supervisionaria uma região que se estendia do mar Báltico ao mar Cáspio. Observando os mapas militares, assombrou-se com os vastos espaços que ficariam sob sua administração. A possibilidade de instalar-se o caos era enorme. "Quanto mais penso nos problemas", disse, "maior me parece a tarefa que tenho por diante."

"Mas você está recebendo uma grande incumbência positiva",[28] respondeu Hitler. De qualquer modo, prosseguiu, "vou me responsabilizar por este passo." Hitler disse isso com os olhos marejados, Rosenberg registrou mais tarde no diário.

Em 20 de junho, dois dias antes do início da Operação Barbarossa, Rosenberg conversou com colegas importantes no governo sobre o plano de separar da União Soviética os territórios a oeste de Moscou e criar territórios aliados à Alemanha. Seria importante promover a boa vontade no leste e ganhar o povo. "Há uma diferença entre fazer 40 milhões de pessoas cooperarem voluntariamente depois de alguns anos e ter de colocar um soldado atrás de cada camponês." Ao mesmo tempo, e paradoxalmente, ele endossou a política da fome: alimentar os alemães seria a prioridade máxima durante a guerra, afirmou, e não havia obrigação de alimentar também os povos do leste.

"Sabemos que esta realidade é dura, isenta de sentimentos. Uma evacuação muito ampla certamente será necessária", afirmou, "e certamente o povo russo tem anos muito duros pela frente."[29]

Rosenberg tinha um encontro marcado com Rudolf Hess, o delegado do Führer, na noite de 10 de maio de 1941 — um sábado —, para informá-lo sobre o novo cargo. Porém, no dia anterior, um assistente de Hess telefonou. A reunião teria de ser adiantada para a manhã de sábado. Hess precisaria sair para algo urgente.

O assistente não deu explicações e Rosenberg não tinha pistas, mas logo saberia que aquele viria a ser um dia crucial na vida de Rudolf Hess. Ele seria um dos últimos líderes nazistas a ver o vice de Hitler antes do final da guerra.

Era tarde demais para Rosenberg tomar o trem em Berlim, então Hess enviou um avião para levá-lo a Munique para a reunião. Quando o

"ROSENBERG, ESTA É A SUA GRANDE HORA"

saudou,[30] às 11h30, Hess parecia "pálido e enfermiço", embora aquilo não fosse de estranhar. Desde o início, ele fora um seguidor servil de Hitler. Por muitos anos exercera uma forte influência no partido, mas depois do início da guerra ele mal conseguia encontrar-se com o líder.[31] Cada vez mais seu chefe de gabinete, Martin Bormann, ganhava a confiança do Führer.

Rosenberg e Hess dedicaram-se a discutir questões de pessoal no planejado Ministério do Leste. Porém, quando Rosenberg tentou entrar em detalhes, Hess descartou o tema. Queria discutir apenas os pontos mais importantes. Sua mente estava demasiado ocupada para tratar de insignificâncias.

Antes do almoço, o filho de 3 anos de Hess desceu as escadas e eles conversaram um pouco.

"Mais tarde me pareceu óbvio", escreveu Rosenberg, "que ele queria dizer adeus ao filho que, pelo resto da vida, teria de carregar as consequências da ação do pai."

Aparentemente Hess não contou a Rosenberg o que o estava incomodando, mas deu a impressão de estar aterrorizado com a iminência da guerra em duas frentes. Assim como Rosenberg, ele pensava que a Grã-Bretanha pertencia ao campo nazista. Se conseguisse fazer a paz com os britânicos, Hitler e a Alemanha estariam livres para jogar tudo o que tinham contra os soviéticos.

Naquela noite, horas depois de almoçar com Rosenberg, Hess decolou num avião, numa pista próxima a Munique. Por volta das 22 horas, saltou de paraquedas em um campo perto de Glasgow, enquanto seu Messerschmitt se espatifava e se incendiava.

Um agricultor o encontrou, e ele pediu que o levasse ao duque de Hamilton, comandante da Força Aérea, que disse ter conhecido durante as Olimpíadas de 1936. Hess disse a Hamilton que trazia uma oferta de paz aos britânicos. Depois de ser interrogado por outros oficiais, os britânicos entenderam que ele havia partido sem o conhecimento de Hitler, para instá-los a abandonar as armas antes que fosse tarde demais.

O homem parecia delirante. Eles decidiram mantê-lo prisioneiro enquanto durasse a guerra.

272 O DIÁRIO DO DIABO

No dia seguinte ao voo, Hitler recebeu uma carta deixada por Hess. Nela, ele apresentava seu plano e sugeria que, se o Führer rejeitasse sua jogada perigosa, deveria demiti-lo como um louco e desequilibrado. Foi o que Hitler fez — segundo Rosenberg, o Führer "ficou nauseado" ao ler a carta.

Em uma transmissão radiofônica na noite de domingo, os nazistas deram a notícia da fuga, e informaram que Hess sofria de doença mental.

Rosenberg ficou tão perplexo quanto qualquer outro no partido. Ele não previra aquilo, nem ao almoçar com o sujeito no mesmo dia da sua viagem inacreditável. "Foi *tão* fantástico, tão fora do âmbito das possibilidades políticas, que a princípio ficamos sem palavras", escreveu no diário. "Mas acho que Hess sofria de depressão. Ele praticamente não tinha o que fazer, o partido tinha escapulido das suas mãos, ele não se sentia à altura de sua posição. [...] A depressão de não fazer nada se manifestou de um modo totalmente inesperado. [...] Hess estava vivendo em um mundo irreal. Sua atração pelos pêndulos de radioestesia, astrólogos, curandeiros etc. aparentemente já estava tão enraizada que determinava as suas *ações*. [...] Um dia, essa fantasia irreal de Rudolf Hess será o enredo de uma tragicomédia histórica."

Ele viu um lado bom no desaparecimento de Hess. O Terceiro Reich não teria mais diante de si a perspectiva desagradável de ser liderado no futuro por "um homem profundamente doente".

Mas Rosenberg não previu um novo problema. O substituto de Hess era o seu odiado chefe de gabinete, Martin Bormann, o "Maquiavel da escrivaninha"[32] de pescoço curto e grosso. Ele era visto como o verdadeiro poder no partido bem antes do desaparecimento do seu chefe nominal. Calado e sério, o arquétipo do manipulador, Bormann parecia estar sempre ao lado de Hitler. "Obviamente Hess tinha irritado Hitler, então Bormann cuidava das solicitações e tarefas", escreveu Rosenberg em suas memórias da prisão depois da guerra. "Foi quando começou a se fazer indispensável. Durante nossa conversa no jantar, se algum incidente era mencionado, Bormann tomava a caderneta e anotava. Se o Führer não gostasse de algum comentário, uma medida, um filme, Bormann anotava. Se algo parecia pouco claro, ele se levantava, saía do cômodo, e retornava quase imediatamente — depois de dar ordens ao pessoal da sua agência para investigar imediatamente e

"ROSENBERG, ESTA É A SUA GRANDE HORA" 273

responder com um telefonema, um telegrama ou um teletipo. Podia acontecer de, antes do final do jantar, Bormann apresentar uma explicação."[33]

Com o tempo, Bormann viria a ser o principal obstáculo ao avanço de Rosenberg.

Os planos para ocupar a União Soviética continuavam acelerados. Rosenberg escreveu no diário que Goebbels já agia como se fosse "o tsar da Rússia; sempre a mesma coisa: esferas de autoridade". Himmler continuava a fazer tudo o que estivesse ao se alcance para manter Rosenberg à margem, mas, por ordens explícitas de Göring, Heydrich, o chefe do aparato de segurança de Hitler e o encarregado de encontrar uma solução final para a questão judaica, devia envolver o ministério de Rosenberg quando fosse necessário.[34]

Nos meses anteriores à Operação Barbarossa, Heydrich tentou fazer um arranjo entre Himmler e Rosenberg. Por que não sugerir a Hitler que nomeasse líderes de alta patente da SS e da polícia como Reichskommissars para comandarem as administrações civis de Rosenberg em cada território ocupado? Essas "uniões pessoais" eram comuns no Terceiro Reich. Um oficial podia ter cargos em duas agências, que poderiam fomentar a cooperação ou facilmente levar a conflitos de interesses insolúveis.[35] Nesse caso, Himmler seria de fato o líder do ministério de Rosenberg.

"Isso significaria pôr a liderança política nas mãos de oficiais da polícia!",[36] exclamou Rosenberg, descartando a ideia. Ele contrapôs com a sugestão de que Himmler indicasse um SS-Führer para o seu escritório, subordinado ao ministro. A questão ainda estava sem solução dias depois, quando ele escreveu a Himmler para ver se poderiam trabalhar juntos. "Estou ansioso pela sua resposta."[37]

A carta não fez Himmler mudar de ideia. Rosenberg lhe pedia relatórios sobre os seus preparativos para a operação no Leste. Ele também queria aprovar o pessoal que Himmler planejava indicar para os territórios ocupados. Para o Reichsführer-SS, aquilo era demais. Himmler instou Bormann a dar um basta na interferência de Rosenberg. "O Führer me disse [...] que devo submeter minhas tarefas a Rosenberg", escreveu ele a Bormann. "O modo como Rosenberg aborda esta questão torna infinitamente difícil

274 · O DIÁRIO DO DIABO

trabalhar com ele, de homem para homem. [...] Trabalhar com, para não falar em trabalhar sob a direção de Rosenberg, é certamente a coisa mais difícil no Partido Nazista."[38] Em junho, Bormann levou a queixa de Himmler a Lammers: "Principalmente nas primeiras semanas e meses, no cumprimento das suas tarefas realmente difíceis, a polícia deve, em todas as circunstâncias, estar livre de quaisquer obstáculos que possam surgir em virtude de disputas por jurisdições."[39]

Mas a disputa prosseguiu. Himmler inclusive começou a argumentar que não devia ter poder apenas sobre a polícia — ele também devia ficar a cargo dos assuntos políticos nos territórios ocupados.

Isso, disse Rosenberg, seria uma receita "totalmente insuportável" de um "caos sem igual".[40]

O assunto continuava sem solução quando os alemães iniciaram o ataque à União Soviética, em 22 de junho de 1941.[41]

Os soviéticos foram tomados inteiramente de surpresa. Stalin não acreditou nos primeiros informes de fogo de artilharia na fronteira de 1,6 mil quilômetros que se estendia da Finlândia ao mar Negro. Era o maior exército de invasão da história: 3,5 milhões de soldados em mais de meio milhão de caminhões e tanques, apoiados por 700 mil peças de artilharia e quase 3 mil aviões. Os alemães avançaram pelos Estados Bálticos e pela Ucrânia, enquanto o Exército Vermelho se desintegrava diante dos seus olhos. Os soldados morriam em enfrentamentos frontais ou recuavam, desertavam para os bosques ou se rendiam em massa. Em poucos dias, os generais alemães já andavam declarando vitória. Em Moscou, Stalin não estava em condições de discordar. No final de junho, ele trocou o Kremlin pela sua *dacha* em Kuntsevo, nos arredores da cidade, e disse aos seus assistentes: "Está tudo perdido."[42]

Centenas de milhares de soldados — depois seriam milhões — foram aprisionados pelas forças alemãs, que não tinham planos de interná-los e, na verdade, nem mesmo a intenção de mantê-los vivos. Comissários do Partido Comunista foram assassinados por ordem de Hitler. Tropas soviéticas que se renderam foram forçadas a marchar em procissões esfarrapadas, golpeadas com bastões e forçadas a brigar por comida a caminho

"ROSENBERG, ESTA É A SUA GRANDE HORA"

dos campos de prisioneiros de guerra que, no final de 1941, não passavam de campos abertos cercados de arame farpado. "Eles pareciam animais famintos, não pareciam gente",[43] escreveu uma testemunha em um diário publicado depois da guerra. Quando usavam as ferrovias, os soviéticos eram amontoados em vagões de gado abertos até não haver mais lugar para ninguém.

Em muitos campos, os soldados não tinham opção a não ser se aliviarem entre a multidão apinhada. Em um deles, o quartel-general pegou fogo e os que não sucumbiram foram assassinados a tiros tentando fugir.[44] Em outros, os prisioneiros pediram para morrer e serem livrados daquele sofrimento. Os guardas alemães relataram canibalismo. No final do ano, o número de mortes nos campos era de 300 mil. Mais de 3 milhões de prisioneiros soviéticos morreriam antes do final da guerra.

A história era cruel, escreveu Rosenberg à medida que a guerra avançava. Os russos haviam matado e banido centenas de milhares de alemães étnicos, escreveu, e "por esses crimes a nação russa como um todo terá de pagar".[45] A culpa era do povo, racionalizou: nunca deveria ter permitido que os comunistas tomassem o poder.

Em outras palavras, o povo russo era como detentos que tivessem feito as pazes com os guardas — mas, em vez disso, lutaram contra o povo que os libertaria.

Três semanas após a invasão, em meados de julho, a batalha burocrática pelo controle dos territórios recém-ocupados chegou ao fim. Hitler estava triunfante. A Alemanha estava a ponto de tomar um enorme pedaço da União Soviética e agora chegara o momento de discutir como implementar a total reconstrução da região. Após um almoço frugal com cerveja, os principais líderes do Terceiro Reich se juntaram para uma longa reunião no Wolfsschanze,[46] a Toca do Lobo, na Prússia Oriental. Rosenberg estava lá, além de Göring, Bormann, Lammers e Wilhelm Keitel, o chefe das Forças Armadas.

Hitler declarou que os alemães estavam entrando na União Soviética como libertadores. Ao menos, era o que deveriam dizer ao povo. Quanto aos verdadeiros planos alemães, o Führer ordenou sigilo absoluto. Ninguém

276 O DIÁRIO DO DIABO

podia ver — ainda — que estavam preparando um "acordo final". O que realmente importava era que os líderes alemães estavam todos de acordo quanto às medidas necessárias: "fuzilamento, deslocamento etc.". Todos precisavam entender isso, declarou Hitler. "Nunca deixaremos estas regiões."

"Agora precisamos encarar a tarefa", acrescentou, "de cortar o bolo segundo as nossas necessidades, para poder, em primeiro lugar, dominá-lo; em segundo, administrá-lo; e, em terceiro, explorá-lo."

Os homens examinaram os mapas enquanto Hitler dividia o novo território. Leningrado seria "totalmente arrasada". O que sobrasse iria para os finlandeses, que, aborrecidos por terem perdido parte de seu território em uma guerra breve e sangrenta com os soviéticos em 1939-1940, tinham se aliado à Alemanha na Operação Barbarossa para recuperá-la. A Prússia Oriental teria Bialistok. Os Estados Bálticos se tornariam parte do Reich. A Crimeia seria despovoada e reocupada por alemães étnicos.

Hitler recebia informes de que *partisans* soviéticos sem fardas estavam começando a lutar contra os alemães por trás das linhas de frente, mas não se alarmou. Aquelas tentativas patéticas de resistência dariam aos nazistas a desculpa perfeita, disse. "Isto nos permitirá erradicar todos os que se opuserem a nós."

O Führer também se perguntou: os alemães deveriam ter carros blindados?

É desnecessário, respondeu Göring. Se o povo fosse tolo a ponto de se rebelar, a Luftwaffe simplesmente os bombardearia e subjugaria. "Naturalmente", dizia a minuta da reunião, preparada por Bormann, "esta área gigantesca deve ser pacificada o mais rapidamente possível; a melhor solução seria atirar em quem olhar de soslaio."

Em meio a tudo isso, Rosenberg insistiu para tentar ganhar os corações e mentes de pelo menos uma parte dos povos conquistados, mas Göring cortou seu monólogo. A máquina de guerra precisava de matérias-primas, e o povo alemão precisava de alimentos. Ele não tinha tempo para se preocupar com a formação de futuras alianças.

A situação piorou para Rosenberg quando começaram a discutir as questões práticas que tinham por diante: a indicação dos Reichskommis-

"ROSENBERG, ESTA É A SUA GRANDE HORA"

sars e os representantes de Rosenberg no leste. Este queria um aliado na importante Ucrânia. Em vez disso, Hitler o contrariou e indicou um líder do partido chamado Erich Koch. Rosenberg contestou a decisão. Temia que Koch, cujo pragmatismo brutal e rude levara seus simpatizantes em Berlim a apelidá-lo de "segundo Stalin", não cumprisse suas ordens. Mas Hitler não deu importância àquilo. "Todos os decretos não passam de teoria", disse. "Se não se adaptam às necessidades, devem ser mudados." Hitler aceitou a indicação de Rosenberg para que Hinrich Lohse dirigisse os Estados Bálticos e a Bielorrússia.

Ao final da reunião, Rosenberg apertou a mão de Göring. "À boa cooperação", disse o Reichsmarschall.

Mas Rosenberg enxergava batalhas pairando no horizonte.

Himmler não participou daquela reunião. Ele já havia espalhado seu poder pelos territórios do leste.

Em junho, ele alegara que Hitler o encarregara do reassentamento dos alemães étnicos nos novos territórios ocupados, portanto ele deveria ter uma autoridade ampla, "pacificando e consolidando a situação política" no leste. Dois dias depois da invasão, Himmler chegou a pedir a um assessor para elaborar seu próprio plano para a reconstrução do leste.

Rosenberg objetou raivosamente a essa intromissão em seu território, e aparentemente venceu a briga — mas apenas no papel. Himmler não obteve autoridade política explícita sobre os territórios, mas pôde operar de modo independente no território de Rosenberg.[47] Os Reichskommissars receberiam ordens não só de Rosenberg, seu superior nominal, como também de Himmler, quando isso envolvesse questões policiais. Se houvesse alguma emergência, Himmler não precisaria informar Rosenberg de suas ordens aos Reichskommissars. Havia SS e chefes policiais designados à administração civil em todos os níveis, mas eles também recebiam ordens de Himmler, e não de funcionários do ministério.

A geografia também ampliou o poder de Himmler. Rosenberg decidiu trabalhar não em campo, mas em Berlim, enquanto o Reichsführer-SS andava pelos territórios ocupados monitorando o avanço e dando ordens. Em campo, ele tinha toda a margem de manobra que queria.

Aquela não era a vitória que o novo ministro do Reich esperava. Como foi que, apenas três meses depois da reunião triunfal com Hitler, ele se viu em um ministério fadado ao desastre? O que Hitler andava pensando? O ministério era uma fachada para a exploração e os assassinatos que ocorriam por trás dos panos, uma viseira da ordem regulatória alemã?[48] Os historiadores se debruçaram sobre essa questão durante décadas e nunca chegaram a uma resposta satisfatória. A tomada de decisões burocráticas de Hitler nem sempre tinha sentido.

As intrigas de bastidores podem ter tido um papel nisso. Surpreendentemente, Rosenberg havia conquistado o apoio de Bormann. Este o odiava, mas no início da ocupação viu em Rosenberg um ministro que poderia controlar, ou ao menos ignorar.[49] De modo discreto e convincente, ele apoiou Rosenberg para o cargo, embora não para os poderes totais e sem obstáculos que este desejava.

"Recebi uma tarefa gigantesca",[50] escreveu Rosenberg no diário três dias depois de Hitler assinar a ordem que o nomeava para o Ostministerium — o Ministério dos Territórios do Leste —, "talvez a maior que o Reich poderia designar: a proteção da independência europeia durante séculos". Rosenberg queria que Hitler lhe tivesse dado "completa autoridade para a tarefa", mas não pretendia render-se aos inimigos internos.

Ele recebera o controle de um ministério do governo central, e planejava fazer o máximo disso.

Nos três anos seguintes, à medida que os nazistas cumpriam as ameaças antissemitas que, em grande parte, haviam tido origem em suas diatribes raivosas — ameaças que ele próprio deixara claras naquele discurso radiofônico de março, quando clamou por uma "revolução mundial de limpeza biológica" —, Rosenberg iria garantir que seu ministério tivesse a oportunidade de fazer a parte que lhe cabia.

18

"Tarefas especiais"

Todos pareciam estar de bom humor,[1] sentados às mesas na sala de jantar da Chancelaria do Reich para o tradicional e prestigioso almoço de Hitler. Rosenberg estava lá, junto com Bormann, Hess e Lammers. Era janeiro de 1940, um ano e meio antes da Operação Barbarossa, e os líderes nazistas discutiam os tópicos importantes de sempre: a guerra com a Inglaterra e o progresso da limpeza racial na Polônia. Contudo, eles foram evoluindo para o humor negro.

A conversa se centrou nos judeus, e Rosenberg profetizou "um terrível *pogrom*" se o povo da União Soviética despertasse e deslanchasse sua fúria antissemita.

No que Hitler interveio.

Se houver massacres na União Soviética, disse o Führer com um sorriso, talvez a Europa pedisse a *ele* para agir e proteger os judeus do leste.

Os nazistas ali reunidos caíram na gargalhada.

E, Hitler alçou a voz em meio ao alvoroço — *e*, talvez ele e Rosenberg poderiam organizar um congresso especial para discutir a questão candente do momento: o "tratamento humano dos judeus".

No discurso radiofônico na inauguração do Instituto de Pesquisa da Questão Judaica, em março, Rosenberg dissera que o assunto só seria

280   O DIÁRIO DO DIABO

resolvido quando o último judeu deixasse a Europa. Caberia a Himmler e a Heydrich, o chefe do Escritório Central de Segurança do Reich, transformar tais palavras em ação prática.

No início de 1941, a ideia prevalecente entre os planejadores nazistas era deportar os judeus para algum lugar distante e inóspito. Aventou-se como uma possibilidade a colônia francesa de Madagascar, a 8 mil quilômetros da costa africana, rejeitada por não ser prática do ponto de vista logístico. A Operação Barbarossa parecia oferecer um lugar mais viável para essa reserva de judeus: os territórios da União Soviética, que em breve seria derrotada. Contudo, antes do final do ano, a invasão empacou e o pensamento nazista sobre a questão judaica tomou um rumo radical. O extermínio total estava em andamento.

Os judeus dos Bálcãs, Bielorrússia e da Ucrânia seriam as primeiras vítimas dessa mudança mortífera na política nazista, e Rosenberg e sua administração civil tiveram um importante papel coadjuvante no massacre.[2]

Durante a Operação Barbarossa, uma incompreensão fundamental de Rosenberg tornou-se parte essencial da estratégia alemã no leste. Em 1919, ele afirmara que os judeus estavam por trás dos movimentos comunistas na União Soviética e em outros lugares, ideia exagerada e torcida ao ponto de ficar entendido que, de fato, *todos* os judeus eram comunistas — e que, para derrotar a ameaça vermelha, os alemães precisavam eliminar todos os judeus.

Hitler aceitou aquela conclusão errônea e, às vésperas da invasão, ela se tornou parte essencial das instruções básicas transmitidas aos alemães que invadiam o leste. Eles foram advertidos de que aquela não seria uma guerra qualquer. Seria o enfrentamento de duas visões de mundo inconciliáveis,[3] entre nazismo e bolchevismo, entre arianos e judeus. Em discursos aos comandantes militares antes da invasão, Hitler instou-os a usar "a força mais brutal" naquela "batalha de aniquilação". As diretrizes aos soldados alemães diziam que os soviéticos eram inimigos mortais. "Esta luta exige medidas brutais e enérgicas contra os agitadores bolcheviques, os soldados irregulares, sabotadores, judeus e a eliminação completa de todas as formas de resistência ativa e passiva."

Mensagens similares circularam entre a SS, as unidades de polícia e os Einsatzgruppen comandados por Himmler, que viriam "pacificar"

"TAREFAS ESPECIAIS" 281

os territórios logo atrás do Exército. Na linguagem fria e codificada das diretrizes militares de 1941, aquelas eram as "tarefas especiais"[4] que Hitler havia encarregado ao Reichsführer-SS.

Nos começo da guerra, quando os Einsatzgruppen foram deixados soltos, Heydrich lhes deu ampla margem para decidir quem deveria ser executado: comunistas, judeus do partido ou do governo e outros "elementos radicais (sabotadores, propagandistas, franco-atiradores, assassinos, agitadores etc.)".[5] Himmler declarou a soldados da SS que partiam para as linhas de frente que eles iriam lidar com "uma população de 180 milhões, uma mistura de raças cujo físico é tal que se pode atirar neles sem pena nem compaixão. [...] Essa gente foi moldada pelos judeus e tem uma só religião, uma só ideologia, que se chama bolchevismo".[6]

No início, as vítimas dos Einsatzgruppen e das forças de segurança de Himmler eram homens. A desculpa era que os nazistas estavam matando lutadores da resistência, agentes soviéticos, agitadores comunistas e a *intelligentsia* judaica. As vítimas foram acusadas de saquear, sabotar ou espalhar propaganda e de ser portadora da peste.

Porém, quase imediatamente os nazistas ampliaram a matança, incluíram mulheres e crianças e passaram a assassinar sistematicamente centenas de milhares de civis nos novos territórios ocupados.

Geralmente, os judeus eram reunidos em alguma praça central, de onde marchavam para um local isolado fora da cidade. Se as valas ainda não estivessem prontas, os primeiros a chegar eram obrigados a cavá-las. As vítimas levavam tiros à beira dos buracos, ou enquanto arrumavam os cadáveres dos que tinham sido assassinados antes. Algumas ainda estavam respirando quando seus corpos eram cobertos com terra.[7]

A maior matança ocorreu nos arredores de Kiev, na Ucrânia, no final de setembro de 1941, depois que bombas e minas instaladas pela resistência russa destruíram o quartel-general das autoridades de ocupação alemã. Furiosos, os nazistas acusaram a polícia secreta soviética e, por extensão, os judeus de Kiev. Por toda a cidade apareceram cartazes ordenando que os judeus se apresentassem em um cruzamento específico no dia 29 de setembro. Deviam levar seus documentos e dinheiro, pertences pessoais e joias, pois seriam transferidos. O dia seguinte era Yom Kippur, o Dia do Perdão judeu.

282 O DIÁRIO DO DIABO

Ao chegar, os judeus não encontraram um trem para transportá-los. Em vez disso, marcharam em direção a um posto de controle fora do cemitério judaico. Em pouco tempo os que estavam na fila souberam o que estava ocorrendo. Ouviram tiros à distância.

No posto de controle eles entregaram seus pertences, inclusive alianças de casamento e as roupas do corpo. Em grupos de dez, eram acossados e golpeados enquanto se encaminhavam a uma ravina chamada Babi Yar. No total, 33.761 pessoas foram assassinadas naqueles dias. "Como os corpos depois foram exumados e cremados em piras, e os ossos que não arderam foram despedaçados e misturados com areia", escreveu o historiador Timothy Snyder, "só o que resta é a conta."[8]

Babi Yar é apenas um na série de massacres da segunda metade de 1941. Em agosto, mais de 23 mil judeus estrangeiros deportados da Hungria — em sua maioria russos e poloneses — foram massacrados em Kamenets--Podolsk, cidade no oeste da Ucrânia. Em outubro, mais 10 mil foram fuzilados em Dnipropetrovsk. Enquanto isso, judeus desapareciam durante pequenas operações em povoados e aldeias dos Bálcãs até o mar Negro.

De volta a Berlim, Rosenberg recebia regularmente relatórios sobre quais cidades no vasto território tinham sido declaradas *Judenfrei*, "livre de judeus".

Não apenas cidades, mas países inteiros: a terra de Rosenberg, a Estônia, foi a primeira. Seus 1,5 mil judeus foram massacrados. Em setembro, Rosenberg recebeu informes de um par de funcionários do ministério que voltavam de uma passagem pela Letônia e Estônia. Eles contaram que os povos de lá — os que haviam sobrevivido ao massacre nazista — estavam contentes de terem sido libertados da brutal ocupação soviética dos Estados Bálticos, em 1940-1941, quando milhares de estonianos, letões e lituanos foram executados e deportados.

"Os judeus não só estão envenenando as mentes deles como eles próprios estão divididos", escreveu Rosenberg após a conversa. "Eles passaram por coisas tão horríveis que o domínio alemão foi para eles uma salvação. Agora que judeus e comunistas foram erradicados, o povo está voltando a viver."[9]

Em muitos lugares, as operações de massacre nazista se complicaram pelo fato de que os alemães queriam empregar os judeus como mão de obra

"TAREFAS ESPECIAIS"

forçada em fábricas, lojas e projetos de construção. Os judeus "aptos a trabalhar" foram temporariamente poupados, vivendo em um limbo terrível enquanto viam a polícia arrastar seus vizinhos para a morte.

Em Minsk, a capital da Bielorrússia, foi assim. A cidade caiu no sexto dia da guerra. No início de julho, todos os homens com menos de 45 anos foram reunidos e levados a um campo criado em uma clareira.[10] Mais de 140 mil prisioneiros de guerra e civis foram apinhados em uma área do tamanho de uma praça pública. Os alimentos e a água eram limitados. Os homens eram golpeados com cassetetes de borracha e fuzilados ao menor pretexto. Em julho, Rosenberg recebeu um relatório sobre as condições no campo. "A força limitada da guarda, que vigia dias a fio sem ser substituída, usa com os prisioneiros a única linguagem possível, a linguagem das armas, e o faz impiedosamente."[11] Depois de um tempo, eles foram separados por nacionalidade e raça, e os russos e poloneses foram libertados. Mas os judeus, não.

Certa manhã, os guardas disseram aos judeus escolarizados — engenheiros, médicos, contadores — que se registrassem para o trabalho. Dois dias depois, eles foram retirados do campo e fuzilados. Os que ficaram para trás marcharam de volta à cidade, sendo confinados em um gueto com o resto dos judeus da cidade e postos a trabalhar para a ocupação. Com uma população de pelo menos 70 mil, o gueto de Minsk foi o maior na União Soviética ocupada.

Com uma dieta de urtiga e cascas de batata, os judeus passavam fome e viviam aterrorizados. "De repente, a Gestapo aparecia no gueto com caminhões e agarrava os homens", escreveu Mikhail Grichanik, alfaiate que trabalhava em uma fábrica de roupas em Minsk e passou vários meses no gueto antes de escapar; os nazistas executaram sua mãe, sua esposa, seus três filhos e outros três parentes. "Eles entravam nos apartamentos, surravam as pessoas com cassetetes de borracha e as levavam dizendo que iam mandá-las trabalhar nas latrinas e lugares assim. Ninguém voltou a ver os que foram levados." Relatórios dos Einsatzgruppen documentam esse fenômeno com precisão estatística: 16 de agosto, 615 execuções; 31 de agosto e 1º de setembro, 1.914; 4 de setembro, 214; 23 de setembro, 2.278.

284 O DIÁRIO DO DIABO

Em setembro, o patriarca da família Kovarsky, que estava escondido com um dos filhos, viu a polícia invadir sua casa e matar seus outros dois filhos, as duas filhas e a avó deles. Antes, a menina mais velha foi obrigada a se despir e dançar para os policiais em cima da mesa.[12]

Caminhonetes pretas de janelas fechadas começaram a patrulhar as ruas à noite e deter judeus, *partisans*, crianças perdidas. Aterrorizados, os que estavam no gueto descobriram que os veículos eram uma experiência de gaseamento: tinham sido adaptados de modo que a exaustão ia para a carroceria de carga selada na traseira, asfixiando os passageiros. Os judeus apelidaram as caminhonetes de "destruidoras de almas".

Em 7 de novembro de 1941, a polícia empurrou toda a população do gueto de Minsk para as ruas. "Os gritos de pavor e horror, os gritos de desespero, o choro das crianças, os soluços das mulheres [...] podiam ser ouvidos por toda a cidade",[13] recordou Sofia Ozerskaya, uma professora que sobreviveu à carnificina. A data era simbólica: o dia em que os soviéticos celebravam a revolução comunista. Para encenar uma paródia da comemoração, os nazistas ordenaram que os judeus vestissem suas melhores roupas e, conduzidos por um homem portando uma bandeira vermelha, marchassem pelas ruas entoando canções patrióticas. Quando o desfile acabou, todos foram embarcados em caminhões e levados a um campo próximo, onde ficaram trancados em silos à espera do fim. Durante os dias seguintes, foram arrastados até as valas e mortos um a um. A operação deu cabo de 12 mil pessoas.

Duas semanas depois, outras 7 mil foram detidas e fuziladas. Um barbeiro judeu chamado Levin, conhecido de alguns oficiais nazistas e protegido como um trabalhador qualificado, suplicou ansiosamente ao comandante que poupasse também sua esposa e sua filha. Em vez disso, o alemão concordou em salvar uma ou a outra; ele teria de escolher.

"Levin escolheu a filha", informou Grichanik, o alfaiate. "Quando os trabalhadores chegaram à fábrica, estavam brancos como papel e mal conseguiam abrir a boca."

Os alemães governaram Minsk por quase três anos.

Além dos massacres praticados pelos homens de Himmler, duas das sete administrações civis de Rosenberg criaram operações nos territórios re-

"TAREFAS ESPECIAIS" 285

cém-ocupados: na Ucrânia, sob o comando de Erich Koch, e em Ostland, que englobava os Estados Bálticos e parte da Bielorrússia, comandada por Hinrich Lohse.

No final de 1941, Lohse foi despachado para Kaunas, na Lituânia, depois de conversas entre oficiais em Berlim que incluíram Hitler. Lá, o homem de Rosenberg encontrou-se por duas vezes com Himmler e foi informado do massacre dos judeus que estava em curso. Em julho, 15 mil judeus foram detidos em todo o país,[14] levados para fora das cidades, fuzilados e incinerados em valas comuns. Os Einsatzgruppen contaram com a ajuda de milhares de voluntários lituanos. Em 1º de agosto, Lohse voltou a Berlim e informou Rosenberg e outros líderes de alta patente do ministério do leste. Ao descrever os massacres dos judeus na Lituânia — ele falou em 10 mil, e disse que as vítimas pereceram nas mãos da "população lituana" —, Lohse afirmou que a matança ocorria todas as noites. "Segundo a decisão do Führer", disse, "os judeus deviam ser completamente removidos desta área."[15]

No dia seguinte à reunião, Lohse se prontificou a coordenar com o líder da SS a política judaica em seu território. Seguiu as diretrizes que Rosenberg havia emitido na primavera ao mapear a administração política da região: "trabalho forçado para os judeus, criação de guetos etc." como uma "solução temporária"[16] para a questão judaica. Com os regulamentos mais detalhados de Lohse, os judeus seriam "limados" do campo. Não poderiam se locomover sem permissão; corriam o risco de serem presos a qualquer momento "em caso de necessidade"; deveriam usar a estrela amarela; seriam impedidos de usar calçadas, carros e transportes públicos; não poderiam frequentar teatros, bibliotecas, museus, piscinas, parques de diversão e campos de atletismo; e suas propriedades seriam confiscadas.

Por mais severas que soem, tais medidas não foram consideradas suficientes pela SS, que se ressentiu dessa intrusão em seu espaço.

Franz Walter Stahlecker, comandante da unidade de assassinatos Einsatzgruppen A, em Ostland, reagiu. Lohse estava ignorando o fato de que, pela primeira vez, era possível "um tratamento radical da questão judaica", escreveu Stahlecker. Ele propôs uma reunião para discutir o assunto, pois as diretrizes de Lohse envolviam "ordens gerais de uma autoridade superior [...] que não podem ser discutidas por escrito".[17]

286   O DIÁRIO DO DIABO

Em resposta, Lohse revisou a ordem para enfatizar que as restrições que ele havia determinado eram apenas "provisórias, [...] medidas mínimas",[18] e que os administradores civis não interfeririam no trabalho das forças de segurança de Himmler. Quando o édito foi emitido, Stahlecker escreveu aos oficiais do Einsatzgruppen garantindo que a SS contava com o total apoio de Lohse na busca de uma solução mortal para a questão judaica.[19]

Stahlecker tinha razão. A disputa, como muitas outras que surgiriam entre a SS e o ministério do leste, entre 1941 e 1942, era principalmente por jurisdição. A questão era se a política judaica nos territórios do leste era uma questão policial, a cargo do Reichsführer-SS, ou uma questão política, supervisionada pelo ministro do Reich. Rosenberg não tinha desistido de lutar para tornar seu ministério a autoridade última na região. Um de seus assistentes, Otto Bräutigam, pensava que isso era pouco sensato. Quando se tratava da questão judaica, disse, "não considerava indesejável enfatizar a jurisdição da SS e dos chefes da polícia".[20]

Contudo, em 1941, quando as forças de Himmler assassinavam judeus em seu império, Rosenberg não queria ficar fora da ação.

Em setembro de 1941, Rosenberg deu um passo fatídico.[21] Berlim soubera que Stalin havia desalojado 6 mil alemães étnicos que viviam ao longo do rio Volga e os enviara em vagões de gado para a Sibéria e o Cazaquistão. "Mais do que nunca, o ódio de Moscou irrompeu novamente em todos nós",[22] escreveu Rosenberg no diário. A deportação, escreveu, equivalia ao assassinato. "Dei instruções para uma declaração bastante dura e enviei o rascunho ao Führer, que lhe deu um viés ainda mais duro. Ontem alguém preparou uma proposta para difundir por rádio uma mensagem à Rússia, Inglaterra e aos EUA declarando que se aquele assassinato em massa fosse perpetrado, a Alemanha poderia fazer os *judeus* da Europa central pagarem por ele." Em seu memorando, Rosenberg recomendou que Hitler retaliasse de imediato e deportasse para o leste "todos os judeus da Europa central".

Hitler vinha resistindo aos chamados para começar a expulsão dos judeus. Tinha planejado fazê-lo depois de derrotar os soviéticos em uma guerra rápida e desigual. Mas os exércitos de Stalin sobreviveram ao choque dos primeiros ataques e, três meses depois da invasão, estava claro

"TAREFAS ESPECIAIS"

em Berlim que Moscou não ia simplesmente cair e se render em um curto espaço de tempo.

Depois de uma rodada de discussões com Ribbentrop e Himmler, Hitler decidiu que a Alemanha não podia mais esperar, e em 17 de setembro ordenou ao chefe da SS que começasse a deportação dos judeus alemães, austríacos e tchecos.

Goebbels ficou radiante. No Leste, escrevera ele em seu diário no mês anterior, seria possível "lidar com os judeus em circunstâncias severas".

Os oficiais em Ostland não gostaram de saber que milhares de judeus seriam deportados para o seu território e novos campos de concentração seriam construídos em Riga e Minsk.[23] O ministério de Rosenberg informou que não se preocupassem — seria uma coisa temporária; em breve, os judeus desapareceriam. O assessor de Rosenberg para assuntos raciais, Erhard Wetzel, rascunhou uma resposta a Lohse com a ideia de construir um "aparelho de gaseamento"[24] em Riga, na Letônia, para os deportados "não aptos a trabalhar". Viktor Brack havia ajudado a executar um programa em que dezenas de milhares de alemães mentalmente enfermos tinham passado pela eutanásia, muitos deles com gás letal. Brack se dispôs a enviar seus técnicos a Riga para criarem uma instalação para os judeus de Lohse.

Não há evidências de que a carta tenha sido enviada,[25] e a proposta não deu em nada — os campos da morte foram erguidos na Polônia —, mas é notável que a administração do ministério de Rosenberg admitisse que "os judeus não aptos ao trabalho fossem removidos com a ajuda de Brack".

Em 4 de outubro, Heydrich encontrou-se com chefes do ministério de Rosenberg e pediu cooperação.[26] Ele disse que não queria discutir e, de qualquer modo, "todos os aspectos práticos no tratamento dos judeus estão nas mãos da polícia de segurança". Contudo, no outono de 1941, os administradores civis chefiados por Lohse começaram a objetar algumas mortes pelas forças de segurança violentas de Himmler.

O principal ponto de discórdia não era a matança. Nenhum nazista queria parecer piedoso com os judeus. Porém os funcionários civis se queixavam por não serem consultados antes, ou porque os massacres em plena luz do dia desestabilizavam suas cidades, ou porque queriam que alguns judeus fossem poupados como mão de obra forçada.

288   O DIÁRIO DO DIABO

Um dos chefes distritais de Lohse, Heinrich Carl, informou que às 8 horas de 27 de outubro um oficial com um batalhão de polícia tinha aparecido em Slutsk, na Bielorrússia, anunciando que sua unidade recebera ordens de liquidar todos os judeus da cidade.[27] Em um memorando que circulou pela cadeia de comando até Lohse, Carl protestava por não ter sido avisado e, além disso, afirmava que alguns judeus eram artesãos: curtidores, carpinteiros, ferreiros. Se eles fossem executados, as fábricas da cidade teriam de ser fechadas imediatamente. Mas o comandante da polícia dissera a Carl que tinha ordens "de limpar toda a cidade de judeus, sem exceções".

Os policiais se puseram a trabalhar com uma "brutalidade indescritível" que beirava o "sadismo". Começaram arrastando judeus de seus locais de trabalho, colocando-os em caminhões e atirando neles na periferia da cidade. As pessoas foram golpeadas com cassetetes de borracha e as culatras dos rifles. "Por toda a cidade se ouviam tiros", escreveu Carl no memorando, "e em diversas ruas havia pilhas de corpos de judeus fuzilados."

Alguns foram queimados vivos. Uma menina correu pela cidade tentando angariar dinheiro para salvar a vida do pai.

A polícia confiscou relógios e anéis das vítimas e vasculhou as casas à procura de botas, couro, ouro e o que mais pudesse levar. Os não judeus na cidade estavam "perplexos", escreveu. "Vai levar muito tempo até recuperarmos a confiança da população."

Por essa época, outro chefe distrital informou que as matanças em Liepaja, uma cidade na Letônia à beira do mar Báltico, tinham provocado grandes distúrbios. "Até mesmo os funcionários me perguntaram se era necessário liquidar crianças."[28] Lohse tratou de impedir mais execuções na cidade. Impediu também o plano para acabar com o gueto de Riga, e Himmler enviou rapidamente um mensageiro para dizer-lhe que não interferisse. "Diga a Lohse que é a minha ordem, e ela representa o desejo do Führer."[29]

A SS apresentou um protesto ao ministério de Rosenberg, que pediu a Lohse que se explicasse.

"Proibi as execuções brutais de judeus em Liepaja porque a maneira como eram feitas não era justificável",[30] respondeu Lohse. "Gostaria de ser

"TAREFAS ESPECIAIS"

informado se sua indagação em 31 de outubro deve ser considerada uma ordem para liquidar todos os judeus no leste." Lohse não tinha escrúpulos em matar judeus, mas precisava daqueles em particular. "Claro que a limpeza do leste é uma tarefa necessária; contudo, sua solução deve ser adequada às necessidades de produção da guerra." O Reichskommissar não queria perder uma fonte valiosa de trabalho antes que os substitutos fossem treinados.

O ministério de Rosenberg enviou uma resposta crítica em dezembro. As discussões em Berlim haviam decidido sobre o assunto. "O esclarecimento da questão judaica provavelmente foi alcançado mediante discussões verbais",[31] dizia a carta. "Considerações econômicas devem ser fundamentalmente desconsideradas na solução do problema." Lohse podia consultar a SS se tivesse outras dúvidas.

Aparentemente, ele não o fez. Desistiu do assunto.

As discussões em Berlim esclarecendo a questão judaica aconteceram em meados de novembro de 1941, em uma reunião entre Rosenberg e Himmler.[32] Em 15 de novembro, um sábado, os dois almoçaram juntos às 14 horas e depois conversaram por quatro horas sobre as rusgas entre os líderes políticos de Rosenberg e as forças de segurança de Himmler.

Não se sabe se Himmler contou detalhes dos seus planos cada vez mais radicais de incrementar o extermínio dos judeus na Europa. Ele andara buscando métodos mais eficientes desde que assistira a um massacre em Minsk, em agosto. Abalado, decidira que fuzilar judeus aos milhares era difícil demais para a psique dos assassinos. Quando se encontrou com Rosenberg em novembro, a construção da primeira câmara de gás no campo de Belzec, no sudeste da Polônia, já estava em andamento.

A melhor medida do que Himmler disse a Rosenberg é que, três dias após a reunião, este falou em um discurso sobre a "erradicação biológica de todos os judeus da Europa".[33]

Em 18 de novembro, uma terça-feira à tarde, a imprensa alemã foi convidada a uma conferência no quartel-general do ministério de Rosenberg, um grande prédio de pedra calcária a sudoeste do Tiergarten. Aquela foi a apresentação oficial de Rosenberg como ministro nos territórios ocupa-

290   O DIÁRIO DO DIABO

dos. Sua indicação acabara de ser anunciada, porque Hitler pensava que era melhor manter a autoridade da ocupação planejada em segredo nos primeiros meses da Operação Barbarossa.

Trajando um terno listrado com a insígnia nazista na lapela, Rosenberg disse aos leais jornalistas alemães ali reunidos, os quais, no Terceiro Reich, operavam no âmbito do Ministério da Propaganda, que havia convocado a reunião porque queria que entendessem o que estava ocorrendo no leste. Mas eles não poderiam escrever a respeito, pelo menos não de modo explícito. Tratava-se apenas de uma informação de bastidores; tudo o que ia dizer era estritamente confidencial.

Suas observações não foram transmitidas na imprensa, mas depois da guerra uma cópia do discurso foi encontrada entre os seus documentos. Após falar sobre os planos de esmagar para sempre a União Soviética e explorar seus recursos naturais, Rosenberg tratou da questão judaica.

"No leste", disse, "cerca de 6 milhões de judeus ainda sobrevivem, e esta questão só pode ser resolvida com a erradicação biológica de toda a judaria da Europa. Para a Alemanha, a questão judaica só estará resolvida quando o último judeu tiver deixado o território alemão e, para a Europa, quando nenhum judeu estiver vivendo no continente europeu até os montes Urais. Esta é a tarefa que o destino nos legou." Ele recordou a rendição alemã em 9 de novembro de 1918, "um dia de morte e decisivo. À época, a judaria mostrou que estava decidida a destruir a Alemanha. Eles só não conseguiram isso graças ao Führer e à força de caráter da nação alemã". Porém, enquanto judeus vivessem no continente, persistiria o perigo de que europeus simpatizantes lhes permitissem prosperar novamente. Por isso era necessário bani-los por completo. Por isso era preciso "expulsá-los até os Urais ou erradicá-los de alguma outra forma".

Ele não podia ter sido mais claro. A deportação para o leste tinha se tornado um eufemismo. No final de 1941, significava a morte.

As objeções técnicas que Lohse e outros funcionários civis tinham apresentado em outubro e novembro eram exceções à regra. De Rosenberg para baixo, os funcionários do ministério do leste endossaram as matanças, cooperaram com as forças policiais de Himmler e abriram caminho para os assassinatos.[34]

"TAREFAS ESPECIAIS" 291

Eles listaram propriedades de judeus. Ajudaram a deter as vítimas. Testemunharam a carnificina; alguns chegaram a participar de fuzilamentos.

No final de novembro, depois de saber que Himmler e, por extensão, o Führer tinham ordenado a liquidação do gueto de Riga, Lohse assistiu sem objetar aos homens de Himmler e a polícia letã forçarem 1,4 mil pessoas a marchar até a floresta Rumbula,[35] a 10 quilômetros da cidade. Lá, se juntaram a eles os passageiros sobreviventes de um dos primeiros transportes de judeus de Berlim para o leste; muitos deportados tinham morrido congelados no caminho. As vítimas se despiram, deitaram-se nas trincheiras e foram fuziladas.[36] As valas foram cobertas com terra que, em seguida, foi prensada com um rolo compressor.

Em dezembro de 1941, Karl Jäger, chefe do Einsatzkommando na Lituânia, escreveu um relato direto do seu trabalho no território desde o verão. "Já não há judeus na Lituânia", informou, "exceto os trabalhadores e suas famílias", aqueles que haviam sido salvos como trabalhadores forçados. Jäger listou 35 mil sobreviventes de uma população total de mais de 250 mil.

Se não fosse por objeções econômicas de pouca relevância, acrescentou, ele teria ficado satisfeito em matá-los todos também.[37]

No final do ano, 70% dos judeus lituanos — 177 mil pessoas — estavam mortos. Quase todos tinham sido assassinados *depois* da chegada de Lohse.[38] Na Letônia, cerca de 90% dos 75 mil judeus do país haviam morrido. Em todo o leste, 800 mil civis judeus já tinham sido assassinados.[39]

Enquanto isso, no segundo semestre de 1941 os padres católicos voltaram a atacar os nazistas em discursos e por escrito, o que desagradou Hitler. "Parece", disse ele a Rosenberg, "que alguns padres tosquiados" — um termo depreciativo, referindo-se aos padres que tonsuravam a cabeça em uma demonstração de devoção religiosa — "estão com dor de cabeça. Mas só se livrarão dela arrancando-lhes a cabeça".[40]

"Aparentemente", acrescentou Rosenberg no diário, "esses cavalheiros não o conhecem bem."

Os protestos dos padres eram contra dois massacres diferentes dos que ocorriam no leste:[41] um programa secreto nazista de eutanásia de crianças e adultos incapacitados, conhecido como T4, em referência ao endereço da

292   O DIÁRIO DO DIABO

sua sede em Berlim, Tiergartenstrasse 4. Hitler o lançara em 1939 como parte do esforço nazista de criar uma raça ariana pura. Informações sobre o programa se disseminaram depois que as instituições receberam questionários solicitando dados dos pacientes. Muitas vítimas estavam aos cuidados de organizações religiosas e, embora os chefes das igrejas tenham se alarmado e feito campanhas discretas contra os assassinatos, não se manifestaram publicamente a favor do fim do programa, temendo a retaliação nazista.

Porém, em 3 de agosto de 1941, o bispo de Munique, Clemens von Galen, por fim decidiu denunciar as mortes do púlpito. "Fui informado por fontes confiáveis", afirmou aos paroquianos da igreja de St. Lambert, "que nos hospitais e asilos da província da Vestfália estão listando os internos classificados como 'membros improdutivos da comunidade nacional', os quais serão removidos desses estabelecimentos e pouco depois serão mortos. A primeira leva de pacientes deixou o hospício em Marienthal, perto de Münster, esta semana". Em breve, disse, as cinzas das vítimas serão entregues ao parente mais próximo com um bilhete dizendo que aquele ser querido havia morrido de causas naturais.

Aquilo era assassinato, afirmou von Galen. Seres humanos estavam morrendo porque já não eram "produtivos" segundo a hierarquia nazista. Se esse princípio distorcido predominar, "a calamidade vai acontecer com todos nós quando ficarmos velhos e doentes, [...] a calamidade cairá sobre os incapacitados, [...] a calamidade cairá sobre nossos valentes soldados que voltam para casa com dificuldades motoras, como aleijados, inválidos!" Com tal política, prosseguiu o bispo, "nenhum homem estará seguro: um ou outro comitê conseguirá colocá-lo na lista de pessoas 'improdutivas' que, em sua opinião, 'não merecem viver'. E não haverá polícia para protegê-lo, nenhuma corte para vingar seu assassinato e levar seus assassinos à justiça".

Suas palavras desataram uma celeuma, e em 24 de agosto Hitler suspendeu o programa de eutanásia de modo tão sigiloso como o havia lançado. Podia haver motivos além da opinião pública. A T4 já havia alcançado a cota estabelecida por Hitler: 70 mil vítimas. E — como Hetzel, no escritório de Rosenberg, havia insinuado na carta infame que rascunhou informan-

"TAREFAS ESPECIAIS"

do ao Reichskommissar Lohse sobre a "ajuda de Brack" — o pessoal da eutanásia estava a ponto de ser enviado ao leste, onde estavam planejados gaseamentos em escala muito maior.

Quatro meses depois, em dezembro de 1941, Rosenberg e Hitler ainda comentavam sobre a celeuma. Hitler não conseguia entendê-la. "Se as igrejas teimam tanto em manter os idiotas",[42] escreveu Rosenberg no diário, "pois que fiquem com todos os imbecis e os usem de padres e seguidores." Os sermões tinham sido transmitidos radiofonicamente pela BBC. Foram traduzidos para outras línguas, impressos como panfletos e despejados de avião pelos britânicos sobre a Alemanha, França, Holanda, Polônia e o resto da Europa ocupada. Outros clérigos assumiram a causa, escreveram cartas e se manifestaram abertamente.

"O Führer diz que estes cavalheiros querem ser 'mártires', que buscam um cativeiro honrado", escreveu Rosenberg, e em alguns casos realizaram seu desejo. A Gestapo deteve as pessoas que disseminavam o sermão de von Galen e as enviou a campos de concentração. Mas não o próprio bispo. Nazistas proeminentes pediam o enforcamento de von Galen, mas Hitler temia as ramificações políticas internas e não queria transformá-lo em mártir.[43] Em vez disso, decidiu esperar até o final da guerra para acertar as contas. De qualquer modo, escreveu Rosenberg, "um dia o bispo de Münster vai encarar os fuzis".

Apesar do cancelamento do T4, o gaseamento de crianças incapazes prosseguiu na Alemanha.

Assim como o assassinato de judeus. Quando as deportações da Alemanha começaram, von Galen não disse nada,[44] ao menos não em público.

Em 12 de dezembro de 1941 — cinco dias depois de os japoneses bombardearem Pearl Harbor e um dia após a Alemanha declarar guerra aos Estados Unidos —, Hitler convidou os principais líderes do partido à sua residência em Berlim e disse-lhes que era hora de acabar com os judeus de uma vez por todas. "O Führer está decidido a limpar a mesa",[45] escreveu Goebbels no seu diário após o discurso secreto. "Ele advertira os judeus de que, se provocassem outra guerra mundial, desencadeariam a própria destruição. Agora, a guerra chegou. [...] Os responsáveis por este conflito sangrento terão de pagar com as próprias vidas."

294 O DIÁRIO DO DIABO

Mais adiante naquele mês, Rosenberg faria um discurso na arena esportiva de Berlim ameaçando os judeus com novas represálias, em resposta ao
bloqueio naval aliado das embarcações alemãs. Ele tinha planejado dizer
que a "agitação mundial contra a Alemanha",[46] arquitetada pelos "judeus de
Nova York", teria por resposta "medidas correspondentes contra os judeus
do leste". Seis milhões de judeus viviam sob o domínio nazista nos territórios do leste, e eram a "fonte e a origem do poder judeu em todo o mundo".
A Alemanha precisava começar a "destruir as fontes de onde os judeus de
Nova York obtinham poder", pondo em marcha "a eliminação negativa
desses elementos parasitários". Não seria um discurso muito distinto das
declarações que fizera em particular no mês anterior à imprensa alemã.

Contudo, em meio à declaração de guerra americana, pareceu-lhe que
não era o momento para comentários tão incendiários. Um dos raciocínios nazistas para lançar ameaças contra os judeus era desencorajar os
Estados Unidos a entrarem na guerra. Agora, ele fora surpreendido pelos
acontecimentos.

Em 14 de dezembro, encontrou-se com Hitler para discutir o que
fazer. "Quanto à questão judaica", escreveu em um memorando sobre a
reunião, "afirmo que minhas observações sobre os judeus de Nova York
talvez tenham de ser mudadas, após a decisão." Supostamente, ele se referia à decisão dos Estados Unidos de entrar na guerra. "Minha posição
foi de que o extermínio dos judeus não devia ser mencionado."[47] Hitler
concordou, e externou um sentimento que nem precisava ser expressado
naquele momento, uma vez que tinha sido o motor de toda a vida política
de Rosenberg: os judeus haviam provocado a guerra e a destruição, e seriam
os primeiros a amargar seus efeitos.

Naquele mesmo dia, Hitler teve outra reunião com Rosenberg, Himmler
e Philipp Bouhler, um dos principais administradores do programa T4.[48]

Os nazistas podiam não estar prontos para falar abertamente sobre o
extermínio, mas ele se tornara o assunto principal desde que os líderes
partidários ouviram os comentários secretos de Hitler. O governador-
-geral da Polônia, Hans Frank, era um deles. Ele ficou sabendo da fala
de Hitler e regressou ao seu reino em um estado de espírito apocalíptico.
"Quanto aos judeus, bem, posso lhes dizer francamente que, de um modo

"TAREFAS ESPECIAIS" 295

ou de outro, temos que nos livrar deles, [...] eles vão desaparecer",[49] disse em uma reunião com oficiais nazistas em seu território. "Precisamos nos livrar deles."

Cinco semanas mais tarde, em uma terça-feira de janeiro de 1942, quinze burocratas nazistas desceram de seus carros diante de uma pousada da SS em Wannsee, o subúrbio da moda de Berlim. O vilarejo tinha uma bela orla e uma praia, servindo de refúgio para ricos e notáveis no verão. Porém, naquela manhã, via-se a neve cair no lago pelas janelas. Os homens se acomodaram em seus assentos e se aqueceram tomando conhaque.

Dentre os oficiais à mesa havia secretários de Estado e subsecretários do Ministério do Exterior, os ministros do Interior, Justiça e Economia, e o Governo-Geral da Polônia ocupada. Sete deles eram oficiais da SS que lidavam com a questão judaica. Mais tarde, Robert Kempner descreveria o grupo assim: "aqueles eram os cavalheiros que sabiam das coisas que se devia saber".[50] Como os demais ministros, Rosenberg não foi à reunião. Enviou dois membros importantes do ministério: Alfred Meyer, seu vice, e Georg Leibbrandt, diretor da divisão política do ministério. Eles obviamente o informaram sobre o que foi discutido.

Reinhard Heydrich havia reunido os burocratas, embora o convite fosse absolutamente discreto quanto ao tema a ser tratado. Adolf Eichmann, que organizou e gerenciou a deportação dos judeus de toda a Europa como chefe da seção judaica do Escritório Central de Segurança do Reich, posteriormente fez um resumo para distribuir entre os presentes e outros oficiais. O protocolo de Eichmann era tão incriminador que, dentre os trinta sujeitos que o receberam, apenas um não o destruiu. A cópia sobrevivente fez a reunião de uma hora e meia entrar para a história como o divisor de águas no planejamento nazista da solução final.

Heydrich queria a concordância dos principais ministros quanto ao seu projeto para a solução final. Ele recordou aos burocratas que tinha sido encarregado de livrar a Europa dos judeus e explicou que as medidas anteriores para encorajá-los a emigrar — uma década de ataques, prisões e discriminação — não tinham resolvido o problema. Agora Hitler havia aprovado uma nova solução: "evacuar os judeus para o leste".

296 O DIÁRIO DO DIABO

Heydrich apresentou o plano geral. A Europa seria "vasculhada" de oeste a leste, e os judeus capazes de trabalhar duro seriam explorados até a morte. "Em longas fileiras de mão de obra separadas por sexo, os judeus aptos para o trabalho irão em direção ao leste construindo estradas. Sem dúvida, a grande maioria será eliminada por causas naturais",[51] dizia o resumo de Eichmann. "E, sem dúvida, os sobreviventes serão os elementos mais resistentes. Trataremos deles de modo adequado; caso contrário, pela seleção natural, eles criarão a célula-mãe de um renascimento judeu. (Ver a experiência da história.)"

Apesar da dura descrição de uma política que, de um modo ou de outro, sentenciava todos os judeus europeus à morte, os homens ali presentes naquele dia negaram mais tarde que Heydrich tivesse falado em genocídio. Contudo, Eichmann testemunhou que o resumo era necessariamente eufemístico, uma linguagem em código para ocultar o que os quinze homens na vila de Wannsee haviam realmente discutido: não evacuar os judeus, mas exterminá-los.

A reunião simbolizou o horror inacreditável do Holocausto: como uma nação esclarecida e avançada como a Alemanha podia retroceder ao pior tipo de barbárie. "Lá estava o ambiente distinto da vila elegante, em um subúrbio letrado, em uma das capitais mais sofisticadas da Europa", escreveu o historiador Mark Roseman. "Lá estavam quinze homens escolarizados, burocratas civilizados, parte de uma sociedade letrada e civilizada, mantendo o necessário decoro. E lá estava o genocídio, perpassando tudo, sem discussões."[52]

Meses depois da reunião de Wannsee, Hitler meditou sobre tudo o que já havia feito para isolar os judeus alemães. Veio-lhe à mente uma analogia lúgubre — que unia um vil lema de campanha da década de 1920 aos feitos do famoso bacteriologista que deu o nome a Robert Kempner e o batizou.

"Sinto-me como o Robert Koch da política",[53] disse ele a um camarada. Eles estavam conversando antes do amanhecer, e o céu tinha começado a clarear no Oriente. Hitler se explicou: "Ele encontrou o bacilo da tuberculose e com isso abriu novos caminhos para a medicina. Eu descobri os judeus como o bacilo e fermento de toda decomposição social. O fermento."

E completou: "Eu provei uma coisa: que o Estado pode viver sem judeus."

"O nosso destino trágico especial"

No dia em que começou a Segunda Guerra Mundial, Frieda e Max Reinach, um casal judeu de Berlim, abriram uma pequena caderneta preta e começaram a escrever um diário para os filhos adultos, que tinham conseguido fugir da Alemanha.[1] Meio século e duas gerações depois, o pequeno diário, com a capa remendada com durex, foi parar nas mãos de um parente distante — Henry Mayer, arquivista-chefe do Museu do Holocausto em Washington, DC.

"Ao tentar registrar nesta caderneta os dias e semanas que virão, faço isso por vocês, queridos filhos, para que um dia compreendam e cheguem a conhecer o tempo em que vivemos, o que sofremos", escreveu Max. "Seus pais confiam em Deus, que foi nosso protetor em tempos difíceis e seguirá sendo-o. Porque está escrito: 'Vocês são os filhos do Deus Eterno. Ainda que um pai esteja zangado com seus filhos, ele não os expõe à destruição total.' A nossa consciência está limpa e pura e só tememos a Deus."

Antes da guerra, Frieda fora professora primária, e Max vendia charutos. Quando perderam seus empregos, os dois se apresentaram como voluntários na cozinha do Centro Comunitário Judaico, onde serviam sopa gratuita. Porém, dia após dia, à medida que a guerra prosseguia, Frieda foi ficando cada vez mais deprimida. A família não era particularmente religiosa, mas Max voltou à fé e se tornou decidido e filosófico a respeito das provações de viver na Alemanha durante o Terceiro Reich. Jurou que ele e Frieda não deixariam de lutar por suas vidas. Não se deixariam abater como outros que perderam a fé. "Um sofrimento e uma tristeza indizíveis se abateram sobre nós todos e precisamos de uma fé inquebrantável em Deus para sobreviver às provações atuais", contou ele aos filhos. "Seus pais têm a força de vontade de sobreviver a estes tempos cheios de horror e encontrar um futuro diferente e, talvez, alguns anos de paz."

"Temos de vestir, segundo a lei, a estrela de Davi [...] e abaixo da estrela diz *Jude*", escreveu Max em setembro de 1941. Os regulamentos exigiam que ela fosse costurada na roupa do lado esquerdo do peito. Quase 1 milhão delas foram produzidas em fitas de tecido, e depois recortadas e vendidas aos judeus por 10 centavos a peça.[2] Levar a estrela marcava um judeu, que podia ser abordado pela Gestapo. Não usá-la fazia-o correr o risco de ser preso. Max ficou horrorizado. "Nunca pensei que pudesse acontecer uma coisa destas."

Ano após ano, as restrições iam ficando mais severas.[3] Os judeus foram impedidos de ir à estação de trem sem permissão. Foram barrados do bairro central do governo. Não podiam dirigir carros. "Os judeus", dizia um panfleto nazista, "já não podem dirigir veículos na Alemanha!" Eles deviam obedecer ao toque de recolher às 20 — às 21 horas nos fins de semana. Tinham de entregar suas ações de companhias, joias, obras de arte. Perderam as linhas telefônicas. Perderam rádios, os quais tiveram de entregar no seu dia mais sagrado do ano, o Yom Kippur. Suas rações eram muito menores que as dos vizinhos arianos e só tinham uma hora para fazer compras: no final do dia, quando as vitrines das lojas já estavam praticamente vazias.

"Durante 60 anos", lamentou-se Max, "vivemos tentando não parecer nem ser diferentes de outrem, e agora as crianças contam alegremente os judeus nas ruas. A nossa igualdade como cidadãos acabou."

O Ministério da Propaganda pregou cartazes com a "profecia" de Hitler em um discurso de 30 de janeiro de 1939, no Reichstag: "Se os financistas

"O NOSSO DESTINO TRÁGICO ESPECIAL"

judeus internacionais de dentro e fora da Europa conseguirem mais uma vez mergulhar as nações em outra guerra mundial, a consequência não será apenas a bolchevização da terra e, portanto, a vitória da judaria, mas a aniquilação da raça judia na Europa!"[4]

Em maio de 1942, Max meditou sobre o povo judeu e "o nosso destino trágico especial". As deportações haviam começado. Os primeiros trens deixaram Berlim em 18 de agosto de 1941, e dali em diante os judeus já não puderam emigrar.[5]

Max anotou no diário que seus irmãos e cunhados haviam sido "evacuados" — Max e Jule e Moritz e Martha e Liane e Adele e Bernhard. "A maioria dos nossos amigos aqui também foi levada e a vida tornou-se muito solitária." No entanto, ele seguia acreditando que veriam os filhos novamente. "Se estiver errado", escreveu, "ninguém deve lamentar. Vocês continuarão sendo o nosso raio de sol até chegar a nossa noite e até que a noite nos cerque. A infância foi feliz e alegre tanto para vocês quanto para nós, e as memórias permanecerão."

Frieda tomou a caderneta alguns dias depois, sem conseguir ocultar a raiva. "Quantos milhares de judeus foram 'evacuados' desde outubro de 1941?", escreveu. "'Evacuados', como chamam isso na Alemanha. 'Evacuados' como dizem eufemisticamente. [...] Estou apavorada com a ideia da 'evacuação' e essa possibilidade terrível paira sobre nós a todo instante, e com razão. Toda vez que penso nisso fico totalmente em pânico e sei: se tivermos de tomar esse caminho, nunca mais vou vê-los, meus filhos amados."

Por um tempo, eles mandaram dinheiro e alimentos a alguns parentes no gueto de Lodz, na Polônia, embora tivessem perdido muito peso com o pouco que tinham para comer. Com o passar do tempo, já não puderam comprar carne, peixe, manteiga, ovos, frutas, café, álcool nem tabaco com os cartões de racionamento. Não podiam comprar sapatos, sabão nem carvão.[6]

Nos parques só podiam se sentar nos bancos reservados aos judeus. "Eles estão pintados de amarelo", explicou Frieda. "Nós nos recusamos a usá-los." Depois foram proibidos de caminhar nos parques.

300 O DIÁRIO DO DIABO

Pouco depois disso, os judeus foram obrigados a entregar seus animais de estimação. "A violação desta regra", dizia a nota oficial, "acarretará em medidas policiais."

Em 24 de maio de 1952, uma mulher que compartilhava o apartamento com eles recebeu ordem de entregar o quarto. "Isso", escreveu Max, "é sempre o primeiro passo para ser levado embora."

Em junho, eles se perguntavam se Max deveria se registrar para trabalhar para os nazistas. Não precisavam do dinheiro; mal tinham em que gastá-lo. Mas o trabalho poderia mantê-los longe da "evacuação". O voluntariado no Centro Comunitário Judaico os protegia momentaneamente, mas poderiam estar ainda mais seguros se Max trabalhasse em uma fábrica de munições, contribuindo para o esforço de guerra.[7] Por outro lado, ao se registrar para trabalhar, ele poderia levar os nazistas a agirem contra ele e a esposa. "A decisão é tão difícil e complicada", escreveu Frieda, "porque seja o que for que decidamos, pode ser justamente a coisa errada."

Eles não tinham notícias dos parentes no leste. "Onde eles estarão?", escreveu ela, "e como estarão?".

O casal teve também de entregar seus aparelhos elétricos — aspirador, ferro de passar, cobertor elétrico, aquecedores. Foram proibidos de frequentar o barbeiro e forçados a entregar máquinas de escrever, bicicletas, máquinas fotográficas e telescópios. "Adorável, não é?", escreveu Frieda. "Contudo, isto não é realmente ruim. Mas sim o que acontece diariamente: prisões, gente levando tiros, execuções. Surpreende que eu tenha medo? [...] Só um milagre poderia nos salvar, e ele tem de acontecer logo. Senão, estaremos todos perdidos." Eles tentaram manter a esperança de que a Alemanha perderia a guerra, mas aquilo parecia uma ilusão. "Não é hora de sonhar."

Era verão, mas chovia e fazia frio. No início do ano tiveram de entregar as peles e os casacos de lã.

Em 29 de junho, Max se registrou para trabalhar. Eles o mandaram de volta para esperar por uma decisão. Uma semana depois, chegou a notícia de que seriam "evacuados" e deveriam se apresentar às autoridades dentro de qua-

"O NOSSO DESTINO TRÁGICO ESPECIAL" 301

tro meses. Eles foram tomados pelo pavor e, no entanto, havia momentos em que Max se sentia "estranhamente mais sereno por dentro".

"Como veem, registrar-me para o trabalho não foi uma boa ideia", escreveu. "Mas cada ser humano tem o seu destino. O meu protetor não vai nos abandonar no medo e no tormento, pois ELE sempre esteve conosco."

Três meses e meio depois, às 7 horas do dia 20 de outubro, Frieda e Max foram chamados ao escritório do Centro Comunitário Judaico na Oranienburger Strasse. Lá, junto com os demais 1,5 mil empregados da organização, esperaram aterrorizados pelos homens da Gestapo.

Um ano antes, líderes judeus em Berlim tinham sido coagidos a ajudar os nazistas a organizarem os transportes para o leste.[8] Uma antiga sinagoga no bairro do Tiergarten foi convertida em "campo de reunião", onde empregados do centro judaico ajudaram a lidar com as pessoas selecionadas para irem para a região. Os líderes judaicos cooperaram "apesar de graves receios", segundo um que sobreviveu à guerra. Eles não sabiam que a deportação significava a morte. Queriam assegurar que os passageiros dos trens estivessem bem abrigados e levassem mantimentos para a viagem. Acreditavam que a operação seria menos brutal se não deixassem tudo nas mãos da Gestapo.

Mas agora a Gestapo também viria buscá-los.[9]

Os funcionários esperaram por várias horas nas salas de reunião, corredores e escritórios do centro comunitário. A polícia chegou e anunciou que quinhentos funcionários perderiam o emprego imediatamente e os selecionados deveriam se apresentar ao campo da assembleia dentro de dois dias. Para cada um que não comparecesse, os nazistas prometeram matar um líder judeu.

Foi feita uma lista para o transporte. Os Reinach foram incluídos.

Às 15 horas, eles voltaram para casa em estado de choque.

À meia-noite, Frieda tomou a caneta e escreveu algumas palavras para os filhos, na esperança de que um dia o diário chegasse às mãos deles. "Somos vítimas do nosso destino judeu, e perdemos nosso país, nossa casa, nossas coisas. Tudo. [...] Alguns dias mais na nossa casa querida e depois — nada." Ela desejou uma vida feliz aos filhos e netos. "Sei que vocês nunca vão

302 O DIÁRIO DO DIABO

nos esquecer, mas tenho um pedido: não deixem as vidas de vocês serem assombradas pelo nosso destino."

Dois dias depois, Max deixou seu último testamento. Prometeu ir sem medo. O que quer que acontecesse, estava fadado a acontecer. "As nossas posses materiais se foram, e saímos quase despidos do país onde vivemos por mais de quatrocentos anos", escreveu. "Não sabemos ainda aonde iremos, mas Deus está em toda parte, e onde quer que chamemos nós o encontraremos."

A deportação se tornara rotina. Em 22 de outubro Frieda e Max chegaram ao campo de assembleia. Registraram seus pertences restantes, que foram confiscados. Suas malas foram revistadas em busca dos itens de valor.[10] Quatro dias depois, cedo pela manhã, eles saíram do campo para a estação de carga, pouco mais de 3 quilômetros ao norte. Junto com quase oitocentas pessoas, incluindo 88 crianças menores de 15 anos, embarcaram em vagões de terceira classe rumo ao leste.

A bagagem não os acompanhou. Em Berlim, havia muita demanda pelos apartamentos.

Em 29 de outubro, Frieda, Max e o restante dos judeus condenados à morte chegaram a uma estação nos arredores de Riga, na Letônia, a mais de 1,2 mil quilômetros de Berlim. Ao desembarcar, foram levados para a floresta e então fuzilados.[11]

Pouco depois, a filha deles, Trude, recebeu em Israel uma mensagem dos pais, enviada de Berlim por intermédio da Cruz Vermelha alemã dias após a deportação. "Com o coração profundamente comovido, enviamos o nosso adeus. Que Deus a proteja."

Estava assinado simplesmente: "Seus tristes pais."

Um mês depois, os nazistas passaram a enviar os trens de Berlim diretamente a Auschwitz. No total, 50 mil judeus foram deportados da cidade antes do final da guerra. Apenas 8 mil judeus berlinenses sobreviveram.[12]

O que os nazistas tentaram, escreveu um historiador, foi "a cuidadosa extinção da existência social dos deportados".[13]

"O NOSSO DESTINO TRÁGICO ESPECIAL"

Antes da partida dos Reinach, porém, uma mulher que vivia no apartamento deles concordou em guardar o diário e tentar enviá-lo aos filhos.[14] Ela estava tão empenhada em sua missão que levava o diário em um cinto. Depois da guerra, ela o entregou a um soldado americano, junto com um endereço de parentes nos Estados Unidos. Quando ele voltou para casa, entregou-o a Lilian, filha dos Reinach, que vivia perto de Boston.

Anos mais tarde, Trude traduziu as páginas para o inglês para os seus netos. Não o fez apenas para que o lessem, disse; havia um "motivo mais profundo". Passar o diário à próxima geração era um ato de fé na memória dos seus pais, dos pais do seu marido e dos milhões de outros que perderam as vidas nas mãos dos nazistas.

Ela terminou a carta com um trecho de um poema que atribuiu a um escritor alemão chamado Alfred Kerr:[15]

> Mortos estão só aqueles
> Que foram esquecidos.

20

Os nazistas na porta ao lado

Pelo que Robert Kempner sabia, metade dos imigrantes alemães que chegaram a Nova York decidiram ficar por lá. Tantos acabaram em Washington Heights que a vizinhança ficou conhecida como o Quarto Reich. Kempner terminou na Filadélfia, mas não queria participar da vida da cidade,[1] e mudou-se para Lansdowne assim que acertou sua situação financeira. O local era um bairro de subúrbio de 2,5 quilômetros quadrados repleto de árvores antigas e amplas casas vitorianas. Lansdowne lhe fazia lembrar Lichterfelde, seu bairro em Berlim. Ele comprou uma casa em uma área silenciosa e convidava os amigos da cidade para visitarem e sentarem-se na varanda que dava para um pequeno arroio que corria por um parque.

Embora esse oásis parecesse idílico, a vida tinha ficado mais complicada para os alemães recém-chegados, agora que os Estados Unidos estavam em guerra com os nazistas. "Ainda não ficou claro se sou um estrangeiro inimigo",[2] escreveu Kempner em uma carta protestando contra uma decisão das autoridades exigindo que ele desabilitasse seu rádio de ondas curtas para não ouvir mais as estações alemãs. "Fui expatriado por um decreto especial do regime de Hitler e, portanto, não sou um cidadão alemão, e sim apátrida. Não devo lealdade a nenhum poder estrangeiro, apenas aos

O DIÁRIO DO DIABO

Estados Unidos." Embora tenha conseguido ganhar a briga sobre o rádio, ela era emblemática para a batalha que ele e seus companheiros imigrados enfrentavam na nova pátria.

"Todos os imigrantes tinham um problema sério", escreveu Kempner: "Falavam com um sotaque muito carregado." Faziam as pessoas indagarem. "É um alemão? Não devemos vigiá-lo porque foi agente de Hitler e pode ainda sê-lo?"[3]

Kempner podia ajudar a responder essas indagações. Na verdade, a resposta era precisamente o que tinha para vender ao chegar a Nova York no outono de 1939: ele podia ajudar a identificar agentes despachados pelos nazistas para promover secretamente sua causa nos Estados Unidos.

Monopolizador que era, tinha conseguido cruzar o Atlântico com sete caixas de documentos originais do governo alemão. Ele as apelidara de *Handwerkszeug*: suas ferramentas. E não pretendia passá-las adiante gratuitamente.

Anos depois, Kempner contou como chegou a trabalhar com o Departamento de Justiça norte-americano. Certo dia, dois jovens promotores federais o visitaram em Penn, talvez motivados pelas cartas que ele enviava a funcionários em Washington oferecendo seus serviços. Em 1940, foi criada uma Unidade Especial de Defesa para reunir inteligência sobre propaganda nazista nos Estados Unidos e preparar processos para a promotoria. A divisão seria "uma torre de controle na luta do governo para eliminar atividades subversivas",[4] principalmente mediante o monitoramento e a repressão da imprensa favorável aos fascistas. No verão de 1941, Kempner fez contato com a divisão.[5]

Segundo seu relato, os promotores que o visitaram, que por acaso o chamavam de Bob, perguntaram o que ele poderia fazer por eles. "Você pode nos conseguir documentos?"[6]

Direto como sempre, ele perguntou: "E quanto ao pagamento?"

"Isto é um pouco difícil", respondeu um deles. "Você continua sendo um estrangeiro inimigo."

"Ouçam", respondeu Kempner levantando os ombros. "Se a sua organização não tem fundos para casos como este, então esta história não vale a pena."

OS NAZISTAS NA PORTA AO LADO 307

Os homens sorriram.

Claro, retrucou um deles. "Há fundo para tudo."

Resolvido o assunto, Kempner entregou-lhes uma amostra dos seus arquivos. Apresentou-lhes documentos que envolviam a Organização Estrangeira do Partido Nazista, dirigida por Ernst Wilhelm Bohle. A agência, que tentava coordenar as atividades de membros do partido que viviam no exterior, era suspeita de liderar uma quinta-coluna de informantes e sabotadores, e Kempner mostrou aos advogados documentos que definiam sua missão e suas táticas.

Inicialmente, Bohle apoiou os Amigos da Nova Alemanha, o grupo de antissemitas que provocara indignação na Madison Square Garden, em 1934. Mas os Amigos eram ineptos, e em pouco tempo tornaram-se um constrangimento. Temendo que a retórica brutal do seu satélite americano não oficial exacerbasse as já tensas relações com Washington, o Partido Nazista em Berlim distanciou-se publicamente do grupo, que logo debandou. Em seu lugar surgiu um sucessor, a Federação Teuto-Americana, mas seu líder, Fritz Kuhn, foi preso por desfalque e falsificação pouco depois da chegada de Kempner, em 1939.

No entanto, ainda havia muitos simpatizantes nazistas portando a bandeira de Hitler nos Estados Unidos. Promotores e políticos em Washington temiam que estivesse se formando uma perigosa conspiração nacional-fascista — com o objetivo de derrubar a democracia mediante a incitação ao ódio racial. Dado o êxito da máquina de propaganda hitlerista, não parecia absurdo que aqueles guerreiros psicológicos nazificados conseguissem,[7] como os melhores propagandistas, se infiltrar no subconsciente americano e semear o caos.

Mais tarde, Kempner ridicularizou as tentativas alemãs de fomentar confusão nos Estados Unidos. "As atitudes dos nazistas eram tolas, nada atraentes e muito descabeladas", afirmou. "Ou seja, grupos pequenos fizeram separadamente esforços de sabotagem, propaganda nazista, espionagem. [...] O que a quinta-coluna fazia pela Alemanha era risível. Em Berlim, eles realmente se convenceram de que seria possível montar um front nos Estados Unidos para impedi-los de entrar na guerra."

308 O DIÁRIO DO DIABO

Contudo, durante o conflito, os agitadores nos Estados Unidos não pareciam tão cômicos, e Kempner foi um dos que advertiu que representavam uma grave ameaça ao país.

O Departamento de Justiça se pôs a monitorar, silenciar e deter os propagandistas alemães. Os promotores federais, conduzidos pelo procurador-geral Robert Jackson e por seu sucessor, Francis Biddle, processaram dezenas de simpatizantes nazistas por violação de uma nova lei de insubordinação, a Lei Smith, e pelo crime mais pedestre de não se registrarem junto ao governo como agentes de um poder estrangeiro, o que equivalia a processar um mafioso por evasão de impostos.

Em pouco tempo, Kempner já era um especialista independente remunerado para esses casos.[8] Os promotores apreciavam sua colaboração, porque ele havia testemunhado pessoalmente o surgimento do nacional-socialismo e podia ajudar a traçar paralelos entre os propagandistas nazistas e americanos. O único problema, parece, era o seu estilo para vestir-se. Ele gostava de calças e blazers coloridos. Eles lhe disseram que preferiam que adotasse o terno escuro dos homens de negócios e dos funcionários do governo, com camisa branca e gravata de seda de uma cor só.

Dentre os que Kempner ajudou a processar havia funcionários do Serviço de Notícias Transoceânico alemão,[9] um disfarce pró-nazista ligado ao Ministério do Exterior e ao Ministério da Propaganda em Berlim; Friedrich Ernst Auhagen, ex-professor da Universidade de Columbia que dirigia um grupo pró-nazista chamado Fórum de Amizade Americano; e Carl Günther Orgell, cujo Volksbund für das Deutschtum im Ausland era financiado pelo Escritório de Política Exterior de Rosenberg para disseminar o evangelho nazista mundo afora.

Durante o maior processo de insubordinação na história americana, *Estados Unidos contra McWilliams*, em 1944, Kempner "ajudou a criar a teoria de um caso muito difícil",[10] escreveu o promotor O. John Rogge. Vinte e nove propagandistas vociferantes pró-Alemanha foram presos e processados em conjunto. Eles formavam um grupo revoltado, e em vários momentos o processo lembrou uma farsa. "Raramente", escreveu um repórter que acompanhou o caso em Washington, "tantos lunáticos radicais nervosos e de olhos saltados foram reunidos em um só lugar."[11]

A promotoria argumentou que os réus formavam parte de uma conspiração nazista para derrubar governos democráticos em todo o mundo. Eles haviam violado a Lei Smith de 1940 ao trabalhar com o governo alemão e com funcionários do partido — e entre si — na impressão e distribuição de livros, jornais e panfletos que incitavam "à insubordinação e à deslealdade entre membros das nossas Forças Armadas". A propaganda deles buscava convencer as tropas de que o sistema democrático americano "não merecia ser defendido, nem que se lutasse por ele".[12]

Os conspiradores, Rogge afirmou ao júri, planejavam seguir a cartilha nazista. Queriam um Hitler local. Queriam se mobilizar contra os judeus. Falavam de uma revolução violenta, banhos de sangue, de "enforcar pessoas nos postes de luz". Sonhavam com *pogroms* que "fariam o de Hitler parecer um convescote dominical". Assim como os nazistas, os fascistas americanos primeiro ganhariam a guerra de propaganda na América, e depois solapariam as instituições democráticas, até tomar o poder com a ajuda de membros desleais do exército. A defesa negou que eles participassem de uma conspiração semelhante — "sou republicano, e não nazista!", gritou um deles — e criou tanto tumulto na corte que o julgamento se estendeu por meses e meses. Aquilo estava longe de terminar quando o juiz teve um infarto e o processo foi anulado.

Rogge e Kempner tentaram ressuscitar o caso, mas ele foi adiado até o final da guerra.

Os libertários civis se preocupavam com as implicações da perseguição, mas a expropriação que Kempner sofrera em sua pátria, acusado de subversão, não lhe dava trégua enquanto colaborava com os americanos para extirpar e silenciar seus inimigos em potencial. O que importava era que ele estava novamente lutando contra os nazistas — e criando fama. Poucos anos depois de desembarcar do navio em Hoboken, ele estava circulando entre figuras políticas americanas.

Quis a sorte que os promotores daqueles casos contra provocadores nazistas subissem na carreira.

Em pouco tempo, eles conduziriam Kempner para a oportunidade de sua vida.

Ao mesmo tempo que ajudava promotores no Departamento de Justiça, Kempner continuava a enviar cartas obsequiosas a Hoover,[13] sempre na

310   O DIÁRIO DO DIABO

esperança de atrair a atenção do diretor do FBI, cuja campanha contra subversivos em potencial ia além dos esforços da Unidade Especial de Defesa. Em maio de 1941, a lista de "inimigos suspeitos" do escritório — elaborada com base em inteligência reunida por meio de um programa vasto de vigilância autorizado secretamente por Roosevelt cinco anos antes — já contava com 18 mil nomes.[14]

Kempner enviou a Hoover um bilhete sugerindo que o FBI se preparasse para a Europa do pós-guerra mediante o estudo das seguintes questões políticas básicas: "pessoal, áreas, localização dos atuais quartéis-generais, caráter das forças locais etc. [...] Eu ficaria satisfeito em preparar um memorando sobre os principais problemas envolvidos; talvez isso seja útil para diversos fins".

Ele se ofereceu para compartilhar o que sabia sobre Kurt Daluege, o oficial da polícia nazista e "sujeito perigoso" alçado a protetor na antiga Tchecoslováquia.

Enviou presentes. No Natal de 1942, ofereceu ao diretor uma cópia do seu livro sobre os nazistas, *Twilight of Justice* [Crepúsculo da justiça], publicado com o pseudônimo Eike von Repkow, em 1932. Somente duas cópias sobreviveram, afirmou. Em outra ocasião, ele ofertou a Hoover o relatório oficial sobre os nazistas que ele ajudara a redigir para o Ministério do Interior prussiano, em 1930. O documento, "histórico e profético", "foi retirado da Alemanha por mim à custa de riscos pessoais" e, assegurou, certamente seria uma boa contribuição para o museu do FBI.

Kempner aprendera que sempre podia contar com respostas curtas,[15] educadas e impessoais às suas cartas. Embora a correspondência não levasse à audiência particular que ele buscava com o mais famoso homem da lei nos EUA, Hoover chegou a encaminhar uma das cartas ao agente especial encarregado do escritório do FBI na Filadélfia,[16] com instruções para que tomasse providências, e, em 1942, Kempner foi contratado como pesquisador e informante confidencial. Ele era apenas um "empregado especial", essencialmente um autônomo que recebia 14 dólares por dia mais despesas, mas ele considerava "um grande privilégio" trabalhar no que fosse para o FBI e, dada a quantidade de tempo que se dedicava ao trabalho, este proporcionava um cheque mensal considerável. No final

OS NAZISTAS NA PORTA AO LADO

do ano, Kempner agradeceu a Hoover por deixá-lo dar "uma pequena contribuição à nossa luta contra Hitler; dessa vez do lado vencedor, e não como entre 1928 e 1932, do lado perdedor".[17] Em outra resposta tipicamente concisa, Hoover respondeu que a ajuda de Kempner tinha sido "muito encorajadora".

À época, trabalhar como empregado especial do FBI significava principalmente lutar contra os comunistas. Contudo, a guerra fria de Hoover começara antes mesmo do fim da Segunda Guerra Mundial. Ele estava convencido de que o Kremlin já estava trabalhando com os comunistas americanos para espionar o país.

Kempner dirigiu uma pequena equipe de pesquisadores e tradutores do alemão que compilou registros biográficos de líderes comunistas alemães,[18] monitorou grupos comunistas na Filadélfia e informou sobre organizações comunistas em potencial. Ele forneceu inteligência sobre a Sociedade Alemã da Pensilvânia e o movimento dos navios ao longo de Delaware.[19] Sua equipe traduziu reportagens de jornais publicados por comunistas alemães em Londres, Cidade do México, Buenos Aires e Nova York. Ele viajava a Manhattan mensalmente para comprar literatura comunista e analisá-la para o FBI.

Em fevereiro de 1943, chegou a se oferecer para espionar "pessoas relacionadas com o Partido Comunista da Europa central" em Nova York, que já estavam fazendo preparativos para regressar e controlar o governo no pós-guerra, segundo informou ao agente especial encarregado do assunto. "Esse escritor poderia manter conversas com a 'desculpa' de trabalhar em um estudo científico sobre o planejamento no pós-guerra."

Reuniu também e passou adiante inteligência sobre uma variedade de indivíduos, do mais notável ao mais desconhecido, nos Estados Unidos e na Alemanha: Harry Eisenbrown, professor americano que voltou para a Alemanha em 1937 para ensinar; Ezra Pound, o poeta americano que defendeu Hitler; Fred Kaltenbach, nativo de Dubuque, Iowa, que passou a guerra na Alemanha fazendo transmissões radiofônicas pró-nazistas dirigidas ao centro-oeste americano; e Ruth Domino, escritora alemã que o FBI pensava, erroneamente, ser casada com Gerhart Eisler, um importante operador do Comintern nos Estados Unidos.

312 O DIÁRIO DO DIABO

Aparentemente, Rudolf Diels acertara ao descrever Kempner como "um verdadeiro homem da Gestapo".

O FBI estava compilando uma biblioteca impressionante de dossiês secretos que documentavam as atividades de milhões de americanos, e Kempner dava sua pequena contribuição à causa.

21

O Chaostministerium

Os nacionalistas ucranianos que pensavam que a invasão alemã de 1941 era o prenúncio de um novo Estado independente ficaram amargamente decepcionados. Em julho, uma série de prisões pelas forças de segurança de Reinhard Heydrich imediatamente provocou um breve despertar do nacionalismo em Lviv,[1] e antes de acabar o verão Hitler já estava ocupado desmantelando a Ucrânia.

Independentemente do que dissessem os panfletos despejados sobre os territórios conquistados, os nazistas não tinham a intenção de liberar realmente os povos do leste.

Em 1º de agosto, Hitler resolveu que uma região ocidental do país, a Galícia, seria anexada ao governo-geral da Polônia de Hans Frank. No mês seguinte, as discussões estavam avançadas para entregar aos romenos uma faixa do sudoeste da Ucrânia, inclusive o importante porto de Odessa, no mar Negro. O general Ion Antonescu, primeiro-ministro romeno, tinha aliado o seu país à Alemanha, e enviou soldados para lutarem com os nazistas na Operação Barbarossa, no verão de 1941. Eles foram os mais entusiasmados perpetradores da solução final: no primeiro ano da guerra, os homens de Antonescu massacraram 380 mil judeus — atiraram em alguns, queimaram outros vivos, mataram o resto de fome.

"O Führer", anotou Rosenberg no diário em 1º de setembro, "literalmente ama Antonescu, que na verdade tem se comportado de modo excepcional, tanto pessoal quanto militarmente."

Quando Hitler ofereceu-lhe Odessa, Antonescu recusou: não tinha condições de defender um porto tão crucial. Mas Rosenberg pensava que o general mudaria de ideia. Os romenos haviam sitiado a cidade em agosto e 17 mil dos seus soldados foram mortos, e 74 mil feridos, antes de Odessa se render, em meados de outubro. "As tropas romenas cercaram Odessa e estão derramando muito sangue na batalha", escreveu Rosenberg no diário. "Antonescu forneceu quinze divisões. O apetite aumenta com a comida."[2]

O "desmembramento" da Ucrânia foi uma péssima ideia, queixou-se Rosenberg. "Aparentemente, a tolice e a razão estão engalfinhadas em um duelo indefinido. [...] O conceito de atrair os ucranianos para se mobilizarem contra Moscou pode ser totalmente destruído se cedermos."[3]

Mas estava claro que, ao contrário do que dissera a Rosenberg e outros antes da guerra, Hitler não permitiria a autodeterminação dos povos do leste. Uma Ucrânia livre e ressurgente poderia se tornar um futuro adversário formidável. Igualmente, Hitler se opunha à ideia de Rosenberg de uma nova universidade em Kiev para despertar o reflorescimento da cultura e do orgulho eslavos. "Seria um erro pretender educar os nativos", afirmou Hitler a confidentes em um de seus monólogos durante o jantar, que foram documentados por Bormann e publicados depois da guerra. "Tudo o que podemos dar-lhes seria meio conhecimento — apenas o necessário para conduzir uma revolução!"[4] Ele não queria nem mesmo que aprendessem a ler.

Os ucranianos não conseguiriam nada dos nazistas.

Na verdade, menos do que nada: com a objeção gritante de Rosenberg,[5] Hitler entregou a Antonescu o pedaço de território ucraniano que ele cobiçava, a região entre os rios Dniester e Bug conhecida como Transnístria.

Em setembro de 1941, Rosenberg por fim entendeu que havia perdido a batalha. "O Führer opina que, se um povo dessas proporções se deixa oprimir constantemente por outrem, não merece ser visto como independente",[6] escreveu no diário. Ele não conseguia disfarçar sua perplexidade.

O CHAOSTMINISTERIUM

Teria sido enganado por seu herói? "Esta postura [...] é bem distinta da minha e — como suponho — diferente daquela com que costumávamos concordar."

Porém, como sempre, ele mudou o rumo e seguiu seu Führer. Este visitou as cidades de Berdychiv e Zhytomyr e saiu ainda mais convencido da depravação da população. "O que não é muito surpreendente", escreveu Rosenberg, "pois ambas são cidades majoritariamente judaicas." Talvez Hitler estivesse certo, decidiu. Talvez não tivesse sentido tentar inspirar os ucranianos culturalmente. Talvez fosse melhor deixá-los como eram, "isto é, no atual primitivismo".[7] "Os solos férteis, os ricos recursos naturais e, por fim, o sacrifício do sangue *alemão* causaram uma mudança na atitude do Führer, e a preocupação com o suprimento de alimentos em toda a *Europa* o levou a considerar proteger esses recursos pelo controle direto. Afinal, foi *ele* quem conquistou a Ucrânia."

Ainda assim, Rosenberg se preocupava. Logo os seus administradores enfrentariam "resistência passiva" e tentativas de assassinato. Um milhão de soldados poderiam ser necessários para conter a população enraivecida. Os ucranianos podiam se aliar aos russos para "criar um front paneslavo, exatamente o que eu queria evitar com o meu plano original". Sem controle, a situação poderia facilmente degringolar em uma verdadeira revolução contra os nazistas.

Os ucranianos já estavam despertando para o fato de que simplesmente tinham mudado de opressores.

A grande ideia de Hitler para o leste era tratá-lo como uma colônia. Os alemães governariam como os senhores que haviam nascido para ser. "Devemos fazer um Jardim do Éden", disse, "de cada novo território conquistado."[8] O "espaço vital" de que ele falara todos esses anos por fim estava ao seu alcance.

Contudo, quando os nazistas chegaram ao novo império, a confusão reinava. Os homens comandados por Rosenberg estavam a centenas de quilômetros do escritório de Berlim. Quando suas ordens alcançavam o interior, estavam mais ou menos ultrapassadas. As conexões telefônicas eram ruins e o serviço de correios era lento, impedindo Rosenberg de

316   O DIÁRIO DO DIABO

assumir o controle. Assim, dos Reichskommissars aos líderes distritais, todos tinham ampla margem para interpretar e ignorar as ordens emanadas do distante Ostministerium de Rosenberg. No leste, observou Goebbels, "todo mundo faz o que quer".[9]

A operação de Rosenberg era tão ampla e desconjuntada que Goebbels a apelidou de *Chaostministerium*. "Naquele ministério, os planos são incubados para as décadas futuras, quando na realidade os problemas cotidianos são tão urgentes que não podem ser adiados", escreveu Goebbels em seu diário. "A ineficácia do ministério se deve ao fato de que há teóricos demais e poucos homens práticos."[10] Foi cunhado outro termo para os administradores de Rosenberg: *Ostnieten* — "ninguéns do leste".

Rosenberg não tinha autoridade sobre a SS de Himmler, e era obrigado a respaldar os esforços de Göring para confiscar alimentos e matéria-prima dos ucranianos.

Pior: seu subalterno nominal da Ucrânia, Erich Koch,[11] revelou-se o déspota incontrolável que ele previra quando Hitler o indicara em julho. Ex-funcionário ferroviário de 45 anos, Koch certa vez afirmou que, se não fosse por Hitler, ele teria se tornado um "comunista fanático". Certa vez, redigiu um livro favorável à União Soviética e apoiara inclusive uma aliança mais próxima entre nazistas e bolcheviques — uma grande falha de caráter aos olhos de Rosenberg. Em 1928, Koch tornou-se líder do estado rural da Prússia Oriental, onde era conhecido pela arrogância e o gosto por uma boa conspiração, recordou um conhecido seu, Hans Bernd Gisevius, oficial de inteligência alemão durante a guerra. "Um demagogo de primeira, um aventureiro ousado, à vontade entre todo tipo de gente, ele sobressaía entre os líderes. Tinha uma imaginação fértil e estava sempre disposto a contar — em sussurros e sob o mais absoluto sigilo — histórias absolutamente fantásticas."[12] Na Prússia Oriental, seu Instituto Erich Koch transformou-se em um negócio amplo e corrupto com interesses em uma variedade de empresas; às vezes, os donos eram forçados a vendê-las para não serem presos. Os lucros de seu conglomerado financiavam um estilo de vida faustoso.

Em outro país, Koch "poderia ter feito muitas coisas boas", escreveu Gisevius. "Mas o resultado inevitável de fazer o que lhe dava na veneta

O CHAOSTMINISTERIUM

foi que dedicou seus talentos versáteis à fraude. Quando foi indicado para a Ucrânia, em 1941, já havia se tornado um megalomaníaco." Koch vivia como um rei — coincidentemente, na cidade prussiana oriental de Königsberg.*

Koch e Rosenberg não podiam ter ideias mais opostas sobre o problema no leste. Koch seguia a linha de Hitler: os alemães eram senhores, os ucranianos eram escravos. Nada devia impedi-los de explorar cruelmente os ucranianos. "Não vim aqui para semear a felicidade", disse ele num discurso. "Vim para ajudar o Führer. O povo deve trabalhar, trabalhar, trabalhar."[13] Koch, que usava um bigode como o de Hitler e o cabelo puxado para trás da testa alta, não fazia nada para ocultar suas ideias extremas, mesmo daqueles a quem oprimia. "Se encontrar um ucraniano que mereça se sentar à mesa comigo, devo mandar matá-lo!", disse ele certa vez. "Somos uma raça superior", afirmou em outra ocasião, "que deve recordar que o trabalhador alemão mais humilde é racial e biologicamente mil vezes mais valioso que a população daqui."[14] Eles estavam lidando com *Untermenschen*, sub-humanos. O contato entre as raças devia ser limitado; o sexo estava fora de questão. "Esta gente deve ser governada com uma força férrea, para ajudar-nos a vencer a guerra agora", declarou. "Não as libertamos para trazer bênçãos à Ucrânia, mas para garantir o espaço vital e as fontes de alimentos de que a Alemanha necessita."

Durante seu governo, Koch empregou o terror. Suas medidas eram "duras e inflexíveis". Os castigos à insubordinação podiam incluir a morte. Ele queria que a população se sentisse "constantemente ameaçada", mesmo quando não fazia nada para provocar os nazistas.

Em resumo, os ucranianos eram tratados "como pretos",[15] conforme explicava Koch. Como no sul dos Estados Unidos antes da guerra civil, eles trabalhariam em vastas plantações para alimentar o povo alemão. A Ucrânia seria uma terra de açoitamentos públicos. Quando Rosenberg escreveu protestando contra esse tipo de tratamento e pediu o fim das chibatadas, Koch deu de ombros. "É verdade", escreveu sobre um incidente, "que vinte ucranianos foram açoitados pela polícia porque sabotaram a obra de uma ponte impor-

---

* "Montanha do rei." [*N. da T.*]

318 O DIÁRIO DO DIABO

tante no Dnieper. Eu não sabia disso. Se soubesse que esse ato ia provocar tantas críticas, provavelmente teria mandado matá-los por sabotagem."[16]

Rosenberg deixou claro que suas desavenças com Koch tinham mais a ver com o pragmatismo do que com escrúpulos morais. Sim, os nazistas tinham que pacificar a região para extrair o que precisavam dela, mas a mistura de "improvisação temperamental e comportamento abertamente provocador"[17] de Koch era simplesmente improdutiva, escreveu em uma carta repreendendo o Reichskommissar. As declarações públicas de Koch só conseguiam antagonizar o povo e estimulá-lo a se unir aos lutadores da resistência. Certamente seria melhor guardar silêncio sobre o que os nazistas realmente pensavam dos eslavos. A consequência da violência de Koch seria "atos de sabotagem e o estímulo ao comportamento *partisan*", como ele anotou mais tarde no diário. "Um povo em guerra consegue suportar tudo, mas não o desprezo explícito."[18]

Rosenberg queixou-se com Hitler, mas Koch tinha o Führer do seu lado. E tinha mais acesso a ele: o quartel-general de Hitler, a "Toca do Lobo", ficava na Prússia Oriental, bem no centro do domínio de Koch, ao passo que o escritório de Rosenberg estava a 640 quilômetros, em Berlim.

Com a ajuda do amigo e aliado Martin Bormann, Koch respondia a Hitler regularmente, enquanto Rosenberg disparava memorandos de longe.[19]

A desavença podia não ter tido importância se a guerra tivesse terminado em poucas semanas ou meses. Contudo, no final de 1941, os soviéticos finalmente haviam aumentado suas defesas e detido o avanço nazista. Mais de 300 mil soldados alemães foram mortos ou feridos. Depois, as primeiras unidades recuaram, a neve começou a cair e os soviéticos atacaram os exércitos alemães na periferia de Moscou. Tudo — todos os planos brutais e os desenhos utópicos — tinha sido armado sobre a ideia de um término rápido para a batalha no leste.

Agora os alemães estavam metidos em uma longa guerra.

"Alguns ainda não compreenderam", anotou Rosenberg no diário, "que agora as coisas têm de ser pensadas de outra forma."[20]

Enquanto Rosenberg discutia o tratamento dispensado aos ucranianos, seus administradores civis trabalhavam com a SS de Himmler em uma

O CHAOSTMINISTERIUM

nova campanha para massacrar judeus. Em abril de 1942, Heydrich visitou Minsk e, durante cinco dias, em meados de maio, 16 mil judeus do gueto foram executados na região. Depois de uma nova onda de fuzilamentos na primavera e no verão, Lohse, o Reichskommissar de Rosenberg em Ostland, foi informado por Wilhelm Kube, o principal administrador civil da Bielorrússia, que "nas últimas dez semanas liquidamos uns 55 mil judeus".[21] O mesmo ocorreu na Ucrânia, onde apenas alguns poucos milhares de judeus foram poupados para fazer trabalhos forçados. Em 26 de dezembro de 1942, Himmler recebeu um relatório dizendo que, nos últimos quatro meses do ano, 363.211 judeus tinham sido mortos na Ucrânia na cidade polonesa de Bialystok.

Em meio a tamanha carnificina orquestrada, um de seus mentores perdeu a vida.

Em setembro, Hitler designou Heydrich para o principal cargo no Protetorado da Boêmia e Morávia, parte da Tchecoslováquia desmembrada. Heydrich esmagou a oposição e, em resposta, líderes tchecos exilados em Londres armaram um complô com os britânicos para matá-lo. Em 27 de maio de 1942, dois assassinos atacaram o carro de Heydrich com pistolas e granadas; ele sucumbiu aos ferimentos uma semana depois. Os nazistas responderam com uma onda de massacres. A cidade de Lídice, acusada de abrigar os assassinos, foi destruída em um incêndio, os homens foram todos mortos, e as mulheres, enviadas a campos de concentração. As crianças da cidade foram divididas em categorias raciais: as consideradas adequadas foram entregues a famílias alemãs para adoção; o resto foi executado.

A morte de Heydrich,[22] claro, não contribuiu para diminuir o avanço do extermínio de judeus.

O primeiro centro da morte foi aberto em Chelmno, na Polônia, onde, a partir de dezembro de 1941, cinquenta judeus por vez eram trancafiados na traseira de caminhões de gás, como o gueto de Minsk temia. A primeira câmara de gás foi construída no campo de Belzec, no oriente da Polônia, e começou a operar em março de 1942. O espaço foi construído para simular chuveiros de descontaminação; havia um sistema de canos ligado ao escapamento dos caminhões. Ao norte, áreas similares foram criadas no campo de concentração de Majdanek. Com o tempo, as vítimas já não

320 O DIÁRIO DO DIABO

se deixavam enganar pela história dos chuveiros. Em Treblinka, os judeus despidos eram surrados e acossados ao avançarem, aterrorizados, pelo corredor que levava às câmaras de gás. "O caminho do paraíso" era como a SS chamava a passagem.

O maior centro da carnificina, Auschwitz-Birkenau, alguns quilômetros a oeste do rio Vístula, começou a operar em fevereiro de 1942 e tornou-se o destino final de judeus da Alemanha, França, Bélgica, Holanda, Itália, Sérvia, Eslováquia, Romênia, Croácia, Polônia, Dinamarca, Finlândia, Noruega, Bulgária, Hungria e Grécia. Lá, os alemães construíram um sistema de assassinatos tão eficiente que seu criador o patenteou. As vítimas eram trancadas em câmaras subterrâneas. Cápsulas de Zyklon B, bolinhas com pesticida de cianeto, eram despejadas pelo teto. Depois que todos morriam, outros prisioneiros removiam as próteses e obturações de ouro, os cabelos, e punham os corpos em elevadores até os fornos, onde eram incinerados.

No total, os nazistas mataram mais de 3 milhões de pessoas nos seis campos,[23] em sua maioria judeus — aproximadamente metade dos judeus mortos durante a guerra.

Certa noite, em meio àquele massacre, em um salão na cidade polonesa de Poznan, Himmler falou com franqueza a um grupo de líderes da SS sobre o trabalho que estavam fazendo. "A maioria de vocês sabe o que significa quando cem corpos jazem lado a lado, ou quinhentos, ou mil. Encarar isso [...] é o que nos torna duros. É uma página gloriosa na nossa história, que nunca tinha sido escrita e nunca poderá ser escrita."[24]

Uma série de campanhas militares bem-sucedidas na União Soviética deu esperança aos alemães em 1942. Os nazistas varreram a Crimeia e o Cáucaso e, em 12 de setembro, depois de semanas de bombardeios da Luftwaffe, o Sexto Exército alemão, comandado pelo general Friedrich Paulus, entrou em Stalingrado.[25]

Tratava-se de uma cidade importante no rio Volga, entre Moscou e o mar Cáspio. Hitler estava ansioso por tomá-la, e prometeu assassinar a população e deportar todas as mulheres e crianças. Ciente da importância simbólica e estratégica de uma cidade que levava o seu nome, Stalin pôs

O CHAOSTMINISTERIUM

tudo em sua defesa. O Exército Vermelho se recusou a se render, disparando nos alemães entrincheirados nas ruínas e espalhando armadilhas por toda parte. Atormentados, os alemães foram surpreendidos quando os soviéticos fizeram um contra-ataque massivo em novembro e cercaram 250 mil homens alemães. Um aerotransportador e uma missão de resgate nazista não conseguiram salvá-los, e logo estavam passando fome, congelando, atacados por piolhos e sem munição. Milhões de cartas enviadas pelos soldados sitiados alertaram os germânicos sobre a crise.

Hitler negou permissão ao general Paulus para tentar sair de Stalingrado, pois isso significaria recuar ante o inimigo. Tampouco o autorizou a desistir da luta. Porém, em 31 de janeiro de 1942, sem saída, Paulus por fim se rendeu aos soviéticos.

A derrota deixou a nação perplexa. A tristeza pairou sobre todo o Reich. Em alguns círculos, Stalingrado foi encarada, mesmo no calor do momento, como o que viria a ser: o começo do fim.

Nesse meio-tempo, nos territórios ocupados, os temores de Rosenberg se materializavam. Diante da brutal escalada da ocupação alemã, surgiu uma resistência tenaz. Os alemães enfrentaram sabotagens, assassinatos e o desafio de dissidentes que se uniram aos movimentos *partisans*.[26] Em maio de 1942, Rosenberg teve a sorte de encurtar uma visita a Ostland; o trem que deveria tomar descarrilou depois que sabotadores cortaram os trilhos.[27] Mais tarde naquele ano, um espião soviético capturado em Kiev confessou planos de assassinar Rosenberg em sua visita à Ucrânia.[28] Uma operação envolveu a explosão da ópera, mas, naquele mesmo dia, a sala lotou de civis ucranianos. As mudanças também frustraram outros atentados.

De volta à União Soviética, Rosenberg mencionou no diário o rumor de que, depois de disparem contra ele durante a viagem, ele teria se "atrincheirado em casa: janelas metálicas, paredes reforçadas, metralhadoras ocultas em todas as janelas".[29] Dizia-se que ele usava colete à prova de balas e viajava com um grande contingente de segurança. Era tudo falso. Rosenberg ria. "Não tenho nenhum homem comigo em casa neste momento, *nunca* andei com proteção da SS." Uma reportagem radiofônica terminou com o que, para Rosenberg, soou como um chamado aos comunistas alemães para agirem contra ele, "isto é, um claro chamado ao assassinato".

O DIÁRIO DO DIABO

Alimentando a resistência havia uma campanha tenaz dos nazistas para encontrar trabalhadores forçados.[30] Com milhões de alemães nas linhas de frente, as fábricas e minas do país requeriam mão de obra. A princípio, os nazistas usaram panfletos e cartazes de propaganda nos territórios ocupados do leste e um cinejornal, *Venha para a adorável Alemanha*, passava nas salas de cinema. Os alemães prometiam bons salários, moradia gratuita e cuidados médicos, e até contas pessoais de poupança.

No início, ucranianos otimistas se apresentaram como voluntários, mas em pouco tempo havia rumores tenebrosos. Os trabalhadores eram transportados em vagões sem alimentos nem sanitários; os que tentavam desistir eram enviados a campos de concentração. Em meados de 1942 já não havia voluntários. Alguns temiam ser tratados como judeus; circulava uma história de que quem embarcava nos trens de trabalhadores era morto e virava sabão.

As autoridades em Berlim estabeleciam cotas de trabalho cada vez mais altas. Ajudados por líderes ucranianos locais, os nazistas faziam arrastões em mercados e cinemas. Invadiam cidades no meio da noite. Quando tentavam fugir para evitar a armadilha, os residentes tinham as casas incendiadas e as criações confiscadas. A violência se espalhou nas estações de trem quando famílias eram separadas à força. Segundo relatos, os nazistas forçavam as grávidas a abortar para não serem poupadas do trabalho forçado.

Com o tempo, grupos inteiros eram convocados por faixa etária. "A Ucrânia está sendo libertada dos ucranianos",[31] diziam as vítimas da campanha de recrutamento.

Mais de 3 milhões de pessoas dos territórios soviéticos ocupados foram embarcadas para o oeste durante a guerra; 1,5 milhão provinha da Ucrânia.

Em Berlim, Rosenberg estava preocupado com o impulso por obter mão de obra. Os homens por trás do programa só pensavam em ser eficientes e bater as cotas. Não lhes importavam os resultados da violência crescente. "O Reich demanda 2 milhões de trabalhadores do leste", escreveu. "Contudo, para o leste, esse é um grande prejuízo para o trabalho de construção. [...] Se desde o início sitiamos os povoados, isso reforça o medo das antigas deportações bolcheviques e, no final, torna a situação mais difícil para *todos*."[32]

O CHAOSTMINISTERIUM

Os arrastões por mão de obra conseguiram uma coisa: virar o país contra os nazistas.

O ministério de Rosenberg tinha outro problema. Seus homens precisavam desesperadamente de mobília para os alojamentos.

Para melhorar aquelas "condições terríveis",[33] o ministro escreveu uma solicitação a Hitler propondo confiscar "mobília doméstica" de judeus no oeste ocupado — tanto dos que haviam "fugido" quanto dos que "partirão em breve". Os nazistas já haviam saqueado todas as obras de arte inestimáveis dos judeus que encontraram. Agora, mediante a Möbel Aktion, a Operação Mobiliário,[34] iriam confiscar pertences do cotidiano: mesas e cadeiras, utensílios culinários, cobertores, espelhos.

Com sede em uma mansão de cinquenta quartos confiscada de judeus ricos, Kurt von Behr começou a contratar empresas de mudança para esvaziar os conteúdos dos apartamentos desocupados na França, Bélgica e Holanda. Pelo menos 69 mil residências foram esvaziadas em dois anos e meio.[35] Para escolher, consertar e empacotar tamanho mobiliário doméstico, Von Behr criou três depósitos no centro de Paris e requisitou mão de obra judia de um campo de internação em Drancy, subúrbio a noroeste da cidade. Um dos depósitos se localizava em uma antiga loja de móveis. Outro, em uma casa ampla e elegante em uma área rica da cidade. O terceiro, em um depósito junto à linha férrea.

Milhares de caixas chegavam aos depósitos diariamente, repletas não só de móveis, mas também de tapetes, cofres, utensílios de cozinha, talheres, brinquedos, cobertores, abajures, instrumentos, roupas, camisolas — em resumo, tudo o que uma casa poderia conter.

Os catalogadores encontraram comida nos pratos.

Encontraram cartas escritas pela metade.

Às vezes, surpreendentemente, reconheciam algo que lhes pertencia. Um deles encontrou uma fotografia da própria filha.[36]

Com rolos de tecidos confiscados, costureiras judias do campo confeccionaram roupas para os oficiais nazistas e suas famílias, inclusive vestidos, bolsas e sapatos para a esposa de Von Behr.

324 O DIÁRIO DO DIABO

A ameaça de deportação pairava no ar constantemente. Homens e mulheres eram embarcados de volta a Drancy não só por tentarem fugir, mas também por ofensas como serem infestados de piolhos. Quando Von Behr aparecia para inspecionar algum depósito, insistia que os trabalhadores o encarassem o tempo todo, regra que seria ridícula se as consequências não fossem fatais. Com o tempo os judeus entenderam que, quando eram enviados de volta ao campo de trânsito, ninguém regressava.

O butim era embarcado não só para os funcionários do ministério de Rosenberg, mas também para a SS, a Gestapo, para a casa de Göring em Berchtesgaden, e outros nazistas bem-relacionados. Os prisioneiros poliam os objetos mais finos e os dispunham em prateleiras, e Von Behr guiava dignitários que escolhiam o que lhes agradava, como se estivessem fazendo compras em Wertheim ou na Leipziger Strasse, em Berlim. Encomendas especiais foram despachadas para colaboradores franceses, generais e soldados nazistas, civis alemães, amigos da família Von Behr e até para estrelas de cinema.

Rosenberg encomendou pessoalmente "uma quantidade impressionante de lençóis, toalhas e outros itens",[37] segundo um prisioneiro. Uma mulher que alegava ser sua sobrinha visitou Paris em uma expedição de compras para o chefe, que precisava de mobília para sua casa em Dahlem, o rico subúrbio de Berlim. A demanda tornou-se tão impraticável que levou os funcionários da Operação Mobília em Liège, na Bélgica, a solicitarem a prisão de mais judeus para poder saquear suas residências.[38]

Contudo, a maior parte do butim terminou nas mãos de alemães comuns. Embora a operação tenha começado com o pretexto de mobiliar os escritórios dos ministérios de Rosenberg, em pouco tempo ela passou por mudanças. Quando os Aliados começaram a bombardear cidades alemãs, a maior parte dos móveis foi despachada para milhares de famílias que tiveram de ser deslocadas quando tiveram suas casas destruídas.[39]

Enquanto isso, nos territórios ocupados do leste, a Einsatzstab se dedicava à sua missão original: saquear arte e documentos inestimáveis.[40]

Lá, a força-tarefa tinha rivais. Uma unidade especial do exército desmantelou o Salão Âmbar no palácio de Catarina, a Grande, em Pushkin, ao sul de Leningrado, levando os lendários painéis esculpidos em âmbar

O CHAOSTMINISTERIUM

e folheados em ouro e embarcando-os para Königsberg, onde os expôs à visitação. Os soldados também saquearam o famoso Globo Gottorp do tsar, um planetário de 3 metros de diâmetro em que as constelações se sobrepõem a pinturas elaboradas de seus ícones: leão, urso, cisne.

Depois de tomarem tudo o que lhes interessava, os alemães se dedicaram a vandalizar o palácio e outros sítios históricos especialmente significativos para o povo russo.[41] Saquearam a antiga residência do poeta Alexandre Pushkin. Estacionaram suas motocicletas dentro da antiga residência de Tchaikovski. Queimaram manuscritos raros de Yasnaya Polyana, a casa de Tolstói.

Nesse ínterim, a SS saqueava cidades como Minsk e Kiev, enviando as peças mais valiosas para decorar o castelo de Himmler em Wewelsburg ou para os escritórios de sua unidade arqueológica, a Ahnenerbe, para estudos.

Os homens de Rosenberg também encontraram muitos tesouros no leste ocupado. Pilharam bibliotecas palacianas, museus e arquivos do Partido Comunista e confiscaram centenas de milhares de livros. Em Vilnius, na Lituânia, a Einsatzstab se apossou do Instituto de Pesquisas Judaicas e fez dele um de seus vários pontos de coleta. Os nazistas puseram quarenta judeus do gueto da cidade para catalogar materiais provenientes de toda a região e preparar os livros mais valiosos para serem embarcados para a Alemanha. Mais ou menos a mesma coisa aconteceu em Riga, Minsk e Kiev.

Vagões de trem carregados de arte, livros, móveis e tesouros arqueológicos russos — inclusive uma famosa coleção de borboletas — rumaram para o Oeste em meio ao sangue e à lama da Europa em guerra.

Nem todo o butim sobreviveu. Dezenas de milhares de livros considerados sem valor foram destruídos. Rolos da Torá confiscados em uma operação não despertaram interesse no escritório de Rosenberg. Como sugeriu um funcionário da Einsatzstab em resposta a uma pergunta do campo, eles deveriam ser desmanchados para reutilizar o couro na encadernação de outros livros ou para fazer cintos e sapatos.

Uma grande quantidade de exemplares se perdeu quando muitas caixas foram atiradas pela janela do trem para dar espaço a uma encomenda mais importante: porcos.

"É impressionante que itens valiosos de toda a Europa tenham sido guardados aqui", escreveu Rosenberg no diário em 1943, depois de visitar um depósito de butins na Estônia. "As obras mais preciosas da literatura, manuscritos de Diderot, cartas de Verdi, Rossini, Napoleão III etc. E, claro, toda a inflamada literatura judaica e jesuíta contra nós."[42] Ele estava satisfeito. Sua "ridiculamente pequena" unidade havia feito muito em poucos anos.

No início de 1943, com a chegada do seu aniversário de 50 anos, Rosenberg lutava contra a melancolia. Nos anos da guerra, ele celebrara a data — de todas as pessoas no mundo, ele tinha que nascer no mesmo dia que Göring — discretamente, mas naquele ano faria uma festa grandiosa, digna da sua importância no partido. "Afinal de contas", escreveu, "Göring e eu já nos tornamos parte da história da revolução nacional-socialista". Pela manhã, um coro de crianças da Juventude Hitlerista e da Liga de Moças Alemãs o entreteve em sua residência. Nazistas proeminentes o saudaram no escritório, e duzentos convidados provaram cozido e cerveja em um salão de baile no edifício do ministério, na antiga embaixada soviética em Unter den Linden.

Outros enviaram cartas comoventes. "O que mais me tocou foi o bilhete manuscrito do Führer", escreveu Rosenberg. Hitler declarou que Rosenberg era um dos "mais eminentes intelectuais que deram forma ao partido", agradeceu-lhe a lealdade e o obsequiou com 250 mil marcos. "Ambos sabemos *como* somos diferentes", prosseguiu Rosenberg. "Ele está ciente de que algumas pessoas que ele permite que ocupem o primeiro plano, provavelmente por questões de Estado, são como vermes para mim." Ao menos, pensava, podia se confortar sabendo que Hitler o apreciava. "Respondi que agora posso expressar que, em todos esses anos, nunca hesitei em minha fé nele e no seu trabalho, e que a maior honra da minha vida tem sido poder lutar ao seu lado."[43]

Mas sua fé estava a ponto de ser seriamente posta à prova.

Quando a disputa com Koch se acirrou, Rosenberg discutiu a reorganização da hierarquia do Ostministerium com Gottlob Berger, chefe do Escritório Central da SS. Era sua última tentativa de expulsar o intransigente

O CHAOSTMINISTERIUM

Reichskommissar na Ucrânia, e ele sabia que precisava de alguém poderoso como Himmler do seu lado. Ele propôs uma aliança:[44] nomearia Berger seu secretário de gabinete, encarregado da supervisão pessoal e política — se conseguisse apoio da SS na pugna contra Koch.

Em janeiro, Rosenberg encontrou-se com Himmler[45] na Polônia durante três horas, e o chefe da SS concordou de bom grado com a indicação de Berger, caso Hitler a aprovasse.[46]

Foi uma decisão fácil para Himmler. Com um assistente leal dentro do ministério de Rosenberg, ele teria ainda maior influência no leste. Quanto a Koch, Himmler não prometeu nada. "Subitamente, H. foi muito leniente com relação a Koch, que ele aprecia como uma 'força motriz'", escreveu Rosenberg no diário, "e ele acha que o Führer não o dispensaria."

Para lidar com Himmler, Rosenberg teve de se desfazer do seu leal assistente Georg Leibbrandt, que trabalhara no Escritório de Política Exterior de 1933 a 1941 antes de ir para o Ostministerium. Os chefes da Gestapo e da SS havia muito questionavam a lealdade de Leibbrandt,[47] uma vez que ele vivera em Paris e nos Estados Unidos entre 1931 e 1933 com uma bolsa Rockfeller. Leibbrandt ficou furioso com a demissão. "Se perdermos a guerra", previu, "o senhor será enforcado, ministro."[48]

Nos primeiros meses de 1943, a guerra com Koch chegou ao auge. Rosenberg rejeitou uma nova diretriz rigorosa emitida por Koch, e este respondeu com 52 páginas de queixas do antigo adversário, acusou Rosenberg de solapar sua posição e pediu a Hitler que dirimisse a questão.

Rosenberg chamou Koch a Berlim para uma reunião, durante a qual os adversários gritaram um com o outro. Temendo que *ele* terminasse sendo demitido pelo Führer, Rosenberg enviou uma carta à Chancelaria, pedindo permissão para demitir Koch, que "se tornou um símbolo de desprezo deliberado e flagrante pelo povo", e que havia "destruído quase por completo uma grande oportunidade política", além de ter um "complexo que só posso definir como patológico".

Enquanto a disputa prosseguia, Himmler manteve-se neutro. A aliança provisória que ele e Rosenberg tinham feito em janeiro não dera em nada. Em março, Hitler barrou a indicação de Berger como desnecessária; dias

328   O DIÁRIO DO DIABO

depois, Himmler convidou Koch para visitá-lo, para que pudessem "conversar longamente sobre tudo".[49]

Em 19 de maio, por fim, Hitler se reuniu com as partes em disputa em seu quartel-general no campo, que agora ficava em Vinnitsa, na Ucrânia.

Rosenberg logo descobriu que os dois anos anteriores não tinham contribuído para mudar a ideia que Hitler tinha da Ucrânia. De fato, dias antes ele afirmara a convidados em um jantar que "quem falar sobre gostar dos habitantes locais e civilizá-los vai direto para um campo de concentração!".[50] Na mesma época, Hitler disse a seus generais que, se achasse que isso ajudaria, ele simplesmente mentiria e prometeria a libertação aos ucranianos. Porém, fazer algo concreto para levantar o ânimo do povo criaria esperanças e tornaria mais difícil controlar a população.

Depois de ouvir Rosenberg e Koch expressarem suas queixas, o Führer julgou a questão. Reiterou que a Alemanha precisava de alimentos e mão de obra do leste ocupado, e descartou peremptória e definitivamente a abordagem que Rosenberg defendia havia anos. "As condições nos forçam a adotar medidas tão drásticas", disse, "que não podemos esperar a aprovação política dos ucranianos."

Quando a reunião terminou, o ministro estava furioso. Recusou-se até a apertar a mão de Koch.

Rosenberg fora completamente derrotado.[51] Ele nunca mais se recuperaria.

Recorreu ao diário para praguejar. O Führer tinha se isolado por trás dos seus guardas, principalmente Bormann, e estava tão centrado na política militar e externa que as questões importantes não eram resolvidas na própria Alemanha. Não havia debate nem discussão. Não estava claro se Bormann transmitia os memorandos de Rosenberg ou se apenas os arquivava sem lê-los. Quando distribuía diretrizes de Hitler, ninguém sabia se era uma ordem autêntica do Führer ou se era Bormann agindo com autoridade própria.[52]

Rosenberg havia aprovado a promoção de Bormann depois da fuga de Hess. Ele parecia "um homem de razão prática, robusta e determinada" e este endossou com entusiasmo a campanha de Rosenberg contra as

O CHAOSTMINISTERIUM

igrejas cristãs. Certa vez, Bormann inclusive lhe pedira para esboçar uma "diretriz para uma nova conduta alemã na vida", uma espécie de catecismo nazista para escolares que substituiria a instrução moral religiosa. Todas as meninas e meninos, dissera, deveriam aprender "a lei da bravura, a lei contra a covardia [...] um mandamento para manter o sangue puro".[53]

Parece que as desavenças começaram quando Bormann compilou alguns dos comentários mais importantes de Hitler sobre as igrejas em linguagem franca e os fez circular entre governadores regionais do partido em uma nota secreta. Em pouco tempo, havia uma cópia em mãos de um pastor protestante. "Assim como a influência deletéria de astrólogos, videntes e outros charlatões é removida e suprimida pelo Estado", escreveu Bormann, "há a possibilidade de eliminar quaisquer influências das igrejas."[54] Rosenberg respondeu-lhe que, em sua opinião, o memorando estava mal redigido e sugeriu que, no futuro, deixasse os escritos com ele. "Não se pode superar 2 mil anos de história europeia com um método de lenhador",[55] escreveu Rosenberg no diário. "Sendo um homem prático, B. não está formalmente talhado para a análise destas questões." Rosenberg tentou expor suas objeções gentilmente, mas Bormann não era alguém insignificante. Ele respondeu "que nunca tinha pretendido começar algo grande" e que, claro, Rosenberg deveria ser o principal mensageiro no que se referia às igrejas.

No entanto, anotou Rosenberg, coisas estranhas começaram a acontecer, "esforços visíveis de torpedear o meu escritório no partido".[56] Ele só podia pensar que Bormann havia decidido que "alguns homens eram grandes demais para ele. Dentre os quais estou em primeiro lugar".

Bormann argumentou que, como Rosenberg estava focado no trabalho no leste, ele precisava fechar muitos escritórios relacionados ao seu papel como substituto ideológico de Hitler. Ele também tentou retirar o controle do programa de saqueio de obras de arte da Einsatzstab, acusando a equipe de Rosenberg de incompetência e corrupção, e entregá-lo à equipe que planejava o Führermuseum em Linz. Rosenberg impediu a tentativa, mas um de seus aliados próximos foi atacado com o que ele considerou acusações falsas. Bormann ordenou uma investigação e exigiu a demissão do homem. "Realmente, uma injustiça primitiva — um exemplo da política

O DIÁRIO DO DIABO

de bastidores mais infeliz", escreveu Rosenberg. "Eles o atacaram, mas era a mim que visavam."

Ele pensou em exigir uma reunião com Bormann para insistir pessoalmente que seu escritório conduzisse a investigação. Já havia conseguido fazê-lo mudar de ideia antes.

Mas ele estava desconsolado com a situação do Terceiro Reich sob o comando de manipuladores como Bormann. "Empregar camarilhas da corte, com poder comprado com milhares de sacrifícios sangrentos, difamar indignamente e dispensar homens honrados sem ouvi-los — isso é algo que o Partido Nazista decente e pessoas decentes não podem aceitar a longo prazo. [...] Dizer isso na cara do Führer, contudo, é inútil. Ele consideraria um ataque à equipe experiente, talvez até ciúmes do 'homem de ação' por parte do 'teórico'."

"Se os métodos de B. derem certo", acrescentou, "o trabalho da minha vida também terá sido em vão."

A guerra caminhava para seu quarto ano. Tudo parecia estar se desmanchando.

22

"Uma ruína"

Dois anos após a invasão da União Soviética, no verão de 1943, os alemães perderam a iniciativa nos campos de batalha. Em julho e agosto, o Exército Vermelho perdeu mais de 1,5 milhão de homens, mas derrotou a Alemanha na maior batalha terrestre da história, em Kursk, 480 quilômetros ao leste de Kiev. Hitler considerava o recuo uma covardia, mas os alemães não tinham opção ante os incessantes ataques frontais dos soviéticos. Na Ucrânia, no final do ano, eles já tinham avançado até Kiev. Para não deixar nada que servisse aos exércitos soviéticos, os nazistas incendiavam aldeias e bombardeavam prédios à medida que recuavam. Um soldado escreveu para casa: "É uma visão horrivelmente bela."[1]

Enquanto isso, os britânicos tentavam romper a determinação alemã mirando diretamente na capital. Em uma noite nublada de novembro de 1943, mais de setecentos aviões britânicos sobrevoaram Berlim e esvaziaram suas cargas de bombas sobre a cidade.[2]

Rosenberg protegeu-se do ataque com a esposa, Hedwig, e a filha, Irene, no abrigo antiaéreo de sua casa na Rheinbabenallee, no bairro de Dahlem.[3] Quando os estrondos amortecidos das explosões por fim cessaram e o sinal soou, a família saiu na escuridão e viu o "céu vermelho que ardia"

332   O DIÁRIO DO DIABO

a nordeste. Rosenberg decidiu não evacuar a família para o sul, para a vila em Mondsee, na beira dos Alpes, no norte da Áustria. Em vez disso, levou-os diretamente para o turbilhão, ao Hotel Kaiserhof, do outro lado da Chancelaria do Reich, na Wilhelmplatz.

O carro cruzou por chamas e devastação nas ruas principais até o centro de Berlim. Na Kufürstendamm, a Igreja Memorial do Kaiser Wilhelm tinha sido detonada por bombas. Atrás dela, o zoológico estava em chamas. A fumaça reduzia a visibilidade a quase nada. O motorista ziguezagueou pelas ruas apocalípticas, esquivou-se de crateras e bolas de fogo, contornou avenidas bloqueadas por detritos em direção ao leste e ao centro do governo, na Tauentzienstrasse: "Não há passagem: uma chuva de chispas e fumaça espessa", informou Rosenberg. O carro subiu na calçada, e o motorista buzinou para os berlinenses apavorados que acabavam de ficar sem teto e fugiam das bombas. "À direita e à esquerda choviam chispas dos edifícios incendiados, transformados em tochas gigantescas." Ele conseguiu passar pelo Tiergarten. Um ônibus ardia na Coluna da Vitória. Na Pariser Platz, junto ao Portão de Brandenburgo, a embaixada francesa estava em chamas. Por fim chegaram ao Kaiserhof, e Rosenberg e sua família assistiram aos bombeiros inundando o Ministério do Transporte, do outro lado da Wilhelmplatz, e provocando grossas nuvens de fumaça cada vez que a água atingia o inferno.

O vento carregou fragmentos incandescentes e os levou pela praça, ateando fogo no telhado do antigo prédio da Chancelaria do Reich.

Os telefones do Kaiserhof não funcionavam, mas o vice de Rosenberg por fim apareceu, coberto de fuligem e usando um capacete metálico, para informar que um dos escritórios de seu superior no partido tinha sido bombardeado.

Na manhã seguinte, a poeira era tão espessa que as pessoas mal conseguiam falar. Ela se espalhava no céu a mais de 6 quilômetros de altura. Para respirar, os sobreviventes cobriam os olhos e a boca com panos. "Não entendo como os ingleses conseguiram causar tanto dano à capital do Reich em um só ataque", escreveu Goebbels. A Wilhelmplatz era um cenário de "profunda desolação".[4]

"UMA RUÍNA"

Muitos cômodos da Chancelaria tinham sido incendiados. Na casa de Goebbels, as portas e janelas saltaram para fora e foram recuperadas uma por uma em meio à devastação. O Führerbunker virou abrigo para os novos sem-teto.

Rosenberg saiu para inspecionar os danos ao seu escritório do partido perto da Potsdamer Platz. "Uma ruína", escreveu. "Em meio aos detritos enfumaçados estavam os cofres caídos do chão." Pilhas de memorandos tinham se incendiado,[5] bem como 20 mil marcos dentro de um cofre de aço. O quartel-general do seu ministério na Unter den Linden sobreviveu, com apenas algumas janelas quebradas e uma camada de fuligem.

Rapidamente, Rosenberg compreendeu a besteira que fizera ao levar a família para a zona de guerra. A noite seguinte trouxe uma nova carga de bombas, e eles tiveram de se proteger no Führerbunker. Mesmo nas profundezas do solo as paredes chacoalhavam com o impacto.[6] Ao sair, Rosenberg viu uma cratera ainda mais profunda: uma bomba havia caído diretamente sobre o bunker. O Hotel Kaiserhof sofria diretamente com o golpe e ninguém tentava apagar o incêndio, pois não havia mangueiras suficientes. Rosenberg avançou rapidamente pelos corredores até o seu quarto, jogou tudo o que pôde nas malas e fugiu de volta para o bunker do Führer, onde todos passaram a noite em catres.

"O que tem acontecido e continuará acontecendo nos prédios e porões das nossas cidades bombardeadas será descrito pelos dramaturgos do futuro como a provação mais dura à qual uma população poderia ser submetida", anotou no diário. Ele a equiparou à queda de Magdeburg, em 1632, na Guerra dos Trinta Anos, quando 20 mil pessoas foram massacradas e a cidade foi incendiada por soldados saqueadores do Sacro Império Romano. "Hoje em dia", escreveu, "isso equivale à perda de um dia. Sob os escombros das vinte grandes cidades que já estão em ruínas, há centenas de milhares de mulheres e crianças incineradas."

Ele exagerava. Os ataques de 1943 e 1944 mataram mais de 9 mil civis, deixaram mais de 8 mil sem teto, e aterrorizaram o povo alemão.

Mas seria preciso mais — muito mais — para abalar Hitler.

334   O DIÁRIO DO DIABO

"Não se dobrar diante disto é um crédito do movimento nacional-socialista", escreveu Rosenberg, "a fortaleza que hoje se tornou a virtude de toda a nação."

"No leste", escreveu Rosenberg no diário durante os dias sombrios do verão de 1944, "recuo incessante".[7] Isolados na Crimeia na primavera, quando os soviéticos avançaram impiedosamente para o oeste, 120 mil soldados do Eixo foram sitiados.[8] Em junho, 1,5 milhão, apoiados por tanques e artilharia, cercaram os alemães na Bielorrússia e mataram ou capturaram 300 mil antes de chegar a 800 quilômetros de Berlim. No Ocidente, os Aliados desembarcaram na Normandia no Dia D, 6 de junho, e avançaram para romper as linhas alemãs e libertar Paris.

Na Alemanha, havia novos complôs para matar Hitler.[9] Alguns oficiais militares de alta patente havia muito estavam furiosos com o modo como ele conduzia a guerra e com seu apetite insaciável por destruição em escala continental. Outros, incluindo antigos funcionários públicos civis, estavam alarmados com o estado policial de Himmler, o extermínio dos judeus e as atrocidades contra os povos do leste. Fossem quais fossem seus motivos, os conspiradores estavam unidos na crença de que Hitler estava levando o país à catástrofe. Eles queriam impedir a queda da Alemanha, pôr fim à guerra e salvar vidas.

"Devemos tentar o assassinato a qualquer custo", disse o general do exército Henning von Tresckow, um dos líderes do complô. "Precisamos provar ao mundo e às futuras gerações que homens do movimento de resistência ousaram dar o passo decisivo e puseram suas vidas em risco ao fazê-lo."

Em março de 1943, seis semanas após a rendição do VI Exército em Stalingrado, Tresckow conseguiu plantar uma bomba no avião de Hitler durante uma visita ao quartel-general de um grupo do exército em Smolensk, na Rússia. Mas o aparato, preparado pela inteligência militar para simular garrafas de conhaque, não explodiu. Um plano suicida com bomba também fracassou quando Hitler — como havia feito na cervejaria Bürgerbräukeller de Munique, seis anos antes — deixou o local mais cedo que o esperado.

Determinados, os conspiradores planejaram a Operação Valquíria, um assassinato seguido de golpe militar, com apoio dos reservas estacio-

"UMA RUÍNA" 335

nados em Berlim. A oportunidade por fim se deu em 20 de julho de 1944, no quartel-general de campo de Hitler — a "Toca do Lobo" —, perto de Rastenburg. Claus von Stauffenberg, oficial do exército, levou uma bomba em uma maleta de documentos a uma reunião da equipe militar à qual Hitler compareceria. Ele a colocou junto a uma pesada mesa de madeira perto do Führer, se desculpou e saiu, e quando viu a explosão do quartel deixou o campo com um pretexto e em seguida ligou para seus aliados contando a notícia: Hitler estava morto.

Em Berlim, as complicações começaram quase de imediato. A linha telefônica com o quartel-general de Hitler no campo não tinha sido cortada, e em pouco tempo chegou a Berlim a notícia de que de algum modo o Führer havia sobrevivido à explosão, que destruiu as paredes do quartel. A mesa pesada tinha amortecido a força da bomba. Hitler saiu do cômodo com as calças em chamas e os tímpanos gravemente afetados, e partiu para esmagar a rebelião.

O general Friedrich Fromm, chefe do exército da reserva em Berlim, fora informado com antecedência do complô. Ele deveria lançar o golpe despachando seus soldados para ocuparem os prédios governamentais. Ao saber que Hitler havia sobrevivido, recusou-se a cooperar. Quando os conspiradores chegaram ao quartel-general do exército, Fromm tentou prendê-los; ao invés disso, no entanto, eles conseguiram fazê-lo prisioneiro. Após uma troca de tiros no quartel-general, Fromm foi libertado, e os conspiradores, detidos. Temendo ser implicado, já que sabia do complô, ele mandou executarem os quatro mentores do golpe — inclusive Stauffenberg. Na manhã seguinte, Hitler foi à rádio denunciar os conspiradores e agradeceu à Providência por salvar sua vida mais uma vez, como acontecera em Munique, em 1939.

Rosenberg não conseguia entender por que generais do Exército — que não tinham se sublevado contra a odiada República de Weimar — tentariam assassinar o herói fundador do Terceiro Reich. "Nunca antes", exclamou, "um oficial tentou assassinar o maior comandante em chefe de um modo tão covarde."[10]

Himmler se dedicou a prender todas as pessoas ligadas a esse ou a qualquer complô contra o Führer; alguns se suicidaram com tiros, granadas ou

336 O DIÁRIO DO DIABO

veneno para evitar a prisão. Os prisioneiros foram surrados e torturados em busca de informações. Os sobreviventes foram julgados em processos notórios da Corte do Povo, e depois enforcados por ordem explícita de Hitler, com uso de ganchos no teto e arames finos, para garantir mortes lentas e dolorosas. De volta à Toca do Lobo, o Führer assistiu às execuções horripilantes em filme. Himmler prendeu parentes de alguns conspiradores, despachou-os para campos de concentração e enviou as crianças a orfanatos.

A raiva de Rosenberg foi inflamada por um detalhe surgido durante os julgamentos. O major Ludwig von Leonrod, católico, procurara um capelão que era seu amigo, o padre Hermann Wehrle, para perguntar se a igreja autorizava o assassinato de um déspota. O padre respondeu que não, mas durante o julgamento ele afirmou que a indagação de Leonrod lhe parecera teórica, então ele informou — não aos nazistas, mas a seu bispo.[11]

"Quer dizer que o Vaticano já sabia disso havia seis meses. E esperou pelos assassinos católicos, como Stauffenberg, que sempre usava uma cruz de ouro no peito", escreveu Rosenberg.[12] "Infelizmente, ele foi morto *antes* do interrogatório, então não se pôde ouvir os *seus* confessores."

Leonrod, assim como Wehrle, foi executado.

Em outubro de 1944, Rosenberg dormiu em seu chalé no bosque de Michendorf pela primeira vez, desfrutando da "mais profunda calma enquanto o mundo ao redor está em um turbilhão". Naquele verão, por diversas vezes, ele se retirou para a aldeia perto de Potsdam e dormiu em seu próprio trem especial, "Gotenland", para fugir da devastação em Berlim. Reval, sua cidade natal na Estônia, tinha sido atacada, bem como Aachen, a cidade-spa, e Colônia — lugares que ele visitara na juventude. Mas o que mais o chocou foi visitar Munique, onde o nazismo nascera. "Chegamos de carro à meia-noite", relembrou no diário. "Um labirinto de ruínas e cabos. Ruas destruídas." A cidade estava "destroçada, [...] mutilada".[13]

Os pilares que haviam apoiado o Terceiro Reich estavam caindo à sua volta. Os soviéticos tinham revertido todos os avanços alemães. "Agora", escreveu, "as maiores batalhas estão ocorrendo em solo *alemão*. Perto

"UMA RUÍNA" 337

do quartel-general do Führer." Ele permaneceu ministro dos territórios ocupados, mas agora aquilo era um título vazio: como observou um burocrata amargurado, era o "Ministério dos Territórios do Leste que já não estavam Ocupados".[14] Seu velho inimigo Goebbels comentou alegremente que Rosenberg era como um monarca europeu "sem país e sem súditos".[15]

Rosenberg solicitou a Hitler que demitisse seus dois Reichskommissars, Lohse e Koch, e o pusesse como responsável direto do decadente império do leste; em vez disso, Hitler entregou as terras remanescentes a Koch, sem consultá-lo. De todas as humilhações no final da carreira, esse foi o golpe mais duro que ele levou.

O ministro rejeitado tentou em vão uma audiência com o Führer, mas o seu guardião o manteve afastado.

Rosenberg passou os últimos meses de 1944 tentando enfrentar um desafio fundamental — ainda que sem sentido — ao seu trabalho. Ele envolvia Himmler e Andrei Vlasov,[16] general soviético capturado no front. Durante três anos, Rosenberg e muitos outros tinham tentado em vão convencer Hitler a alistar diversas nacionalidades do leste para lutar contra Moscou. O Führer não se deixava convencer. Dê-lhes armas e eles podem voltá-las contra os nazistas: essa era a firme convicção de Hitler. Ela era imutável.

Contudo, no Exército formou-se um movimento para que russos lutassem contra russos, e em julho de 1942 eles acharam que tinham encontrado em Vlasov o tipo de líder carismático que buscavam. Ele contou aos alemães que o Exército Vermelho estava preparado para se voltar contra Stalin e derrubar os comunistas. Se o patriotismo do povo pudesse ser utilizado contra o ditador, seria possível uma revolução. Tudo o que ele precisava era de um exército e uma operação política. O braço de propaganda do exército tratou de fazer de Vlasov o líder nominal de um fictício comitê de libertação russo, na esperança de assim tornar seus sonhos realidade.

Rosenberg estava preocupado. Vlasov falava de uma Rússia unificada. Soava como se os nazistas fossem ajudá-lo a construir uma nova Rússia poderosa — exatamente o que tinham passado os últimos vinte anos tentando derrubar. Porém Rosenberg estava ao mesmo tempo desesperado.

338 O DIÁRIO DO DIABO

Concordou com a ideia de um comitê de libertação da Rússia, sempre e quando as outras nacionalidades importantes — ucranianos, bielorrussos e estonianos — também tivessem seus comitês.

Em janeiro de 1943, um panfleto assinado por Vlasov foi atirado do ar sobre a zona de guerra. Ele apelava ao povo russo que apoiasse sua causa: a derrubada de Stalin, paz com a Alemanha e uma "nova Rússia", livre tanto dos comunistas quanto dos capitalistas. Os panfletos foram um sucesso, e Vlasov passou a discursar por todo o leste ocupado e a falar sem freios. Talvez desenfreado demais. Ele denunciou o programa de trabalhos forçados dos nazistas e a brutal administração alemã. "O povo russo viveu, vive e viverá", declarou. "Nunca será reduzido à condição de povo colonizado."

Os nazistas ficaram furiosos. Aquilo deveria ser uma propaganda inofensiva. Mas agora soava ameaçadora. Em junho de 1943, Hitler deslanchou a operação Vlasov. Himmler denunciou o general soviético e suas preleções sobre os alemães. "*Herr* Vlasov começou a nos contar histórias com a sua altivez russa",[17] disse Himmler em um discurso para um grupo de oficiais da SS naquele ano. "Ele disse: 'A Alemanha nunca foi capaz de derrotar a Rússia. A Rússia só pode ser derrotada pelos russos.' Os senhores podem ver, cavalheiros, que essa frase é um perigo mortal para um povo e um exército."

Mas agora, um ano depois, com o impulso da guerra totalmente contrário aos nazistas, Vlasov voltou à cena,[18] e dessa vez seu patrocinador era nada mais nada menos do que Heinrich Himmler. Para piorar a situação de Rosenberg, o líder da SS respaldava a ideia de Vlasov de uma Rússia unificada, e Hitler assentira favoravelmente.

Aquilo era uma desgraça. Em 12 de outubro de 1944, Rosenberg enviou um memorando de protesto a Hitler. Queixou-se de que a visão nazista para o leste estava sendo corrompida. "Rogo-lhe, meu Führer, que me diga se ainda deseja que eu trabalhe neste campo", escreveu. "Em vista dos acontecimentos, devo supor que já não considera necessárias as minhas atividades."

Bormann reportou a Rosenberg que Hitler estivera de cama e não havia lido o seu relatório. Rosenberg nunca ouviu uma resposta de Hitler.

"UMA RUÍNA" 339

Em 14 de novembro, Vlasov apareceu no Castelo Hradčany, em Praga, para anunciar a formação de um Comitê para a Libertação dos Povos da Rússia. Foi lançado um manifesto. Ele prometeu "a igualdade de todos os povos e seu direito genuíno ao desenvolvimento nacional, à autodeterminação e a ter um Estado".

Para Rosenberg, no entanto, essas eram palavras vazias. Na verdade, ao apoiar Himmler, simplesmente havia reforçado a ideia de uma nova Rússia imperialista. Rosenberg sabia que a missão estava condenada desde o início — surgira tarde demais —, mas aquilo o desagradou porque sabia que, de alguma forma, ele seria apontado como culpado pelo seu fracasso, embora ninguém o ouvisse.

"Se todos fracassarem, o erro estará no tratamento equivocado da questão, e depois de deixá-la de lado. Não há seriedade ante os problemas do leste",[19] escreveu no diário. "Mais tarde escreverei sobre minha dor e indignação *pessoais* neste caso. Os sentimentos ainda estão crus demais. Eles também são menos importantes diante da sorte do Reich, [...] só posso esperar que o Reich alemão não sofra mais danos do que já sofreu graças a loucos políticos como Koch."

Sua amargura com o Reichskommissar não diminuía. O homem era "um exemplo didático de um filisteu desvairado na política mundial, que poderia servir para criar porcos na Prússia Oriental ou construir assentamentos em Zichenau"[20] — parte da Polônia ocupada —, "mas que se tornou um desastre para a política do Reich no Leste". Koch tivera o desplante de declarar que o povo ucraniano não tinha história. "É praticamente impossível dizer algo mais estúpido do que isso", espumou Rosenberg. "Os assassinatos de vários dos seus colegas certamente se devem a estes e a outros discursos e ações." O principal deles foi a morte de Wilhelm Kube, chefe da administração civil na Bielorrússia, morto em setembro de 1943 pela explosão de uma bomba-relógio colocada debaixo de sua cama por uma empregada aliada à resistência.

"Posso entender perfeitamente que um Nietzsche enlouqueça no *seu* mundo", escreveu Rosenberg.[21] "Ele *viu* a coisa vindo, e não podia evitá-la." Se Hitler tivesse dado ouvidos a Rosenberg, poderia ter mudado completamente o curso da guerra. "Um exército de 1 milhão de ucra-

340 O DIARIO DO DIABO

nianos com uma ideia de um novo país talvez nos tivesse poupado da catástrofe de Stalingrado."[22]

No entanto, apesar de toda a rejeição, decepção e fracasso, Rosenberg se recusava a dar as costas a Hitler.

Permaneceu em seu posto, embora este estivesse vazio.

No início de dezembro, depois de um ano dormindo em um hotel, Rosenberg voltou para Dahlem quando terminou a reforma de sua casa após o bombardeio. No dia seguinte, ele escreveu no diário que seria o último a sobreviver à guerra. "Nos destroços da minha casa foram recuperados os restos da biblioteca. Rasgados, amassados e ainda cobertos de detritos e cacos de vidro." Ele tomou um volume do poeta místico austríaco Rainer Maria Rilke que o levou de volta à juventude e aos dias despreocupados que passara folheando suas páginas.

"Quanto tempo se passou desde a minha juventude", escreveu.[23] Ele mal podia crer naquilo.

Os soviéticos estavam na soleira da porta.[24] No final de 1944, Hitler finalmente teve de fugir da Toca do Lobo, na Prússia Oriental, para a segurança de Berlim. Em dezembro, ele viajou para o front ocidental, onde supervisionou uma tentativa de romper as linhas aliadas com 200 mil tropas, mas na Batalha das Ardenas as forças britânicas e americanas fizeram os alemães recuarem. Foi a última grande ofensiva nazista.

Em janeiro, com a derrota garantida, Hitler voltou à capital. Milhões de tropas aliadas pressionavam Berlim vindas do leste e do oeste.

No início de 1945, fazia mais de um ano que Rosenberg não tinha uma reunião privada com Hitler. Ele vira o Führer pela última vez em 24 de fevereiro, quando este discursou para tentar congregar a liderança partidária. Hitler estava em um estado assustadoramente ruim.[25] Entrou no salão mancando como um velho. Sua mão esquerda tremia tanto que não conseguia levar um copo d'água à boca. Rosenberg só conseguiu apertar a mão dele. Mais de uma vez tentou solicitar uma reunião a intermediários. A resposta era que Hitler ficaria contente em vê-lo para o chá, mas sabia que o ministro insistiria em uma "discussão técnica",[26] para a qual Hitler não estava disposto.

"UMA RUÍNA" 341

"Para que serve um chefe de Estado", Rosenberg indagou ao seu chefe de gabinete, "se não for para uma discussão técnica?"

Certa noite de março, os americanos lançaram seu maior ataque aéreo contra Berlim,[27] e despacharam mais aviões sobre a cidade ainda com luz do dia. Três mil alemães morreram, 100 mil ficaram sem teto e uma grande parte da cidade ficou sem água e eletricidade.

O telhado da casa de Rosenberg caiu em outro ataque mais tarde naquele mês, e ele se mudou para o porão com Hedwig e Irene. Depois do ataque, "fiz o que parecia importante", escreveu posteriormente na prisão em um relato sobre sua vida. "O jardim estava semeado, havia batatas e vegetais plantados." O ataque arruinou os planos para a festa de 15 anos de Irene. Rosenberg a viu sentar-se diante da máquina de escrever da família e datilografar.[28] "Não sei o que ela escreveu, mas certamente era algo sobre a vida em Berlim, o que viu da destruição, e o que ouvira sobre a morte no coração da cidade."

Ele soube que seu amigo e colega Arno Schickedanz tinha se suicidado junto com a esposa e a filha de 8 anos. Rosenberg pensou no que faria. Todos os líderes nazistas haviam recebido cápsulas de cianeto, e ele possuía o suficiente para a família. Não deixaria seus entes queridos serem levados pelos soviéticos.

Em abril, quase todos os exércitos alemães estavam destruídos; mais de 1 milhão de soldados alemães tinham morrido apenas no ano de 1945.[29]

Contudo, Hitler não se rendia.

Em 20 de abril, o Führer completou 56 anos, e os soviéticos lançaram o ataque final a Berlim.

No dia seguinte, uma manhã chuvosa, Rosenberg se deteve junto à janela e fitou o jardim. Ele partiria para sempre. "Ali, os sendeiros por onde costumávamos passear", escreveu. "Nos fundos, o balanço de Irene e o gazebo. À direita, a bétula esguia recém-plantada. Tudo o que ainda temos vai ficar para trás."[30]

Ávidos por vingança, os soldados soviéticos estavam abatidos com as mortes dos seus camaradas e chocados com os campos de extermínio que haviam tomado.

342 O DIÁRIO DO DIABO

Um deles escreveu: "Eles vão recordar esta marcha do nosso exército sobre o território alemão por muito, muito tempo."[31] Os soviéticos saquearam tudo, de arte a máquinas industriais a bicicletas e rádios e relógios de pulso. Incendiaram cidades alemãs e estupraram centenas de milhares de mulheres. "Estamos nos vingando de tudo", escreveu outro soldado para casa, "e a nossa vingança é justa. Fogo por fogo, sangue por sangue, morte por morte."[32]

O apartamento de Hitler na Chancelaria do Reich tinha sido destruído, e ele foi para o bunker no subterrâneo com a namorada, Eva Braun, e seus ajudantes mais leais: Bormann, os principais generais e seu ajudante pessoal.[33] Goebbels se mudou para o bunker com a mulher e seis filhos. Dois dias depois do aniversário de Hitler, em um surto histérico que superou tudo o que o seu círculo íntimo já havia visto, ele por fim admitiu que a guerra estava perdida, que todos o haviam traído.

Recusou ofertas de tirá-lo de Berlim e levá-lo para Berchtesgaden. Não, insistiu, ficaria e faria a coisa certa: ele se mataria.

Sugeriu que Göring, que estava nas instalações bávaras em Obsersalzberg, se encarregasse do sul da Alemanha e negociasse com os Aliados. Quando recebeu o recado, Göring buscou a cópia de um decreto de 1941 que o apontava como sucessor de Hitler, caso a "liberdade de ação" do Führer ficasse restringida.

Göring enviou um bilhete ao bunker perguntando se seria o caso de assumir o comando. "Se não tiver resposta até as 22 horas, irei supor que você foi privado de sua liberdade de ação", escreveu.[34] "Nesse caso, considerarei que os termos do seu decreto estão em vigor e agirei de acordo, para o bem do povo e da Pátria."

Bormann levou a mensagem ao Führer, junto com outra que Göring enviara a Ribbentrop, e persuadiu Hitler de que ele estava tramando um golpe.

Cego de ódio, o líder nazista imediatamente destituiu Göring de todos os seus cargos, e Bormann despachou a SS para colocá-lo imediatamente em prisão domiciliar. Robert Ritter von Greim voou a Berlim, esquivando-se da artilharia aérea, para aceitar ser o sucessor de Göring como chefe da Luftwaffe. Mas quando souberam pela BBC que Himmler estava oferecendo

"UMA RUÍNA"

rendição incondicional, Hitler enviou Von Greim para pôr outro membro do seu círculo íntimo na prisão aos gritos: "Um traidor nunca poderá me suceder como Führer!"

Entrementes, os exércitos soviéticos sitiaram o bairro governamental. Uma semana depois do colapso de Hitler no bunker, o inimigo estava na Potsdamer Platz, a menos de 1 quilômetro de distância.

No dia seguinte, 30 de abril de 1945, os generais procuraram Hitler com a notícia de que não podiam lutar mais.

Na mesma semana, os exércitos americanos chegaram às torres e fortalezas do castelo Neuschwanstein, o local de contos de fadas construído para Ludwig II, o rei louco da Baviera, no alto de um cume escarpado ao sul de Munique. James Rorimer, curador do Museu Metropolitan de Nova York e membro da Unidade de Monumentos, Belas-Artes e Arquivos dos Aliados, estava havia semanas na sala dos mapas do seu grupo do exército, à espera da notícia de que os Aliados tinham tomado o castelo. Ele pegou um jipe da Cruz Vermelha e — ignorando o fato de que cruzaria um território de 200 quilômetros que ainda não estava totalmente livre dos combatentes alemães — correu ao sul para investigar.

Os Homens dos Monumentos,[35] como ficaram conhecidos, formavam um pequeno grupo de acadêmicos e arquitetos enviados para proteger e salvaguardar os tesouros da Europa quando os exércitos avançaram sobre Berlim em 1944-1945. Rorimer tinha passado algum tempo em Paris após a libertação da cidade, em agosto de 1944, e lá conheceu Rose Valland, historiadora de arte francesa que trabalhara na operação de Rosenberg, no Jeu de Paume. Durante a ocupação, Valland registrou sigilosamente as obras de arte que os nazistas levaram e o seu paradeiro. Ela guiou o funcionário americano do museu em um tour dos depósitos da Einsatzstab, convidou-o ao seu apartamento e, depois de um champanhe, mostrou-lhe suas listas detalhadas. Ela assegurou a Rorimer que ele encontraria arte francesa saqueada em Neuschwanstein e em outros castelos.

Ao chegar à fortaleza, Rorimer descobriu que os nazistas haviam desaparecido, mas que o antigo curador ainda estava lá, cuidando do tesouro.

O DIÁRIO DO DIABO

"Era um castelo no ar, que ganhou vida para egocêntricos e loucos sedentos de poder",[36] escreveu, "um local pitoresco, romântico e remoto para uma gangue se reunir e fazer seus saqueios de arte."

Arrastando um enorme molho de chaves, o alemão conduziu Rorimer e seus homens por escadarias quase tão íngremes quanto as montanhas nas quais se assentava o castelo. O curador mostrou aos americanos um salão após o outro, todos praticamente apinhados de butins. Eles encontraram caixas lacradas marcadas com a unidade de Rosenberg — ERR —, além de tapeçarias, livros, impressos e, claro, muitas, muitas pinturas. Atrás de uma porta de aço havia dois baús de joias roubadas dos Rothschild e mil peças em prata pertencentes à família do banqueiro David-Weill.

"Passei pelos salões como num transe", escreveu Rorimer, "na esperança de que os alemães estivessem à altura de sua reputação de serem metódicos e tivessem fotografias, catálogos e registros de todas aquelas coisas. Sem elas, levaríamos vinte anos para identificar os montes de pilhagem."

Ele teve sorte. Em outra ala do castelo encontraram 8 mil negativos de fotografias e um catálogo documentando as 22 mil peças roubadas pela equipe de Rosenberg.

Mesmo assim, era de estranhar que os Aliados não tivessem àquela altura encontrado o filão principal. Ainda faltavam algumas das peças mais valiosas. Dois outros Homens dos Monumentos, Robert Posey e Lincoln Kirstein, tinham uma ideia de onde poderiam estar. No final de março, eles toparam com um jovem historiador da arte que havia trabalhado com Göring e Von Behr em Paris. Ele lhes disse que encontrariam a coleção de arte pilhada por Hitler nas profundezas de uma mina de sal nos arredores de uma pequena cidade a leste de Salzburg: Altaussee.

Dias depois, as forças americanas tomaram a cidade, e Posey e Kirstein correram para a Áustria para verificar aquilo.[37] Depois de avançar pela estrada tortuosa e íngreme até a entrada da mina, descobriram, para seu espanto, que os nazistas tinham selado a entrada com explosivos. No dia seguinte conseguiram abrir caminho por uma pequena fenda e entraram no túnel. Não demorou muito para encontrarem o que procuravam à luz trêmula das lanternas.

"UMA RUÍNA" 345

Na segunda sala eles descobriram os painéis do famoso altar de Ghent, de 1432. Mais adentro, uma grande câmara continha caixas de obras de arte e, em uma colcha suja, a *Madonna* de Bruges esculpida por Michelangelo. Dias depois, ainda trabalhando com a enorme descoberta, encontraram o *Astrônomo*, de Vermeer.

Ao calcular o butim, eles estimaram que os nazistas haviam escondido quase 9 mil peças de arte inestimáveis dentro da mina de Altaussee — caminhões de pinturas, desenhos, impressos, esculturas e tapeçarias.

No total, os nazistas roubaram cerca de 650 mil obras de arte. Os Aliados resolveram devolver as obras aos donos, começando pelo altar de Ghent, que foi transportado para a Bélgica de avião para ser restaurado e exposto. A divisão de monumentos passou seis anos catalogando e repatriando objetos. Mas muitas peças continuaram desaparecidas — algumas por décadas, outras aparentemente para sempre — e outras tantas não puderam ser devolvidas, pois seus donos legítimos haviam perecido no Holocausto. Muitos itens, depois de negociados por vendedores inescrupulosos que se aproveitaram do caos da guerra, tornaram-se objeto de longas disputas internacionais.

Com os anos, algumas apareceram em lugares estranhos, como um cofre em Zurique de propriedade de um negociante de arte que ressuscitou sua carreira depois de passar apenas alguns anos na prisão devido ao seu papel no saqueio da França. Algumas gerações mais tarde, em 2012, as autoridades encontraram mais de 1,4 mil pinturas, no valor de bilhões de dólares, no apartamento de Munique de Cornelius Gurlitt,[38] cujo pai, embora tivesse antepassados judeus, tinha se tornado comprador do museu de Hitler e conseguira adquirir, a preços ínfimos, centenas de pinturas "degeneradas" — de Matisse, Otto Dix, Picasso — oriundas de judeus em fuga.

As marolas do saqueio de Rosenberg se expandiram durante gerações.

Em 21 de abril, Rosenberg e sua família foram levados para o norte, para além das ruínas e dos refugiados que enchiam as ruas, até Flensburg, 440 quilômetros ao norte de Berlim, na fronteira com a Dinamarca.

Ele estava em Flensburg quando a bomba estourou. Às 15h30 de 30 de abril, Hitler e Eva Braun, que ele havia desposado no dia anterior, se

346 O DIÁRIO DO DIABO

fecharam em seu estúdio e deram fim a suas vidas. Ele com um tiro, ela com veneno. Cinco horas depois, Goebbels e a mulher cometeram suicídio após insistir para que os médicos disponíveis no local anestesiassem e depois envenenassem seus seis filhos.

Em suas horas finais, Hitler nomeou um sucessor passando por cima de Göring e Himmler, e escolheu o almirante Karl Dönitz, chefe da Marinha alemã, cuja estratégia nova de enviar submarinos em grupos tinha ajudado os nazistas a afundarem cerca de 3 mil navios mercantes e barcos aliados durante a guerra. A indicação serviu apenas para deixar nas mãos de Dönitz o constrangimento de render oficialmente a Alemanha aos Aliados, o que ele fez em 8 de maio, oito dias após o suicídio de Hitler.

Rosenberg, que havia sido oficialmente dispensado por Dönitz de suas incumbências como ministro dos territórios ocupados do leste apenas no dia 6 de maio, caminhou pela orla do estuário do Flensburg,[39] um braço do mar Báltico, e se perguntou aonde a vida o tinha levado. Pensou em sua terra natal na Estônia, a 960 quilômetros dali. Sabia que nunca mais a veria. Ao regressar ao quartel-general ele caiu, machucou o pé e terminou no hospital. Atribuiu a queda à doença nos pés que o afligia havia anos, mas Albert Speer, arquiteto de Hitler e, depois de 1942, ministro de armamentos e produção de guerra, contou outra história.

"Ele foi encontrado quase desfalecido", escreveu.[40] "Ele falava que tinha se envenenado, e suspeitou-se de uma tentativa de suicídio, mas depois descobriu-se que estava apenas bêbado."

Em 18 de maio, os britânicos foram atrás dele. Rosenberg disse que seis dias antes havia escrito uma carta ao marechal de campo Bernard Montgomery "colocando-me à sua disposição".[41] Segundo outros relatos, os soldados toparam com ele enquanto procuravam Himmler; o líder da SS foi capturado pelos Aliados em 21 de maio quando tentava fugir disfarçado, e cometeu suicídio dois dias depois ao engolir uma cápsula de cianeto.

Rosenberg beijou a esposa e a filha chorosas e mancou até os carros que o levariam à prisão. Sentado na cela, ouviu dois guardas aliados tentando cantar "Lili Marlene", a canção da época para as tropas de ambos os lados, o lamento de um soldado sobre a separação de sua amada.

"UMA RUÍNA"

Alguns dias depois, Rosenberg foi algemado, levado a uma pista de pouso e transportado para o sul. Pela janela ele avistou os restos de Colônia. "Como se tivesse sido pisoteada por bestas gigantescas, os destroços de Colônia se espalhavam ao redor das ruínas da catedral", escreveu mais tarde. "Pontes destruídas junto ao rio. Um deserto evidenciando o destino terrível do povo e do Reich."

Quando percebeu que o avião se dirigia ao oeste, sentiu uma onda de alívio. Ele não seria entregue aos soviéticos.

Em vez disso, foi depositado no Palace Hotel, na cidade-spa de Bad Mondorf, em Luxemburgo, perto da fronteira com a Alemanha. Quando chegou, muitos outros sobreviventes importantes do Terceiro Reich já estavam lá, inclusive Göring, que tinha conseguido escapar da prisão domiciliar em Obersalzberg antes de ser detido pelos Aliados.

O hotel de oito andares fora despido de quaisquer luxos e convertido em uma jaula comum para os maiores criminosos de guerra do século. Os candelabros, tapetes, cortinas e camas tinham sumido. Grades substituíam as janelas. Os prisioneiros dormiam em catres do Exército com colchonetes de palha e cobertores grosseiros. Para evitar suicídios, as mesas foram adaptadas para não suportar o peso de uma pessoa.

Rosenberg foi revistado, suas roupas foram vasculhadas em busca de cápsulas de veneno e objetos cortantes, e ele ficou sem o cinto e sem cadarços nos sapatos.

Seu lar temporário já não era conhecido como Palace Hotel. Os americanos lhe deram outro nome: Centro para Nacionais do Eixo no Quartel--General Supremo dos Aliados — ASHCAN,* na sigla em inglês.

---

* "Lixeira." [*N. da T.*]

23

"Leal a ele até o fim"

Em 8 de março de 1945, Robert Kempner e sua esposa foram à corte federal na esquina da Ninth Street com Market, na Filadélfia, e prestaram juramento como cidadãos dos Estados Unidos.[1] Ele trajava terno e gravata listrada; ela levava uma flor no chapéu.

Kempner havia obtido a cidadania. Seu trabalho no governo tinha se expandido enormemente nos últimos três anos da guerra. Ele não só fornecia testemunho especializado ao Departamento de Justiça e inteligência para o FBI como também informava a Divisão de Inteligência Militar no Departamento de Guerra e, com a esposa e um grupo de assistentes, produzia extensos relatórios para o Escritório de Serviços Estratégicos (OSS),[2] precursor da Agência Central de Inteligência. No OSS, os Kempner trabalhavam com Henry Field, antropólogo designado por Roosevelt para estudar o que o presidente considerava a questão mais importante do pós-guerra: a imigração e reassentamento de refugiados internacionais. O ultrassecreto Projeto "M" produziu mais de seiscentos relatórios de abrangência mundial; os Kempner forneceram um registro de oficiais alemães de maior e menor importância e um relatório em cinco partes sobre as mulheres na Alemanha nazista. Os estudos foram distribuídos a funcionários de alto escalão na capital e, com a morte de Roosevelt, entraram na "zona crepuscular do arquive e esqueça".[3]

350   O DIÁRIO DO DIABO

Kempner ainda esperava mudar seu status de empregado especial para empregado de horário integral no FBI. Embora fosse incerto se teria futuro no escritório, ele recusou duas ofertas de emprego bem pagos em Washington, um de 6,2 mil dólares por ano como investigador do Escritório de Custódia de Propriedade Estrangeira,[4] que supervisionava o confisco de propriedades de inimigos nos Estados Unidos, e o outro de 5,6 mil por ano como pesquisador no Departamento de Guerra, que se preparava para julgar os crimes de guerra dos nazistas.

Com os exércitos Aliados fechando o cerco a Berlim e os processos contra os crimes de guerra no horizonte, Kempner se posicionara para obter um papel no que prometia ser o julgamento do século. Seu trabalho contra os alemães acusados de insubordinação o ajudara a criar relações importantes. Quando se candidatou a um trabalho no grupo de promotores, ele escreveu que encarava o julgamento como a conclusão de um caso que havia ajudado a preparar na década de 1930. "Pode ser uma boa ideia", escreveu, "contar com ao menos uma pessoa com certo conhecimento da administração, das leis e das práticas alemãs, e das respostas corretas para as mentiras dos réus."[5]

Em 1942, os Aliados começaram a tentar processar os inimigos na justiça como criminosos de guerra, embora não estivessem de acordo sobre como fazê-lo. Churchill queria execuções sumárias, ao passo que Stalin queria julgamentos. Henry Morgenthau, secretário do Tesouro de Roosevelt, recomendou uma severa pena ao país que havia arrastado a Europa e os Estados Unidos a duas guerras mundiais. Ele queria que o exército fosse desmantelado. Queria a destruição definitiva da indústria alemã. Queria os nazistas presos e condenados a trabalhos forçados. Queria os principais líderes mortos assim que fossem capturados. O secretário de Guerra Henry Stimson era contrário a essa ideia vingativa. Não tinha sentido usar as táticas dos nazistas contra eles. "É principalmente mediante a compreensão profunda e o julgamento dos líderes e dos instrumentos do sistema nazista de terrorismo, como a Gestapo", escreveu, "que podemos demonstrar o horror que este sistema causa no mundo." Roosevelt respaldou Stimson, e em 1945 os Aliados concordaram que a Segunda Guerra Mundial terminaria com os principais nazistas no banco dos réus.[6]

"LEAL A ELE ATÉ O FIM"   351

Havia infinitas questões sobre como seriam os julgamentos por crimes de guerra. Não havia antecedentes, regras ou mecanismos. Stimson pôs seu Departamento de Guerra para estudar o assunto e um advogado de baixo escalão, o coronel Murray C. Bernays, esboçou um breve memorando no qual surgiria, em toda a sua falha glória, o Tribunal Militar Internacional. Bernays argumentou que o sistema nazista era uma grande conspiração, e com isso seus líderes puderam ser acusados como criminosos. Ao mesmo tempo, os componentes da máquina nazista — o partido, a SS, a Gestapo — eram organizações criminosas em si, e cada um de seus membros poderia ser também considerado criminoso. Em seis páginas, Bernays encontrou um modo de levar os líderes máximos e as tropas nazistas à justiça em um julgamento dramático.[7]

Essas ideias provocaram certas críticas. Por um lado, toda a acusação corresponderia a uma lei *ex post facto*, tornando os nazistas responsáveis por crimes estabelecidos como tais depois de terem sido perpetrados. E seria justo condenar milhões de pessoas pelo simples fato de pertencer a uma vasta organização criminosa?

Mas o plano de Bernays atraiu a atenção do homem que, em maio de 1945, fora indicado para comandar a equipe de promotores americanos, o procurador-geral Robert H. Jackson. Durante o verão, Jackson encontrou-se com líderes das delegações britânica, francesa e soviética para esboçar o esquema dos julgamentos dos crimes de guerra. Em geral, elas seguiram as linhas traçadas pelo advogado do Departamento de Guerra. Os nazistas seriam julgados por cometer quatro delitos conspiratórios, além de pôr em prática guerras de agressão, crimes de guerra — assassinato e maus-tratos de civis, uso de trabalho escravo e assassinato de prisioneiros — e crimes contra a humanidade, incluindo a aniquilação dos judeus. No total, 21 homens seriam processados como "principais criminosos de guerra", entre eles Göring, Ribbentrop, Hess, Rosenberg e, à revelia, Bormann, cujo paradeiro era desconhecido.

Para Robert Jackson, o julgamento era não só a oportunidade histórica de criar um poderoso precedente legal internacional, mas também uma causa moral. Ao mesmo tempo, ele se preocupou em não dar a impressão de que o tribunal seria uma exibição, uma vingança disfarçada sob a toga.[8]

352   O DIÁRIO DO DIABO

Kempner terminou no radar de Jackson em função do trabalho que fazia para o Departamento de Guerra. Como era seu costume, ele havia enviado sugestões não solicitadas sobre os julgamentos à Divisão de Crimes de Guerra do departamento. Embora tivesse recusado a oferta de um trabalho em tempo integral para apostar suas fichas no FBI, ele logo foi contratado como consultor especialista independente para produzir relatórios sobre a "organização pessoal e as atividades" do governo alemão, a história do Partido Nazista e detalhes dos sistemas de documentação alemães. Os relatórios, produzidos por um pagamento de 25 dólares por dia, serviriam como material de apoio para os que detinham e processavam os criminosos de guerra.[9] Kempner também redigiu uma série de biografias resumidas de nazistas proeminentes, inclusive um documento detalhado sobre Göring.

O advogado refugiado informou que Göring havia fundado a Gestapo, a "máquina de detenções ilegais, prisões e confisco de propriedades". Ele implicou Göring no incêndio do Reichstag que levara o presidente Hindenburg a firmar o decreto de emergência suspendendo os direitos civis na Alemanha. Tal decreto levara à imediata perseguição de comunistas, pacifistas e outros inimigos dos nazistas. "O decreto esteve vigente até a derrota do Terceiro Reich em 1945, e tornou-se a principal ferramenta para o extermínio e a política de expropriação dos nazistas em toda a Europa. Desse modo, Göring [...] foi responsável por todos estes atos."

O Reichsmarschall não teria discordado, informou Kempner. Ele se responsabilizou publicamente pelas ações dos seus subordinados em um discurso para oficiais na cidade de Dortmund, pouco depois de os nazistas tomarem o poder, em 1933. "Cada bala disparada pela pistola de um policial é minha. Se isso for considerado assassinato, então eu assassinei. Eu ordenei tudo isso; defendo isso; eu me responsabilizo e não tenho medo."

O resumo de Kempner não era uma acusação, mas um começo.[10]

O documento circulou pelo Departamento de Guerra, e Kempner chamou a atenção do círculo mais próximo a Jackson, inclusive de Bernays. "Ele está totalmente familiarizado com as atividades dos nazistas antes de subirem ao poder, só deixou a Alemanha em 1935 ou 1936, acompanha as ações deles desde aquela época e tem muita experiência nos Estados Unidos trabalhando em casos que envolvem infiltração e subversão nazistas",

"LEAL A ELE ATÉ O FIM" 353

escreveu Bernays a Jackson em 17 de julho. "Seu relato sobre Göring [...] é sólido e fundamentado. Acho que podemos aproveitá-lo."[11] Três dias depois, Kempner estava oficialmente na equipe. Ele contou aos seus superiores no FBI que tiraria uma "licença sem vencimentos" por umas dez semanas.

Os anos passados escrevendo centenas de cartas, memorandos e relatórios por fim davam retorno. Ele recebeu o uniforme de funcionário militar civil com uma insígnia triangular na lapela e o brasão dos EUA. Em 3 de agosto, voou de Washington, D.C., para Londres, passando pelas Bermudas, Açores e Paris. Separadamente, em caixas pesando 42 quilos,[12] enviou parte dos materiais que havia reunido sobre a Alemanha e os nazistas.

Kempner, que tinha um ego desproporcional, sentia-se voltando ao seu país de origem como um importante personagem de um exército conquistador.

"Estou terminando o que comecei há dezesseis anos",[13] declarou a um correspondente da imprensa. Anos depois ele diria: "Eu só queria devolver um pouquinho de justiça ao mundo."[14]

Nuremberg era uma ruína, um cemitério.[15] Em um quarteirão após o outro, dezenas de milhares de corpos jaziam sob os prédios bombardeados. O cheiro de desinfetante pairava no ar. Os visitantes eram alertados para não beber a água local. A corte bávara, o Palácio de Justiça, também tinha sido atingida. Suas janelas estavam estilhaçadas, os canos de água, cortados; os corredores, queimados; uma bomba chegara ao porão. Porém, surpreendentemente, o prédio em pedra resistira em meio aos escombros, e os funcionários do Tribunal Militar Internacional decidiram julgar ali os criminosos de guerra nazistas. Primeiro, teriam de desalojar os soldados americanos, que haviam convertido o salão principal da corte em um bar. CERVEJA HOJE: 0,50 MARCO dizia o cartaz quando os advogados chegaram para inspecionar o local.

O encontro em Nuremberg também tinha uma ressonância simbólica. Foi lá que os nazistas haviam encenado suas gigantescas assembleias do partido para comemorar o ressurgimento da Alemanha. Foi lá que eles privaram os judeus da nacionalidade alemã em 1935. Agora, os responsáveis responderiam por seus crimes em Nuremberg.

354 O DIÁRIO DO DIABO

Em 12 de agosto, Rosenberg e os outros réus nazistas embarcaram em um C-47 em Bad Mondorf. "Bem, amigos", disse Göring olhando pela janela, "deem uma boa olhada no Reno. Esta talvez seja a última vez que o vemos."[16] Eles foram levados para a ala C da prisão que ficava atrás do Palácio de Justiça, onde esperariam pelo julgamento.

Rosenberg foi para a cela número 16, no piso inferior, entre Albert Speer, o arquiteto de Hitler que dependia do trabalho forçado para operar a produção fabril da guerra, e Hans Frank, o cruel líder do governo-geral na Polônia. Cada cela tinha um catre, uma cadeira e uma mesa bamba. O sanitário no canto era o único ponto para onde fugir dos olhos vigilantes dos guardas, instruídos a ficar de olho nas tentativas de suicídio dos prisioneiros. "Eu os imaginava encolhidos em suas celas como feras feridas", escreveu Airey Neave, membro da equipe de promotores britânicos que havia fugido de uma prisão alemã.[17] "Temia me aproximar deles como quem retrocede ante um cadáver."

Os prisioneiros deviam manter as mãos para fora dos cobertores todo o tempo, regra contra a qual Rosenberg protestou. Cada vez que tentava aquecer as mãos enfiando-as sob as cobertas, o guarda o despertava.[18] O contato entre os réus era muito limitado, e eles só tinham direito a uma carta da família por semana. Suas únicas interações humanas verdadeiras aconteciam nas sessões com os psicólogos da prisão e os interrogadores.

Nos meses anteriores ao julgamento, Rosenberg foi questionado mais de uma dúzia de vezes. Na primeira sessão, em 14 de agosto, foi confrontado com seu diário, que ele chamava de "anotações" e "impressões breves". O interrogador o acusou de ser evasivo e o advertiu de que suas respostas seriam confrontadas às volumosas evidências documentais em poder dos Aliados.

— O senhor sabe que estamos de posse de seus documentos particulares, ou não?

— Ouvi falar sobre isso — respondeu Rosenberg. — Eu não sei.

— Pense nisso essa noite — disse o interrogador. — E se não disser a verdade com mais prontidão do que hoje, provavelmente terá muitos problemas.[19]

Um dos advogados que estava na sala naquele dia era Thomas J. Dodd,[20] promotor federal que tinha trabalhado com Kempner em 1942 em um caso

"LEAL A ELE ATÉ O FIM"

de espionagem nazista em Connecticut. Ele achou Rosenberg "muito sagaz, astuto e cauteloso", mas não deixou de notar que seu terno marrom estava puído. "Pensei sobre como os grandes caíram", Dodd escreveu à esposa. "Aqui, nesta cidade, onde ele se pavoneava em seu traje nazista garboso. Agora, é uma ave enjaulada entre as ruínas."[21] Um mês depois, Rosenberg tentou em vão explicar suas filosofias a Dodd e se esquivou da acusação de que ele e Hitler planejavam acabar com as igrejas após o fim da guerra.

— Não é verdade — perguntou Dodd — que era sua intenção destruir as antigas religiões?[22]

— Bem — hesitou Rosenberg.

— O senhor não precisa fazer um discurso sobre o assunto — interrompeu Dodd.

— A essa pergunta sou obrigado a responder que não — disse.

O promotor sugeriu que Rosenberg lesse o próprio livro, mas o nazista alegou que nunca se interessara por uma "briga oficial" com os clérigos.

— Certamente o senhor estava disposto a brigar com os judeus, não é mesmo?

— Sim — respondeu Rosenberg —, para eliminar os judeus da liderança política do Reich.

— O senhor queria expulsá-los completamente da Alemanha.

— Bem, essa é a solução mais simples para o problema.

Rosenberg reconheceu que suas teorias sobre os judeus eram "aplicadas muito frequentemente" pelos nazistas.

— O senhor não se envergonha agora das visões que expressou durante muitos anos, enquanto estava no poder? — inquiriu Dodd. — Responda sim ou não.

— Não — respondeu Rosenberg.

— O senhor está ciente agora de sua responsabilidade pela atual situação da Alemanha?

— No último mês, muitas vezes me perguntei se o Terceiro Reich poderia ter feito melhor — retrucou Rosenberg. — Talvez nesses vinte anos eu tenha dito certas palavras que, com a mente clara, não usaria agora. Ainda assim, elas foram ditas em momentos de luta. Como membro de um movimento responsável pelo que ocorreu, claro que até certo ponto

356 O DIÁRIO DO DIABO

sou responsável. Bem, o nó da questão que eu visava, a qual me impelia e que eu queria tratar é decente e honesto, e mesmo hoje não posso pensar nisso de outro modo.

Então ele se calou e, aparentemente percebendo o que havia admitido, retrocedeu.

— Só posso ser responsável pelo que fiz pessoalmente.

Horas de questionamentos se sucederam em setembro e outubro, quando o interrogador Thomas Hinkel confrontou-o com documentos, e o nazista combativo retrucava com defesas implausíveis e complicadas.

Rosenberg alegou que as políticas nazistas antissemitas eram medidas "defensivas" contra um inimigo hostil que pretendia levar a Alemanha à ruína.[23] Os alemães deportaram os judeus, assim como se dizia que os sionistas tinham expulsado os palestinos de suas terras. Ele reconheceu que prisioneiros de guerra tinham morrido pela exposição à intempérie e à desnutrição; mas o mesmo ocorrera com soldados alemães.[24] Tentou negar que o ponto central da ideologia nazista fosse a superioridade da raça "ariana" com relação às demais.[25] Afirmou que livros e obras de arte tinham sido confiscados pela sua Einsatzstab, mas que possivelmente a Alemanha os tivesse devolvido algum dia.[26] Negou saber o que ocorria nos campos de concentração; nunca tinha entrado em um, afirmou, e "a polícia mantinha sigilo sobre o assunto".[27] Negou ter algo a ver com a morte de judeus nas terras do leste, embora sua administração civil estivesse profundamente envolvida no Holocausto.[28]

— Soube que tinha havido alguns fuzilamentos de judeus — reconheceu em 22 de setembro.

— O que fez quando soube disso? — inquiriu Hinkerl, o interrogador. — Mandou investigar?

— Não.

— Por que não?

— Eu não podia, não era da minha jurisdição.

Ele alegou que seus esforços para saber mais tinham sido rejeitados pela SS e que, se tivesse feito pressão:

— De qualquer forma teriam me negado informação.

— O senhor sabia que a política de Himmler era exterminar os judeus, não é?

"LEAL A ELE ATÉ O FIM" 357

— Desse modo ou dessa forma, só no final eu acreditei.

— Mas o senhor era informado sobre isso, ou não?

— Não — respondeu Rosenberg —, não era.

Ele reduziu o papel de seu ministério até ele parecer não só sem poder, mas sem sentido.

— Quero dizer que o meu quartel-general ficava em Berlim e eu me limitava a emitir regulamentos e leis gerais da administração — declarou —, mas das questões regionais eu não participava.[29]

Ele alegou que os relatórios dos que estavam em campo no leste não entravam em grandes detalhes.

Na verdade, em 4 de outubro, na 11ª sessão em oito dias, ele disse que como ministro do leste não tivera nada a ver com o tratamento dos judeus.

— Nunca participei de uma discussão sobre o problema judeu.

Pessoalmente, ele queria "reduzir o número de judeus na Alemanha criando um lugar onde pudessem estar entre si em sua terra judia". Mas isso não dependia dele; era responsabilidade de Himmler.

— O senhor se interessou pela questão judaica durante anos. Não foi assim? — inquiriu Hinkel.

— Mas eu estava tão sobrecarregado com a tarefa de criar meu próprio ministério e todo o problema judaico era tão claramente separado de quaisquer das minhas responsabilidades que não perdi tempo com isso — retrucou Rosenberg. Alegou supor que estavam sendo alimentados e tinham trabalhos produtivos.

— O senhor quer dizer que nunca discutiu o problema dos judeus com ninguém depois de ser nomeado ministro dos territórios ocupados do leste — perguntou Hinkel. — Essa é a sua declaração? [...] Acho um pouco difícil acreditar, com todo o seu interesse pelo problema por tantos anos, que o senhor o tenha descartado subitamente ao se tornar ministro dos territórios ocupados do leste e não tenha tido nenhuma curiosidade a respeito do tratamento dado às pessoas sob a sua jurisdição, que não tenha perguntado a ninguém nem recebido informações a respeito.[30]

— Era o nosso hábito — alegou Rosenberg — que quando um homem recebia uma indicação, ninguém mais se metia com quem tinha sido indicado.

358   O DIÁRIO DO DIABO

Hinkel insistiu e mostrou documentos provando que ele recebera informações sobre as atrocidades no leste.

Em 19 de outubro, finalmente foram apresentadas as acusações contra Rosenberg e os demais líderes nazistas do bloco C das celas em Nuremberg. Neave, o promotor britânico, foi apontado para distribuir os documentos. Quando chegou à cela de Rosenberg, encontrou o nazista coberto de migalhas de pão que ele não se preocupara em tirar da roupa. "A expressão dele era a de um *spaniel* doente", escreveu.[31] "Parecia um diretor de funerária em descanso num filme de horror de Boris Karloff, e o tom amarelado da sua tez se adequava bem ao papel."

A cela fedia e estava imunda de papéis, e Rosenberg tremia quando se ergueu para falar com o visitante.

Kempner chegou a Paris em 4 de agosto de 1945 "depois de um voo de 27 horas e meia, menos duas horas de descanso", contou em carta à esposa Ruth e à amante Margot Lipton, que ficaram em Lansdowne, na Pensilvânia. Mais tarde voou para Londres para resolver sua incumbência. A cidade estava destruída após anos de bombardeios alemães, ainda marcada pelos prédios destruídos, crateras e pilhas de escombros.

Cidadão americano havia cinco meses, Kempner tinha chegado a acreditar que sua terra de adoção era o melhor país do mundo e que a Europa era uma causa perdida. Ele não tinha muitas esperanças de que o continente recuperasse as glórias passadas. Disse às mulheres que não fazia sentido regressar à Alemanha e tentar reconstruir suas antigas vidas. Era melhor continuar com o que faziam nos Estados Unidos. "Vocês não podem imaginar como fomos sortudos (e, aliás, egoístas também). Todas as pequenas chateações não são nada comparadas às coisas na Europa. [...] Nada é mais interessante do que Lansdowne, e vejo esta viagem uniformizada como um treinamento e um modo de adquirir uma nova perspectiva (além do trabalho que deve ser feito)."[32]

Dias depois ele regressou a Paris, onde deveria ajudar a analisar documentos alemães enviados ao escritório central de processamento criado para o tribunal em um prédio a uma quadra da Champs-Élysées e do Arco do Triunfo.

"LEAL A ELE ATÉ O FIM"

Os Aliados tinham instruído seus exércitos a procurarem arquivos enquanto avançavam pela Europa, e os soldados encontraram uma montanha de papéis. O escritório parisiense era um de três centros de documentação, e os analistas mal davam conta do fluxo de trabalho. Não havia tempo para traduzir tudo, muito menos examinar as peças e seu valor como evidências. "Os nazistas tinham mania de escrever tudo", contou John Harlan Amen, o chefe dos interrogadores de Jackson, a um repórter em setembro.[33] "Então, agora estamos assoberbados com mais documentos do que podemos examinar no tempo de que dispomos, e novos lotes são descobertos diariamente."

Os documentos de Rosenberg encontrados no castelo nos arredores de Lichtenfels eram só o começo. O arquivista do Escritório de Relações Exteriores alemão, Heinrich Valentin, indicou aos investigadores onde encontrar quase 500 toneladas de registros diplomáticos escondidos nas escarpadas montanhas Harz, no centro da Alemanha. Ele ajudou os Aliados a organizá-los e empacotá-los. Paul Schmidt, o tradutor que se sentou em algumas das mais importantes reuniões diplomáticas da era nazista, entregou suas volumosas anotações; ele as tinha enterrado em uma floresta dentro de uma grande lata e em caixas de madeira. Os documentos da Luftwaffe de Göring foram encontrados espalhados pela Baviera e enviados à Inglaterra junto com o historiador oficial, o major-general Hans-Detlef Herhudt von Rohden. Ele tinha iniciado uma história da força aérea e foi instruído a terminá-la. Um total de 60 mil documentos navais, que iam ser incinerados em uma piscina, foram entregues intactos. O arquivo do fotógrafo oficial de Hitler, Heinrich Hoffmann, chegou a Nuremberg, onde o próprio fotógrafo o catalogou.

No centro de documentação de Paris, Kempner revisou os arquivos capturados. Certo dia, estava folheando os documentos de Rosenberg quando recebeu ordens de voar para a Alemanha imediatamente. Seria sua primeira viagem de volta ao seu país em quase uma década.

Ele embarcou em um avião militar para a curta viagem até Frankfurt, e ao sobrevoar as ruínas de sua terra natal sentiu-se estranhamente impassível, como escreveu mais tarde em suas memórias. Só pensava que tudo lhe parecia familiar. Sentia como se estivesse sendo transportado a 1918,

360 O DIÁRIO DO DIABO

quando regressara à Alemanha depois de cruzar a Bélgica e a França devastadas. Mas o avião aterrissou e Kempner foi conduzido a Fechenheim, onde folheou documentos capturados. Diante dele havia ordens de destruir a Europa escritas pelos próprios perpetradores. Confrontado aos manuscritos dos homens responsáveis pelos crimes do Terceiro Reich, ele por fim se emocionou.

Mais tarde, durante a viagem, visitou o sótão do Reichsbank em Frankfurt. Lá encontrou dezenas de caixas escondidas pelos nazistas nas minas de sal no centro do país no final da guerra. Dentro das caixas de madeira havia obturações em ouro extraídas dos dentes das vítimas. Milhares e milhares de peças — cada uma delas, pensou, é a prova de um assassinato e um roubo.

"Em toda a minha vida nunca pensei que veria algo assim", escreveu.[34]

Robert Jackson decidiu que o tribunal deveria acusar os nazistas segundo seus próprios termos. Mas não seria uma tarefa fácil revisar aquela grande quantidade de papéis e entender as atrocidades alemãs em escala continental.

Os interrogatórios ocorriam simultaneamente com a análise dos documentos e, para grande satisfação de Kempner, ele teve a oportunidade de questionar testemunhas e réus. "Para os criminosos", escreveu mais tarde, "minha participação nos trabalhos em Nuremberg era muito desagradável. Agora eles estavam diante de alguém que conhecia os seus pecados."[35] Certo dia ele se viu frente a frente com um dos seus adversários.

"Bom dia, *Herr* Göring", disse ao homem que o demitira em 1933. "Será que o senhor se lembra de mim? Faz muito tempo desde que nos vimos."[36]

Na semana anterior, os interrogadores haviam questionado Göring sobre o incêndio do Reichstag e as informações de que ele estava por trás do complô para incendiar o legislativo alemão de forma que os nazistas tivessem um pretexto para esmagar os opositores comunistas, em 1933.

"Isso é um absurdo total", insistiu Göring. À época ele era o presidente do Reichstag — por que incendiaria a própria casa?

Kempner foi à corte desafiar essa afirmação. Segundo ele, Göring se recordava bem do advogado destituído, e se surpreendeu ao vê-lo entrar

"LEAL A ELE ATÉ O FIM"   361

na sala. A princípio se recusou a responder-lhe. Certamente aquele homem não seria justo. Kempner apenas sorriu. "Reichsmarschall, não tenho preconceitos contra o senhor, estou muito contente, o senhor me demitiu em 3 de fevereiro de 1933. Se não o tivesse feito, eu teria virado fumaça subindo pela chaminé."[37]

Assim ele começou o interrogatório.

Kempner confrontou o nazista com informações que ouvira em 1933 de Rudolf Diels, o chefe da Gestapo de Göring e amigo de Kempner, que sobrevivera à guerra e fora chamado a Nuremberg como testemunha em potencial.[38] "Diels afirma que o senhor sabia exatamente que, de algum modo, o incêndio ocorreria", disse Kempner, "e que já tinha preparadas as listas de detenções." Göring respondeu que era verdade que as listas estavam preparadas. Os nazistas havia muito tempo estavam prontos para esmagar os comunistas. Mas aquilo não tinha maiores consequências. Mesmo que o Reichstag não tivesse sido incendiado, "eles teriam sido presos de qualquer modo".

Ele voltou a negar que estivesse informado do plano de incendiar o prédio e alegou que aquilo teria sido uma "loucura". Disse também que gostaria de ouvir os seus acusadores dizerem aquilo "na minha cara".

Kempner perguntou como o seu secretário de Imprensa poderia afirmar, uma hora após o incêndio, que Göring culpara os comunistas. "Não era cedo demais para dizer, sem nenhuma investigação, que os comunistas tinham provocado o incêndio?"

"Sim, talvez", respondeu Göring, "Mas era assim que o Führer queria."

Kempner deu voltas no assunto, insistindo em obter detalhes, desafiando as afirmações de Göring. Perguntou por que os social-democratas e os pacifistas tinham sido presos. Perguntou por que Göring não tinha investigado informações de que os líderes da milícia estavam envolvidos no incêndio. Perguntou sobre a passagem que ligava o Reichstag à sua residência oficial e por que ela não tinha sido trancada à noite.

Todo o tempo, Göring aferrou-se à sua declaração e desafiou a ideia de que os nazistas precisaram incendiar o prédio para conseguir que Hindenburg assinasse a infame ordem que destituiu os alemães dos seus direitos civis.[39]

O DIÁRIO DO DIABO

De qualquer modo, afirmou, se tivesse conspirado para incendiar o Reichstag, teria sido por outro motivo: o edifício era muito feio.

Kempner escrevia para casa constantemente. Em uma carta comentou que estava tendo a oportunidade de passar horas satisfazendo sua infinita curiosidade sobre o regime nazista. "Não é uma vida maravilhosa?"[40] Certo dia enviou cartões-postais românticos tanto a Ruth quanto a Lipton;[41] as duas ainda viviam juntas na casa nos arredores da Filadélfia. O de Ruth dizia: "Meu coração pertence só a você por toda a minha vida!" Elas enviaram cartas e telegramas e pacotes com chocolates e sabonete. Ele se queixava. "Hoje faz cinco semanas que estou na Europa", escreveu no dia 9 de setembro de Frankfurt, "e parece muito tempo, tempo demais."[42] Ele parecia deprimido. O julgamento parecia mal-organizado, e "o resultado é que passo muito tempo sentado [...] Os dias transcorrem na solidão". Pediram-lhe que acompanhasse uma missão a Essen em busca de evidências, mas ele tentou se safar. "Mais escombros e, portanto, ainda mais poeira horrível. E só tem comida inglesa." Ele se juntava com outros advogados da equipe de promotores, mas o tédio começava a tomar conta dele.

Isso poderia explicar por que, em outubro, ele enviou às mulheres em Lansdowne o rascunho de um comunicado de imprensa para ser transmitido ao *Philadelphia Record*. Carregado de insinuações evasivas, era Kempner, o relações-públicas e *showman*, no auge de sua atuação. "Surgiram rumores de que rastros de Adolf Hitler e Eva Braun podem ter sido encontrados em Nuremberg com a vinda dos Estados Unidos do dr. Robert M. W. Kempner, principal especialista em Hitler e na máquina do Partido Nazista. O dr. Kempner chegou de avião de Washington D.C., mas deixou Nuremberg para uma missão secreta após uma curta visita ao Palácio de Justiça."[43]

Como esperado, começaram a aparecer histórias disparatadas nos jornais da cidade. CIDADÃO DA FILADÉLFIA CAÇA HITLER VIVO OU MORTO POR ORDENS DA CASA BRANCA, gritou uma manchete. O essencial era que Kempner havia "se oposto" a Hitler durante anos e era um dos poucos lutadores antinazistas do mundo "com profundo conhecimento da aparência física de Hitler, e até da sua estrutura óssea. Ele poderia apontar Hitler disfarçado com cirurgia plástica, ou um cadáver cremado, e

"LEAL A ELE ATÉ O FIM"   363

afirmar com certeza: 'este é o Führer'". Um jornalista escreveu: "Soube-se ontem que ele deixou o país e partiu para a Alemanha há quatro semanas em uma missão prioritária da Casa Branca."[44] As reportagens informavam que durante seus anos como funcionário do Ministério do Interior prussiano, Kempner tinha dirigido uma equipe de doze agentes secretos que, entre 1928 e 1933, seguia Hitler regularmente. "Kempner contou em uma entrevista que Hitler possuía certas características físicas que nunca poderia ocultar se estivesse escondido ou disfarçado",[45] informou o *Stars and Stripes*. "Ele as descreveu como a orelha direita muito pontuda, o polegar direito anormalmente longo, a mandíbula com dentes retraídos e ombros em geral encurvados."

A coisa toda era absurda, claro, mas as histórias apareceram em 22 e 23 de outubro, quando Kempner se deslocava de Paris a Nuremberg. "A rádio deu uma notícia sobre a caça a Hitler", escreveu para casa. "Foi engraçado."

A notícia despertou interesse a ponto de o assistente de imprensa da Casa Branca ser questionado a respeito. Ele declarou que a Casa Branca não havia enviado o advogado à Alemanha. O estratagema o diferenciava publicamente do grupo de promotores que lotavam Nuremberg. Ao corrigir a informação equivocada que tinha espalhado, ele escreveu a um jornalista dizendo que não estava caçando Hitler "no momento", e sim ajudando a montar o tribunal contra os nazistas.

Jackson tinha levado Kempner a Nuremberg para coordenar a sétima de sete sessões: um grupo de advogados que anteciparia qual seria a defesa dos nazistas ante as acusações.[46] Foi assim que, em 20 de novembro, uma terça-feira, seis meses após o fim da guerra, Kempner se viu junto — embora não sentado — à mesa da promotoria na sala do Palácio de Justiça lotada quando o julgamento começou. Ele sentou-se na última fileira detrás da mesa de Jackson. Caso se virasse, poderia esticar o braço por cima da barreira em madeira que separava os advogados da imprensa, cuja galeria apinhada se estendia por mais de doze fileiras sobre estrados.

Ele pensou em seus pais, os dois bacteriologistas que haviam viajado pela Europa tentando livrar o continente de doenças infecciosas. Sua missão em Nuremberg não era tão diferente daquilo. Ele tinha voltado à Alemanha para drenar o pântano que originara a ameaça nazista.[47]

364   O DIÁRIO DO DIABO

Recortou uma página do exemplar de 3 de dezembro da revista *Time* com uma fotografia panorâmica da sala da corte, assinalou sua cabeça miúda ao fundo e a enviou a Lansdowne.[48]

No primeiro dia do julgamento, Rosenberg e os outros réus entraram na sala trajando terno e gravata ou fardados.[49] Algemados aos guardas, cruzaram uma rampa de madeira coberta entre o prédio das celas e o porão do Palácio de Justiça e depois pegaram um elevador para a sala da corte. Ao tomar assento na primeira fileira, Rosenberg assistiu a tudo com os olhos caídos, os braços cruzados, parecendo pequeno e, como sempre, muito sério.

A sala da corte reconstruída, forrada com painéis escuros e sob luzes fluorescentes, estava lotada. Do outro lado do ambiente, os juízes — representando os Estados Unidos, a União Soviética, a Grã-Bretanha e a França — acomodaram-se em um estrado engalanado com as bandeiras dos Aliados vitoriosos. Uma fileira de guardas com elmos e cintos brancos cercou as duas fileiras dos réus. Os advogados de defesa sentaram-se diante de seus clientes junto a mesas de madeira marrom. À esquerda, os tradutores trabalhavam em cabines de vidro; à direita ficava a equipe de promotores, a galeria da imprensa, as cabines de rádio e filmagem e uma galeria para 150 espectadores. Era como se Nuremberg fosse o centro do mundo.

No primeiro dia foram lidas as acusações contra os 22 líderes nazistas e sete organizações. No dia seguinte, os réus apresentaram suas alegações e, depois que a corte impediu os esforços de Göring de desviar os trabalhos com uma declaração pessoal, Jackson subiu à tribuna e se dirigiu aos quatro juízes. Ele preparou o cenário com um discurso de abertura em que recordou a todos os presentes que a história os estava observando.

"Os crimes que queremos condenar e punir foram tão calculados, tão malignos e tão devastadores que a civilização não pode tolerar que sejam ignorados, porque não sobreviverá à sua repetição", afirmou.[50] Seu cotovelo esquerdo estava apoiado na tribuna, e ele tinha o polegar direito enfiado no bolso das calças listradas. Os réus ouviam a tradução nos fones de ouvido. "Um dos mais significativos tributos que o poder concede à razão é o fato de que quatro grandes nações, insufladas pela vitória e pelas feridas,

"LEAL A ELE ATÉ O FIM" 365

detenham a mão da vingança e, voluntariamente, submetam seus inimigos capturados ao julgamento da lei."

O promotor-chefe americano estava respondendo aos ataques alemães à legitimidade do tribunal; um advogado de defesa classificou os julgamentos como "o prosseguimento da guerra por outros meios".[51] Jackson argumentou que os promotores não estavam cobrando a punição dos nazistas na condição de vitoriosos, mas sim buscando justiça à luz da lei internacional. "Entregar um cálice de veneno a estes réus seria como colocá-lo nos nossos lábios também."

No discurso de abertura, Jackson prometeu aproveitar a "paixão teutônica pelo rigor em colocar tudo no papel" e, nas semanas e meses seguintes, a promotoria confrontou os réus com um documento incriminatório após o outro.[52]

Em novembro, a corte assistiu aos filmes que mostravam cenas de campos de concentração e atrocidades da SS. Alguns réus mal conseguiram ver na tela as imagens das valas comuns e dos corpos empilhados. Duas semanas depois, a promotoria projetou um filme intitulado *O plano nazista* que dramatizava o caso usando filmagens feitas pelos alemães durante seus anos no poder. Ele começava com Rosenberg, sentado em uma cadeira e trajando o uniforme nazista, discorrendo sobre os primeiros anos do partido, quando ele teve um papel influente na formação do pensamento de Hitler.

Em dezembro, a promotoria apresentou um volume produzido pelo major-general Jürgen Stroop, da SS, sobre a destruição do gueto de Varsóvia. "Este belo exemplo de manufatura alemã, encadernado em couro, fartamente ilustrado, impresso em papel de qualidade", disse o promotor americano, "é um tributo à bravura e ao heroísmo das forças alemãs que participaram da violenta e impiedosa ação contra um grupo de 56.065 judeus indefesos e desamparados, o qual, obviamente, incluía mulheres e crianças."[53]

Em janeiro de 1946, o líder de uma unidade de Einsatzgruppen depôs que seus homens haviam fuzilado 90 mil pessoas entre os verões de 1941 e 1942.

À medida que aumentavam as pilhas de evidências de atrocidades, trabalho escravo e extermínio em massa, o psicólogo da prisão, Gustave Gilbert, ia de cela em cela conversando com os nazistas sobre o que ouviam na corte.

Rosenberg pareceu querer se defender perante Gilbert. Para espanto de todos, disse que o nazismo não tinha nada a ver com o preconceito racial. Os alemães apenas queriam que sua terra fosse racialmente pura e que os judeus tivessem a deles. Ele próprio nunca quisera matar judeus. "Eu não afirmei que os judeus eram inferiores", alegou. A inimizade racial existia em países de todo o mundo. "Subitamente isso se tornou um crime, só porque os alemães o fizeram!" Ele concordou que o Partido Nazista deveria ser abolido. Contudo, quanto aos crimes de guerra apresentados na corte, os verdadeiros culpados eram Hitler, Himmler, Bormann e Goebbels. "Não somos culpados."[54]

A promotoria discordou, obviamente, e em 9 e 10 de janeiro de 1946 um advogado chamado Walter Brudno delineou de modo lento e metódico os motivos pelos quais Rosenberg deveria ser considerado culpado de crimes de guerra. Ele foi acusado de quatro delitos:[55] ajudar os nazistas a alcançarem o poder ao desenvolver e disseminar a doutrina do partido contra as igrejas e os judeus; preparar a Alemanha psicológica e politicamente para a guerra; participar de crimes de guerra; e de crimes contra a humanidade na qualidade de ministro do Reich nos territórios ocupados do leste.

"Ficará claro que não houve um só dogma da filosofia nazista que não tenha sido expresso com autoridade por Rosenberg", afirmou Brudno, enquanto o réu fazia anotações meticulosas. "Como apóstolo do neopaganismo, o expoente do impulso pelo *Lebensraum*" — o espaço vital — "e glorificador do mito da superioridade nórdica, e como um dos mais antigos e enérgicos proponentes do antissemitismo, ele contribuiu materialmente para a unificação do povo alemão sob a suástica." Brudno recitou trechos dos escritos de Rosenberg sobre raça. Repetiu sua infame declaração de 1941 de que a questão judaica só seria resolvida quando "o último judeu deixar o continente europeu". Ele explicou que Rosenberg fora delegado de Hitler na doutrinação de membros do partido segundo a ideologia nazista.

Ele citou tantas vezes *O mito do século XX*, que o presidente do júri lhe pediu para parar. "Não queremos mais ouvir isto."

Brudno prosseguiu descrevendo o papel colaborativo de Rosenberg nos territórios ocupados do leste. Como ele ajudara a planejar e executar a ocupação selvagem. Como apoiara a expulsão de outras raças para dar

"LEAL A ELE ATÉ O FIM" 367

espaço aos alemães étnicos. Como não se opusera aos planos alemães de esfaimar a União Soviética. Como cooperara com a deportação de mais de 1 milhão de trabalhadores forçados para a Alemanha. Como recebera periodicamente relatórios de uma "brutalidade indizível".

Dias depois de Brudno apresentar a acusação contra Rosenberg, novas evidências foram trazidas por um médico que havia sido preso em Dachau, onde testemunhara experimentos médicos terríveis feitos em outros prisioneiros. Indagado por Dodd que réus ele tinha visto visitando o campo, ele nomeou quatro.[56] Apesar de alegar o contrário, Rosenberg era um deles.

Com o julgamento a todo vapor, Kempner participava de uma equipe que produzia dossiês sobre cada testemunha de defesa e de acusação, preparava resumos do julgamento para promotores e mapeava os casos de cada réu.[57] Grande parte da equipe se hospedava no Grand Hotel, "o melhor da cidade",[58] escreveu Dodd, embora não tivesse água quente e para caminhar pelo corredor ele fosse obrigado a pisar em tábuas que transpunham um abismo de três andares. "O meu quarto é bastante confortável. As paredes estão em ruína — elas têm furos de balas — e não há vidros nas janelas. O teto está pela metade, mas, comparado com outros quartos, está em bom estado." A equipe passava longas horas no prédio da corte, tomando drinques depois do expediente no Salão de Mármore do hotel, onde dançavam ao som de canções americanas tocadas por músicos alemães e tentavam esquecer por um momento as atrocidades que estavam desvelando e a profunda devastação nas ruas lá fora.[59]

No 35º dia do julgamento — o último dia do caso do promotor americano —, Kempner por fim teve a oportunidade de ficar sob os holofotes. Embora dessa vez sua história não precisasse ser embelezada, ele de todo modo avisou à imprensa com antecedência. "Ele é a única vítima direta de perseguição nazista", escreveu um correspondente do *PM*, um tabloide de Nova York, "que tem a oportunidade, nestes julgamentos, de ir à corte e dizer em voz alta o que pensa sobre eles."[60]

"Estar na bancada da promotoria era, em resumo, estar no centro do universo legal", escreveu um historiador.[61] Em 16 de janeiro, Kempner subiu ao púlpito e, portando pilhas de documentos, apresentou o caso da promotoria contra o "gerente da conspiração nazista", Wilhelm Frick, ministro do Interior entre 1933 e 1943.

Kempner argumentou que Frick havia aberto caminho para a guerra ao ajudar Hitler a obter a cidadania alemã.[62] O austríaco automaticamente se naturalizou quando ele orquestrou sua indicação para um cargo no serviço público como conselheiro governamental no Escritório Estatal de Cultura e Medidas, na cidade alemã de Braunschweig. Se não fosse por Frick, afirmou, Hitler nunca teria se tornado chanceler da Alemanha. Como ministro do Interior, ele supervisionava os governos do Estado e locais, as eleições, as leis raciais, a política de saúde e, tecnicamente, até a polícia. Kempner demonstrou que Frick havia promulgado a legislação racial, em particular ao firmar as Leis de Nuremberg, que despojaram os judeus da cidadania, em 1935.

"Ele foi o cérebro administrativo que concebeu a máquina de Estado do nazismo e orientou esta máquina para a guerra", disse o promotor à corte. Frick não só sabia do programa T4 de eutanásia como assinou a ordem secreta que o pôs em funcionamento. Mais tarde, acusou Kempner, foi o protetor do Reich na Boêmia e na Morávia em um período em que os judeus da Tchecoslováquia estavam sendo deportados para os campos da morte.

Sempre se autopromovendo, Kempner encontrou uma brecha para ler trechos do interrogatório de Göring sobre o incêndio do Reichstag, que ele sabia que iriam parar nos jornais. (Foi parar no *New York Times* na manhã seguinte.)

A leitura levou o presidente do tribunal, Sir Geoffrey Lawrence, a questionar: "O que isso tem a ver com o Frick?"

"Como eu disse antes, na manhã do dia seguinte, ele assinou o decreto que aboliu liberdades civis", respondeu Kempner desajeitadamente.

A apresentação foi uma pausa das costumeiras afirmações secas dos americanos. Aproveitando ao máximo o momento, Kempner fez uma apresentação barroca. Os nazistas no banco dos réus não podiam deixar de sorrir depreciativamente ante aquela preleção dramática. Rudolf Hess, que falava inglês, zombava em voz baixa do sotaque do promotor, enquanto Hans Frank ria dos gestos teatrais de Kempner.[63]

"LEAL A ELE ATÉ O FIM" 369

Contudo, a equipe britânica acolheu de bom grado o promotor americano que conhecia bem a história nazista.[64] Aquilo fazia muita falta entre os quase setecentos membros da equipe de Jackson, pensaram.

Kempner se perguntava como o julgamento seria recebido entre o público alemão, que estava se informando do seu desenrolar pelo rádio, os noticiários cinematográficos e a cobertura da imprensa.[65] Os promotores queriam influir nas atitudes dos alemães. Após anos de propaganda nazista, eles duvidavam que realmente estivessem acontecendo julgamentos em Nuremberg. Por isso, Jackson convidou políticos, professores, clérigos, juízes e advogados para assistirem pessoalmente às sessões. Depois, Kempner os levava a um auditório e lhes mostrava filmes do infame Tribunal do Povo Alemão, que havia julgado gente detida por Himmler após a tentativa de assassinato de Hitler, em 1944. O contraste ficava claro. O presidente da Corte do Povo, Roland Freisler, aparecia admoestando e acossando os réus, que pareciam tontos segurando as calças porque não podiam usar cintos, mesmo na corte. "Seu velho sujo",[66] gritou Freisler a um acusado. "Por que não para de mexer nas calças?" Goebbels havia filmado tudo para espalhar o terror entre dissidentes em potencial no país. Agora, a promotoria se voltava contra os próprios nazistas.

Em 15 de abril, Rudolf Höss, comandante de Auschwitz, subiu ao estrado e afirmou que milhões de homens, mulheres e crianças tinham morrido nas câmaras de gás do seu campo de extermínio. Höss tinha começado nos campos de Dachau e Sachsenhausen antes de ser transferido para Auschwitz, em maio de 1940. Ele contou que foi chamado a Berlim por Himmler em 1941 e recebeu ordens secretas. "Ele me disse algo — não lembro as palavras exatas — sobre o Führer ter dado ordens para uma solução final da questão judaica. Nós da SS deveríamos cumprir a ordem. Se não fosse cumprida agora, mais tarde os judeus iriam destruir o povo alemão."[67]

No estrado, ele repetiu a declaração que havia firmado sob juramento para a promotoria e contou como os trens chegavam, como os aptos para o trabalho recebiam uniformes listrados e eram enviados aos barracões do

370   O DIÁRIO DO DIABO

campo, como o restante recebia ordens de se despir e entrar nas câmaras de gás disfarçadas de chuveiros; como estas comportavam duas mil pessoas de cada vez, como as pessoas morriam em menos de quinze minutos, como os trabalhadores sabiam que as vítimas estavam mortas quando a gritaria terminava.

— O senhor alguma vez teve pena das vítimas, pensando na sua própria família e em seus filhos? — perguntaram-lhe.

— Sim.

— Como era possível para o senhor levar essas ações a cabo, apesar disso?

— O argumento único e decisivo era a ordem severa e as razões apresentadas pelo Reichsführer Himmler.

Mais tarde, Gilbert, o psicólogo da prisão, foi até a cela de Höss. Queria saber como o comandante havia realizado a política de extermínio com uma mentalidade tão burocrática. Ele realmente acreditava que os judeus mereciam a morte? Höss contou que durante toda sua vida ouvira dizer que os judeus eram sub-humanos e mereciam ser exterminados. Disse que tinha lido *O mito do século XX*, de Rosenberg, *Mein Kampf*, de Hitler, e os editoriais de Goebbels no jornal. "Como um antigo fanático nacional-socialista, isso para mim era um fato — assim como os cristãos creem no dogma católico", disse. "Era apenas uma verdade sem questionamentos; eu não tinha dúvidas disso. Estava absolutamente convencido de que os judeus eram o oposto do povo alemão, e que mais cedo ou mais tarde haveria um confronto."[68] Nos livros, contou, ele aprendera que embora os judeus fossem minoria, eles controlavam a imprensa, o rádio, o cinema. "E se o antissemitismo não conseguisse eliminar a influência judia, os judeus conseguiriam provocar uma guerra para eliminar a Alemanha. Todos estavam convencidos disso; era tudo o que você ouvia ou lia."

Então, quando Himmler determinou que o seu dever era exterminar judeus, "aquilo se encaixou em tudo o que me havia sido ensinado durante anos".

No mesmo dia em que Höss depôs, Rosenberg finalmente teve uma chance de se defender. Ele subiu ao estrado no 108º dia do julgamento e depôs durante três dias. Para frustração de todos — inclusive seu advogado

"LEAL A ELE ATÉ O FIM"

indicado pela corte, Alfred Thoma, um juiz distrital que nunca se filiara ao Partido Nazista —, ele se recusou a simplesmente responder às perguntas. Pôs-se a fazer longos monólogos sobre assuntos tangenciais.

Como fizera em seus livros e memorandos, ou em seus discursos, ele se comportou na sala do interrogatório, conduzindo os ouvintes por uma mata densa. "Era preciso tempo e paciência para um reles mortal conseguir penetrar no mundo de Alfred Rosenberg", escreveu um analista depois de conhecer o filósofo nazista no ASHCAN.[69]

Marcando o tom de um depoimento que beirava a incredulidade,[70] Thoma argumentou que o seu cliente fizera carreira defendendo "o respeito por todas as raças", a "liberdade de consciência" e "uma solução razoável para o problema judaico". Rosenberg encetou uma explicação e uma defesa detalhadas de sua vasta filosofia e das teorias políticas do Partido Nazista, como se pudesse jogar uma cortina de fumaça erudita para acobertar o assassinato de milhões de pessoas. "A industrialização e o clamor pelo lucro dominaram a vida e criaram o estado industrial e a metrópole com quintais traseiros e o afastamento da natureza e da história", disse ele à corte. "Na virada do século, muitos que pretendiam recuperar suas terras natais e suas histórias se voltaram contra esse movimento unilateral." Era um movimento jovem, afirmou, que acenava para o passado ao mesmo tempo que avançava adiante, para um futuro moderno.

"Dr. Thoma", interrompeu Lawrence, o presidente do tribunal, "o senhor poderia fazer o réu se limitar às acusações que pesam contra ele?"

Dodd ergueu-se para fazer um aparte. "Ninguém na promotoria acusava o réu pelo que pensava", afirmou o advogado americano. "Creio que todos nós, por princípio, somos contrários a condenar qualquer homem pelo que ele pensa."

Rosenberg afirmou que, pessoalmente, queria que as pessoas pudessem acreditar no que quisessem a respeito de Deus. Jogou a culpa das medidas contra as igrejas aos pés de Bormann, que ainda se pensava que estivesse foragido. (Na verdade, ele morrera ao tentar fugir do Führerbunker nos últimos dias da guerra. Seus restos mortais foram encontrados por uma equipe de construção civil em Berlim, em 1972, e identificados por teste de DNA em 1998. Fragmentos de vidro incrustados em sua mandíbula

372   O DIÁRIO DO DIABO

levaram os historiadores a deduzir que Bormann, ao ter sua fuga impedida pelos soviéticos, teria mordido uma cápsula de veneno.)[71]

Rosenberg rechaçou quaisquer planos de saquear a Europa. Quando os nazistas chegaram a Paris, descobriram que os judeus tinham fugido e que suas propriedades estavam desocupadas. Eles se encarregaram de proteger os tesouros, que sua equipe catalogou meticulosamente e embalou com muito cuidado. "Estávamos lidando com uma situação imprevista", afirmou. De qualquer modo, os nazistas tinham justificativas para repatriar as obras de arte que haviam sido levadas da Alemanha em guerras passadas, e confiscar arquivos para investigar os inimigos que conspiravam contra eles.

Ele mencionou um memorando secreto de dezembro de 1941,[72] encontrado pelos procuradores, no qual Rosenberg fazia uma sugestão mortífera sobre como Hitler deveria responder à escalada de ataques contra oficiais alemães na França. Em outubro, o ditador havia ordenado a execução de cem reféns franceses em resposta aos assassinatos de dois oficiais alemães em Nantes e Bordeaux.[73] Segundo Rosenberg, o objetivo da Resistência havia sido provocar represálias contra os franceses e, assim, insuflar a animosidade contra os nazistas. "Sugiro ao Führer que, em vez de executar cem franceses, o façamos com cem banqueiros, advogados etc. judeus. São os judeus de Londres e Nova York que incitam os comunistas franceses a cometer atos de violência, e parece justo que os membros dessa raça paguem por isso", escreveu. "Não são os *pequenos* judeus, mas os grandes judeus franceses que devem ser responsabilizados. Isso tenderia a alimentar o sentimento antissemita." No banco dos réus, Rosenberg afirmou que escrevera o memorando em um momento de exaltação, e que, de qualquer modo, Hitler não havia seguido sua recomendação. Do seu jeito tipicamente enrolado, afirmou que se arrependia de ter feito a sugestão, ao mesmo tempo em que alegava que, em tempos de guerra, não era ilegal matar reféns.

Prosseguindo com sua defesa, Rosenberg afirmou que não tivera participação no planejamento da Operação Barbarossa; quando Hitler o chamou para se encarregar da administração civil nos territórios ocupados, ela já era um *fait accompli*. Nunca fora sua a ideia dizimar os povos do leste. Ao ser nomeado ministro, ele não tinha poder sobre assuntos econômicos nem políticos, e Koch, o Reichskommissar na Ucrânia, ignorava suas ordens.

"LEAL A ELE ATÉ O FIM"

Ele reconheceu que no verão de 1944 aprovara planos para trazer crianças do leste à Alemanha, embora tivesse tentado dourar a pílula. Esse "Heuaktion",[74] ou operação de colheita de feno, envolveu a detenção de 40 a 50 mil crianças com idades entre 10 e 14 anos. Algumas ficaram para trás porque seus pais foram levados para o trabalho forçado nas fortificações; outras foram simplesmente sequestradas. A ideia era entregá-las para serem aprendizes em fábricas alemãs. Um dos raciocínios de longo prazo para os sequestros era destruir as "potencialidades biológicas" dos povos do leste. Ele contou à corte que a princípio se opusera ao plano, embora reconhecendo que aprovara o sequestro de adolescentes mais velhos pelo exército. Transigira, afirmou, porque o Exército iria deportá-los com ou sem a sua autorização. Disse ainda ter pensado que, se assumisse a operação, seu "departamento juvenil" poderia assegurar que as crianças seriam bem-tratadas. Ele alegou que pretendia alojá-las em aldeias ou campos de concentração pequenos e devolvê-las aos pais depois da guerra.

O advogado dele inquiriu sobre os relatórios que lhe foram enviados em junho de 1943 sobre as atrocidades nos arredores de Minsk, na Bielorrússia. Um guarda da prisão escrevera que a polícia estava removendo as obturações em ouro dos presos judeus antes de entregá-los, e que Wilhelm Kube, o principal administrador civil no país, tinha informado da matança de mulheres e crianças em uma "ação policial" contra *partisans*.

"O fato de judeus receberem tratamento especial não requer discussão. Contudo, parece pouco crível que isto seja feito como descrito", dizia uma carta do escritório de Lohse endereçada a Rosenberg.[75] Como poderiam apaziguar e explorar os territórios ocupados com a população aterrorizada? "Deve ser possível evitar atrocidades e enterrar os que tiverem sido liquidados. Trancar homens, mulheres e crianças em estábulos e atear fogo não parece ser um método adequado de combater bandos, mesmo que seja desejável exterminar a população. Este método não é digno da causa alemã e fere gravemente a nossa reputação. Peço-lhe que tome as providências necessárias."

Confrontado com a carta, Rosenberg retrucou que ela havia chegado pouco depois de Hitler ficar do lado de Koch, em 1943, e ordenar-lhe que parasse com suas intromissões frívolas no leste. "Fui desmoralizado", alegou Rosenberg, "e não li esse documento."

374 O DIÁRIO DO DIABO

Ele depôs que sabia dos campos de concentração, mas presumira que as detenções eram "necessárias nos âmbitos político e nacional". Alegou que havia perguntado a Himmler a respeito dos informes estrangeiros sobre atrocidades nos campos, e que o Reichsführer-SS o convidara a visitar Dachau e ver o campo com seus próprios olhos. "Lá temos uma piscina, temos instalações sanitárias", disse Himmler. "Impecável. Impossível levantar objeções." Rosenberg disse à corte que declinou do convite "por uma questão de bom gosto; eu simplesmente não quis ver gente privada da liberdade".

Quanto ao assassinato de judeus europeus, ele alegou ignorá-lo. Sim, tinha lido os relatórios sobre a "terrível brutalidade" no leste. Sim, ouvira falar do fuzilamento de judeus. "Porém, que houvesse ordens para a aniquilação individual da judaria, isto eu não poderia supor", afirmou, "e, se nas nossas polêmicas falava-se da exterminação da judaria, devo dizer que é claro que essa palavra causa uma impressão assustadora em vista dos depoimentos que pensamos estar disponíveis agora, mas, nas condições que então prevaleciam, isso não foi interpretado como extermínio individual, como a aniquilação individual de milhões de judeus."

O homem cujo incomparável antissemitismo havia aberto caminho para o Holocausto insistia agora que havia defendido um tratamento "cavalheiresco" para os judeus, embora não explicasse em que consistiria esse suposto plano alternativo. "É um destino trágico que isso tenha resultado ao contrário", disse. "Ocorreram coisas que causam arrependimento e, devo dizer, minaram minha força interna para continuar pleiteando junto ao Führer o método que eu defendia."

Contudo, ele insistiu que desconhecia os fuzilamentos em massa e os campos da morte.

"Eu não teria acreditado, ainda que o próprio Heinrich Himmler me tivesse contado", afirmou. "Há coisas que, mesmo para mim, parecem além das possibilidades humanas, e esta é uma delas."

Em 17 de abril, Thomas Dodd subiu ao estrado para interrogar Rosenberg.[76] Com um trabalho lento e metódico, ele examinou as defesas do réu até chegar à questão dos judeus.

"LEAL A ELE ATÉ O FIM"

— O senhor alguma vez conversou sobre o extermínio dos judeus? — perguntou Dodd.

— Em geral, não falei sobre o extermínio dos judeus nesse sentido do termo — respondeu Rosenberg. — É preciso considerar as palavras neste ponto.

Dodd confrontou-o com o memorando sobre sua reunião com Hitler em 14 de dezembro de 1941, quando ambos decidiram que Rosenberg não deveria mencionar o extermínio — *Ausrottung* — dos judeus no discurso que planejava fazer.

— Essa palavra não tem o sentido que o senhor lhe atribui — argumentou Rosenberg.

Dodd mostrou um dicionário alemão-inglês e pediu que Rosenberg o verificasse. Este se recusou e continuou a sua preleção.

— Não preciso de um dicionário estrangeiro para explicar os diversos sentidos de *Ausrottung* na língua alemã — disse. — Pode-se exterminar uma ideia, um sistema econômico, uma ordem social e, como consequência final, certamente também um grupo de pessoas. Há várias acepções contidas na palavra. As traduções do alemão ao inglês muitas vezes estão equivocadas.

— O senhor está seriamente decidido a manter uma aparente incapacidade de concordar comigo sobre essa palavra ou está tentando ganhar tempo? — insistiu Dodd.

Rosenberg respondeu que o discurso planejado no Sportpalast seria uma "ameaça política". Não seria o anúncio da solução final.

— Bem, na verdade — respondeu Dodd —, os judeus estavam sendo exterminados nos territórios ocupados do leste antes e depois disso, não é?

— Sim.

— Sim, e ainda assim [...] o senhor quer que a corte acredite que isso era feito pela polícia sem o seu envolvimento e o do seu pessoal.

Em seguida, Dodd apresentou a Rosenberg a carta de Lohse, o Reichskommissar de Ostland, protestando contra a "execução selvagem de judeus" em uma cidade do seu território, e a resposta do ministério de que ele não podia interferir na missão da SS na questão judaica. Ele também mostrou a carta de outro administrador civil dirigida a Lohse, datada de julho de 1942, informando que 55 mil judeus haviam sido "liquidados" na Bielorrússia nas dez semanas anteriores, e que outros embarcados para o seu distrito teriam a mesma sorte.

Rosenberg afirmou que não havia visto as cartas, embora ambas tivessem sido encontradas entre os papéis do seu escritório de Berlim. Insistindo, Dodd assinalou que ao menos cinco pessoas na alta hierarquia do ministério sabiam o que estava ocorrendo — e que certamente Rosenberg deveria sabê-lo.

Ele tentou sair pela tangente, mas o presidente da corte o interrompeu.

— O senhor pode primeiro responder à pergunta? O senhor concorda que essas cinco pessoas estavam engajadas no extermínio de judeus?

— Sim, elas sabiam de certo número de liquidações de judeus. Isso eu admito — respondeu Rosenberg —, e elas me disseram isso, ou, se não o fizeram, eu soube por outras fontes.

Com aquela admissão condenatória, Dodd deu mais um passo em seu caso sobre a culpa de Rosenberg.

— O senhor estava na corte quando o réu Höss depôs?

— Sim, eu o ouvi — respondeu Rosenberg.

— O senhor ouviu aquela história terrível de 2,5 a 3 milhões de assassinatos que ele mencionou, em sua maioria gente judia?[77]

— Sim.

— O senhor sabia que este Höss leu o seu livro e ouviu os seus discursos? Não, Rosenberg alegou não saber disso.

Dodd escreveu para casa naquele dia contando sobre o interrogatório de Rosenberg. "Foi muito difícil questioná-lo — um embusteiro evasivo e mentiroso, o maior que já vi. Na verdade, eu o desprezo — ele é tão falso, um absoluto hipócrita."[78]

Quando a promotoria concluiu sua participação, os promotores americanos foram embora de Nuremberg. Porém Kempner foi convencido a ficar com Dodd. Ele supervisionou uma sessão organizada para rebater argumentações dos réus e seus advogados. "Ainda estou aqui — de certa forma um dos últimos sobreviventes", escreveu ele a um amigo. "A maioria já

"LEAL A ELE ATÉ O FIM" 377

foi embora." A corte tinha formado uma comissão separada para ouvir os depoimentos de outros membros das organizações processadas, tais como a Gestapo, a SS, a milícia e os militares. Kempner coordenou a ligação entre a equipe de promotores americanos e essa comissão auxiliar, e não ficou nada contente.[79] "É muito difícil de todos os pontos de vista", escreveu. "Há ângulos demais e os casos das organizações nunca foram investigados e analisados em profundidade; há muito para fazer de última hora."

Ele queria voltar para casa. Naquele mês, seu filho Lucian por fim havia chegado, depois de anos em fuga.

Entre 1942 e 1943, Lucian tinha frequentado escolas em Düsseldorf e Berlim. Durante um tempo, trabalhou como vigilante noturno para se manter. Ele sempre soube que, sendo metade judeu, poderia ser preso pela Gestapo a qualquer momento, e em setembro de 1943 ele finalmente foi perseguido.[80]

Primeiro foi enviado a um campo de trabalhos forçados em Westerland, na ilha de Sylt, que sobressaía o mar do Norte, perto da fronteira com a Dinamarca.[81] A Luftwaffe tinha uma base aérea ali, e 1,2 mil prisioneiros construíram fortificações de defesa contra ataques dos Aliados. Em fevereiro de 1944, Lucian foi enviado a um campo em Arnheim, na Holanda, para trabalhar na expansão de outra base aérea, e por fim foi parar no campo de concentração de Amersfoort, onde havia milhares de judeus, opositores conscienciosos e prisioneiros políticos.

Várias vezes ele tentou fugir. Por fim, em abril de 1945, quando estava sendo transportado para outro campo em Berlim, conseguiu escapar, driblou as barreiras alemãs e roubou uma bicicleta para chegar às linhas aliadas, a quase 160 quilômetros a oeste do rio Elba, perto de Madgeburg.[82] Ele se entregou ao IX Exército americano e, depois de um interrogatório, permaneceu na unidade como intérprete. (Ele falava quatro línguas.) Mais tarde naquele ano apresentou-se como voluntário na Companhia C do Regimento Real de Norfolk, da Grã-Bretanha. Passou algum tempo trabalhando na reeducação de jovens alemães doutrinados pelos nazistas.

Durante o segundo semestre de 1945, Lucian tentou entrar em contato com o pai, e chegou a escrever para a Voz da América. "Por favor, ajudem-

378   O DIÁRIO DO DIABO

-me a encontrar o meu pai. Vocês são a minha última esperança", dizia a carta.[83] Finalmente, eles retomaram o contato no final de 1945 e trocaram cartas. "Arrisquei a vida e, milagrosamente, eu a recuperei", escreveu.[84]

Mas tratava-se de um tipo estranho de liberdade. Ele continuava na Alemanha, estacionado em Solingen, a meio caminho entre Düsseldorf e Colônia, e ainda não tinha os documentos de que precisava para ir embora. Continuava a ser um homem sacudido pelas forças históricas. "Sou equiparado aos alemães de hoje", escreveu, "e como eles são notórios em todo o mundo — e com razão —, eu também sou um pária no mundo público, isto é, um marginal, como fui antes e durante a guerra para os alemães arianos. Não sou alemão, não sou britânico, e tampouco sou americano. Então, o que sou?" Lucian estava desesperado. "Será que você consegue me tirar deste país horrível?"

Os britânicos o tratavam bem, mas ele estava infeliz. Não havia nada para ler, e seus companheiros de exército só falavam de "mulheres alemãs, bebidas e cigarros". Lucian não tinha nem um cartão de racionamento, então estava sempre pedindo aos camaradas da companhia.

Suas demandas eram simples. "Quero viver em um país livre como um humano com direitos iguais."

Pai e filho tiveram uma oportunidade de se verem rapidamente em fevereiro, no Grand Hotel em Nuremberg.[85] Kempner ajudou o filho a obter um visto norte-americano, e, em maio de 1946, Lucian desembarcou do cargueiro *Marine Perch* e tomou um ônibus para a casa dos Kempner, em Lansdowne. Enviou um telegrama de agradecimento à Casa Branca e deu entrevistas a repórteres da Filadélfia. "Ele foi perseguido e procurado, golpeado e esfaimado", informou o *Philadelphia Inquirer*.[86] "Ontem, sua Odisseia moderna chegou ao fim em Lansdowne." Ruth decorou a casa com flores. Na reportagem, ela foi apresentada como mãe de Lucian; a sua verdadeira mãe, Helene, que o tinha raptado na Itália, morrera na Alemanha antes do fim da guerra. "Pelos recortes de jornal, eu diria que ele é um verdadeiro Kempner", escreveu Kurt Grossman, jornalista amigo de Robert, em carta que enviou a Nuremberg.[87]

Abatido depois do cativeiro, Lucian havia recuperado mais de 20 quilos depois de alcançar as linhas aliadas no ano anterior. Ele disse que pretendia

"LEAL A ELE ATÉ O FIM"

se juntar ao Exército americano. "Muitos garotos caíram e morreram nos campos de batalha europeus para me salvar", declarou ao jornal. "Se não fosse por eles, eu não estaria aqui hoje. Quero retribuir do único modo que sei."

André, por sua vez, chegou a Lansdowne no início da década de 1950, depois de ser formalmente adotado pelos Kempner, e mais tarde casou-se e estabeleceu-se na Suécia.

Em 17 de julho, Kempner recebeu uma carta surpreendente de Emmy Göring, a esposa do Reichsmarschall.

"Poderia pedir-lhe um grande favor?", dizia a carta.[88] "O senhor acha que teria meia hora disponível nas próximas duas semanas?" Kempner concordou e, embora não soubesse do que se tratava, provavelmente ela queria ajuda para obter autorização para visitar o marido na prisão, ou simplesmente sentar-se na sala do tribunal — o que não era permitido às esposas dos réus. Em setembro, a ex-atriz entrara agilmente no Palácio de Justiça trajando um casaco de pele, mas foi rapidamente reconhecida e retirada de lá.[89]

Depois da guerra, ela foi encontrada em um hotel na Baviera, onde se escondia com caixas de champanhe, destilados, charutos cubanos e um baú repleto de joias e ouro. Ela foi detida e passou cinco meses na prisão e, depois de ser solta, em fevereiro de 1946, passou a viver na pobreza em uma casa sem água corrente nem calefação. Emmy Göring ainda estava zangada porque, nos dias finais enlouquecidos no bunker, Hitler ordenara a prisão do seu marido. Um psicólogo militar em Nuremberg a visitou em março, na esperança de que ela persuadisse o Reichsmarschall a abandonar seu apoio leal ao Führer. Ela enviou uma carta a Göring, mas ele permaneceu imutável. "Nada", disse ele ao psicólogo, "vai me demover."[90]

Kempner começou a visitar Emmy regularmente, e lhe levava comida e chocolates.[91] Ele sabia cultivar fontes valiosas de informação, e valia a pena alimentar aquela relação.

Kempner tinha uma relação mais complicada com outro nazista preso em Nuremberg: Rudolf Diels, o antigo chefe da Gestapo. Na década de 1930, Kempner o ajudara a evitar uma situação embaraçosa com

380   O DIÁRIO DO DIABO

uma prostituta; Diels pode tê-lo ajudado a evitar o campo de concentração de Columbia-Haus quando Kempner foi preso, em 1935. Um década depois, em Nuremberg, os promotores britânicos declararam que o fundador da polícia secreta havia sido "responsável pelas piores brutalidades e barbáries", e pediram sua condenação. Kempner evitou que isto acontecesse.[92] Diels insistia que havia feito o possível para deter a onda de prisões nos dias e meses posteriores, quando os nazistas tomaram o poder, e concordou em fornecer aos promotores uma série de delações juradas sobre os réus, inclusive Göring e Rosenberg. Ele se tornou um informante-chave. "Queríamos descobrir o máximo possível, o mais rápido possível", disse Kempner muitos anos depois sobre sua relação com nazistas como Diels. "Isso significava conversar com certas pessoas com quem, de outro modo, não tomaríamos uma xícara de chá."[93] Ele escreveu em suas memórias: "Assassinos podem contar a verdade sobre seus colegas assassinos — não importam os seus motivos para fazê-lo."

Kempner e Diels se viram bastante durante o julgamento. Como testemunha, Diels devia permanecer em um alojamento operado pelos americanos. Surpreendentemente, o local hospedava nazistas lado a lado com sobreviventes dos campos de concentração. Diels obteve permissão para visitar um hotel de caça ao sul de Nuremberg de propriedade de amigos, o conde e a condessa Faber-Castell. O hotel tornou-se o reduto de uma pequena vida social; Kempner também era um visitante regular.

Como era do seu feitio, Diels começou um caso com a condessa. Quando ela teve o primeiro filho, Kempner disse que Diels era o pai. Ele supostamente sabia.[94] Foi um dos padrinhos da criança.

Em 26 de julho, Robert H. Jackson voltou a Nuremberg para o seu pronunciamento final. Quando chegou a vez de Rosenberg, Jackson o descartou como "o alto sacerdote intelectual da 'raça superior'", e acusou-o de "fornecer a doutrina do ódio que deu ímpeto à aniquilação dos judeus, e pôr em prática suas teorias infiéis contra os territórios ocupados do leste. Sua vaga filosofia também acrescentou o tédio à longa lista das atrocidades nazistas".[95]

"LEAL A ELE ATÉ O FIM"

Um mês depois, os réus se ergueram no centro do tablado e fizeram breves declarações finais.

Rosenberg negou quaisquer responsabilidades pelos massacres nazistas. "Sei que a minha consciência está completamente livre de qualquer culpa, de qualquer cumplicidade na morte de pessoas."[96] Ele quis sublevar os povos do leste contra Moscou. Quis que os judeus se assentassem em uma nação própria. "A ideia da aniquilação física dos eslavos e dos judeus — isto é, o assassinato de povos inteiros — nunca passou pela minha mente, e certamente nunca a defendi de maneira alguma." Seu trabalho a serviço da ideologia nazista não era conspiração nem crime. "Peço-lhes que vejam nisto a verdade."

Os quatro juízes passaram o mês de setembro deliberando.[97] Os argumentos giravam em torno de aspectos peculiares da lei internacional improvisada que havia guiado os julgamentos de Nuremberg desde o início, além de, obviamente, os interesses políticos dos quatro Aliados. Göring e Ribbentrop eram facilmente condenáveis. Rosenberg exigia certo debate. Quando os juízes se debruçaram sobre o ideólogo nazista, em 2 de setembro, relutaram em condená-lo por conspiração com base unicamente em que suas ideias haviam dado respaldo ideológico à perseguição nazista e ao extermínio. Ao mesmo tempo, as acusações contra ele iam além das palavras. Ele havia participado do saqueio no plano continental, do programa de trabalhos forçados, e da ocupação assassina e brutal do leste. Também tivera um papel na invasão da Noruega, em 1940.

A primeira rodada de deliberações trouxe à tona desacordos entre os juízes quanto a condenar ou não Rosenberg por todas ou algumas das acusações, e se ele deveria ser enforcado ou condenado à prisão perpétua. Em 10 de setembro, três dos quatro juízes eram a favor da condenação total. Porém os soviéticos e os britânicos queriam a condenação à morte, e o juiz francês, a prisão perpétua. Isso deixou a vida de Rosenberg nas mãos do juiz americano Francis Biddle, ex-procurador-geral dos EUA.

Biddle estava indeciso. Disse aos outros que queria pensar no caso antes de dar o seu voto no dia seguinte.

No dia 1º de outubro, os réus sentaram-se no banco lado a lado pela última vez para ouvir os veredictos.[98] Göring: culpado. Hess: culpado. Ribbentrop e Keitel: culpados. Rosenberg: culpado. Dos 21 homens julgados, três foram absolvidos: o ex-vice-chanceler Franz von Papen, que negociou a subida ao poder de Hitler em 1933; o funcionário do Ministério da Propaganda Hans Fritzsche e o banqueiro Hjalmar Schacht. A corte entrou em recesso às 13h45.

Após o recesso, os homens regressaram e, um por um, ouviram as suas sentenças. Rosenberg foi o sexto, e ele subiu pelo elevador ladeado por dois guardas. A porta corrediça se abriu e ele entrou na sala. Era a primeira vez em que o local estava pouco iluminado; como as sentenças não seriam filmadas, as luzes fluorescentes tinham sido apagadas. Rosenberg colocou os fones de ouvido para escutar a tradução das breves palavras do presidente do tribunal.

"*Tod durch den Strang.*" Morte por enforcamento. Biddle tinha apoiado a execução. Em seu veredicto, os juízes o condenaram não por suas ideias, mas por suas ações.

Rosenberg ficou calado ao remover os fones de ouvido e voltar para o elevador e descer.

O capelão que atendeu os réus nazistas, Henry Gerecke, escreveu mais tarde que metade deles se arrependeu no final e pediu perdão. Rosenberg "permaneceu o sofisticado. Não tinha o que fazer com sua fé da infância". Foi um dentre os quatro que declinaram os serviços dos clérigos da prisão. Depois das sentenças, as esposas e filhos dos réus puderam visitá-los nas celas. Gerecke caminhou entre as crianças e, ao se aproximar da filha adolescente de Rosenberg, Irene, ela disse: "Não me venha com essa história de reza."

Pasmo, Gerecke perguntou: "Há algo que eu possa fazer por você?"

"Sim", ela respondeu. "O senhor tem um cigarro?"[99]

Durante os meses que passou na prisão, Rosenberg escreveu algumas memórias em que recontou sua versão da história do Terceiro Reich. "O que Hitler fez, o que Hitler ordenou, como ele sobrecarregou os homens mais honrados, como jogou no chão os ideais de um movimento criado por ele mesmo, tudo isso é de uma magnitude tão assombrosa que nenhum adjetivo

"LEAL A ELE ATÉ O FIM"

corrente seria adequado para descrevê-lo."[100] Foi o mais perto que ele chegou de renegar o seu herói e ídolo. Segundo ele, no final da vida, Hitler havia sucumbido ao "paroxismo da autointoxicação",[101] fazendo comentários absurdos que eram "explosões de um homem que já não se importa seriamente em buscar conselhos de ninguém, e ainda crê que ouve sua voz interior; são solilóquios, em parte ainda lógicos, em parte simplesmente extravagantes."

Ele havia decidido que o grande erro de Hitler havia sido não ouvir mais homens como ele e, em vez disso, aconselhar-se com Himmler e Goebbels, "o Mefisto do nosso movimento, que antes seguia sem desvios".[102]

"Esses dois conseguiram fazer as coisas mais inacreditáveis sem serem freados", ele escreveu na mesa bamba em meio ao silêncio da cela da prisão. "Aqui, neste solo unicamente humano, está a raiz dos grandes pecados de omissão de Adolf Hitler com consequências terríveis — aquele elemento indefinível de inconsistência, confusão mental, negligência e, no longo prazo, a injustiça que tão frequentemente anulou suas próprias considerações, planos e atividades."[103]

Ele descreveu o momento em que percebeu que Himmler buscava o poder total no Terceiro Reich. Tomava uma taça de vinho com um aliado do rival quando viu uma foto do Reichsführer-SS na parede do outro cômodo. "Não conseguia tirar os olhos dela", escreveu. "Então percebi que nunca tivera a oportunidade de fitar Himmler diretamente nos olhos. Eles sempre estavam por trás do *pince-nez*. Agora, na fotografia, olhavam para mim diretamente, e acho que o que vi neles foi malícia."[104]

Ainda assim, prosseguiu: "Como alguém poderia acreditar que Himmler seria capaz daquelas crueldades comprovadas?"[105]

Ele recordou que um companheiro nazista o visitara em Berlim e falara da última resistência aos Aliados nas montanhas. Rosenberg não viu sentido naquilo. O homem fez uma pergunta que o estivera incomodando: será que a própria ideia do nazismo era errada desde a origem?

Não, não, retorquiu Rosenberg. "Uma grande ideia foi desperdiçada por homens pequenos."[106]

Rosenberg pensava que estava escrevendo para o futuro, quando suas ideias e os ideais do Partido Nazista seriam plenamente justificados, quando ele seria considerado um herói. "Virá o dia em que os netos da atual gera-

O DIÁRIO DO DIABO

ção se envergonharão do fato de termos sido acusados de criminosos por acalentar o mais nobre dos pensamentos."[107]

Até o final, ele se aferrou à retidão da causa nazista e à grandeza de Hitler, apesar de todos os seus defeitos.

"Eu o venerava, e permaneço leal a ele até o fim", escreveu.[108] "E agora a destruição da Alemanha veio junto com a dele. Às vezes o ódio toma conta de mim quando penso nos milhões de alemães mortos e exilados, na infelicidade indizível, no saqueio do pouco que restou, e no desperdício de uma riqueza de mil anos. Mas depois volta a surgir em mim o sentimento de piedade por um homem que foi também uma vítima do destino, e que amou esta Alemanha tão ardentemente quanto qualquer um de nós."

Hans Frank encontrou a religião. O líder do governo-geral vivera no luxo no castelo Wawel, em Cracóvia, enquanto os nazistas destruíam cruelmente a Polônia ocupada durante a guerra. Em Nuremberg, ele se arrependeu de tudo o que ele e seus companheiros nazistas haviam dito e feito. Depois de ouvir o depoimento de Höss, o comandante do campo da morte, Frank contou a um psicólogo da prisão que o melhor amigo do seu pai havia morrido em Auschwitz. Ele considerava a si mesmo responsável — ele e Rosenberg. "Não, eu não o matei pessoalmente", disse. "Mas as coisas que eu disse, e as coisas que Rosenberg disse, tornaram estes horrores possíveis." Quando Frank subiu ao estrado, confessou sua culpa pela aniquilação dos judeus. "Mil anos passarão e a culpa da Alemanha não terá sido apagada."[109]

Rosenberg não se retratou. Até o fim, o principal ideólogo dos nazistas não podia, ou não queria, aceitar que as ideias que havia alardeado tinham levado ao genocídio.

"O que será de mim?", perguntou ao advogado certo dia.

O homem respondeu com um famoso poema de Goethe, "Wandrers Nachtlied II", dando uma volta profética ao nativo do Báltico.

> Em cada cimo
> A quietude,
> No topo das árvores
> A brisa

"LEAL A ELE ATÉ O FIM"   385

> Mal se ouve.
> Calada está a ave.
> Aguarda: em breve
> Também descansarás[110]

Um hora depois que as luzes foram apagadas, em 15 de outubro, o guarda que vigiava a cela de Göring viu o Reichsmarschall levar a mão ao rosto. Três minutos depois, ele teve uma convulsão e começou a espumar. Morreu antes que se pudesse fazer alguma coisa. Em seu peito os guardas encontraram dois envelopes, um com quatro cartas, o outro com uma cápsula vazia de cianeto.[111] As execuções iriam acontecer naquela noite; Göring fora avisado.

Depois da meia-noite, as sentenças foram lidas aos outros dez condenados nazistas, e eles receberam uma última refeição de linguiça, salada de batatas e fruta.

Pouco depois de uma da manhã, os guardas vieram buscá-los, um por um. Rosenberg era o quarto da fila. Gerecke, o capelão, perguntou se podia rezar uma oração por ele. "Não, obrigado", respondeu Rosenberg.

Com as mãos algemadas, ele cruzou o curto espaço do pátio da cela e entrou no ginásio da prisão; era 1h47. Lá dentro havia testemunhas sentadas às mesas ou de pé ao fundo. As mãos dele foram amarradas para trás com um cinto de couro e ele subiu os treze degraus do patíbulo, onde seus pés foram amarrados.

"Rosenberg estava enfadonho e tinha o rosto encovado ao olhar à sua volta", escreveu Kingsbury Smith, que testemunhou as execuções para o International News Service.[112] "Sua compleição era marrom pastosa, mas ele não parecia nervoso e caminhou com passos firmes até o patíbulo. [...] Apesar do seu ateísmo declarado, ele foi acompanhado de um capelão protestante que o seguiu ao cadafalso e ficou ao seu lado orando. Rosenberg o fitou uma vez, sem expressão."

Sozinho entre os condenados, o escritor mais prolixo na história do Terceiro Reich não tinha palavras finais.

Colocaram-lhe um capuz na cabeça. O alçapão se abriu e Rosenberg caiu.[113]

Algumas horas depois, seu corpo foi levado com os demais a Munique, onde foi incinerado. As cinzas foram despejadas em um rio.

Epílogo

"Este documento histórico, de outro continente e outro século, agora está em casa", disse Sara Bloomfield, diretora do Museu Memorial do Holocausto dos Estados Unidos, em 17 de dezembro de 2013. Naquela manhã, os Arquivos Nacionais — que tecnicamente eram os donos do diário — doaram oficialmente aquelas páginas à instituição que havia despendido tanto tempo e esforço para recuperá-lo. Ele foi guardado no arquivo do museu, junto com milhares de outros documentos governamentais, cartas, fotografias e gravações que contam a história do genocídio nazista. No Centro de Estudos Avançados do Holocausto, pertencente ao museu, pesquisadores usam esses recursos para estudar a história dos assassinatos nos mínimos detalhes, ainda tentando explicar o inexplicável, ainda tentando dar sentido ao que aconteceu.

Nos meses posteriores à doação, o Museu do Holocausto organizou palestras de Mayer para grupos judaicos locais e regionais, quando seu trabalho foi saudado como um excelente exemplo da missão da instituição de preservar documentos importantes sobre os crimes nazistas para que não sejam esquecidos; para que não se repitam.

Certa noite, Mayer subiu ao palco do Museu Nacional da História Judaica Americana, no Independence Mall, na Filadélfia, para uma sessão

388   O DIÁRIO DO DIABO

de perguntas e respostas com um auditório lotado. Ele contou sobre a longa e complicada caçada aos documentos, e também sobre sua importância para os historiadores do Terceiro Reich.

No final da conversa, alguém perguntou como ele sentiu ao ter os papéis de Rosenberg nas mãos.

"Infelizmente", respondeu ele, "tem a ver com o território."

Ele não era uma pessoa de falar muito sobre o que seus antepassados sofreram durante o Holocausto. Suas tragédias eram pequenas em meio às de milhões. Seu pai nem se considerava um sobrevivente, embora o museu o considerasse, pois era um judeu que havia fugido da perseguição na Alemanha.

No entanto, Mayer não podia negar que as mortes terríveis de seu povo — na lama em Gurs, nas câmaras de gás de Auschwitz, nas florestas da Letônia — impunham um sentido mais profundo ao seu trabalho.

Ele fitou o interlocutor e sorriu.

"Tive muita satisfação", afirmou, "com o fato de este judeu aqui descobrir o diário deste sujeito."

Embora já não fosse um agente secreto que precisasse se ocultar das câmeras, Wittman estava em seu lugar habitual em eventos como aquele: no fundo da sala. Mayer o apontou publicamente. A audiência se virou para vê-lo, e alguns se levantaram para apertar a mão dele.

Era difícil descrever o sentimento de Wittman ao final da caçada bem-sucedida de uma obra de arte ou de um manuscrito inestimável. Talvez isso testemunhasse o poder inefável deste tipo de artefato cultural singular. Para ele, nesse caso, havia algo diferente. Alfred Rosenberg não era só um diarista, e o Museu do Holocausto não era qualquer museu. Ao ajudar a recuperar os arquivos do nazista, ao ajudar a salvar uma peça do quebra-cabeça insolúvel do genocídio do nazismo, Wittman dera sua pequena contribuição para a missão do museu — não só para honrar os milhões de inocentes que perderam suas vidas, mas para fazer lembrar às outras gerações um horror, que nunca deve se repetir.

Agradecimentos

A gradecemos a Henry Mayer e Jürgen Matthäus, do Museu Memorial do Holocausto dos Estados Unidos; a Tim Mulligan, da Administração dos Arquivos e Registros Nacionais; a David Hall, da Procuradoria Federal Norte-Americana em Delaware; e a Mark Olexa, do Serviço de Imigração e Controle de Alfândega dos Estados Unidos, por suas ações cruciais para trazer o diário de Rosenberg de volta ao domínio público.

Queremos agradecer também a Mayer por compartilhar generosamente conosco seu tempo e suas histórias; aos bibliotecários Ron Coleman, Megan Lewis e Vincent Slatt, dos arquivos do Museu do Holocausto, por mais de uma vez nos apontar a direção correta; ao pesquisador independente Satu Haase-Webb, por esmiuçar a Coleção Kempner em busca de cartas e documentos pessoais; e aos tradutores Natascha Hoffmeyer, Nika Knight e Chris Erb, por ajudar-nos a decifrar documentos alemães e o próprio diário de Rosenberg. Somos gratos a Jonathan Bush, Allan Stypeck e Edward Jesella, por seu tempo. A vasta coleção de história alemã da Biblioteca Van Pelt, da Universidade da Pensilvânia, colocou as respostas ao nosso alcance. Obrigado também aos diversos ajudantes na Administração dos Arquivos e Registros Nacionais, em College Park, Maryland, e à Biblioteca do Congresso em Washington, D.C.

O DIÁRIO DO DIABO

Saudações a Katie Shaver e Bob Barnard, pela acolhida em D.C., o vinho e a companhia.

Apreciamos especialmente as apresentações de John Shiffman; os nossos agentes Larry Weissman e Sascha Alper, por estabelecerem outro grande negócio; e a Jonathan Burnham, Claire Watchel, Hanna Wood, Jonathan Jao, Sofia Ergas Groopman, Branda Segel, Juliette Shapland, Heather Drucker e todos da Harper Collins que ajudaram a pôr este livro no mundo.

Como sempre, muito amor para nossas famílias: Donna, Kevin, Renee, Jeffrey e Kristin; e Monica, Jane e Owen.

Apêndice A

Uma linha do tempo do Terceiro Reich

Dezembro de 1918: Alfred Rosenberg chega à Alemanha proveniente de sua terra, a Estônia, e se estabelece em Munique; ele tem 21 anos de idade.

5 de janeiro de 1919: o Partido dos Trabalhadores Alemães, que vai se transformar no Partido Nazista um ano depois, é criado em Munique. Rosenberg e Hitler se filiam em 1920.

Dezembro de 1920: Os nazistas compram um jornal, o *Völkischer Beobachter*, e Rosenberg se torna o chefe de redação e editor.

8-9 de novembro de 1923: os nazistas tentam dar um golpe e derrubar o governo bávaro na Bürgerbräukeller, em Munique. Hitler leva um tiro e é preso. Rosenberg escapa ileso e é indicado por Hitler para liderar o partido até a sua soltura.

30 de janeiro de 1933: Hitler é nomeado chanceler da Alemanha e os nazistas rapidamente se apossam de todo o Estado. Rosenberg se muda para Berlim.

Fevereiro de 1933: Robert Kempner é demitido do cargo de funcionário sênior no Ministério do Interior prussiano.

1º de abril de 1933: os nazistas lançam um boicote aos estabelecimentos de judeus.

O DIÁRIO DO DIABO

10 de maio de 1933: livros considerados ofensivos são incendiados em universidades de toda a Alemanha.

24 de janeiro de 1934: Hitler nomeia Rosenberg delegado do Partido Nacional-Socialista para a doutrinação ideológica e intelectual e para a educação.

30 de junho de 1934: na Noite das Facas Longas, Hitler purga o Partido Nazista de inimigos, inclusive de Ernst Röhm, o chefe das milícias.

2 de agosto de 1934: morre o presidente Paul von Hindenburg; Hitler se firma como ditador da Alemanha.

12 de março de 1935: Kempner é preso pela Gestapo; é solto depois de passar duas semanas no campo de concentração Columbia-Haus, em Berlim.

15 de setembro de 1935: as Leis de Nuremberg tornam os judeus cidadãos de segunda classe.

7 de março de 1936: os alemães ocupam a região desmilitarizada da Renânia.

Verão de 1936: Kempner foge para a Itália, onde trabalha em um internato para exilados judeus em Florença.

12 de março de 1938: a Áustria é anexada à Alemanha.

Abril-maio de 1938: Kempner e outros professores e estudantes do internato em Florença são detidos por três semanas durante a visita de Hitler à Itália.

3 de setembro de 1938: a polícia italiana fecha o internato de Kempner; ele foge para a França com a esposa e a amante.

30 de setembro de 1938: em Munique, a Grã-Bretanha e a França concordam com a anexação pela Alemanha de um pedaço do território da Tchecoslováquia, os Sudetos.

9-10 de novembro de 1938: na Noite dos Cristais, sinagogas, lojas e residências de judeus são destruídas em toda a Alemanha.

30 de janeiro de 1939: em um discurso diante do Reichstag, Hitler promete destruir os judeus europeus.

15 de março de 1939: a Alemanha invade a Tchecoslováquia.

23 de agosto de 1939: Hitler firma um pacto de não agressão com o líder soviético Joseph Stalin, em que concordam em dividir a Polônia.

1º de setembro de 1939: a Alemanha invade a Polônia e começa a Segunda Guerra Mundial. Depois de conseguir um trabalho nos Estados Unidos, Kempner chega a Nova York.

8 de novembro de 1939: uma bomba explode na Bürgerbräukeller, em Munique, minutos depois de Hitler terminar um discurso.

9 de abril de 1940: os alemães invadem a Noruega e a Dinamarca.

APÊNDICE A: UMA LINHA DO TEMPO DO TERCEIRO REICH   393

10 de maio de 1940: os alemães atacam Holanda, Bélgica, Luxemburgo e França.

22 de junho de 1940: a França se rende e assina um armistício com a Alemanha. Rosenberg cria uma força-tarefa, a Einsatzstab Reichsleiter Rosenberg, que arquiteta o saqueio de livros e obras de arte em toda a Europa ocupada.

22 de junho de 1941: a Alemanha lança a Operação Barbarossa, invade a União Soviética e ocupa os Países Bálticos, Bielorrússia e Ucrânia.

17 de julho de 1941: Hitler indica Rosenberg para supervisionar a administração civil das antigas terras soviéticas como ministro dos territórios ocupados do leste.

7 de dezembro de 1941: o Japão ataca a base naval americana de Pearl Harbor.

8 de dezembro de 1941: o primeiro campo de extermínio nazista, Chelmno, na Polônia, começa a funcionar.

20 de janeiro de 1942: líderes nazistas se reúnem em Wannsee para discutir a eliminação dos judeus.

15 de fevereiro de 1942: o extermínio em massa de judeus começa em Auschwitz.

31 de janeiro de 1943: o general Friedrich Paulus se rende aos russos com suas tropas em Stalingrado; o restante do VI Exército alemão faz o mesmo em 2 de fevereiro, mudando o curso da guerra.

16 de maio de 1943: Na Polônia, o levante do gueto de Varsóvia é esmagado pelos alemães após um mês de lutas.

6 de junho de 1944: os Aliados desembarcam na Normandia no Dia D.

20 de julho de 1944: na Operação Valquíria, oficiais alemães lançam um complô fracassado para assassinar Hitler.

25 de agosto de 1944: os Aliados libertam Paris.

25 de janeiro de 1945: os Aliados revidam a maior ofensiva alemã e põem fim à Batalha de Bulge.

27 de janeiro de 1945: os russos chegam a Auschwitz, onde mais de 1 milhão de pessoas foram massacradas nos três anos anteriores.

30 de abril de 1945: os russos cercam Berlim; Hitler se suicida.

8 de maio de 1945: a Alemanha se rende.

18 de maio de 1945: Rosenberg é preso.

20 de novembro de 1945: em Nuremberg, começam os processos pelos crimes de guerra nazistas contra Rosenberg, Hermann Göring, Rudolf Hess, e outros nazistas sobreviventes. Kempner participa da equipe da promotoria norte--americana.

16 de outubro de 1946: condenados por crimes de guerra, Rosenberg e outros nove são enforcados.

Apêndice B

Lista de personagens

BIDDLE, FRANCIS: promotor-geral dos EUA, 1941-1945; principal juiz americano nos julgamentos de crimes de guerra em Nuremberg, 1945-1946.

BORMANN, MARTIN: chefe de gabinete de Rudolf Hess, 1933-1941; chefe da Chancelaria do Partido Nazista, 1941-1945; secretário pessoal de Hitler, 1943-1945.

BRAUN, EVA: namorada de Hitler e, no final, sua esposa.

DIELS, RUDOLF: chefe da Gestapo, 1933-1934.

ECKART, DIETRICH: editor do *Völkischer Beobachter*, o jornal nazista, 1920-1923; apresentou Rosenberg a Hitler em 1919.

FAULHABER, MICHAEL: arcebispo católico de Munique, 1917-1952; liderou a oposição aos escritos de Rosenberg contra a Igreja.

FROMM, BELLA: correspondente diplomática do jornal *Vossische Zeitung*, de Berlim.

GOEBBELS, JOSEPH: ministro de Instrução Pública e Propaganda do Reich.

GÖRING, HERMANN: chefe da Força Aérea alemã, a Luftwaffe; diretor econômico do Reich; até abril de 1945, o sucessor escolhido por Hitler.

HALL, DAVID: promotor assistente em Delaware; trabalhou com Robert Wittman para recuperar o diário de Rosenberg.

396   O DIÁRIO DO DIABO

HANFSTAENGL, ERNST: chefe da imprensa estrangeira nazista, 1922-1933; conhecido como "Putzi".

HESS, RUDOLF: vice do Führer no Partido Nazista, 1933-1941.

HEYDRICH, REINHARD: diretor do Escritório Central de Segurança do Reich, que supervisionava o aparato de segurança alemão, 1939-1942; encarregado de tratar da "solução final da questão judaica" e de coordenar a conferência de Wannsee; assassinado em 1942.

HIMMLER, HEINRICH: comandante da SS e arquiteto do Holocausto.

HINDENBURG, PAUL VON: general da Primeira Guerra Mundial; presidente da Alemanha, 1925-1934; nomeou Hitler chanceler em 1933.

JACKSON, ROBERT: promotor-geral dos EUA, 1940-1941; Suprema Corte de Justiça, 1941-1954; principal promotor americano nos Julgamentos de Crimes de Guerra de Nuremberg, 1945-1946.

KEITEL, WILHELM: chefe do Alto-Comando Supremo das Forças Armadas Alemãs, 1938-1945.

KEMPNER, ANDRÉ: filho de Robert Kempner e de sua secretária legal, Margot Lipton; passou a infância durante a guerra em um orfanato em Nice, França.

KEMPNER, LUCIAN: filho de Robert e de sua primeira mulher, Helene; encurralado na Alemanha durante a guerra e enviado a campos de trabalhos forçados; escapou em 1945; alistou-se no Exército dos Estados Unidos.

KEMPNER, ROBERT: advogado; fugiu dos nazistas em 1936; chegou aos Estados Unidos em 1939; trabalhou para o FBI e a OSS; membro da equipe da promotoria americana durante os Julgamentos de Crimes de Guerra em Nuremberg, 1945-1949.

KEMPNER, RUTH: segunda esposa de Robert Kempner; escritora.

KOCH, ERICH: Reichskommissar da Ucrânia, 1941-1944.

KREBS, ALBERT: um dos primeiros líderes do Partido Nazista em Hamburgo e editor de um jornal simpatizante do nazismo, o *Hamburger Tageblatt*; expulso do partido em 1932.

KUBE, WILHELM: Generalkommissar da Bielorrússia, 1941-1943.

LAMMERS, HANS: chefe da Chancelaria do Reich, 1933-1945.

LESTER, JANE: ajudante de Robert Kempner e sua secretária legal na Alemanha depois da guerra.

LEY, ROBERT: líder de organização do Reich e chefe do Escritório Central de Treinamento do partido; supervisionou a Frente Alemã para o Trabalho e o programa Força pela Alegria, 1933-1945.

APÊNDICE B: LISTA DE PERSONAGENS   397

LIPTON, MARGOT: amante de Robert Kempner e sua secretária na Itália e nos Estados Unidos; trocou o nome de Lipstein para Lipton quando emigrou para a América em 1939.

LOHSE, HINRICH: Reichskommissar de Ostland, designação alemã para a Estônia, Lituânia e Bielorrússia ocupadas, 1941-1943.

LÜDECKE, KURT: apoiador e angariador de fundos para o Partido Nazista.

LUDENDORFF, ERICH: general da primeira Guerra Mundial que marchou com os nazistas durante a tentativa de golpe na cervejaria, em 1923.

MAYER, HENRY: arquivista-chefe no Museu Memorial do Holocausto dos Estados Unidos, 1994-2010; posteriormente tornou-se conselheiro arquivista sênior do museu; dirigiu a busca pelo diário de Rosenberg.

OLEXA, MARK: agente especial do Departamento de Segurança Nacional Norte--Americano; trabalhou com Robert Wittman para recuperar o diário de Rosenberg.

PAPEN, FRANZ VON: chanceler alemão em 1932 e vice-chanceler, 1933-1934; teve papel importante na nomeação de Hitler como chanceler.

PEISER, WERNER: fundador do internato Istituto Fiorenza em Florença, Itália, 1933-1938.

QUISLING, VIKDUN: político nacionalista norueguês; conspirou com Rosenberg e os nazistas antes da invasão alemã do seu país, em 1940.

RIBBENTROP, JOACHIM VON: ministro de Exterior alemão, 1938-1945.

RICHARDSON, HERBERT: ex-professor; escritor; editor da Edwin Mellen Press; ficou amigo das secretárias de Kempner, Lester e Lipton; entregou o diário de Rosenberg às autoridades federais em 2013 depois de receber uma intimação federal.

RÖHM, ERNST: chefe do Sturmabteilung, as milícias nazistas, 1931-1934; executado por Hitler na Noite das Facas Longas, em 1934.

SHIRER, WILLIAM: correspondente em Berlim da agência de notícias Hearst e da Rádio CBS antes e durante a guerra.

STRASSER, OTTO: líder nazista de esquerda em Berlim até ser expulso, em 1930; seu irmão, Gregor, foi morto na Noite das Facas Longas, em 1934.

TAYLOR, TELFORD: conselheiro-chefe dos tribunais militares norte-americanos em Nuremberg, durante os quais 185 criminosos de guerra nazistas foram processados em doze julgamentos, 1946-1949.

VON BEHR, KURT: chefe do quartel-general da operação nazista de saqueio de livros e obras de arte em Paris, a Einsatzstab Reichsleiter Rosenberg, 1941-1942;

398 O DIÁRIO DO DIABO

mais tarde diretor da Operação Mobília, que saqueou móveis de milhares de residências judaicas no oeste da Europa.

VON GALEN, CLEMENS: bispo católico de Münster; crítico do programa nazista de eutanásia.

VON KAHR, GUSTAV RITTER: comissário de estado bávaro que impediu a tentativa de golpe nazista em 1923; assassinado na Noite das Facas Longas, em 1934.

WEIZSÄCKER, ERNST VON: secretário de Estado no Ministério do Exterior alemão, 1938-1943.

WITTMAN, JEFF: filho de Robert Wittman, ajudou na busca pelo diário de Rosenberg.

Notas

Prólogo: A abóbada

1. *After Action Report, Third US Army, 1 August 1944-9 May 1945*, vol. I: *The Operations*, p. 337.
2. Dreyfus e Gensburger, *Nazi Labour Camps*, p. 9, p. 130
3. Marguerite Higgins, "Americans Find Nazi Archives in Castle Vault", *New York Herald Tribune*, 24 de abril de 1945.
4. *After Action Report, Third US Army, 1 August 1944-9 May 1945*, vol. II: *Staff Section Reports*, p. G-2 47.
5. Higgins, "Americans Find Nazi Archives".
6. O diário sobrevivente de Himmler termina em 1924. Muitas figuras menores do Terceiro Reich deixaram diários.
7. Office of the U.S. Chief of Counsel for the Prosecution of Axis Criminality, *Nazi Conspiracy and Aggression*, vol. 5, pp. 554-57.
8. Ver Ernst Piper, "Vor der Wannsee-Konferenz: Ausweitung der Kampfzone", *Der Tagesspiegel*, 11 de dezembro de 2011.
9. Diário de Rosenberg, 13 de agosto de 1936.
10. Gilbert, *Nuremberg Diary*, pp. 267-68.
11. Diário de Rosenberg, 23 de agosto de 1936.
12. Goldensohn, *The Nuremberg Interviews*, pp. 73-75.
13. Declaração final de Robert Jackson, principal promotor americano, *Trial of the Major War Criminals*, vol. 19, p. 416.

400 O DIÁRIO DO DIABO

1. O cruzado

1. Maguire, *Law and War*, p. 128.
2. Ibid., pp. 151-58.
3. Kempner, *Ankläger einer Epoche*, p. 348.
4. Ibid., p. 369.
5. Charles LaFollette para Lucius Clay, 8 de junho de 1948, Frei, *Adenauer's Germany and the Nazi Past*, pp. 108-10.
6. Eivind Berggrav, bispo luterano em Oslo, citado em Wyneken, "Driving Out the Demons", p. 368.
7. Um dos jornais era o *Die Zeit*, de Richard Tüngel, um jornalista de direita. Ver Pöppmann, "The Trials of Robert Kempner", p. 41, e Pöppmann, "Robert Kempner und Ernst von Weizsäcker im Wilhelmstrassenprozess", pp. 183-89.
8. Maguire, *Law and War*, pp. 160-61.
9. Jack Raymond, "Krupp to Get Back Only Part of Plant", *New York Times*, 2 de fevereiro de 1951.
10. Quase todos os criminosos de guerra estavam soltos: dos sete principais criminosos enviados à prisão pelo Tribunal Militar Internacional em 1946, três foram soltos logo depois por questões de saúde. O almirante Karl Dönitz (dez anos), Albert Speer (vinte anos), e Baldur von Schirach (vinte anos) cumpriram toda a sentença. Rudolf Hess, condenado à prisão perpétua, cometeu suicídio em 1987.
11. Robert M. W. Kempner, "Distorting German History", *New York Herald Tribune*, 3 de janeiro de 1950.
12. Memorandos administrativos, National Archives, Record Group 238, correspondência com European Document Centers Relating to the Receipt and Return of Documents 1945-1946.
13. Roseman, *The Villa, The Lake, The Meeting*, pp. 1-2.
14. Ben Ferencz para Kempner, 15 de dezembro de 1989, Telford Taylor Papers, Series 20, Subseries 1, Box 3. A carta prosseguia: "Tudo está bem quando termina bem. Não estou sugerindo que não existam pessoas que achem você um FDP e um sacana e que gostariam de te matar. Tenho certeza de que muitos ex-nazistas e seus simpatizantes concordariam plenamente com isto." Obrigado ao biógrafo de Taylor, Jonathan Bush, por compartilhar essa carta.
15. Eckert, *The Struggle for the Files*, pp. 58-59.
16. Memorando sobre descarte de documentos, 27 de agosto de 1948, National Archives, Record Group 260, Records of the Office of the Chief of Counsel for War Crimes.
17. Kempner, *Ankläger*, pp. 400-7.
18. Fred Niebergall, memorando, 18 de abril de 1949, Kempner Papers.
19. Correspondência de Kempner com Dutton, 1949-50, Kempner Papers, Box 55.
20. Kempner, *Ankläger*, p. 408.
21. Aviso do sistema de Ferrovias da Pensilvânia, Kempner Papers, Box 3.
22. Kempner, *Ankläger einer Epoch*, p. 380; história oral de Lester.

NOTAS   401

23. Ver bibliografia da história de edições de Kempner.
24. Hans Knight, "Anthology of Hell", *Sunday* (Philadelphia) *Bulletin Magazine*, May 9, 1965.
25. Ela mudou o sobrenome para Lipstein ao emigrar para os Estados Unidos.
26. O depoimento de Lipton em *Lipton v. Swansen*, 23 de junho de 1999.
27. Depoimento de Lucian Kempner em *Lipton v. Swansen*, 9 de dezembro de 1999.
28. Carta de André Kempner para Robert Kempner, 1º de setembro de 1969, Kempner Papers, não catalogada, março de 2015.
29. Testemunho de Jane Lester em *Lipton vs. Swansen*, 31 de janeiro de 2001.

2. "Tudo perdido"

1. História oral de Lester.
2. Richardson para Kempner, 8 de abril de 1982, Kempner Papers, Box 69.
3. Henry Mayer, memorando, "Re: Alfred Rosenberg 'Tagebuch'", 12 de junho de 12, 2006.
4. Vídeo de inauguração do Collegium Robert Kempner, 21 de setembro de 1996, Kempner Papers, Videobox #1.
5. Levine, *Class, Networks, and Identity*, pp. 37-41; Kaplan, *Between Dignity and Despair*, p. 23; Evans, *The Third Reich in Power*, p. 574.
6. Detalhes da deportação de outubro de 1940 e da vida em Gurs vêm de Browning, *The Origins of the Final Solution*, pp. 89-91; Zuccotti, *The Holocaust, the French, and the Jews*, pp. 65-80; Poznanski, *Jews in France During World War II*, pp. 171-95; Schwertfeger, *In Transit*, pp. 137-62; Frank, *The Curse of Gurs*, pp. 229-67; e Gutman, *Encyclopedia of the Holocaust, Vol. 2*, pp. 631—32.
7. American Friends Service Committee report, quoted in "Misery and Death in French Camps", *New York Times*, 26 de janeiro de 1941.
8. Dr. Ludwig Mann, citado em Frank, *The Curse of Gurs*, p. 239.
9. Poznanski, *Jews in France*, p. 180.
10. Professor A. Reich, citado ibid., p. 182.
11. Detalhes em duas bases de dados on-line, o Bundesarchiv Memorial Book em: bundesarchiv.de/gedenkbuch e o Yad Vash em: Central Database of Shoah Victims' Names em db.yadvashem.org/names. Ver também Klarsfeld, *Memorial to the Jews Deported from France, 1942-44*, pp. xxvi-xxvii.
12. Detalhes da vida de Richardson em: Charles Trueheart, "Publish AND Perish?" *Washington Post*, 13 de julho de 1994, e Jake New, "Herbert Richardson v. the World", *Chronicle of Higher Education*, 15 de abril de 2013. Richardson e seu advogado não responderam aos pedidos de entrevista dos autores.
13. Trueheart, "Publish AND Perish?"
14. *University of St. Michael's College v. Herbert W. Richardson*, p. 5.
15. *Lipton v. Swansen*.
16. Ação legal movida por André Kempner e Lucian Kempner para obter medida cautelar, 20 de setembro de 1999, arquivada em *Lipton v. Swansen*.

402 O DIÁRIO DO DIABO

17. Depoimento de Lipton em *Lipton v. Swansen*, De junho de 23, 1999.
18. Timothy Logue, "History Uncovered", *Delaware County Times*, 26 de Agosto de 1999.

3. "Fitar a mente de uma alma obscura"

1. Correspondência entre Kempner e Seraphim, 1955-56, Kempner Papers, Boxes 53, 58.
2. Kempner, *SS im Kreuzverhör*, p. 228.
3. O relato das conversas de Mayer está em seu memorando para o arquivo "Re: Alfred Rosenberg 'Tagebuch'", 12 de junho de 2006. Walt Martin não retornou os telefonemas dos autores para comentá-lo.
4. Ralph Vigoda, "Nazi Papers in Custody Fight", *Philadelphia Inquirer*, 25 de março de 2003.
5. *United States of America v. William Martin*, United States District Court for the Eastern District of Pennsylvania
6. Edward Jesella, entrevista do autor, 20 de abril de 2015.
7. Trecho da entrevista de Richardson em: Report of Investigation, 1º de março de 2013, entregue aos autores sob a Lei de Informação do Serviço de Imigração e Alfândega dos EUA.
8. Embora tenham jurisdições precisas, os advogados Americanos podem abrir investigações sobre atividades criminosas em qualquer lugar dos EUA. É comum que promotores federais emitam mandados para outros distritos que não os seus.
9. Patricia Cohen, "Diary of a Hitler Aide Resurfaces After a Hunt That Lasted Years", *New York Times*, 13 de junho de 2013.

4. "Enteados do destino"

1. *New York Times*, 10 de dezembro de 1918. Ver também cinejornal do British Pathé: "German Troops Return 1918", em: britishpathe.com.
2. Stephenson, "*Frontschweine* and Revolution", pp. 287-99.
3. Correspondente incógnito a Evelyn Blücher, inglesa casada com um príncipe alemão que passou a guerra na Alemanha, citado em Blücher von Wahlstatt, *An English Wife in Berlin*, p. 305.
4. Lang e Schenck, *Memoirs of Alfred Rosenberg*, p. 29.
5. Piper, *Alfred Rosenberg*, p. 208.
6. Neave, *On Trial at Nuremberg*, p. 103.
7. Cecil, *The Myth of the Master Race*, p. 11; ver Rosenberg, "How the *Myth* Arose", National Archives, T454, Roll 101
8. Detalhes da vida pregressa de Rosenberg em: Lang e Schenck, *Memoirs*, pp. 1-30.
9. Fest, *The Face of the Third Reich*, pp. 163-74.
10. Cecil, *Myth of the Master Race*, p. 15.
11. De *Peste na Rússia!*, de Rosenberg, citado em Cecil, *Myth of the Master Race*, p. 17.

NOTAS

12. Cecil, *Myth of the Master Race*, p. 20.
13. Lang e Schenck, *Memoirs*, p. 29.
14. Large, *Where Ghosts Walked*, pp. xii-xvii.
15. Ibid., pp. 3-5.
16. Evans, *The Coming of the Third Reich*, pp. 156-61.
17. Lang e Schenck, *Memoirs*, p. 40.
18. Layton, "The *Völkischer Beobachter*, 1925-1933", pp. 58-59; ver Alfred Rosenberg, *Dietrich Eckart: Ein Vermächtnis* (Munique: n.p., 1927).
19. Kershaw, *Hitler: A Biography*, p. 82.
20. Evans, *Coming of the Third Reich*, p. 160.
21. Rosenberg descreve a cena em Lang e Schenck, *Memoirs*, p. 43.

5. "O jornal mais odiado do país!"

1. Detalhes da vida pregressa de Hitler em Kershaw, *Hitler: A Biography*, pp. 1-46.
2. Hitler, *Mein Kampf*, p. 126.
3. Kershaw, *Hitler: A Biography*, p. 27.
4. "I Was Hitler's Buddy", *The New Republic*, 5, 12, e 19 de abril de 1939.
5. Kershaw, *Hitler: A Biography*, pp. 74-75.
6. Lang e Schenck, *Memoirs of Alfred Rosenberg*, pp. 47-50.
7. Lüdecke, *I Knew Hitler*, p. 510.
8. Cecil, *The Myth of the Master Race*, p. 30.
9. Lang e Schenck, *Memoirs*, pp. 47-50.
10. Layton, "The *Völkischer Beobachter*, 1920-1933", p. 354.
11. Ibid., p. 360.
12. O nome do jornal tem sido traduzido como "Observador Popular" ou "Observador Racial".
13. Entrada no diário de Paula Schlier citada em Layton, "The *Völkischer Beobachter*, 1925-1933", pp. 87-88.
14. Trevor-Roper, *Hitler's Table Talk*, p. 490.
15. Layton, "The *Völkischer Beobachter*, 1920-1933", pp. 369-80.
16. Layton, "The *Völkischer Beobachter*, 1925-1933", p. 256.
17. Trevor-Roper, *Hitler's Table Talk*, p. 490.
18. Hanfstaengl, *Hitler: The Missing Years*, p. 91.
19. Ibid., p. 122.
20. Rosenberg, *Race and Race History*, p. 14.
21. Este somatório da ideia ariana e seu desenvolvimento vem de Pringle, *The Master Plan*, pp. 27-36.
22. Shirer, *The Rise and Fall of the Third Reich*, pp. 104-9.
23. Bollmus, "Alfred Rosenberg", p. 185.
24. Nova, *Alfred Rosenberg*, p. 103.

O DIÁRIO DO DIABO

25. Alfred Rosenberg, *The Track of the Jew Through the Ages*, trecho em *Race and Race History*, p. 178.
26. Ibid., p. 189.
27. Citado em Nova, *Alfred Rosenberg*, p. 118.
28. Kellogg, *The Russian Roots of Nazism*, pp. 70-73. Outros argumentam que Rosenberg deu o livro a Hitler, mas não há evidências.
29. Ibid., p. 75.
30. Strasser, *The Gangsters Around Hitler*, pp. 21-23.
31. Lüdecke, *I Knew Hitler*, p. 79. Lüdecke depois caiu com Hitler.
32. Kershaw, *Hitler: A Biography*, pp. 37-42.
33. Evans, *The Coming of the Third Reich*, pp. 171-75.
34. Ibid., p. 174.
35. Baynes, *The Speeches of Adolf Hitler*, p. 73.
36. Kershaw, *Hitler: A Biography*, pp. 92-93; Kellogg, *Russian Roots*, p. 242.
37. Alfred Rosenberg, "The Russian Jewish Revolution", *Auf Gut Deutsch* 21 (fevereiro de 1919), reproduzido em Lane e Rupp, *Nazi Ideology Before 1933*, pp. 11-16.
38. Dallin, *German Rule in Russia*, p. 9.
39. Baynes, *Speeches of Adolf Hitler*, p. 12.
40. Discurso de Hitler de 28 de julho de 1922, ibid., pp. 21-41.
41. Evans, *Coming of the Third Reich*, pp. 174-75.
42. Ibid., pp. 78-96.
43. Ibid., pp. 176-94; Shirer, *Rise and Fall*, pp. 68-75; Read, *The Devil's Disciples*, pp. 85-102.
44. Read, *Devil's Disciples*, pp. 26-38.
45. Ibid., p. 38.
46. Hanfstaengl, *Hitler: The Missing Years*, p. 92.
47. Layton, "The *Völkischer Beobachter*, 1925-1933", p. 91.
48. Layton, "The *Völkischer Beobachter*, 1920-1933", p. 359.
49. Lang e Schenck, *Memoirs*, p. 73.
50. Kershaw, *Hitler: A Biography*, p. 140.
51. Piper, *Alfred Rosenberg*, p. 98.
52. Lang e Schenck, *Memoirs*, p. 76.
53. Lüdecke, *I Knew Hitler*, p. 184.
54. Rosenberg escreveu depois que pedira autorização a Hitler para se demitir. Lang e Schenck, *Memoirs*, p. 78.
55. Lüdecke, *I Knew Hitler*, p. 279.
56. Ibid., p. 278.
57. Cecil, *Myth of the Master Race*, pp. 50-51.
58. O carro custou mais do que sua renda anual: 20 mil *Reichsmarks*. Hitler disse que fez um empréstimo bancário para pagá-lo. Kershaw, *Hitler, 1899-1936: Hubris*, p. 685.
59. Cecil, *Myth of the Master Race*, p. 52.
60. Lüdecke, *I Knew Hitler*, p. 288.
61. Layton, "The *Völkischer Beobachter*, 1920-1933", pp. 367-68.

NOTAS 405

62. Lang e Schenck, *Memoirs*, pp. 260-61.
63. Piper, *Alfred Rosenberg*, p. 240.
64. Ibid., p. 244.
65. Ibid., p. 240. Quando os nazistas tomaram o poder no ano seguinte, Christian Heuck foi punido com severidade ainda maior. Levado junto com os comunistas proeminentes e os politicamente não confiáveis, foi acusado de traição e encarcerado, e mais tarde foi morto pela SS.
66. Ibid., p. 243; Cecil, *The Myth of the Master Race*, p. 107.
67. Lang e Schenck, *Memoirs*, pp. 70-71.
68. Piper, *Alfred Rosenberg*, p. 74.

6. Cai a noite

1. Ver Evans, *The Coming of the Third Reich*, pp. 310-54.
2. Delmer, *Trail Sinister*, pp. 185-186.
3. Read, *The Devil's Disciples*, p. 282.
4. Fromm, *Blood and Banquets*, p. 88.
5. Shirer, *The Rise and Fall of the Third Reich*, p. 195.
6. Relatório do embaixador dos EUA Frederic M. Sackett, 3 de março de 1933, em *Foreign Relations of the United States*, 1933, vol. 2, pp. 201-204.
7. relatório de Sackett, 9 de março de 1933, em *Foreign Relations of the United States*, 1933, vol. 2, pp. 206–209.
8. Shirer, *Rise and Fall*, p. 199.
9. Ibid., p. 188.
10. Kempner, *Ankläger einer Epoche*, p. 16.
11. Ibid., p. 205.
12. Ibid., pp. 13-14.
13. Detalhes biográficos em Creese, *Ladies in the Laboratory II*, pp. 129-138.
14. "Robert Koch", Nobelprize.org, http://www.nobelprize.org/nobel_prizes/medicine/laureates/1905/koch-bio.html.
15. Kempner, *Ankläger*, pp. 11, 19.
16. Ibid., pp. 22—26.
17. Watt, *The Kings Depart*, pp. 247-273.
18. Kempner ao Büro für Kriegsstammrollen, 9 de maio e 3 de setembro de 1934, Kempner Papers, Box 41.
19. Kempner, *Ankläger*, pp. 25-26.
20. Cópia autenticada de Landsturm-Militärpass, Kempner Papers, Box 76.
21. Kempner, *Ankläger*, p. 71.
22. Memorando detalha o roteiro do testemunho de Kempner em *United States v. McWilliams*, Kempner Papers, Box 154.
23. Relatório publicado em Kempner, "Blueprint of the Nazi Underground-Past and Future Subversive Activities".

O DIÁRIO DO DIABO

24. "Hitler Ridiculed as a Writing Man", *New York Times*, 9 de fevereiro de 1933.

25. Shirer, *Rise and Fall*, p. 141.

26. Fromm, *Blood and Banquets*, p. 73.

27. *Foreign Relations of the United States*, 1933, vol. 2, p. 320.

28. Frederick T. Birchall, "Nazi Bands Stir Up Strife in Germany", *New York Times*, 9 de março de 1933.

29. "Charge Terrorism by Nazi Troopers", *New York Times*, 15 de março de 1933.

30 "German Fugitives Tell of Atrocities at Hands of Nazis", *New York Times*, 20 de março de 1933.

31. Brandt, *My Road to Berlin*, p. 58.

32. Relatório de Sackett, 21 de março de 1933, em *Foreign Relations of the United States*, vol. 2, p. 212.

33. "Reviews Nazi Rise in Talk Over Radio", *New York Times*, 13 de março de 1933.

34. Relatório do consul-geral George Messersmith, "Present Status of the Anti-Semitic Movement in Germany", 21 de setembro de 1933, George S. Messersmith Papers, Item 305.

35. *Der Deutsche*, ibid.

36. Relatório de Messersmith, 1º de novembro de 1933, em *Foreign Relations of the United States*, 1933, vol. 2, p. 363.

37. Kempner, *Ankläger*, pp. 26-37; Read, *The Devil's Disciple*, p. 280.

38. Hett, *Burning the Reichstag*, p. 34.

39. Mosley, *The Reich Marshal*, p. 151.

40. Kempner, *Ankläger*, pp. 88-90. Ver "Police Counsel on Leave of Absence", *8 Uhr-Abendblatt*, 23 de fevereiro de 1933; demissão e documentos de aposentadoria de Kempner, Kempner Papers, Box 95.

41. Citação e detalhes da relação de Kempner com Diels em Kohl, *The Witness House*, pp. 43-47, 152-153.

42. Leni Riefenstahl, citado em Hett, *Burning the Reichstag*, p. 28.

43. Kempner, *Ankläger*, pp. 111-12.

44. Larson, *In the Garden of Beasts*, pp. 116-19.

45. Kempner, *Ankläger*, p. 110.

46. Hett, *Burning the Reichstag*, p. 79.

47. Kempner, *Ankläger*, pp. 68-72.

48. Kaplan, *Between Dignity and Despair*, pp. 62-66.

49. Dippel, *Bound Upon a Wheel of Fire*, 1-20.

50. Ibid., p. 140.

51. Ibid., p. xxiii.

52. Ibid., p. 139.

53. Kempner, Ankläger, p. 176.

NOTAS

7. "O caminho de Rosenberg"

1. Henry C. Wolfe e Heinrich Hauser, "Nazi Doctor of Frightfulness", *Milwaukee Journal*, De julho de 6, 1940.
2. Lüdecke, *I Knew Hitler*, pp. 83-85.
3. Allen, *The Infancy of Nazism*, p. 217.
4. Ibid., p. 184.
5. Ibid., p. 220.
6. Interrogatório de Rosenberg, 21 de setembro de 1945, 14:30-16:40, National Archives, M1270, Roll 17.
7. Allen, *Infancy of Nazism*, pp. 220-21.
8. Cecil, *The Myth of the Master Race*, p. 101.
9. Interrogatório de Rosenberg, 21 de setembro.
10. Rosenberg, *Der Mythus des 20. Jahrhunderts*, p. 116.
11. Cecil, *Myth of the Master Race*, p. 82.
12. Rosenberg, *Der Mythus*, p. 105.
13. Fest, *The Face of the Third Reich*, p. 168.
14. Goldensohn, *The Nuremberg Interviews*, pp. 108-9; Piper, *Alfred Rosenberg*, p. 494.
15. Trevor-Roper, *Hitler's Table Talk 1941-1944*, p. 318. Deve-se notar que estes comentários foram transmitidos por Martin Bormann, inimigo declarado de Rosenberg.
16. Hanfstaengl, *Hitler: The Missing Years*, p. 122.
17. Papen, *Memoirs*, p. 261.
18. Strasser, *Hitler and I*, p. 96.
19. Baynes, *The Speeches of Adolf Hitler*, p. 988.
20. Bollmus, "Alfred Rosenberg", p. 187. Mais tarde, von Schirach disse a Douglas Kelley, o psiquiatra da prisão, que embora todos os líderes da Juventude Hitlerista tivessem exemplares, ninguém conseguia ler o livro. "Rosenberg devia entrar para a história como o homem que vendeu mais exemplares de um livro que ninguém leu." Mas suas observações eram desmentidas pelo fato de os arquivos de Rosenberg estarem repletos de cartas de leitores. Ver Kelley, *22 Cells in Nuremberg*, p. 44, e Piper, *Alfred Rosenberg*, p. 213.
21. Piper, *Alfred Rosenberg*, p. 293. Só em 1934, o seu lucro com as vendas foi de 42 mil Reichsmarks, equivalentes hoje a 300 mil dólares.
22. Diário de Rosenberg, 10 de agosto de 1936.
23. Ladd, *The Ghosts of Berlin*, pp. 115-25.
24. Relatório do cônsul geral George Messersmith, 10 de abril de 1933, em *Foreign Relations of the United States*, 1933, vol. 2, p. 223.
25. Kelley, *22 Cells*, p. 38. Douglas Kelley foi um dos psiquiatras que entrevistaram Rosenberg durante seu encarceramento em Nuremberg antes dos julgamentos.
26. Dodd e Dodd, *Ambassador Dodd's Diary*, p. 190.
27. Lüdecke, *I Knew Hitler*, pp. 642–43.

408 O DIÁRIO DO DIABO

28. Vansittart, *The Mist Procession*, p. 475.
29. Winterbotham, *The Nazi Connection*, pp. 32-81.
30. Piper, *Alfred Rosenberg*, pp. 293-94.
31. Evans, *The Third Reich in Power*, pp. 457-60.
32. Rothfeder, "A Study of Alfred Rosenberg's Organization for National Socialist Ideology", pp. 72-76.
33. Cecil, *Myth of the Master Race*, p. 113.
34. Fromm, *Blood and Banquets*, p. 164.
35. Detalhes da vida pregressa de Goebbels em Read, *The Devil's Disciples*, pp. 126-34, e Lochner, *The Goebbels Diaries*, pp. 12-14.
36. Read, *Devil's Disciples*, p. 142.
37. Lochner, *Goebbels Diaries*, p. 19.
38. Kershaw, *Hitler: A Biography*, p. 171.
39. Fest, *Face of the Third Reich*, p. 333, n. 44.
40. Lochner, *Goebbels Diaries*, p. 20.
41. Ibid., p. 22.
42. "Decree Concerning the Duties of the Reich Ministry for Public Enlightenment and Propaganda", 30 de junho de 1933, em 2030-PS in Office of the U.S. Chief of Counsel for the Prosecution of Axis Criminality, *Nazi Conspiracy and Aggression*, vol. 4, pp. 653-654.
43. Otto Friedrich, *Before the Deluge: A Portrait of Berlin in the 1920s* (New York: Harper Perennial, 1995), p. 6.
44. Ladd, *Ghosts of Berlin*, pp. 110-15.
45. Artigo no *Völkischer Beobachter* citado ibid., p. 82.
46. Artigo de Rosenberg de 1925 no *Der Weltkampf*, citado em Rosenberg, *Race and Race History*, p. 173.
47. Petropoulos, *Art as Politics in the Third Reich*, pp. 23-25.
48. Artigo de Rosenberg em *Völkischer Beobachter*, julho de 1933, citado em Rosenberg, *Race and Race History*, p. 161.
49. Evans, *Third Reich in Power*, pp. 164-66.
50. Ibid., p. 189.
51. Nicholas, *The Rape of Europa*, pp. 15-16.
52. Evans, *Third Reich in Power*, p. 171.
53. Rothfeder, "A Study", pp. 136-38, 215-18.
54. Petropoulos, *Art as Politics*, p. 45.
55. Barbian, *The Politics of Literature in Nazi Germany*, p. 118.
56. Ibid., p. 121.
57. Rothfeder, "A Study", pp. 199-207.
58. Allen, *Infancy of Nazism*, p. 202.
59. Cecil, *Myth of the Master Race*, p. 4.
60. Diário de Rosenberg, 6 de fevereiro de 1939.
61. Ibid., 7 de maio de 1940.
62. Shirer, *Rise and Fall of the Third Reich*, pp. 204-6.

NOTAS   409

63. Fromm, *Blood and Banquets*, pp. 134-35.
64. Diário de Rosenberg, 7 de julho de 1934.
65. Fromm, *Blood and Banquets*, p. 135.

8. O diário

1. "Reich to Be Armed in Air with Mighty Fleet by 1936", *New York Times*, 11 de maio de 1934; "Britain Alarmed by Reich Planes", *New York Times*, 12 de maio de 1934; "Aviation Exports to Reich Mounting", *New York Times*, 12 de maio de 1934. Os fabricantes americanos se defenderam afirmando que as exportações eram para fins comerciais e não militares, e que não vendiam diretamente ao governo alemão, mas a empresas.
2. "20,000 Nazi Friends at a Rally Here Denounce Boycott", *New York Times*, 18 de maio de 1934.
3. Rogge, *The Official German Report*, pp. 17-21; Bernstein, *Swastika Nation*, pp. 25-37; Diamond, *The Nazi Movement in the United States*, pp. 113-24.
4. "Reds Riot in Court After Nazi Rally", *New York Times*, 18 de maio de 1934.
5. "Goebbels Utters Threats to Jews", *New York Times*, 12 de maio de 1934.
6. Detalhes da campanha em Longerich, *Goebbels*, pp. 258-59; Read, *The Devil's Disciples*, p. 361; Evans, *The Third Reich in Power*, pp. 28-29.
7. Otto D. Tolischus, "Grumblers Face Arrest in Reich", *New York Times*, 19 de maio de 1934.
8. Diário de Rosenberg, 14 de maio de 1934.
9. Matthäus e Bajohr, *Alfred Rosenberg: Die Tagebücher von 1934 bis 1944*, p. 20.
10. Diário de Rosenberg, 22 de maio de 1934.
11. "The German Jigsaw: Herr Hitler as Helmsman", *The Times*, 9 de maio de 1934.
12. Diário de Rosenberg, 15 de maio de 1934.
13. Ibid., 17 de maio de 1934; Bernstorff, que ajudou judeus a escaparem da Alemanha na década de 1930, foi um dos intelectuais antinazistas do "círculo Solf" presos em 1944 depois que a Gestapo infiltrou um chá da tarde em que os convivas fizeram severas críticas ao governo. Ele foi executado semanas antes do fim da guerra.
14. Relato sobre a Noite das Facas Longas em Evans, *Third Reich in Power*, pp. 30-41; Shirer, *The Rise and Fall of the Third Reich*, pp. 204-25; Read, *Devil's Disciples*, pp. 343-74; e Noakes, *Nazism: A History in Documents*, vol. 1, pp. 172-185.
15. Detalhes em Read, *Devil's Disciples*, pp. 39-49, 93-95.
16. Ibid., pp. 168-69, 179-81.
17. Diário de Rosenberg, 7 de julho de 1934.
18. A origem do nome não está clara, embora o uso do termo "facas longas" para descrever traição tenha raízes na mitologia anglo-saxã.
19. Diário de Rosenberg, 2 de agosto de 1934.
20. Ibid.

410 O DIÁRIO DO DIABO

9. "Atitude inteligente e coincidências felizes"

1. Filipeta de Kempner, "Emigration and Transfer to Palestine and Other Countries", Kempner Papers, Box 41; correspondência sobre o trabalho legal de Kempner de 1933 a 1935, Kempner Papers, Box 95. Ver também Nicosia, "German Zionism and Jewish Life in Nazi Berlin", e Schmid, *Lost in a Labyrinth of Red Tape*, p. 71.
2. Evans, *Third Reich in Power*, pp. 555-560.
3. Kaplan, *Between Dignity and Despair*, p. 72.
4. Entrevista de Kempner, Records of the Emergency Committee in Aid of Displaced Foreign Scholars.
5. Kempner a Ernst Hamburger, 17 de fevereiro de 1939, Kempner Papers, Box 2. Ver também Kempner a Alfred S. Abramowitz, 16 de novembro de 1938, e Kempner a Carl Misch, 28 de novembro de 1938, ambos em Kempner Papers, Box 2.
6. Solicitação de emprego federal de Kempner, arquivos pessoais em Department of Justice and Department of the Army; em um rascunho ele afirma que a sua renda anual naquele período oscilava entre 10 mil e 30 mil dólares, Kemper Papers, Box 41.
7. Creese, *Ladies in the Laboratory II*, p. 137.
8. Cópia de declaração juramentada de Sidney Mendel, de 1944, e cópia da declaração de 9 de março de 1932, em Kempner Papers, Box 76. Ver também Evans, *Third Reich in Power*, p. 566.
9. Kempner, *Ankläger einer Epoche*, p. 135.
10. Barnes, *Nazi Refugee Turned Gestapo Spy*, p. 76.
11. Kempner, *Angläger*, p. 134.
12. Kempner a Misch, 28 de novembro de 1938, Kempner Papers, Box 2.
13. Kempner, *Ankläger*, p. 133.
14. Kempner a Misch, 28 de novembro de 1938, Kempner Papers, Box 2. Em *Ankläger*, Kempner afirma que Hitler o soltara com Jacob e os outros prisioneiros cedendo a pressões internacionais.
15. Palmier, *Weimar in Exile*, p. 432. In 1941, Jacob foi detido novamente em Portugal quando tentava escapar cruzando o oceano. Ele morreu três anos depois em uma prisão de Berlim.
16. Creese, *Ladies*, p. 137.
17. Anúncio reproduzido em *Dial 22-0756, Pronto*, p. 11.
18. Ibid., p. 15.
19. Kempner, *Ankläger*, pp. 137-40.

10. "A época ainda não está madura para mim"

1. Otto D. Tolischus, "Hindenburg Rests on Site of Victory After Hero's Rites", *New York Times*, 8 de agosto de 1934.
2. Diário de Rosenberg, 19 de agosto de 1934.
3. Ibid., 29 de maio de 1934.

NOTAS

4. Cecil, *The Myth of the Master Race*, p. 112.
5. Rosenberg, *Der Mythus des 20. Jahrhunderts*, p. 79.
6. Ibid., p. 73.
7. Ibid., p. 133.
8. Ibid., p. 258.
9. Ibid., p. 603.
10. Ibid., p. 701.
11. Ibid., p. 604.
12. Ibid., p. 616.
13. Ibid., p. 114.
14. Diário de Rosenberg, 19 de agosto de 1934.
15. Dodd e Dodd, *AmbassadorDodd's Diary*, p. 199.
16. Diário de Rosenberg, 19 de janeiro de 1940.
17. Ibid., 14 de dezembro de 1941.
18. Ibid., 9 de abril de 1941.
19. Ibid., 28 de junho de 1934.
20. Hitler, *Mein Kampf*, p. 267.
21. Evans, *The Third Reich in Power*, pp. 220-24.
22. Arendzen, prefácio de *"Der mythus"*, p. 4.
23. Lewy, *The Catholic Church and Nazi Germany*, p. 8.
24. Baynes, *The Speeches of Adolf Hitler*, pp. 369-70.
25. Lewy, *Catholic Church*, pp. 40-41.
26. Ibid., p. 258.
27. Ibid., pp. 53, 132.
28. Descrições da igreja em Jeffrey Chipps Smith, *Infinite Boundaries: Order, Disorder, and Reorder in Early Modern German Culture*, vol. 40 de *Sixteenth Century Essays & Studies*, ed. por Max Reinhart (Kirksville: Sixteenth Century Journal Publishers, 1998), p. 154.
29. Lewy, *Catholic Church*, p. 274.
30. Griech-Polelle, *Bishop von Galen*, p. 52.
31. Lewy, *Catholic Church*, p. 104.
32. Faulhaber, *Judaism, Christianity and Germany*, pp. 2-5.
33. Bonney, *Confronting the Nazi War on Christianity*, p. 127.
34. Office of the U.S. Chief of Counsel for the Prosecution of Axis Criminality, *Nazi Conspiracy and Aggression*, vol. 6, pp. 240-41.
35. Ryback, *Hitler's Private Library*, p. 122.
36. Lewy, *Catholic Church*, p. 152.
37. Evans, *Third Reich in Power*, pp. 234-38.
38. Rosenberg, *Der Mythus*, pp. 577-78.
39. Ibid., p. 596.
40. Ibid., p. 593.
41. Krieg, *Catholic Theologians in Nazi Germany*, p. 53.
42. Cecil, *Myth of the Master Race*, p. 121.

412 O DIÁRIO DO DIABO

43. Diário de Rosenberg, 24 de fevereiro de 1935.
44. Ibid., 18 de janeiro de 1937.
45. Hastings, *Catholicism and the Roots of Nazism*, pp. 171-73.
46. Diário de Rosenberg, 26 de dezembro de 1936.
47. Evans, *Third Reich in Power*, pp. 231-32.
48. Diário de Rosenberg, 11 de agosto de 1936.
49. Carta de Canon Vorwerk reproduzida na publicação anônima *Persecution of the Catholic Church*, pp. 121-24.
50. Bonney, *Confronting the Nazi War*, pp. 132-35; Evans, *Third Reich in Power*, pp. 240-241.
51. Kershaw, *Hitler: A Biography*, pp. 375-76; Longerich, *Goebbels*, pp. 251-52.
52. Diário de Rosenberg, 2 de fevereiro de 1941.
53. Ibid., 18 de janeiro de 1937.
54. Anônimo, *Persecution of the Catholic Church*, p. 278.
55. Evans, *Third Reich in Power*, pp. 623-37.
56. Diário de Rosenberg, 11 de agosto de 1936.

11. Exílio na Toscana

1. Kempner, *Ankläger einer Epoche*, p. 141.
2. Felstiner, "Refuge and Persecution in Italy, 1933-1945", p. 4.
3. Evans, *The Third Reich in Power*, p. 562.
4. Ernst Levinger, citado em *Dial 22-0756, Pronto*, p. 96.
5. *Dial 22-0756, Pronto*, p. 15.
6. Kempner ao Conselho de Judeus da Alemanha em Londres, 5 de maio de 1937, Kempner Papers, Box 2.
7. Kempner, *Ankläger*, p. 142.
8. Eva Keilson-Rennie, citado em *Dial 22-0756, Pronto*, p. 59.
9. *Dial 22-0756, Pronto*, p. 61.
10. Henry Kahane, citado ibid., p. 28. Ver também Ruth Kempner a Otto Reinemann, 13 de agosto de 1938, Kempner Papers, Box 95.
11. *Dial 22-0756, Pronto*, p. 18.
12. Ibid., p. 47.
13. Ibid., p. 107. Manasse se demitiu depois de uma discussão com Kempner.
14. Wasow, *Memories of Seventy Years*, pp. 176-86.
15. *Dial 22-0756, Pronto*, pp. 88-95.
16. Robert Kempner a Lucian Kempner, 4 de julho de 1938, Kempner Papers, Box 71.
17. *Dial 22-0756, Pronto*, p. 93.
18. Manasse citado ibid., p. 102.
19. Walter Kempner ficou famoso como o inventor da Dieta do Arroz para tratar pacientes com diabetes e doenças renais e cardiovasculares.
20. Noakes, *Nazism: A History in Documents*, vol. 1, p. 535.

NOTAS 413

21. Evans, *Third Reich in Power*, pp. 570-75.

22. Brandt, *My Road to Berlin*, p. 79.

23. Diário de Rosenberg, 21 de agosto de 1936.

24. Amigo desconhecido em Haia a Kempner, 4 de junho de 1938, Kempner Papers, Box 2.

25. Evans, *Third Reich in Power*, pp. 638-41.

26. Detalhes da visita de Hitler em Baxa, "Capturing the Fascist Moment", pp. 227-42.

27. Leo Longanesi citado em Baxa, *Roads and Ruins*, p. 150.

28. Deirdre Pirro, "The Unwelcome Tourist", *The Florentine*, May 7, 2009.

29. *Dial 22-0756, Pronto*, pp. 50–52.

30. Felstiner, *Refuge and Persecution*, pp. 12–14.

31. Bosworth, *Mussolini*, pp. 334-44; Zimmerman, *Jews in Italy under Fascist and Nazi Rule*, p. 3; Felstiner, *Refuge and Persecution*, p. 15.

32. Kempner, *Ankläger einer Epoche*, p. 147.

33. Ruth Kempner a Otto Reinemann, 13 de agosto de 1938, Kempner Papers, Box 95.

34. Moura Goldin Wolpert, citado em *Dial 22-0756, Pronto*, p. 86.

35. Kempner a Erich Eyck, 21 de outubro de 1938, Kempner Papers, Box 2.

36. Decreto de encerramento, Kempner Papers, Box 94.

37. *Dial 22-0756, Pronto*, p. 95.

38. Ibid., pp. 89-92.

39. Beate Davidson a Margot Lipton, 23 de outubro de 1938, Kempner Papers, Box 2.

40. Peiser e Kempner a Beate Davidson, 26 de outubro de 1938, Kempner Papers, Box 94.

41. Nota informativa de Peiser e Kempner, Kempner Papers, Box 94.

42. Kempner a Carl Misch, 28 de novembro de 1938, Kempner Papers, Box 2.

43. Kempner a Rudolf Olden, 12 de dezembro de 1938, Kempner Papers, Box 2.

44. Robert Kempner a Helene Kempner, 20 de novembro de 1937, Kempner Papers, Box 71.

45. Requisição de Lucian Kempner ao comandante da companhia, 29 de setembro de 1945, Kempner Papers, Box 71.

46. Memorando de Kempner em resposta à carta do advogado Adolf Arndt, 17 de março de 1938, Kempner Papers, Box 2.

47. Decisão da corte do distrito de Villingen, 1º de julho de 1939, Kempner Papers, Box 71.

48. Lucian Kempner a Robert Kempner, 9 de janeiro de 1946, Kempner Papers, Box 71.

49. Robert Kempner a Lucian Kempner, 29 de setembro de 1938, Kempner Papers, Box 71.

50. Robert Kempner a Lucian Kempner, 7 de outubro de 1938, Kempner Papers, Box 71.

12. "Conquistei o coração do velho partido"

1. Burden, *The Nuremberg Party Rallies*, pp. 137-47.

2. Relatório da polícia citado em Täubrich, *Fascination and Terror*, p. 76.

3. Burden, *Nuremberg Party Rallies*, pp. 3-9.

4. Ibid., p. 8.

5. Evans, *The Third Reich in Power*, pp. 123-24.

O DIÁRIO DO DIABO

6. Frederick T. Birchall, "Duty Is Stressed at Nazi Congress", *New York Times*, 8 de setembro de 1937.

7. Shirer, *Berlin Diary*, pp. 18-19.

8. Frederick T. Birchall, "Labor Has Its Day at Nazi Congress", 9 de setembro de 1937.

9. Entrada com o título "Depois do congresso do partido. 1937", diário de Rosenberg, setembro de 1937.

10. Stephen Kinzer, "Exonerations Still Eludes an Anti-Nazi Crusader", *New York Times*, 13 de janeiro de 1996.

11. "Germany Enraged by Ossietzky Prize", *New York Times*, 25 de novembro de 1936.

12. Diário de Rosenberg, 31 de janeiro de 1938.

13. Bonney, *Confronting the Nazi War on Christianity*, p. 247, n. 47.

14. Entrada intitulada "Depois do partido do congresso. 1937", diário de Rosenberg, setembro de 1937.

15. Entrada intitulada "Início de outubro", diário de Rosenberg, outubro de 1937.

16. Diário de Rosenberg, janeiro de 1938.

17. Read, *The Devil's Disciples*, pp. 384-85.

18. Entrada intitulada "Início de julho de 1936", diário de Rosenberg, julho de 1936.

19. Ibid.

20. Fritz Sauckel, citado em diário de Rosenberg, 20 de julho de 1938.

21. Diário de Rosenberg, 29 de julho de 1943.

22. Ibid., 25 de novembro de 1937.

23. Detalhes dos seus casos e das brigas conjugais Read, *Devil's Disciples*, pp. 421-22, 443, 484, 491-492.

24. Citado em ibid., p. 492.

25. Diário de Rosenberg; Matthäus, em *Alfred Rosenberg: Die Tagebücher von 1934 bis 1944*, datas das entradas de final de novembro ou dezembro de 1938.

26. Diário de Rosenberg, 1º de março de 1939.

27. Evans, *Third Reich in Power*, p. 359.

28. Shirer, *Rise and Fall*, p. 326. Ver também Schuschnigg, *Austrian Requiem*, pp. 12-19.

29. Evans, *Third Reich in Power*, pp. 111-13.

30. Ibid., p. 674.

31. Meyer, Simon e Schütz, *Jews in Nazi Berlin*, pp. 98-100.

32. Sobre a Kristallnacht ver Evans, *Third Reich in Power*, pp. 580-86.

33. Read, *Devil's Disciples*, p. 510.

34. A descrição da *Kristallnacht* em Oberlustadt se baseia em dois documentos da coleção Irma Gideon no Museu Memorial do Holocausto dos EUA: uma cópia de registros da corte de Landau de um processo de 1948 contra cinco alemães que organizaram o ataque, e um relato de Gideon, testemunha dos acontecimentos.

35. Evans, *Third Reich in Power*, p. 591.

36. Ibid., p. 590.

37. Ibid., p. 593.

NOTAS   415

38. Diário de Rosenberg; Matthäus e Bajohr, em *Alfred Rosenberg: Die Tagebücher*, data a entrada no final de novembro ou dezembro de 1938. Ver também Lang e Schenck, *Memoirs of Alfred Rosenberg*, pp. 171-72.

13. Fuga

1. Henry Kahane, quoted in *Dial 22-0756, Pronto*, pp. 28–29.
2. *Dial 22-0756, Pronto*, p. 92. Hirsch não conseguiu; morreu em Auschwitz.
3. Lista publicada no jornal oficial, *Deutscher Reichsanzeiger*, 21 de outubro de 1938, Kempner Papers, Box 41.
4. Cópia de carta de recomendação de Hans Simons da New School for Social Research, sem data, Kempner Papers, Box 76.
5. Stephen B. Sweeney a Roland Morris, 1º de dezembro de 1938, Kempner Papers, Box 95.
6. Kempner a Alexandre Besredka, 8 de setembro de 1938, Kempner Papers, Box 2.
7. Kempner a Stephen B. Sweeney e Kempner a Martha Tracy, 19 de dezembro de 1938, Kempner Papers, Box 95.
8. Peiser e Kempner ao Comitê Conjunto Judeu-Americano de Distribuição, 13 de setembro de 1938, Kempner Papers, Box 2.
9. Grossman a Kempner, 25 de novembro de 1938, Kempner Papers, Box 2.
10. Kempner a Carl Misch, 28 de novembro de 1938, Kempner Papers, Box 2.
11. Kempner a Milly Zirker, 6 de dezembro de 1938, Kempner Papers, Box 2.
12. Kempner a Grossman, 16 de dezembro de 1938, Kempner Papers, Box 2.
13. Correspondência de Kempner com Emil Gumbel, 8 de novembro–19 de dezembro de 1938, Kempner Papers, Box 2.
14. Correspondência de Kempner com o Comitê Judaico de Assistência em Strasbourg, França, Assistance Médicale aux Enfants de Réfugiés me Paris, e Alliance Israélite Universelle em Paris, dezembro de 1938, e com o Comitê Britânico para os Judeus da Alemanha, 12 de janeiro de 1939, Kempner Papers, Box 2.
15. Não está claro quem eram os dez estudantes e o que aconteceu com eles. Segundo *Dial 22-0756, Pronto*, memórias da escola, ao menos quatro ex-estudantes do Istituto Fiorenza morreram no Holocausto, mas a maior parte dos alunos chegou em segurança aos Estados Unidos, Grã-Bretanha, Israel e América do Sul.
16. Kempner a Ernst Hamburger, 17 de fevereiro de 1939, Kempner Papers, Box 2.
17. Shirer, *The Rise and Fall of the Third Reich*, pp. 444-48.
18. Ibid., pp. 462-75.
19. Kempner a Stephen B. Sweeney, 1º de maio de 1939, Kempner Papers, Box 95.
20. Ibid.
21. Reinemann a Kempner, 29 de maio e 6 de junho de 1939, Kempner Papers, Box 95.
22. Telegramas entre Reinemann e Kempner, 9-10 de junho de 1939, Kempner Papers, Box 95.
23. Kempner a Reinemann, 21 de junho de 1939.
24. Temas de conversa, Kempner Papers, Box 76.

416 — O DIÁRIO DO DIABO

25. Depoimento de Margot Lipton em *Lipton v. Swansen*, 23 de junho de 1999.
26. Carl Misch a Kempner, 10 de dezembro de 1938, Kempner Papers, Box 2.
27. Transcrição de carta manuscrita de Robert Kempner a Lucian Kempner, julho de 1939, Kempner Papers, Box 71. A carta parece ter sido apresentada pela ex-esposa durante a briga pela custódia.
28. Kempner ao Serviço de Imigração e Naturalização, 1º de julho de 1969, Kempner Papers, Box 76.

14. "O peso do que está por vir"

1. Diário de Rosenberg, 22 de agosto de 1939.
2. Hitler, *Mein Kampf*, p. 660.
3. Ibid., p. 662.
4. Diário de Rosenberg , 22 de agosto de 1939.
5. Ibid., 12 de agosto de 1936.
6. Detalhes da vida pregressa de Ribbentrop em Read, *The Devil's Disciples*, pp. 392-98.
7. Ibid., pp. 246, 264-270.
8. Diário de Rosenberg, 12 de agosto de 1936.
9. Read, *Devil's Disciples*, p. 379.
10. Ibid., pp. 400-403.
11. Ibid., p. 413.
12. Ibid., p. 555.
13. Evans, *The Third Reich in Power*, pp. 691-95.
14. Shirer, *The Rise and Fall of the Third Reich*, pp. 520-28.
15. Ibid., pp. 538-44.
16. Diário de Rosenberg , 24 de setembro de 1939.
17. Ibid., 21 de maio de 1939.
18. Ibid., 25 de agosto de 1939.
19. Shirer, *Rise and Fall*, p. 532; Evans, *The Third Reich at War*, p. 11.
20. Evans, *Third Reich at War*, pp. 3-8.
21. Diário de Rosenberg, 29 de setembro de 1939.
22. Ibid., 19 de agosto de 1936.
23. Piper, *Alfred Rosenberg*, p. 310.
24. Diário de Rosenberg, 24 de setembro de 1939.
25. Detalhes das negociações entre a Inglaterra e a Alemanha em Shirer, *Rise and Fall*, pp. 548-549, 574-576.
26. Ibid., pp. 598-99.
27. Diário de Rosenberg , 24 de setembro de 1939.
28. Shirer, *Rise and Fall*, p. 592.
29. Ibid., p. 613.
30. Shirer, *Berlin Diary*, p. 200.

NOTAS 417

31. Diário de Rosenberg, 24 de setembro de 1939.
32. Ibid., 1º de novembro de 1939.
33. Ibid., 29 de setembro de 1939.
34. Evans, *Third Reich at War*, pp. 9-23.
35. Read, *Devil's Disciples*, p. 371.
36. Burleigh, *The Third Reich: A New History*, p. 192. Ver também Heinrich Himmler, *Die Schutzstaffel als antibolschewistische Kampforganisation* (Munich: Franz Eher Nachfolger, 1937).
37. Evans, *Third Reich in Power*, pp. 50-52, 252.
38. Shirer, *Berlin Diary*, p. 110.
39. Read, *Devil's Disciples*, pp. 608-11.
40. Evans, *Third Reich in Power*, pp. 53-54.
41. Evans, *Third Reich at War*, p. 11.
42. Longerich, *Holocaust*, p. 154.
43. Diário de Rosenberg , 29 de setembro de 1939.
44 Ibid., 7 de janeiro de 1940.
45 Ibid., 19 de janeiro de 1940.

15. A luta para sobreviver

1. Cartão-postal de Ruth Kempner a Otto Reinemann, 2 de setembro de 1939, Kempner Papers, Box 95.
2. Kempner, *Ankläger einer Epoche*, p. 143.
3. Entrevista de Kempner, Records of the Emergency Committee in Aid of Displaced Foreign Scholars.
4. Ibid.
5. "Ex-Advisor to Germany's Police Comes Here to Begin New Life", *Evening Public Ledger* (Philadelphia), 29 de setembro de 1939.
6. Kempner, *Ankläger*, p. 158.
7. Perfil de palestrante de Kempner, Kempner Papers, Box 1.
8. Kempner ao FBI, 16 de março de 1942, Kempner Papers, Box 1.
9. Kempner to F. P. Foley, 8 de outubro de 1941, Kempner Papers, Box 1.
10. O relatório foi publicado depois com um título diferente de *Research Studies of the State College of Washington*.
11. Kempner a Knopf, 10 de dezembro de 1941, e Curtice Hitchcock a Kempner, 11 de novembro de 1941, Kempner Papers, Box 1.
12. Kempner a Hoover, 21 de dezembro de 1938, Kempner Papers, Box 43.
13. Material on Hoover is drawn from Weiner, *Enemies*, pp. 3-6, 13-46, 60-70.
14. Olson, *Those Angry Days*, p. 240.
15. Charles, *J. Edgar Hoover and the Anti-Interventionists*, p. 30.
16. Weiner, *Enemies*, pp. 78-79.

418   O DIÁRIO DO DIABO

17. Ibid., pp. 83, 106.
18. Hoover a Kempner, 16 de janeiro e 24 de julho de 1939, e Kempner a Hoover, 10 de julho
e 25 de setembro de 1939, Kempner Papers, Box 43.

16. Ladrões em Paris

1. Kershaw, *Hitler: A Biography*, pp. 541-43.
2. Diário de Rosenberg , 14 de novembro de 1936.
3. Kershaw, *Hitler: A Biography*, pp. 544-47.
4. Diário de Rosenberg , 11 de novembro de 1939.
5. Evans, *The Third Reich at War*, pp. 117-22; Shirer, *The Rise and Fall of the Third Reich*
pp. 673-83, 697-712.
6. Diário de Rosenberg , 20 de dezembro de 1939.
7. Ibid., 9 de abril de 1940.
8. Ibid., 27 de abril de 1940.
9 G. H. Archambault, "'Violent' Nazi Fire Pounds Key Points", *New York Times*, 31 de
março de 1940; Torrie, *"For Their Own Good": Civilian Evacuations in Germany and
France*, p. 33.
10 Diário de Rosenberg, 11 de abril de 1940.
11. Ibid., 10 de maio de 1940.
12. Evans, *Third Reich at War*, pp. 122-36.
13. Shirer, *Rise and Fall*, pp. 741-46.
14. Evans, *The Coming of the Third Reich*, pp. 386-90.
15. Evans, *Third Reich in Power*, pp. 271-81.
16. Anônimo, *The Persecution of the Catholic Church in the Third Reich*, p. 360.
17. Cecil, *The Myth of the Master Race*, p. 143.
18. Anônimo, *Persecution of the Catholic Church*, p. 364.
19. Diário de Rosenberg, 24 de setembro de 1939.
20. Ibid., 1º de novembro de 1939.
21. Ibid., 11 de novembro de 1939.
22 Ibid., 1º de novembro de 1939.
23. Rosenberg obteve permissão para se ocupar da educação ideológica dos soldados alemães. Seu escritório forneceu bibliotecas de literatura politicamente adequada e enviou
palestrantes à zona de guerra para reiterar os principais temas nazistas. Previsivelmente,
Goebbels não achava grande coisa do trabalho de Rosenberg. "Sempre há ideólogos em
nosso meio que acreditam que, ao emergir do compartimento das máquinas sujo e lam-
buzado de óleo, um homem da equipe de submarinos não quer outra coisa a não ser ler
O mito do século XX", escreveu em seu diário. "Isso, claro, é um absurdo [...] Depois da
Guerra podemos voltar a falar da educação ideológica. No momento estamos vivendo
a nossa ideologia e não precisamos aprendê-la." Lochner, *The Goebbels Diaries*, p. 122
24. Diário de Rosenberg, março de 1940.

NOTAS 419

25. Weinreich, *Hitler's Professors*, pp. 98-99.
26. Hermand, *Culture in Dark Times*, p. 49.
27. Evans, *Third Reich in Power*, pp. 285-86.
28. Detalhes do saqueio das bibliotecas e arquivos em Collins, "The Einsatzstab Reichsleiter Rosenberg and the Looting of Jewish and Masonic Libraries During World War II", pp. 24-34, e Grimsted, *Reconstructing the Record of Nazi Cultural Plunder*, pp. 25-35.
29. Interrogatório de Rosenberg, 25 de setembro de 1945, 14:15-16:30, National Archives, M1270, Roll 17.
30. Starr, "Jewish Cultural Property under Nazi Control", pp. 45-46; Grimsted, "Roads to Ratibor", pp. 409-10. O esconderijo do RSHA tinha cerca de 2 milhões de volumes.
31. Petropoulos, *Art as Politics in the Third Reich*, p. 128.
32. Diário de Rosenberg, 28 de março de 1941.
33. Ibid., 2 de fevereiro de 1941.
34. Nicholas, *The Rape of Europa*, pp. 41-46; James S. Plaut, "Hitler's Capital", *The Atlantic*, outubro de 1946.
35. Nicholas, *The Rape of Europa*, pp. 35-37; James S. Plaut, "Loot for the Master Race". *The Atlantic*, setembro de 1946.
36. Nicholas, *The Rape of Europa*, pp. 37-41.
37. Ibid., p. 40.
38. Ibid., pp. 101-2.
39. Ibid., pp. 104-9.
40. Ibid., p. 107.
41. Ordem de Keitel, 17 de setembro de, 1940, reproduzida como 138-OS em Office of the U.S. Chief of Counsel for the Prosecution of Axis Criminality, *Nazi Conspiracy and Aggression*, vol. 3, p. 186.
42. Diels, *Lucifer Ante Portas*, p. 76. Ver também Lüdecke, *I Knew Hitler*, pp. 650-51. Historiadores atenuam o depoimento de Diels por falta de evidências que o corroborem. Ver Piper, *Alfred Rosenberg*, p. 699, n. 360.
43. Petropoulos, *Art as Politics in the Third Reich*, pp. 133-34.
44. Rosbottom, *When Paris Went Dark*, p. 71.
45. Carta e relatório de Rosenberg a Hitler, 16 de abril de 1943, reproduzida como 015-PS em Office of the U.S. Chief of Counsel, *Nazi Conspiracy*, vol. 3, pp. 41-45.
46. Diário de Rosenberg, 6 de setembro de 1940.
47. Interrogatório de Rosenberg, 25 de setembro de 1945, 14:15-16:30, National Archives, M1270, Roll 17.
48. Dreyfus, *Nazi Labour Camps in Paris*, pp. 9-10.
49. OSS Art Looting Investigation Unit Consolidated Interrogation Report No. 1, Activity of the Einsatzstab Rosenberg in France, agosto de 1945, National Archives, M1782, Roll 1.
50. Nicholas, *The Rape of Europa*, pp. 127-28.
51. Rosbottom, *When Paris Went Dark*, pp. 30, 66-67.
52. Ibid., p. 101. A historiadora Cécile Desprairies coordenou o levantamento.
53. Ibid., p. 11.

420   O DIÁRIO DO DIABO

54. Diário de Rosenberg, fevereiro de 1941.
55. Ibid.
56. OSS Consolidated Interrogation Report No. 1; Nicholas, *Rape of Europa*, pp. 130-32.
57. Interrogatório de Rosenberg, 25 de setembro de 1945, 14:15-16:30, National Archives, M1270, Roll 17.
58. Ver Davidson, *The Trial of the Germans*, p. 139. Rosenberg disse que eram presentes.
59. Carta e relatório de Rosenberg a Hitler, 16 de abril de 1943, reproduzida como 015-PS em Office of the U.S. Chief of Counsel, *Nazi Conspiracy*, vol. 3, pp. 41-45.
60. Nicholas, *Rape of Europa*, p. 170.

17. "Rosenberg, esta é a sua grande hora"

1. Nota sobre o discurso de Rosenberg, *Völkischer Beobachter*, 29 de março de 1941, reproduzida como 2889-PS em Office of the U.S. Chief of Counsel for the Prosecution of Axis Criminality, *Nazi Conspiracy and Aggression*, vol. 5, pp. 554-557.
2. Os oficiais estrangeiros eram simpatizantes nazistas da Noruega, Dinamarca, Holanda, Bélgica, Romênia, Bulgária, Hungria, Eslováquia e Itália. Dentre eles estavam o editor de um jornal belga antissemita, o procurador-geral da Holanda ocupada e Vikdun Quisling, que colaborara com os nazista durante a invasão da Noruega.
3. Diário de Rosenberg, 28 de março de 1941.
4. Dallin, *German Rule in Russia 1941-1945*, pp. 13-19
5. Diário de Rosenberg, 12 de agosto de 1936.
6. Kay, *Exploitation, Resettlement, Mass Murder*, pp. 18-22.
7. Descrições do governo soviético na década de 1930 em Snyder, *Bloodlands*, pp. 21-105.
8. Ibid., p. 72.
9. Detalhes do planos para a invasão em Kay, *Exploitation*, pp. 68-95, 120-98, e Dallin, *German Rule*, pp. 20-58.
10. Trevor-Roper, *Hitler's Table Talk 1941-1944*, p. 21.
11. Kay, *Exploitation*, pp. 39, 141.
12. Dallin, *German Rule*, pp. 39-40.
13. *Trial of the Major War Criminals*, vol. 36, p. 145; Kay, *Exploitation*, p. 134.
14. Shirer, *The Rise and Fall of the Third Reich*, p. 832. Shirer prossegue: "os fartos arquivos de Rosenberg foram capturados intactos; como os seus livros, eles são uma leitura deprimente e não impedirão esta narrativa".
15. Memorando de Rosenberg, "The USSR", e de abril de 1941, reproduzido como 1017-PS em Office of the U.S. Chief of Counsel, *Nazi Conspiracy*, vol. 3, pp. 674-81.
16. Diário de Rosenberg, 2 de abril de 1941.
17. Ibid. Rosenberg não elaborou isso no diário, e os historiadores especulam se Hitler falou sobre o extermínio dos judeus nessa reunião. Rosenberg pode ter ficado assombrado com os milhões de eslavos a serem mortos segundo os planos nazistas. Ver Piper, *Alfred Rosenberg*, p. 510.

NOTAS
421

18. Dallin, *German Rule*, p. 26.

19. Diário de Goebbels, 9 de maio e 16 de junho de 1941, citado em Kay, *Exploitation*, p. 81.

20. Ordem secreta de Keitel, 13 de março de 1941, reproduzida como 447-PS em Office of the U.S. Chief of Counsel, *Nazi Conspiracy*, vol. 3, p. 409.

21. Diário de Rosenberg, 20 de abril de 1941.

22. Ibid., 2 de fevereiro de 1941.

23. Ibid., 20 de abril de 1941.

24. Kay, *Exploitation*, p. 125. Não há consenso entre os historiadores sobre se Rosenberg participou da reunião, mas de qualquer modo seus memorandos indicam que ele incorporou suas conclusões ao seu planejamento. Ver Browning, *The Origins of the Final Solution*, p. 237.

25. "Memorandum on the Result of Today's Discussion with the State Secretary Regarding Barbarossa", 2 de maio de 1941, reproduzido como 2718-PS em Office of the U.S. Chief of Counsel, *Nazi Conspiracy*, vol. 5, p. 378. Ver também Kay, *Exploitation*, p. 124.

26. Diário de Rosenberg, 6 de maio de 1941.

27. Ibid., 11 de abril de 1941.

28. Ibid., 6 de maio de 1941.

29. Discurso de Rosenberg, 20 de junho de 1941, reproduzido como 1058-PS em *Trial of the Major War Criminals*, vol. 26, pp. 610-27. Ver também Kay, *Exploitation*, pp. 171-72; Dallin, *German Rule*, p. 109.

30. Diário de Rosenberg, 14 de maio de 1941.

31. Detalhes do voo de Hess em Evans, *The Third Reich at War*, pp. 167-70.

32. Fest, *The Face of the Third Reich*, p. 127.

33. Lang e Schenck, *Memoirs of Alfred Rosenberg*, p. 192.

34. Ver Longerich, *Holocaust*, pp. 260-61, e Kay, *Exploitation*, p. 109.

35. Mulligan, *The Politics of Illusion and Empire*, p. 22.

36. Diário de Rosenberg, 1º de maio de 1941.

37. Ibid., 6 de maio de 1941.

38. Dallin, *German Rule*, p. 37.

39. Breitman, *The Architect of Genocide*, p. 160.

40. Kay, *Exploitation*, p. 168.

41. Evans, *Third Reich at War*, pp. 178-90.

42. Ibid., p. 187.

43. Zygmunt Klukowski, citado em Evans, *Third Reich at War*, p. 183.

44. Snyder, *Bloodlands*, p. 179.

45. Diário de Rosenberg, 12 de setembro de 1941.

46. Ibid., 20 de julho de 1941; as minutas da reunião de Martin Bormann, 17 de julho de 1941 reproduzidas como L-221 em Office of the U.S. Chief of Counsel, *Nazi Conspiracy*, vol. 7, pp. 1086-93; Kay, *Exploitation*, pp. 180-85.

47. Kay, *Exploitation*, p. 184.

48. Ibid., pp. 191-93; Mulligan, *Politics of Illusion*, p. 10.

49. Dallin, *German Rule*, p. 35.

50. Diário de Rosenberg, 20 de julho de 1941.

422 O DIÁRIO DO DIABO

18. "Tarefas especiais"

1. Diário de Rosenberg, 27 de janeiro de 1940.
2. Ver Matthäus, *Alfred Rosenberg: Die Tagebücher von 1934 bis 1944*, p. 61; Browning, *The Origins of the Final Solution*, pp. 293-97, 301; Lower, *Nazi Empire-Building and the Holocaust in Ukraine*, pp. 139-42; e Lower, "On Him Rests the Weight of Administration", p. 239.
3. Longerich, *Holocaust*, pp. 198-99; Steinberg, "The Third Reich Reflected", p. 634.
4. Ordem secreta de Keitel, 13 de março de 1941, reproduzida como 447-PS em Office of the U.S. Chief of Counsel for the Prosecution of Axis Criminality, *Nazi Conspiracy and Aggression*, vol. 3, p. 409.
5. Longerich, *Holocaust*, p. 190.
6. Breitman, *The Architect of Genocide*, p. 177.
7. Browning, *Origins*, p. 261.
8. Snyder, *Bloodlands*, pp. 201-203.
9. Diário de Rosenberg, 14 de setembro de 1941.
10. Relato de Mikhail Grichanik em Rubenstein, *The Unknown Black Book*, pp. 235-243; Arad, *The Holocaust in the Soviet Union*, pp. 151-158.
11. Arad, *The Holocaust in the Soviet Union*, p. 152.
12. Rubenstein e Altman, *The Unknown Black Book*, p. 244.
13. Ibid., pp. 250-251.
14. Arad, "The 'Final Solution' in Lithuania", p. 241.
15. Browning, *Origins*, p. 284.
16. Memorandum, "General organization and tasks of our office for the general handling of problems in the Eastern territories", 29 de abril de 1941, reproduzido como 1024-PS em Office of the U.S. Chief of Counsel, *Nazi Conspiracy*, vol. 3, p. 685.
17. Browning, *Origins*, pp. 285-86.
18. Memorando "Provisional directives on the treatment of Jews in the area of Reichskommissariat Ostland", reproduzido como 1138-PS em Office of the U.S. Chief of Counsel, *Nazi Conspiracy*, vol. 3, pp. 800-5.
19. Browning, *Origins*, p. 287.
20. Steinberg, "The Third Reich Reflected", p. 647.
21. Rosenberg deu um passo fatídico: Kershaw, *Hitler: A Biography*, pp. 683-84.
22. Diário de Rosenberg , 12 de setembro de 1941.
23. Browning, *Origins*, pp. 303, 332-33.
24. Ibid., pp. 304.
25. Ibid.; os historidores não encontraram cópia assinada do documento.
26. Ibid., p. 301
27. Memorando de Heinrich Carl a Wilhelm Kube, 30 de outubro de 1941, reproduzida como 1104-PS em Office of the U.S. Chief of Counsel, *Nazi Conspiracy*, vol. 3, p. 785.
28. Arad, "'Final Solution' in Lithuania", p. 249.
29. Breitman, *Architect*, pp. 208, 217.

NOTAS

30. Arad, "'Final Solution' in Lithuania", p. 250.
31. Carta de 8 de dezembro de 1941 do ministério de Rosenberg a Lohse, reproduzida como 3666-PS em Office of the U.S. Chief of Counsel, *Nazi Conspiracy*, vol. 6, pp. 402-3.
32. Arad, "Alfred Rosenberg and the 'Final Solution' in the Occupied Soviet Territories", pp. 279-80.
33. Browning, *Origins*, p. 404.
34. Longerich, *Holocaust*, pp. 345-56.
35. Gerlach, "The Wannsee Conference", p. 768.
36. Breitman, *Architect*, p. 219.
37. Arad, "'Final Solution' in Lithuania", p. 252.
38. Ibid., p. 247.
39. Matthäus, "Controlled Escalation", p. 219.
40. Diário de Rosenberg, 1º de outubro de 1941.
41. Greich-Polelle, *Bishop von Galen*, pp. 78-80; Evans, *The Third Reich at War*, p. 95-101.
42. Diário de Rosenberg, 14 de dezembro de 1941.
43. Greich-Polelle, *Bishop von Galen*, pp. 89-92.
44. Ibid., p. 92.
45. Gerlach, "Wannsee Conference", p. 785. Gerlach argumenta que este foi o anúncio de Hitler da decisão de exterminar todos os judeus da Europa, mas outros historiadores discordam.
46. Ibid., p. 784.
47. Rosenberg, "Memorando sobre discussões com o Führer em 14 de dezembro de 1941", reproduzido como 1517-PS em Office of the U.S. Chief of Counsel, *Nazi Conspiracy*, vol. 4, p. 55. Ver também Browning, *Origins*, p. 410, e Gerlach, "Wannsee Conference", em que ele argumenta que Rosenberg se refere a uma decisão recente de pôr em prática a solução final.
48. Trevor-Roper, *Hitler's Table Talk 1941-1944*, p. 112. Ver Piper, *Alfred Rosenberg*, p. 589. Não existe um relato completo da discussão.
49. Gerlach, "Wannsee Conference", p. 790.
50. Roseman, *The Villa, the Lake, the Meeting*, p. 57.
51. Ibid., p. 113.
52. Ibid., pp. 87-88.
53. Kershaw, *Hitler, 1936-45: Nemesis*, p. 470.

19. "O nosso destino trágico especial"

1. Diário de Frieda e Max Reinach, Museu Memorial do Holocausto dos EUA.
2. Meyer, Simon e Schütz, *Jews in Nazi Berlin*, p. 111.
3. Ibid., pp. 102-4.
4. Kershaw, *Hitler: A Biography*, p. 469.
5. Meyer, Simon e Schütz, *Jews in Nazi Berlin*, pp. 184-85.

424   O DIÁRIO DO DIABO

6. Ibid., p. 107.
7. Ibid., p. 187.
8. Ibid., p. 321.
9. Ibid., p. 327.
10. Ibid., p. 185.
11. Livro do Bundesarchiv em memória dos judeus perseguidos pelos nazistas na Alemanha (1933-1945), bundesarchiv.de/gedenkbuch.
12. Meyer, Simon e Schütz, *Jews in Nazi Berlin*, p. 189.
13. Longerich, *Holocaust*, p. 288.
14. Trude e Walter Koshland aos netos, dezembro de 1972, carta arquivada com diário dos Reinach.
15. Coincidentemente, Kerr se chamava Alfred Kempner e era um primo distante de Robert Kempner. Quando este lhe escreveu, em 1942, Kerr respondeu com um verso: "Tempos sombrios, mantenhamos o brio. Os hunos ao patíbulo, no dia final do Juízo." Kerr a Kempner, 13 de julho de 1942, Kempner Papers, Box 1.

20. Os nazistas na porta ao lado

1. Kempner, *Ankläger einer Epoche*, pp. 177-79.
2. Kempner a Gerald Gleeson, 5 de janeiro de 1942, Kempner Papers, Box 1.
3. Kempner, *Ankläger*, p. 183.
4. Gary, *The Nervous Liberals*, p. 199.
5. Promotor Charles Seal da Unidade Especial de Defesa a Kempner, 29 de julho de 1941, Kempner Papers, Box 1.
6. Kempner, *Ankläger*, pp. 149-50.
7. Gary, *Nervous Liberals*, pp. 175-79.
8. Thomas G. Spencer memorando ao agente especial encarregado do FBI, 28 de outubro de 1942, Kempner Papers, Box 43.
9. *Report of the Attorney General to Congress on the Foreign Agents Registration Act, 1942-44* (Washington, D.C.: Department of Justice, 1945), www.fara.gov/reports/Archive/1942-1944_FARA.pdf.
10. Rogge ao Serviço de Imigração e Naturalização dos EUA,10 de janeiro de 1945, Kempner Papers, Box 76.
11. James Wechsler, "Sedition and Circuses", *The Nation*, 6 de maio de 1944.
12. Declaração inaugural de Rogge em St. George e Lawrence, *A Trial on Trial*, p. 129.
13. Kempner a Hoover, 1º de janeiro, 30 de maio, 28 de outubro e 19 de dezembro de 1942 e 21 de fevereiro, 2 de setembro e 26 de setembro de 1943, Kempner Papers, Box 43.
14. Gary, *Nervous Liberals*, p. 201.
15. Em sua autobiografia, Kempner diz que se encontrou com Hoover uma vez para tratar de um assunto, e que este o advertira que nos Estados Unidos era melhor não dizer que era advogado. Kempner, *Ankläger*, p. 180.
16. Hoover a Kempner, 10 de junho de 1942, Kempner Papers, Box 43.

NOTAS   425

17. Kempner a Hoover, 19 de dezembro de 1942, e Hoover a Kempner, 28 de dezembro de 1942, Kempner Papers, Box 1 and Box 43.
18. Memorando de Kempner ao agente especial encarregado do FBI, 8 de janeiro de 1945, Kempner Papers, Box 43.
19. Memorandos de faturas, Kempner Papers, Box 43.

21. O Chaostministerium

1. Dallin, *German Rule in Russia 1941-1945*, p. 121, n. 5. Ver também Berkhoff, *Harvest of Despair*, p. 52.
2. Diário de Rosenberg , 1º e 7 de setembro de 1941.
3. Ibid., 7 de setembro de 1941.
4. Trevor-Roper, *Hitler's Table Talk 1941-1944*, p. 28.
5. Dallin, *German Rule*, pp. 120-22.
6. Diário de Rosenberg , 1º de setembro de 1941.
7. Ibid., 1º de outubro de 1941.
8. Lower, *Nazi Empire-Building and the Holocaust in Ukraine*, p. 99.
9. Lochner, *The Goebbels Diaries*, p. 409.
10. Ibid., p. 229.
11. Buttar, *Battleground Prussia*, p. 5; Berkhoff, *Harvest of Despair*, pp. 36-37; Dallin, *German Rule*, p. 125.
12. Gisevius, *To the Bitter End*, pp. 200-201.
13. Dallin, *German Rule*, p. 439.
14. Berkhoff, *Harvest of Despair*, p. 47.
15. Lower, *Nazi Empire-Building*, p. 131.
16. Memorando de Koch a Rosenberg, 16 de março de 1943, reproduzido como 192-PS em *Trial of the Major War Criminals*, vol. 25, pp. 255-88; citado em Dallin, *German Rule*, p. 157.
17. Rosenberg a Koch, 13 de maio de 1942, citado ibid., pp. 134-35.
18. Diário de Rosenberg, 18 de dezembro de 1942.
19. Dallin, *German Rule*, p. 133.
20. Diário de Rosenberg, 18 de dezembro de 1942.
21. Kube a Lohse, 31 de julho de 1942, reproduzido como 3428-PS me Office of the U.S. Chief of Counsel for the Prosecution of Axis Criminality, *Nazi Conspiracy and Aggression*, vol. 6, pp. 131-33.
22. Evans, *The Third Reich at War*, pp. 275-78.
23. Ibid., pp. 282-302.
24. Discurso de Himmler, 4 de outubro de 1943, reproduzido em Noakes, *Nazism: A History in Documents*, vol. 2, p. 1199.
25. Evans, *Third Reich at War*, pp. 409-23.

426 O DIÁRIO DO DIABO

26. Ibid., p. 402.
27. Cecil, *The Myth of the Master Race*, p. 213.
28. Diário de Rosenberg, 30 de novembro de 1942.
29. Ibid., 20 de novembro de 1942.
30. Berkhoff, *Harvest of Despair*, pp. 255-72.
31. Citado ibid., p. 264.
32. Diário de Rosenberg, 12 de outubro de 1942.
33. Memorando de Rosenberg, "Concerning: Jewish Possessions in France", 18 de dezembro de 1941, reproduzido como 001-PS em Office of the U.S. Chief of Counsel, *Nazi Conspiracy*, vol. 3, p. 1.
34. Dreyfus, *Nazi Labour Camps in Paris*, pp. 1-33, 56-82.
35. Ibid., p. 120.
36. Ibid., pp. 66-67.
37. Ibid., p. 69.
38. Ibid., p. 32.
39. Ibid., pp. 16-17.
40. Detalhes do saqueio da Einsatzstab no Leste em Collins, "The Einsatzstab Reichsleiter Rosenberg and the Looting of Jewish and Masonic Libraries During World War II", pp. 24-34, e Grimsted, *Reconstructing the Record of Nazi Cultural Plunder*, pp. 25-35.
41. Nicholas, *The Rape of Europa*, pp. 192-200.
42. Diário de Rosenberg , 2 de fevereiro de 1943.
43. Entrada intitulada "Depois de 12 de janeiro de 1943", ibid.
44. Mulligan, *The Politics of Illusion and Empire*, pp. 65-70.
45. Diário de Rosenberg, 25-26 de janeiro de 1943.
46. Dallin, *German Rule*, pp. 168-176. O trato só saiu em junho.
47. Ibid., p. 88.
48. Cecil, *Myth of the Master Race*, p. 212.
49. Mulligan, *Politics of Illusion*, p. 70.
50. Trevor-Roper, *Hitler's Table Talk*, p. 466.
51. Dallin, *German Rule*, pp. 157-63.
52. Diário de Rosenberg, 7 de agosto de 1943.
53. Memorando de Bormann a Rosenberg, 22 de fevereiro de 1940, reproduzido como 098-PS em Office of the U.S. Chief of Counsel, *Nazi Conspiracy*, vol. 3, pp. 152-57.
54. Memorando, "Relationship of National Socialism and Christianity", sem data, reproduzido como D-75 em Office of the U.S. Chief of Counsel, *Nazi Conspiracy*, vol. 6, pp. 1036-39.
55. Diário de Rosenberg, 7 de setembro de 1941.
56. Ibid., 7 de agosto de 1943.

NOTAS 427

22. "Uma ruína"

1. Evans, *The Third Reich at War*, pp. 490, 618.
2. Ibid., pp. 459-66.
3. Diário de Rosenberg, 31 de dezembro de 1943.
4. Lochner, *The Goebbels Diaries*, p. 586.
5. Piper, *Alfred Rosenberg*, p. 612.
6. Lochner, *Goebbels Diaries*, p. 588.
7. Diário de Rosenberg, 29 de julho de 1944.
8. Evans, *Third Reich at War*, p. 618.
9. Ibid., pp. 632-46.
10. Diário de Rosenberg, 30 de julho de 1944.
11. Shirer, *The Rise and Fall of the Third Reich*, p. 1060, note.
12. Diário de Rosenberg, 27 de agosto de 1944.
13. Ibid., 22 de outubro de 1944.
14. Dallin, *German Rule in Russia 1941-1945*, p. 639.
15. Petropoulus, *Art as Politics in the Third Reich*, p. 157.
16. Ibid., pp. 553-86.
17. Ibid., p. 594.
18. Ibid., pp. 613-40.
19. Diário de Rosenberg, 12 de novembro de 1944.
20. Ibid., 22 e 26 de outubro de 1944.
21. Ibid., 12 de novembro de 1944.
22. Ibid., 26 de outubro de 1944.
23. Ibid., 3 de dezembro de 1944.
24. Evans, *Third Reich at War*, pp. 657-58, 681-83.
25. Ibid., pp. 718-20.
26. Lang and Schenck, *Memoirs of Alfred Rosenberg*, pp. 294-95.
27. Evans, *Third Reich at War*, p. 699.
28. Lang e Schenck, *Memoirs*, pp. 295-96.
29. Evans, *Third Reich at War*, p. 682.
30. Lang e Schenck, *Memoirs*, p. 297.
31. Evans, *Third Reich at War*, p. 708.
32. Ibid., p. 710.
33. Ibid., p. 722-27; Kershaw, *Hitler: A Biography*, pp. 951-55, 960.
34. O relato do bilhete de Göring's e da traição de Himmler's está em Read, *The Devil's Disciples*, pp. 899-905.
35. Edsel, *The Monuments Men*, pp. 348-52.
36. Rorimer, *Survival*, pp. 183-85.
37. Edsel, *Monuments Men*, pp. 382-84.
38. Alex Shoumatoff, "The Devil and the Art Dealer", *Vanity Fair*, abril de 2014.

428   O DIÁRIO DO DIABO

39. Lang e Schenck, *Memoirs*, p. 299.
40. Speer, *Inside the Third Reich*, p. 496.
41. Lang e Schenck, *Memoirs*, pp. 300-2.

23. "Leal a ele até o fim"

1. Memorando de Kempner ao FBI, 8 de março de 1945, Kempner Papers, Box 43; "Searching For Hitler?" *Philadelphia Record*, 22 de outubro de 1945.
2. Ver Kempner Papers, Box 44.
3. Field, citado em Sandy Meredith e Bob Sanders, "Refugees on Mars: FDR's Secret Plan", Mother Jones, fevereiro-março de 1983.
4. Memorando de Kempner a agente encarregado do FBI, 5 de abril de 1945, Kempner Papers, Box 43.
5. Kempner a Sam Harris, 9 de julho de 1945, Kempner Papers, Box 43.
6. Tusa e Tusa, *The Nuremberg Trial*, pp. 52, 63.
7. Ibid., p. 54. Ver também Persico, *Nuremberg*, p. 17.
8. Ibid., pp. 26-27.
9. Memorando de Ruth S. Bentley, "Reappointment of Robert Max W. Kempner as Consultant", 9 de junho de 1945, National Archives em St. Louis, Kempner personnel papers, Department of the Army/Air Force.
10. "The Guilt of Herman Goering", 11 de junho de 1945, National Archives, Record Group 238, Security-Classified General Correspondence 1945-1946, Container 18. No resumo, Kempner anotou que os agentes de Göring sequestraram Berthold Jacob em 1935 e o levaram da Suíça ao campo de concentração Columbia-Haus. "Conhecidos de Jacob foram presos e torturados em Berlim nessa mesma época", escreveu Kempner, embora ele não mencione explicitamente que ele era um deles.
11. Memorando de Bernays a Jackson, 17 de julho de 1945, Robert H. Jackson Papers, Box 106, Roll 12.
12. Memorando de Daniel Noce com detalhes do embarque, 7 de agosto de 1945, National Archives em St. Louis, Kempner personnel papers, Department of the Army/Air Force.
13. "Yanks Sing for Newsmen at Nuremberg", recorte de jornal desconhecido, Kempner Papers, Box 418.
14. Thom Shanker, "Despite Nuremberg Trials, War Crimes a Murky Issue", *Chicago Tribune*, 30 de junho de 1993.
15. Persico, *Nuremberg*, p. 39; Neave, *On Trial at Nuremberg*, p. 42.
16. Andrus, *I Was the Nuremberg Jailer*, p. 52.
17. Neave, *On Trial at Nuremberg*, p. 45.
18. Persico, *Nuremberg*, p. 151.
19. Interrogatório de Rosenberg, 14 de agosto de 1945, National Archives, M1270, Roll 26.
20. Dodd e seu filho Christopher J. Dodd representaram respectivamente o estado de Connecticut no Senado dos EUA de 1959 a 1971 e de 1981 a 2011.

NOTAS

21. Dodd, *Letters from Nuremberg*, p. 92.
22. Interrogatório de Rosenberg, 21 de setembro de 1945, 14:30-16:40, National Archives, M1270, Roll 17.
23. Ibid., 22 de setembro de 1945, 14:15-16:00.
24. Ibid., 24 de setembro de 1945, 10:30-12:00.
25. Ibid., 22 de setembro de 1945, 11:00-12:00.
26. Ibid., 24 de setembro de 1945, 14:30-15:30.
27. Ibid., 24 de setembro de 1945, 1945, 10:30-12:00.
28. Ibid., 22 de setembro de 1945, 14:15-16:00.
29. Ibid., 24 de setembro de 1945, 1945, 10:30-12:00.
30. Ibid., 4 de outubro de 1945, 10:30-12:15.
31. Neave, *On Trial at Nuremberg*, pp. 102-4.
32. Kempner letter, "Dear Folks",11 de agosto de 1945, Kempner Papers, Box 418; entrevista de Kempner, Records of the Emergency Committee in Aid of Displaced Foreign Scholars.
33. Tusa e Tusa, *Nuremberg Trial*, pp. 96-101.
34. Kempner, *Ankläger einer Epoche*, pp. 251-52.
35. Ibid., p. 253.
36. Entrevista de Kempner citada em Mosley, *The Reich Marshal*, p. 325.
37. Entrevista de Kempner citada em Maguire, *Law and War*, p. 117.
38. Interrogatório de Göring, 13 de outubro de 1945, National Archives, M1270, Box 5.
39. Apesar das tentativas de implicar os nazistas no incêndio do Reichstag, muitos historiadores concluíram que Marinus van der Lubbe, o comunista holandês executado pelo crime em 1934, agiu sozinho naquela noite. Nas décadas de 1970 e 1980, trabalhando para o irmão sobrevivente de Van der Lubbe, Kempner tentou sem sucesso reverter a condenação. Em 2008, Van der Lubbe foi perdoado postumamente pelo Estado alemão.
40. Robert Kempner a Ruth Kempner, 21 de setembro de 1945, Kempner Papers, Box 418.
41. Cartões-postais de Kempner, 13 de setembro de 1945, Kempner Papers, Box 418.
42. Carta de Kempner, 9 de setembro de 9, 1945, Kempner Papers, Box 418.
43. Carta de Kempner, 10 de outubro de 1945, Kempner Papers, Box 418.
44. Recortes de jornal em Kempner Papers, Box 418.
45. Cartão-postal de Kempner a "Der Folks", 23 de outubro de 1945, Kempner Papers, Box 418.
46. Memorando do Office of U.S. Chief of Counsel, Kempner Papers, Box 418.
47. Kempner, *Ankläger*, p. 252.
48. Recorte assinalado da revista *Time* de 3 de dezembro de 1945, Kempner Papers, Box 418.
49. Persico, *Nuremberg*, pp. 131-34.
50. *Trial of the Major War Criminals*, vol. 2, p. 99.
51. Otto Kranzbühler, citado em Maguire, *Law and War*, p. 88.
52. *Trial of the Major War Criminals*, vol. 2, p. 102.
53. Ibid., vol. 3, p. 553.
54. Gilbert, *Nuremberg Diary*, pp. 97, 120, 354.
55. *Trial of the Major War Criminals*, vol. 5, pp. 41-66.

430   O DIÁRIO DO DIABO

56. Ibid., pp. 176, 181-82. As circunstâncias da visita são desconhecidas.
57. Memorando de Robert G. Storey to Kempner, 28 de novembro de 1945, Kempner Papers, Box 418.
58. Dodd, *Letters from Nuremberg*, p. 90.
59. Neave, *On Trial at Nuremberg*, pp. 43-44.
60. Victor H. Bernstein, "Kempner Will Have His Day in Court", *PM*, 11 de janeiro de 1946; recorte em Kempner Papers, Box 263.
61. Persico, *Nuremberg*, p. 175.
62. *Trial of the Major War Criminals*, vol. 5, pp. 352-67.
63. Raymond Daniell. "Goering Accused Red Baselessly", *New York Times*, 17 de janeiro de 1946.
64. Persico, *Nuremberg*, p. 226.
65. Robert M. W. Kempner, "Impact of Nuremberg", *New York Times*, 6 de outubro de 1946.
66. Shirer, *Rise and Fall*, p. 1070; Evans, *The Third Reich at War*, p. 643.
67. *Trial of the Major War Criminals*, vol. 11, pp. 396-422.
68. Gilbert, *Nuremberg Diary*, pp. 267-68.
69. Memorando do OSS sobre Rosenberg, 11 de julho de 1945, National Archives, Record Group 238, German Dossiers 1945-1946, Container 41.
70. *Trial of the Major War Criminals*, vol. 11, pp. 444-529.
71. Evans, *Third Reich at War*, p. 728; Graeme Wood, "Martin Bormann has a Stomachache", *Atlantic*, 20 de julho de 2009.
72. Memorando de Rosenberg, "Concerning: Jewish Possessions in France", 18 de dezembro de 1941, reproduzido como 001-PS em Office of the U.S. Chief of Counsel for the Prosecution of Axis Criminality, *Nazi Conspiracy and Aggression*, vol. 3, p. 1.
73. Laub, *After the Fall*, p. 46.
74. Memorandum, "Re: Evacuation of youths", 12 de junho de 1944, reproduzido como 031-OS em Office of the U.S. Chief of Counsel, *Nazi Conspiracy*, vol. 3, pp. 71-74.
75. Carta do escritório de Lohse a Rosenberg, 18 de junho de 1943, reproduzida como R-135 em Office of the U.S. Chief of Counsel, *Nazi Conspiracy*, vol. 8, pp. 205-8.
76. *Trial of the Major War Criminals*, vol. 11, pp. 529-64.
77. Höss estimou que 2,5 milhões de pessoas haviam sido gaseadas em Auschwitz, mas os historiadores apontam de 1,1 a 1,5 milhão; ver Evans, *Third Reich at War*, p. 304.
78. Dodd, *Letters from Nuremberg*, p. 287.
79. Kempner a Murray Gurfin, 17 de junho de 1946, Kempner Papers, Box 262; memorandos com atribuições de Thomas Dodd, 16-18 de maio de 1946, Kempner Papers, Box 263.
80. Carta de apresentação de Lucian Kempner ao comandante da companhia, 29 de setembro de 1945, Kempner Papers, Box 71.
81. Inscrição de Lucian Kempner para servir no governo federal, Kempner Papers, Box 41; detalhes sobre o campo em Weinmann, *Der Nationalsozialistische Lagersystem*, p. 69; Megargee, *The United States Holocaust Memorial Museum Encyclopedia of Camps and Ghettos 1933-1945*, p. 820; e o portal do Amersfoort National Monument, www.kampamersfoort.nl/p/start.

NOTAS

82. Em outro relato, Lucian disse ter sido "libertado pelas forças americanas". Depoimento de Lucian Kempner em *Lipton v. Swansen*.

83. Lucian Kempner à estação de rádio Voice of America, julho de 1945, Kempner Papers, Box 71.

84. Lucian Kempner a Robert Kempner, 9 de janeiro de 1946, Kempner Papers, Box 71.

85. Depoimento de Lucian Kempner em *Lipton v. Swansen*.

86. "Refugee and Mother Reunited After Decade", *Philadelphia Inquirer*, 27 de maio de 1946; "Kempner's Son, Victim of Nazis, Rejoins Mother", *Philadelphia Record*, 27 de maio de 1946.

87. Grossman a Robert Kempner, 18 de junho de 1946, Kempner Papers, Box 262.

88. Memorando de Kempner a Thomas Dodd, 17 de julho de 1946, Kempner Papers, Box 262.

89. Persico, *Nuremberg*, p. 367; Tusa e Tusa, *Nuremberg Trial*, p. 455.

90. Persico, *Nuremberg*, pp. 294-98; Gilbert, *Nuremberg Diary*, pp. 212-14.

91. Entrevista de Kempner citada em Mosley, *The Reich Marshal*, pp. 325, 347.

92. Hett, *Burning the Reichstag*, pp. 194, 220. Kempner afirmou que o testemunho de Diels em Nuremberg "merecia um agradecimento por sua ajuda".

93 Essa citação e detalhes da relação de Kempner com Diels em Kohl, *The Witness House*, pp. 43-47, 152-53.

94. Hett, *Burning the Reichstag*, p. 183.

95. *Trial of the Major War Criminals*, vol. 19, p. 416.

96. Ibid., vol. 22, pp. 381-83.

97. Smith, *Reaching Judgment at Nuremberg*, pp. 190-194; Persico, *Nuremberg*, pp. 388-394.

98. Persico, *Nuremberg*, pp. 395-405.

99. Henry F. Gerecke e Merle Sinclair, "I Walked to the Gallows with the Nazi Chiefs", *Saturday Evening Post*, 1º de setembro de 1951.

100. Lang e Schenck, *Memoirs of Alfred Rosenberg*, p. 201.

101. Ibid., p. 248.

102. Ibid., p. 161.

103. Ibid., p. 104.

104. Ibid., pp. 184-85.

105. Ibid., p. 189.

106. Ibid., p. 197.

107. Ibid., p. 113.

108. Ibid., p. 266.

109. Persico, *Nuremberg*, pp. 322-323.

110. Kempner, *Ankläger*, p. 236.

111. Uma das cartas, ou parte dela, acabou em posse de Kempner; Taylor, *The Anatomy of the Nuremberg Trials*, p. 619.

112. Kingsbury Smith, "The Execution of Nazi War Criminals", International News Service, 16 de outubro de 1946.

113. Burton Andrus memorandum, 17 de outubro de 1946, Jackson Papers, Box 101, Roll 7; Persico, *Nuremberg*, pp. 423-429.

Bibliografia selecionada

Materiais de arquivo

O diário de Rosenberg foi escaneado em alta definição e está nos portais da web dos Arquivos Nacionais e do Museu Memorial do Holocausto dos Estados Unidos. As entradas de 1934 a 1935 podem ser encontradas procurando por "Alfred Rosenberg diary" em archives.gov/research/search e navegando nos materiais escaneados dos documentos de Nuremberg com o registro 1749-PS. As entradas de 1936 a 1944 estão em collections.ushmm.org/view/2001.62.14.

American Friends Service Committee Refugee Assistance Case Files, arquivo de Ruth Kempner, Museu Memorial do Holocausto dos EUA, Washington, D.C.

Coleção Irma Gideon, Museu Memorial do Holocausto dos EUA, Washington, D.C.

Correspondência com centros de documentação europeus sobre o recebimento e devolução de documentos de 1945-1946, Record Group 238, National Archives, College Park.

Correspondência da Einsatzstab Reichsleiter Rosenberg, (microfilme M1946), Record Group260, National Archives, College Park.

Dossiês alemães 1945-1946, Record Group238, National Archives, College Park.

Jackson, Robert H., documentos. Caixas 14, 101 e 106. Biblioteca do Congresso, Washington, D.C.

Kempner, Robert M. W., arquivos do Departamento de Justiça e Departamento do Exército. National Archives, Centro de Registros Pessoais Nacionais, St. Louis.

Kempner, Robert M. W. e Ruth Benedicta Kempner, documentos, Record Group 71.001, Museu Memorial do Holocausto dos EUA, Washington, D.C.

434   O DIÁRIO DO DIABO

Lester, Jane, história oral. USC Fundação Instituto Shoah de História Visual e Educação (sfi. usc.edu), Los Angeles.

Lipton, Margot, registros de propriedade e autenticação. Arquivo 2006-80096. Corte Substituta do Condado de Niagara, Lockport, Nova York.

Margot Lipton contra Samuel T. Swansen, et al. Caso nº. 98-12106, Condado de Delaware, Corte de Pequenas Causas, Escritório de Apoio Jurídico, Media, Pa.

Messersmith, George S., Documentos. Biblioteca da Universidade de Delaware, Newark.

OSS informes da Unidade de Investigação de Saqueios de Arte, 1945-46 (microfilme M1782), Record Group 239, National Archives, College Park, Md.

Registros de interrogatórios preparados para os julgamentos de crimes de guerra em Nuremberg 1945-1947 (microfilme M1270), Record Group238, National Archives, College Park.

Registros do Comitê de Emergência para Acadêmicos Estrangeiros Deslocados, arquivo de Robert Kempner, Record Group 19.051, Museu Memorial do Holocausto dos EUA, Washington, D.C.

Registros do Escritório do Chefe do Conselho de Crimes de Guerra, Record Group 260, National Archives, College Park.

Registros dos Interrogatórios dos Julgamentos de Crimes de Guerra em Nuremberg, 1946-1949 (microfilme M1019), Record Group 238, National Archives, College Park.

Reinach, Frieda e Max, diário, Record Group 10.249, Museu Memorial do Holocausto dos EUA, Washington, D.C.

Rosenberg, Alfred, diário, 1936-1944, Record Group 71, Museu Memorial do Holocausto dos EUA, Washington, D.C.

Informações reservadas e secretas

Arquivos de Evidências dos EUA 1945-1946, Record Group 238, National Archives, College Park.

Correspondência geral 1945-1946, Record Group 238, National Archives, College Park.

Estados Unidos contra William Martin, Ação Civil Nº 03-01666. Corte Distrital dos Estados Unidos para o Distrito Leste da Pensilvânia, Filadélfia.

Informes do Terceiro Exército posteriores à ação. Centro das Armas Combinadas dos EUA, Biblioteca Digital de Pesquisa das Armas Combinadas (cgsc.contentdm.oclc.org).

Taylor, Telford, documentos, 1918-1998. Biblioteca da Universidade Columbia, Biblioteca de Livros e Manuscritos Raros, Nova York.

Artigos em periódicos

Arad, Yitzhak. "Alfred Rosenberg and the 'Final Solution' in the Occupied Soviet Territories." *Yad Vashem Studies* 13 (1979): 263-86.

————. "The 'Final Solution' in Lithuania in the Light of German Documentation." *Yad Vashem Studies* 11 (1976): 234-72.

BIBLIOGRAFIA SELECIONADA

Baxa, Paul. "Capturing the Fascist Moment: Hitler's Visit to Italy in 1938 and the Radicalization of Fascist Italy." *Journal of Contemporary History* 42, n° 2 (2007): 227-42.

Collins, Donald E. e Herbert P. Rothfeder. "The Einsatzstab Reichsleiter Rosenberg and the Looting of Jewish and Masonic Libraries During World War II." *Journal of Library History* 18, n° 1 (inverno de 1983): 21-36.

Felstiner, Mary. "Refuge and Persecution in Italy, 1933-1945." *Simon Wiesenthal Center Annual* 4 (1987): n.p. arquivo on-line.

Gerlach, Christian. "The Wannsee Conference, the Fate of German Jews, and Hitler's Decision in Principle to Exterminate All European Jews." *Journal of Modern History* 70, n° 4 (dezembro de 1998): 759-812.

Grimsted, Patricia Kennedy. "Roads to Ratibor: Library and Archival Plunder by the Einsatzstab Reichsleiter Rosenberg." *Holocaust and Genocide Studies* 19, n° 3 (inverno de 2005): 390-458.

Kempner, Robert M. W. "Blueprint of the Nazi Underground. Past and Future Subversive Activities." *Research Studies of the State College of Washington* 13, n° 2 (junho de 1945): 51-153.

Layton, Roland V., Jr. "The *Völkischer Beobachter*, 1920-1933: The Nazi Party Newspaper in the Weimar Era." *Central European History* 3, n° 4 (dezembro de 1970): 353-82.

Matthäus, Jürgen. "Controlled Escalation: Himmler's Men in the Summer of 1941 and the Holocaust in the Occupied Soviet Territories." *Holocaust and Genocide Studies* 21, n° 2 (outono de 2007): 218-42.

Starr, Joshua. "Jewish Cultural Property under Nazi Control." *Jewish Social Studies* 12, n° 1 (janeiro de 1950): 27-48.

Steinberg, Jonathan. "The Third Reich Reflected: German Civil Administration in the Occupied Soviet Union." *English Historical Review* 110, no. 437 (junho de 1995): 620-51.

Livros

Allen, William Sheridan, ed. *The Infancy of Nazism: The Memoirs of Ex-Gauleiter Albert Krebs 1923-1933*. Nova York: New Viewpoints, 1976.

Andrus, Burton C. *I Was the Nuremberg Jailer*. Nova York: Tower Publications, 1970.

Anonymous. *The Persecution of the Catholic Church in the Third Reich: Facts and Documents*. Gretna: Pelican, 2003.

Arad, Yitzhak. *The Holocaust in the Soviet Union*. Lincoln: University of Nebraska Press, 2009.

Arendzen, Rev. John. Foreword to *"Mythus": The Character of the New Religion*, by Alfred Rosenberg. Londres: Friends of Europe, 1937.

Baedeker, Karl. *Southern Germany (Wurtemberg and Bavaria): Handbook for Travelers*. Leipzig: Karl Baedeker, 1914.

_____. *Berlin and Its Environs: Handbook for Travelers*. Leipzig: Karl Baedeker, 1923.

Barbian, Jan-Pieter. *The Politics of Literature in Nazi Germany: Books in the Media Dictatorship*. Nova York: Bloomsbury Academic, 2013.

Barnes, James J. e Patience P. Barnes. *Nazi Refugee Turned Gestapo Spy: The Life of Hans Wesemann, 1895-1971*. Westport: Praeger, 2001.

436   O DIÁRIO DO DIABO

Baxa, Paul. *Roads and Ruins: The Symbolic Landscape of Fascist Rome.* Toronto: University of Toronto Press, 2010.

Baynes, Norman H., ed. *The Speeches of Adolf Hitler, April 1922-August 1939.* 2 vols. Londres: Oxford University Press, 1942.

Berkhoff, Karel C. *Harvest of Despair: Life and Death in Ukraine Under Nazi Rule.* Cambridge, Mass.: Harvard University Press, 2004.

Bernstein, Arnie. *Swastika Nation: Fritz Kuhn and the Rise and Fall of the German-American Bund.* Nova York: St. Martin's, 2013.

Biddle, Francis. *In Brief Authority.* Nova York: Doubleday, 1962.

Blücher von Wahlstatt, Evelyn Mary. *An English Wife in Berlin: A Private Memoir of Events, Politics, and Daily Life in Germany Throughout the War and the Social Revolution of 1918.* Nova York: Dutton, 1920.

Bollmus, Reinhard. "Alfred Rosenberg: National Socialism's 'Chief Ideologue'?" Em: *The Nazi Elite,* editado por by Ronald Smelser e Rainer Zitelmann, pp. 183-93. Nova York: NYU Press, 1993.

Bonney, Richard. *Confronting the Nazi War on Christianity: The Kulturkampf Newsletters, 1936-1939.* Nova York: Peter Lang, 2009.

Bosworth, R. J. B. *Mussolini.* Nova York: Oxford University Press, 2002.

Brandt, Willy. *My Road to Berlin.* Nova York: Doubleday, 1960.

Breitman, Richard. *The Architect of Genocide: Himmler and the Final Solution.* Nova York: Knopf, 1991.

Browning, Christopher R. *The Origins of the Final Solution.* Lincoln: University of Nebraska Press, 2004.

Burden, Hamilton T. *The Nuremberg Party Rallies: 1923-39.* Londres: Pall Mall, 1967.

Burleigh, Michael. *The Third Reich: A New History.* Nova York: Hill & Wang, 2000.

Buttar, Prit. *Battleground Prussia: The Assault of Germany's Eastern Front 1944-45.* Oxford: Osprey, 2012.

Cecil, Robert. *The Myth of the Master Race: Alfred Rosenberg and Nazi Ideology.* Nova York: Dodd, Mead, 1972.

Ciano, Galeazzo. *Ciano's Diplomatic Papers.* Editado por Malcolm Muggeridge. Londres: Odhams, 1948.

Charles, Douglas M. *J. Edgar Hoover and the Anti-Interventionists: FBI Political Surveillance and the Rise of the Domestic Security States, 1939-1945.* Columbus: Ohio State University Press, 2007.

Creese, Mary R. S. *Ladies in the Laboratory II: West European Women in Science, 1800-1900: A Survey of Their Contributions to Research.* Lanham: Scarecrow Press, 2004.

Dallin, Alexander. *German Rule in Russia 1941-1945: A Study in Occupation Politics.* Nova York: Macmillan, 1957.

Davidson, Eugene. *The Trial of the Germans: An Account of the Twenty-Two Defendants Before the International Military Tribunal at Nuremberg.* Nova York: Macmillan, 1966.

Delmer, Sefton. *Trail Sinister: An Autobiography.* Londres: Secker and Warburg, 1961.

Dial 22-0756, Pronto: Villa Pazzi: Memories of Landschulheim Florenz 1933-1938. Ottawa: n.p., 1997.

BIBLIOGRAFIA SELECIONADA 437

Diamond, Sander A. *The Nazi Movement in the United States 1924-1941*. Ithaca, NY: Cornell University Press, 1974.

Diels, Rudolf. *Lucifer Ante Portas: Zwischen Severing und Heydrich*. Zurich: Interverlag, [1949?].

Dippel, John V. H. *Bound Upon a Wheel of Fire: Why So Many German Jews Made the Tragic Decision to Remain in Nazi Germany*. Nova York: Basic Books, 1996.

Dodd, Christopher J. e Lary Bloom. *Letters from Nuremberg: My Father's Narrative of a Quest for Justice*. Nova York: Crown, 2007.

Dodd, William Jr. e Martha Dodd, eds. *Ambassador Dodd's Diary 1933-1938*. Nova York: Harcourt, Brace, 1941.

Dreyfus, Jean-Marc e Sarah Gensburger. *Nazi Labour Camps in Paris: Austerlitz, Lévitan, Bassano, July 1943-August 1944*. Nova York: Berghahn, 2011.

Eckert, Astrid M. *The Struggle for the Files: The Western Allies and the Return of German Archives After the Second World War*. Nova York: Cambridge University Press, 2012.

Edsel, Robert M. e Bret Witter. *Caçadores de obras-primas*. Rio de Janeiro, Rocco, 2011.

Ehrenreich, Eric. *The Nazi Ancestral Proof: Genealogy, Racial Science, and the Final Solution*. Bloomington: Indiana University Press, 2007.

Evans, Richard J. *The Coming of the Third Reich*. Nova York: Penguin, 2004.

———. *The Third Reich in Power*. Nova York: Penguin, 2005.

———. *The Third Reich at War*. Nova York: Penguin, 2009.

Farago, Ladislas. *The Game of the Foxes: The Untold Story of German Espionage in the United States and Great Britain During World War II*. Nova York: David McKay, 1971.

Faulhaber, Michael von. *Judaism, Christianity and Germany*. Nova York: Macmillan, 1934.

Fest, Joachim. *The Face of the Third Reich: Portraits of the Nazi Leadership*. Londres: I. B. Tauris, 2011.

Frank, Werner L. *The Curse of Gurs: Way Station to Auschwitz*. Lexington.: n.p., 2012.

Frei, Norbert. *Adenauer's Germany and the Nazi Past: The Politics of Amnesty and Integration*. Nova York: Columbia University Press, 1997.

Fromm, Bella. *Blood and Banquets: A Berlin Social Diary*. Nova York: Harper, 1942.

Gary, Brett. *The Nervous Liberals: Propaganda Anxieties from World War I to the Cold War*. Nova York: Columbia University Press, 1999.

Gilbert, G. M. *Nuremberg Diary*. Nova York: Farrar, Straus, 1947.

Gisevius, Hans Bernd. *To the Bitter End*. Nova York: Da Capo Press, 1998.

Goldensohn, Leon. *The Nuremberg Interviews*. Nova York: Knopf, 2004.

Griech-Polelle, Beth A. *Bishop von Galen: German Catholicism and National Socialism*. New Haven: Yale University Press, 2002.

Grimsted, Patricia Kennedy. *Reconstructing the Record of Nazi Cultural Plunder*. Amsterdã: International Institute of Social History, 2011.

Gutman, Israel. *Encyclopedia of the Holocaust*. 4 vols. Nova York: Macmillan, 1990.

Hanfstaengl, Ernst. *Hitler: The Missing Years*. Nova York: Arcade, 1994.

Hastings, Derek. *Catholicism and the Roots of Nazism*. Nova York: Oxford University Press, 2010.

438   O DIÁRIO DO DIABO

Hermand, Jost. *Culture in Dark Times: Nazi Fascism, Inner Emigration, and Exile.* Nova York: Berghahn, 2013.

Hett, Benjamin Carter. *Burning the Reichstag: An Investigation into the Third Reich's Enduring Mystery.* Nova York: Oxford University Press, 2014.

Hitler, Adolf. *Mein Kampf.* Boston: Mariner, 1999.

Kaplan, Marion A. *Between Dignity and Despair: Jewish Life in Nazi Germany.* Nova York: Oxford University Press, 1998.

Kay, Alex J. *Exploitation, Resettlement, Mass Murder: Political and Economic Planning for German Occupation Policy in the Soviet Union, 1940-1941.* Nova York: Berghahn, 2006.

Kelley, Douglas M. *22 Cells in Nuremberg: A Psychiatrist Examines the Nazi Criminals.* Nova York: Greenberg, 1947.

Kellogg, Michael. *The Russian Roots of Nazism: White Émigrés and the Making of National Socialism 1917-1945.* Cambridge: Cambridge University Press, 2005.

Kempner, Robert M. W. *Eichmann und Komplizen.* Zurique: Europa Verlag, 1961.

_____. *SS im Kreuzverhör.* Munique: Rütten + Loening, 1964.

_____. *Edith Stein und Anne Frank: Zwei von Hunderttausend.* Freiburg im Breisgau, Alemanha: Herder-Bücherei, 1968.

_____. *Das Dritte Reich im Kreuzverhör: Aus den Vernehmungsprotokollen des Anklägers.* Munique: Bechtle, 1969.

_____. *Der Mord an 35000 Berliner Juden: Der Judenmordprozess in Berlin schreibt Geschichte.* Heidelberg, Germany: Stiehm, 1970.

_____. *Ankläger einer Epoche: Lebenserinnerungen.* Frankfurt: Verlag Ullstein, 1983.

_____. *Autobiographical Fragments.* Lewiston: Edwin Mellen Press, 1996.

Kershaw, Ian. *Hitler, 1889-1936: Hubris.* Nova York: Norton, 2000.

_____. *Hitler, 1936-1945: Nemesis.* Nova York: Norton, 2000.

_____. *Hitler.* São Paulo: Companhia das Letras, 2013.

Klarsfeld, Serge. *Memorial to the Jews Deported from France, 1942-1944: Documentation of the Deportation of the Victims of the Final Solution in France.* Nova York: B. Klarsfeld Foundation, 1983.

Kohl, Christine. *The Witness House: Nazis and Holocaust Survivors Sharing a Villa During the Nuremberg Trials.* Nova York: Other Press, 2010.

Krieg, Robert A. *Catholic Theologians in Nazi Germany.* Nova York: Continuum, 2004.

Ladd, Brian. *The Ghosts of Berlin: Confronting German History in the Urban Landscape.* Chicago: University of Chicago Press, 1997.

Lane, Barbara Miller e Leila J. Rupp, eds. *Nazi Ideology Before 1933: A Documentation.* Manchester: Manchester University Press, 1978.

Lang, Serge e Ernst von Schenck, eds. *Memoirs of Alfred Rosenberg.* Chicago: Ziff-Davis, 1949.

Large, David Clay. *Where Ghosts Walked: Munich's Road to the Third Reich.* Nova York: Norton, 1997.

Larson, Erik. *No jardim das feras.* Rio de Janeiro: Intrínseca, 2012.

Laub, Thomas J. *After the Fall: German Policy in Occupied France, 1940-1944.* Oxford: Oxford University Press, 2010.

BIBLIOGRAFIA SELECIONADA

Layton, Roland Vanderbilt, Jr. "The *Völkischer Beobachter*, 1925-1933: A Study of the Nazi Party Paper in the *Kampfzeit*." Dissertação, Universidade da Virgínia, 1965.

Lester, Jane. *An American College Girl in Hitler's Germany: A Memoir*. Lewiston: Edwin Mellen Press, 1999.

Levine, Rhonda F. *Class, Networks, and Identity: Replanting Jewish Lives from Nazi Germany to Rural Nova York*. Lanham: Rowman & Littlefield, 2001.

Lewy, Guenter. *The Catholic Church and Nazi Germany*. Nova York: Da Capo, 2000.

Lochner, Louis P., ed. *The Goebbels Diaries*. Garden City, N.Y.: Doubleday, 1948.

Longerich, Peter. *Holocaust: The Nazi Persecution and Murder of the Jews*. Nova York: Oxford University Press, 2010.

_____. *Goebbels: uma biografia*. Rio de Janeiro: Objetiva, 2014.

Lower, Wendy. *Nazi Empire-Building and the Holocaust in Ukraine*. Chapel Hill: University of North Carolina Press, 2005.

_____. "On Him Rests the Weight of the Administration: Nazi Civilian Rulers and the Holocaust in Zhytomyr." Em: *The Shoah in Ukraine: History, Testimony, Memorialization*, ed. Ray Brandon e Wendy Lower, pp. 224-27. Bloomington: Indiana University Press, 2008.

Lüdecke, Kurt G. W. *I Knew Hitler: The Story of a Nazi Who Escaped the Blood Purge*. Nova York: Charles Scribner's Sons, 1937.

Maguire, Peter. *Law and War: International Law and American History*. Nova York: Columbia University Press, 2010.

Matthäus, Jürgen e Frank Bajohr, eds. *Alfred Rosenberg: Die Tagebücher von 1934 bis 1944*. Frankfurt: S. Fischer, 2015.

Megargee, Geoffrey P., ed. *The United States Holocaust Memorial Museum Encyclopedia of Camps and Ghettos, 1933-1945*. Vol. I. Bloomington: Indiana University Press, 2009.

Meyer, Beate, Hermann Simon e Chana Schütz, eds. *Jews in Nazi Berlin: From Kristallnacht to Liberation*. Chicago: University of Chicago Press, 2009.

Morris, Jeffrey. *Establishing Justice in Middle America: A History of the United States Court of Appeals for the Eighth Circuit*. Minneapolis: University of Minnesota Press, 2007.

Mosley, Leonard. *O marechal do Reich*. Rio de Janeiro: Record, 1974.

Mulligan, Timothy Patrick. *The Politics of Illusion and Empire: German Occupation Policy in the Soviet Union, 1942-1943*. Nova York: Praeger, 1988.

Neave, Airey. *On Trial at Nuremberg*. Boston: Little Brown, 1979.

Nicholas, Lynn H. *Europa saqueada*. São Paulo: Companhia das Letras, 1996.

Nicosia, Francis R. "German Zionism and Jewish Life in Nazi Berlin." In *Jewish Life in Nazi Germany: Dilemmas and Responses*, ed. Francis R. Nicosia e David Scrase, pp. 89-116. Nova York: Berghahn, 2010.

Noakes, J. e G. Pridham, eds. *Nazism: A History in Documents and Eyewitness Accounts, 1919-1945*. 2 vols. Nova York: Schocken, 1983-1988.

Nova, Fritz. *Alfred Rosenberg: Philosopher of the Third Reich*. Nova York: Hippocrene, 1986.

O'Brien, Kenneth Paul e Lynn Hudson Parsons. *The Homefront War: World War II and American Society*. Westport, Conn.: Greenwood Press, 1995.

440 O DIÁRIO DO DIABO

Office of the U.S. Chief of Counsel for the Prosecution of Axis Criminality. *Nazi Conspiracy and Aggression*. 8 vols. Washington, D.C.: U.S. Government Printing Office, 1946.

Olson, Lynne. *Those Angry Days: Roosevelt, Lindbergh, and America's Fight Over World War II, 1939-1941*. Nova York: Random House, 2013.

Palmier, Jean Michel. *Weimar in Exile: The Antifascist Emigration in Europe and America*. Nova York: Verso, 2006.

Papen, Franz von. *Memoirs*. Nova York: Dutton, 1953.

Papen-Bodek, Patricia von. "Anti-Jewish Research of the Institut zur Erforschung der Judenfrage in Frankfurt am Main between 1939 and 1945." Em: *Lessons and Legacies VI: New Currents in Holocaust Research*, ed. Jeffry Diefendorf, pp. 155-189. Evanston: Northwestern University Press, 2004.

Persico, Joseph E. *Nuremberg: Infamy on Trial*. Nova York: Penguin, 1994.

Petropoulos, Jonathan. *Art as Politics in the Third Reich*. Chapel Hill: University of North Carolina Press, 1996.

Piper, Ernst. *Alfred Rosenberg: Hitlers Chefideologe*. Munich: Karl Blessing Verlag, 2005.

Pöppmann, Dirk. "Robert Kempner und Ernst von Weizsäcker im Wilhelmstrassen-prozess." Em: *Im Labyrinth der Schuld: Täter, Opfer, Ankläger*, ed. Irmtrud Wojak e Susanne Meinl, pp. 163-197. Frankfurt: Campus Verlag, 2003.

_____. "The Trials of Robert Kempner· From Stateless Immigrant to Prosecutor of the Foreign Office." In *Reassessing the Nuremberg Military Tribunals*, ed. Kim C. Priemel e Alexa Stiller. Nova York: Berghahn, 2012.

Posnanski, Renée. *Jews in France During World War II*. Hanover: University Press of Nova Inglaterra, 2001.

Prange, Gordon W., ed. *Hitler's Words*. Washington, D.C.: American Council on Public Affairs, 1944.

Pringle, Heather. *The Master Plan: Himmler's Scholars and the Holocaust*. Nova York: Hyperion, 2006.

Read, Anthony. *The Devil's Disciples: Hitler's Inner Circle*. Nova York: Norton, 2003.

Reinemann, John Otto. *Carried Away. Recollections and Reflections*. Filadélfia: s.d., 1976.

Ribuffo, Leo P. *The Old Christian Right: The Protestant Far Right from the Great Depression to the Cold War*. Philadelphia: Temple University Press, 1983.

Rogge, O. John. *The Official German Report: Nazi Penetration 1924-1942, Pan-Arabism 1939-Today*. Nova York: Thomas Yoseloff, 1961.

Rorimer, James. *Survival: The Salvage and Protection of Art in War*. Nova York: Abelard, 1950.

Rosbottom, Ronald C. *When Paris Went Dark: The City of Light Under German Occupation, 1940-1944*. Nova York: Back Bay, 2014.

Roseman, Mark. *The Villa, the Lake, the Meeting: Wannsee and the Final Solution*. Londres: Allen Lane, 2002.

Rosenberg, Alfred. *Der Mythus des 20. Jahrhunderts*. Munique: Hoheneichen-Verlag, 1934.

_____. *Race and Race History and Other Essays by Alfred Rosenberg*. Ed.: Robert Pois. Nova York: Harper & Row, 1970.

BIBLIOGRAFIA SELECIONADA

Rothfeder, Herbert Phillips. "A Study of Alfred Rosenberg's Organization for National Socialist Ideology." Dissertação, Universidade de Michigan, 1963.

Rubenstein, Joshua e Ilya Altman, eds. *The Unknown Black Book: The Holocaust in the German-Occupied Soviet Territories*. Bloomington: Indiana University Press, 2008.

Ryback, Timothy W. *Hitler's Private Library: The Books That Shaped His Life*. Nova York: Knopf, 2008.

Safrian, Hans. *Eichmann's Men*. Cambridge, GB: Cambridge University Press, 2010.

Schmid, Armin. *Lost in a Labyrinth of Red Tape: The Story of an Immigration That Failed*. Evanston: Northwestern University Press, 1996.

Schuschnigg, Kurt von. *Austrian Requiem*. Nova York: Putnam, 1946.

Schwertfeger, Ruth. *In Transit: Narratives of German Jews in Exile, Flight, and Internment During "The Dark Years" of France*. Berlin: Frank & Timme, 2012.

Seraphim, Hans-Günther, ed. *Das politische Tagebuch Alfred Rosenbergs: 1934/35 und 1939/40*. Munich: Deutscher Taschenbuch Verlag, 1956.

Sherratt, Yvonne. *Hitler's Philosophers*. New Haven, Conn.: Yale University Press, 2013.

Shirer, William L. *Diário de Berlim, 1934-1941*. Rio de Janeiro: Record, s.d.

———. *Ascensão e queda do Terceiro Reich*. Rio de Janeiro: Civilização Brasileira, 1964.

Smith, Bradley F. *Reaching Judgment at Nuremberg: The Untold Story of How the Nazi War Criminals Were Judged*. Nova York: Basic Books, 1977.

Snyder, Timothy. *Terras de sangue. A Europa entre Hitler e Stalin*. Rio de Janeiro: Record, 2012.

Speer, Albert. *Por dentro do Terceiro Reich*. Rio de Janeiro: Artenova, 1971.

St. George, Maximilian e Dennis Lawrence. *A Trial on Trial: The Great Sedition Trial of 1944*. Chicago: National Civil Rights Committee, 1946.

Stein, George H. *The Waffen SS: Hitler's Elite Guard at War, 1939-1945*. Ithaca, N.Y.: Cornell University Press, 1966.

Steinweis, Alan E. *Studying the Jew: Scholarly Antisemitism in Nazi Germany*. Cambridge: Harvard University Press, 2006.

Stephenson, Donald. "*Frontschweine* and Revolution: The Role of Front-Line Soldiers in the German Revolution of 1918." Dissertação, Universidade de Syracuse, 2007.

Strasser, Otto. *Hitler and I*. Boston: Houghton Mifflin, 1940.

———. *The Gangsters Around Hitler*. Londres: W. H. Allen, 1942.

Täubrich, Hans-Christian, ed. *Fascination and Terror: Party Rally Grounds Documentation Center, The Exhibition*. Nuremberg: Druckhaus Nürnberg, n.d.

Taylor, Frederick. *The Downfall of Money: Germany's Hyperinflation and the Destruction of the Middle Class*. Nova York: Bloomsbury, 2013.

Taylor, Telford. *The Anatomy of the Nuremberg Trials: A Personal Memoir*. Nova York: Knopf, 1992.

Tomasevich, Jozo. *War and Revolution in Yugoslavia, 1941-1945*. Stanford: Stanford University Press, 2001.

Torrie, Julia S. *"For Their Own Good": Civilian Evacuations in Germany and France, 1939-1945*. Nova York: Berghahn, 2010.

Trevor-Roper, H. R., ed. *Hitler's Table Talk 1941-1944*. Nova York: Enigma, 2008.

442   O DIÁRIO DO DIABO

Trial of the Major War Criminals Before the International Military Tribunal. 42 vols., 1947-1949; http://www.loc.gov/rr/frd/Military_Law/NT_major-war-criminals.html.

Trials of War Criminals Before the Nuremberg Military Tribunals Under Control Council Law No 10. 15 vols., 1946-1949; http://www.loc.gov/rr/frd/Military_Law/NTs_war-criminals.html.

Tusa, Ann e John Tusa. *The Nuremberg Trial*. Nova York: Atheneum, 1986.

University of St. Michael's College v. Herbert W. Richardson. Toronto: Hearing Committee, St. Michael's College, 1994.

U.S. Department of State. *Foreign Relations of the United States: Diplomatic Papers, 1933*. Vol. II: *The British Commonwealth, Europe, Near East and Africa*. Washington, D.C.: U.S. Government Printing Office, 1949.

Vansittart, Robert. *The Mist Procession: The Autobiography of Lord Vansittart*. Londres: Hutchinson, 1958.

Wasow, Wolfgang R. *Memories of Seventy Years: 1909 to 1979*. Madison, Wis.: n.p., 1986.

Watt, Richard. *The Kings Depart: The Tragedy of Germany; Versailles and the German Revolution*. Nova York: Simon & Schuster, 1968.

Weinberg, Gerhard L. *The Foreign Policy of Hitler's Germany: Diplomatic Revolution in Europe 1933-36*. Chicago: University of Chicago Press, 1970.

Weiner, Timothy. *Enemies: A History of the FBI*. Nova York: Random House, 2012.

Weinmann, Martin. *Das Nationalsozialistische Lagersystem*. Frankfurt: Zweitausendeins, 1990.

Weinreich, Max. *Hitler's Professors: The Part of Scholarship in Germany's Crimes Against the Jewish People*. Nova York: Yiddish Scientific Institute, 1946.

Winterbotham, F. W. *The Nazi Connection*. Nova York: Dell, 1978.

Wittman, Robert K. e John Shiffman. *Priceless: How I Went Undercover to Rescue the World's Stolen Treasures*. Nova York: Crown, 2010.

Wyneken, Jon David K. "Driving Out the Demons: German Churches, the Western Allies, and the Internationalization of the Nazi Past, 1945-1952." Dissertação, Universidade de Ohio, 2007.

Zimmerman, Joshua D., ed. *Jews in Italy under Fascist and Nazi Rule, 1922-1945*. Cambridge. Cambridge University Press, 2005.

Zuccotti, Susan. *The Holocaust, the French, and the Jews*. Lincoln: University of Nebraska Press, 1999.

Índice

A

Abetz, Otto, 252
Abissínia, invasão italiana da, 180
Academia de Belas-Artes de Viena, 75, 79, 100
Academia Militar prussiana, 92
acordo de comércio teuto-italiano, 180
Administração de Construção e Finanças prussiana, 114
Agência Federal de Investigações (FBI), 22, 53, 235, 237, 310-312, 349-350, 352-353, 396
    Equipe de Crimes de Arte, 53, 59, 61
Alemanha Ocidental, 24, 112
Aliados, 334-335, 342
Aliados, documentos nazistas encontrados, 359
Alliance Israélite Universelle, 249
Alto-Comando Supremo alemão, 49
Alto-Comissário dos EUA para a Alemanha, 25
Amann, Max, 121-122, 149
Amen, John Harlan, 359
Amersfoort, campo de concentração, 377
Amigos da Nova Alemanha, 140-141, 307
Ana Karenina (Tolstói), 72
anjo azul, O (filme), 132

Antonescu, Ion, 313-314
arianos, 85-86, 171, 175, 184, 214, 226, 264, 280, 298, 378
Arnheim, campo de trabalho, 377
Arquivos Nacionais alemães (Bundesarchiv), 37
Arquivos Nacionais, Estados Unidos, 38, 51-52
arte degenerada, 134, 259, 345
Aschner, Ernst, 153-154, 156
Assim falou Zaratustra (Nietzsche), 72
Associated Press, 130
ataques a Pearl Harbor, 58, 293
Atenas, 74, 165, 196
Auhagen, Friedrich Ernst, 308
Auschwitz, 17, 22, 39, 41, 302, 320, 369, 384, 388, 393
Áustria, 79-80
    anexação da, 202, 227, 251
    tentativa de golpe em 1934, 159, 180

B

Baarová, Lída, 199
Babi Yar, 282
Backe, Herbert, 265-266

444 O DIÁRIO DO DIABO

Baker, Josephine, 132

Báltico, 17, 71, 99, 120, 138, 210, 267, 270, 274, 276-277, 282, 346

Bandeira de sangue, 194

Barbarossa, Operação, 263, 270, 273, 276, 279-280, 290, 313, 372, 393

Barlach, Ernst, 133

Barmat, irmãos, 84

Baviera, 77, 80, 81, 83, 91-92, 239

BBC (rádio), 293, 342

Behr, Kurt von, 14, 254, 323

Behrens, Peter, 74

Bélgica, 14, 80, 244, 249, 320, 323-324, 345, 360, 393

Belzec, câmaras de gás, 289, 319

Berger, Gottlob, 22-23, 326-327

Berlim, 65, 74, 80, 110, 129-132, 134-136
avanço soviético em, 341
bombardeio aliado, 331-335, 340
espartaquistas e, 106
vida cultural dos judeus deportados de, 30, 299-301-302

Bernays, Murray C., 351-353

Bernstorff, Albrecht Graf von, 145

Bertram, Cardeal Adolf, 167

Biddle, Francis, 308, 381

Bielorrússia, 17, 263-264, 267, 277, 280, 283, 285, 288, 319, 334, 339, 373, 376, 393, 396

Birchall, Frederick, 111-112, 195-196

Bismarck, Otto von, 104

Blitz de Londres, 257

Blitzkrieg, 211, 223

Blomberg, Werner von, 202

Bloomfield, Sara, 387

BMW, 139

boa terra, A (Buck), 53

Bohle, Ernst Wilhelm, 307

bolchevismo, 77, 89-90, 130, 132, 166, 194

Bolsa de Valores de Berlim, 113

Bonnet, Georges, 209

Bormann, Martin, 271-276, 278-279, 314, 318, 328-330, 338, 342, 351, 366, 371-372, 395

Boucher, François, 257-258
Retrato de Madame Pompadour, 258

Bouhler, Philipp, 294

Bovensiepen, Otto, 30

Brack, Viktor, 287, 293

Brandt, Willy, 112, 185

Braun, Eva, 342, 345, 362, 395

Brecht, Bertolt, 132

Brown, John, 53

Brudno, Walter, 366-367

Brüning, Heinrich, 99, 120

Bücherkunde (periódico), 135

Buck, Pearl S., 53

Bulgária, 263, 320

Bulge, Batalha de, 393

Bush, Jonathan, 41-42, 48, 389

C

Câmara de Cultura do Reich, 133, 198, 246, 252

Câmara de Música do Reich, 133

câmaras de gás Chelmno, 319

câmaras de gás, 320, 369-370, 388

campo da morte Majdanek, 39, 319

campo de concentração de Sachsenhausen, 173, 369

campo de concentração de Spandau, 111

campo de concentração de Theresienstadt, 232

campo de concentração de Treblinka, 320

Campo de detenção Gurs, 39-40, 388

campos de concentração, 22-23, 103, 142, 151, 157, 185, 209, 287, 293, 319, 322, 336, 356, 365, 373

Canal da Mancha, 214, 244, 257

"Canção do caminhante noturno II" (Goethe), 346

Carl, Heinrich, 288

Carlos Magno, 251

castelo de Neuschwanstein, 258, 343

Castelos da Ordem, 248

Catarina, a Grande, 324

catedral de Magdeburg, 133

católicos, 163-174, 197, 247, 291

Cazaquistão, 286

censura da imprensa, 142, 171

censura, 142, 172

Centro de Estudos Avançados do Holocausto, 387

Centro para Nacionais do Eixo do Quartel-General Supremo dos Aliados (ASHCAN), 347, 371

ÍNDICE

César, Júlio, 181
Cézanne, Paul, 260
Chamberlain, Eva Wagner, 86
Chamberlain, Houston Stewart, 86, 123
Chamberlain, Neville, 203, 226, 242-243
Chancelaria do Reich, 125, 170, 174, 177, 211, 226, 279, 332, 342
   almoços na, 175, 279
Churchill, Winston, 243, 350
Cientologia, 45
Clemenceau, Georges, 256
Coleção Seligmann, 257
Comitê de Emergência de Ajuda a Acadêmicos Estrangeiros Deslocados, 234
Comitê de Serviços Armados do Senado dos Estados Unidos, 24
Comitê Judaico-Americano de Distribuição Conjunta, 208
Comitê para a Liberação dos Povos da Rússia, 339
Compiègne, armistício francês em (1940), 244
comunismo, 79, 82, 89-90, 120, 131, 166, 248
conglomerado Flick, 31
Congresso dos Estados Unidos, 236
congressos do partido em Nuremberg, 134, 184, 193-197, 353
controle cultural, 138-42
Coolidge, Calvin, 236
Corpo Rubonia, 72
Corporação Carnegie, 234
Coughlin, padre Charles, 236
Cracóvia, Igreja de Nossa Senhora, 251
Crepúsculo da justiça (Kempner/von Repkow), 310
Crime da maçonaria, O (Rosenberg), 87
Crimeia, 73, 276, 320, 334
cristianismo, 163, 165-169, 172, 174, 227
Cristo na piscina de Bethesda (Panini), 258
Croácia, 320
cubistas, 134

D

Dachau, 205, 367, 369, 374
dadaístas, 75, 132, 134
Dalí, Salvador, 260

Daluege, Kurt, 310
Danzig (Gdansk), 210
Das Schwarze Korps (jornal), 246
Davidson, Beate, 189
Degas, Edgar, 260
Departamento de Estado, Estados Unidos, 113
Departamento de Guerra dos Estados Unidos, 22, 349-352
   Divisão de Crimes de Guerra, 352
Departamento de Justiça, Estados Unidos, 22, 41, 57, 65, 235, 236, 306, 308, 309, 349
   Divisão Radical, 236
   Escritório de Investigações Especiais, 41
   Unidade Especial de Defesa, 306, 310
Departamento de Segurança Nacional, Estados Unidos, 65
Der Angriff (The Attack) (jornal), 142
Der Monat (revista), 51
Der Spiegel (revista), 57
Der Stürmer (tabloide), 84, 180
Der Weltkampf (The World Struggle) (periódico), 100
desembarque na Normandia, 334
Deutsche Bank, 31
Deutsche Zeitung (jornal), 140-141
Deutschland, conferência, 146
Devisenschutzkommando (unidade de controle da moeda), 253
diário de Rosenberg, 54-55, 57, 60-61, 63, 65, 126
   Arquivos Nacionais e, 51-52
   caça ao, 51-65
   começo, 139, 143-145
   desaparecimento de, 18
   descoberta do, 16, 51-52
   Julgamentos de Nuremberg e, 15-18
   Kempner publica entradas do, 51
   Museu Memorial do Holocausto dos Estados Unidos recebe, 64-65, 101, 387
Diderot, 326
Die Kunst im Deutschen Reich (periódico), 135
Diels, Rudolf, 113-116, 157-158, 252-253, 312, 361, 379-380, 395
Dietrich, Marlene, 132
Dinamarca, 241-242, 320, 345, 377

O DIÁRIO DO DIABO

Dippel, John, 117
Divisão de Documentos, 26, 29
Divisão de Inteligência Militar dos Estados Unidos, 29, 349
Divisão de Polícia Montada, 107
Dix, Otto, 133, 345
Documentos Kempner, 49
   diário de Rosenberg e, 52, 57
   irmãs de Lester e, 56
   Lipton e, 43-44, 47-48
   Martin e, 52-56
   Museu do Holocausto e, 36, 38, 41-44, 51-53
   Richardson e, 48-49, 62-64
   Robert Kempner Sociedade e, 36-37, 55-56
Dodd, Martha, 115
Dodd, Thomas J., 354-355, 367, 371, 374-378
Dodd, William, 115, 126
Dollfuss, Engelbert, 159
Domino, Ruth, 311
Dönitz, Karl, 346
Dostoiévski, Fiodor, 73
Doyle, Vincent, 63
Drancy, França, 40, 323-324
Drexler, Anton, 81
Dürer, Albrecht, 193

E

Ebert, Friedrich, 70, 106
Eckart, Dietrich, 76-77, 81, 83-84, 88-89, 198
École Rabbinique, 249
Eichmann, Adolf, 30, 295-296
Einsatzgruppen (esquadrões da morte), 227, 280-281, 283, 285-286, 365
Einsatzstab Reichsleiter Rosenberg, 249, 250, 252-255, 257-260, 324-325, 329, 393, 397
Einstein, Albert, 108, 232
Eisenbrown, Harry, 311
Eisler, Gerhart, 311
Eisner, Kurt, 75-76
Eixo nazifascista, 186
eleições alemãs de 1923, 96
Elser, Georg, 240
Em bom alemão (Auf Gut Deutsch) (hebdomadário), 76
embaixada alemã em Londres, 145

embaixada dos Estados Unidos, Berlim, 112
Ensaio sobre a desigualdade das raças humanas (Gobineau), 86
Ernst, Karl, 137
Escandinávia, 241-242
escassez de alimentos na Alemanha, 266
Escolas Adolf Hitler, 248
Escritório Central de Investigação dos Crimes Nazistas da República Federal Alemã, 25
Escritório Central de Segurança do Reich, 227, 249, 280, 295, 396
Escritório Central de Treinamento do Reich, 127, 135
Escritório das Ciências Alemãs, 135
Escritório de Custódia de Propriedade Estrangeira, Estados Unidos, 350
Escritório de Folclore e Cerimonial do Partido, 136
Escritório de Pesquisa da Arquitetura Rural Alemã, 135
Escritório de Política Externa alemão, 125, 242, 263, 308, 327
Escritório de Serviços Estratégicos dos Estados Unidos (OSS), 22, 33, 349-350
Escritório para a Proteção da Arte Alemã, 135
Escritório para o Cultivo da Literatura Alemã, 135
Eslováquia, 320
espiões britânicos, 144
Esquema do Submundo Nazista Segundo Relatórios Policiais Secretos (Kempner), 234
Estados Unidos
   cota de imigração, 208
   entra na Segunda Guerra Mundial, 293
Estônia, 71-73, 228, 252, 282, 326, 336, 338, 346
Etiópia, 180
Ettal Abbey, 165
eugenia, 171
Europa do Leste, 22
evacuação de Dunquerque, 244, 251
Evans, Richard, 89
Evening Post Ledger da Filadélfia, 233
Exército alemão, 14, 77, 80, 82, 137, 146, 320, 393
   Sexto Exército, 320

ÍNDICE

Exército dos Estados Unidos, 14, 343-344, 377
Exército Vermelho, 266, 274, 321, 331, 337
expressionismo, 132-133

F

Faber-Castell, conde e condessa, 380
Faculdade de Medicina para Mulheres da
Pensilvânia, 184, 212, 283
família Kovarsky, 284
família Rothschild, bens, 249, 253, 257-259, 344
família Weill, 257, 344
família Wittelsbach, 13, 74, 75, 122
fascistas italianos, 185
Faulhaber, cardeal Michael, 169, 171-172
Feder, Gottfried, 81
Federação Sionista da Alemanha, 153
Federação Teuto-Americana, 307
Ferencz, Benjamin, 26-27
Feuchtwanger, Lion, 109, 111
Field, Henry, 349
Filarmônica de Berlim, 198
filme, 132-133, 198
Finlândia, 263, 274, 320
Florença, Itália, 155, 159, 179-182, 184-187, 189
Fórum da Amizade Americana, 308
França de Vichy, 39
França, 98, 186, 190, 201, 211, 222, 240, 320
    arte e bens saqueados da, 249, 251-260,
    323, 345
    declara Guerra à Alemanha, 225
    invasão da, 240, 242-245
    Kempner foge para, 189-191, 207-209
    Renânia e, 177
    Resistência e, 372
    Sarre e, 176
Franco, Francisco, 185
Frank, Anne, 30
Frank, Elise, 40, 205
Frank, Hans, 16, 227, 294, 313, 354, 368, 384
Frank, Irma, 205
Frank, Jacob, 205
Frank, Martha, 205
Frank, Salomon, 40, 205
Fraternidade dos Cabeças Pretas, 73
Frederico, o Grande, 253

Freikorps, 106-107
Freisler, Roland, 369
Freiwilligen-Eskadron Kürassier-Regimento
    Nº 4, 107
Frente Trabalhista Alemã, 127
Frey, Erich, 108
Frick, Wilhelm, 368
Fritsch, Theodor, 199
Fritsch, Werner von, 202
Fritzsche, Hans, 18, 382
Fromm, Bella, 110, 129, 137
Fromm, Friedrich, 335
Führermuseum (Linz), 250, 255, 329
Fundação Memorial Carl Schurz, 212
fundamentos do século XIX, Os (Chamber-
    lain), 86
Fürstner, Wolfgang, 185
futuristas, 132, 134
Futuro da Política Externa Alemã, O (Ro-
    senberg), 125

G

G-2, unidade de inteligência militar, 14
Galen, Clemens von, 171, 174, 292-293
Galícia, 313
Galileu, 181, 186
Gaus, Friedrich, 24
Gebhardt, Karl, 224
Geheime Feldpolizei (polícia militar se-
    creta), 249
Gerecke, Henry, 382, 385
Germania (jornal do partido de centro), 167
Gerônimo, 53
Gestapo (Geheime Staatspolizei, polícia se-
    creta), 115-116, 134-135, 142, 147, 151,
    187, 200, 227, 233, 301, 324
    arquivos de Rosenberg e, 253
    Himmler lidera, 147, 151
    judeus e, 154, 283, 301, 324
    Julgamentos de Nuremberg e, 377
    Kempner persegue no pós-guerra, 30, 352
    Kempner preso pela, 22, 156, 234
    Niemöller preso pela, 173
    polícia italiana e, 187
    saqueio pela, 251

448   O DIÁRIO DO DIABO

Ghent, altar, 345

Gibson, Kevin, 47-48, 54

Gilbert, Gustave, 365-366, 370

Gisevius, Hans Bernd, 316

Gleichschaltung (coordenação nazista), 245

Gobineau, conde Joseph Arthur de, 86, 123

Goebbels, Joseph, 16, 17, 71, 84, 109, 123, 129-134, 136, 141-145, 175, 246

    bombardeio aliado e, 333

    campanha contra queixas, 142-144

    casos de, 199-200

    Der Angriff e, 142

    diário de, 143

    Hitler e, 144, 174

    invasão soviética e, 273, 342

    judeus e, 141, 144, 286

    Julgamentos de Nuremberg e, 24, 57, 63, 381

    Noite dos Cristais e, 205

    Olimpíadas de Berlim e, 184

    Papen e, 123

    propaganda e, 240

    rivalidade com Rosenberg e, 130, 136, 144, 147, 198, 246-247, 252-253, 268, 324, 383

    saqueio de obras de arte e, 252

    suicídio de, 346

Goebbels, Magda, 199

Goethe, Johann Wolfgang von, 72, 384

Göring, Emmy, 42, 200, 379

Göring, Hermann, 16, 92, 200, 250, 393, 395

    avanço soviético e prisão de, 342, 346

    bens judeus e, 324

    Blomberg e, 202

    chegada dos nazistas ao poder e, 352

    Goebbels e, 199

    Himmler e, 158

    Hitler e, 174

    invasão polonesa e, 225

    invasão soviética e, 266, 268, 274-275, 277

    Julgamentos de Nuremberg e, 22, 42, 350, 353, 363-365, 367, 369-370, 382

    Luftwaffe e, 176, 359

    Noite das Facas Longas e, 149, 158

    Noite dos Cristais e, 205

    Propriedade em Carinhall, 250

    relatório de Kempner sobre, 352

Ribbentrop e, 219, 221

    rivalidade com Rosenberg e, 252-260, 277

    saqueio de obras de arte e, 250-260, 345

    suicídio de, 385

Goudstikker, Jacques, 251

Goya, Francisco, 53, 257, 258

Grã-Bretanha, 143-144, 186, 193, 203, 209, 218-222, 225, 241, 271, 364, 377, 392

    bombardeio da, 257

    declara Guerra à Alemanha, 218-220, 221, 225, 241-243

    Escandinávia e, 242

    Hess e, 271

    Rosenberg e, 142-145

Grande Comunidade Nacional Alemã, 96

Grécia, 165, 247, 320

    antiga, 165

Greim, Robert Ritter von, 342-343

Grichanik, Mikhail, 283-284

Grossman, Kurt, 116, 208-209, 378

Gruhn, Margarethe, 202

Grynszpan, Herschel, 204

Guernica, Espanha, 185

Guerra Civil Espanhola, 185

Guerra da Coreia, 58

guerra de mentira, 243

Guerra e paz (Tolstói), 72

Guerra Fria, 25, 311

Gueto de Varsóvia, 365

Guilherme I, kaiser, 87, 116

Guilherme II, kaiser, 13, 86, 104

Gumbel, Emil, 30, 209

Gurlitt, Cornelius, 345

H

Haber, Samuel, 14

Hácha, Emil, 210

Hahn, Marie-Luise (sogra de Kempner), 31, 157

Hall, David, 61, 389

Hals, Frans, 258-259

Hamburger Tageblatt (jornal), 120

Hamilton, duque de, 271

Hanfstaengl, Ernst "Putzi", 84-85, 93, 95, 98, 123

Hanisch, Reinhold, 80

ÍNDICE

Heidelberg, Universidade de, 100, 209

Heine, Jay, 55

Heines, Edmund, 149-150

Henderson, Nevile, 225

Henie, Sonja, 145

Hess, Fritz, 179

Hess, Rudolf, 140, 149, 179, 246, 270, 272, 368, 392

Heuaktion, 373

Heydrich, Reinhard, 26, 49, 158, 227, 273, 280-281, 287, 295-296, 313, 319

   assassinato de, 319

Himmler, Heinrich, 16, 147, 226, 338, 374

   ascensão de, 147

   assassinato de judeus e, 228, 280, 284-291, 294, 318, 320, 356, 369-372, 374

   complôs para assassinar Hitler e, 335, 369

   Göring contra, 158

   invasão da Polônia e, 226

   invasão soviética e, 268, 273, 277

   Noite das Facas Longas e, 149

   operação Vlasov e, 337-339

   queda dos nazistas e, 342, 346

   Rosenberg sobre, 356, 370, 373-374, 383

   saqueios de, 249, 325

   SS chefiada por, 56

   suicídio de, 346

   territórios do Leste e, 315, 327-328

Hindenburg, Oskar von, 157

Hindenburg, Paul von, 91, 101-102, 111, 114, 125, 137, 145-148, 151-152, 161, 219, 352

Hinkel, Thomas, 356-358

Hirsch, Walter, 207

"Hitler e seus diplomatas" (proposta de livro de Kempner), 29

Hitler, Adolf

   almoços na Chancelaria do Reich, 174-175

   aniversários de Rosenberg e, 198, 326

   antissemitismo e, 80, 88

   aparência de, 70

   armistício de Compiègne e, 244

   ascensão nazista e, 96-100

   assassinato de judeus e, 261, 279-280, 285-286, 289, 291, 293, 295, 299, 374-376

   assassinato de judeus e, aniquilação profetizada por, 299

assassinato de judeus e, discurso secreto sobre, 293-295, 376

Áustria anexada por, 201-202

avanço soviético e, 331, 337, 341-342

Blitz de Londres e, 257

católicos e, 166-172, 197, 247, 291-293

Concordata do Vaticano e, 168-169

congressos de Nuremberg e, 193-196

cristianismo e, 164-177, 355

Der Weltkampf e, 100

discurso final de, 340

eleição de 1933, 104

escola de arte e, 79

espiões britânicos e, 127

eutanásia e, 291-293

exército alemão e, 110, 137, 146, 201-202

filia-se ao Partido Nazista, 81-83

Fuga de Hess e, 272

Goebbels e, 129-131, 134, 199-201

golpe de Munique e prisão de, 90-96, 169, 239-240

golpe nazista de 1933 a, 101-104, 111, 116-117, 219

Göring e, 92, 379

Grécia e Roma antigas e, 165

Guerra Civil espanhola e, 185

Hindenburg e, 148, 151, 162

ideologia de Rosenberg e, 88, 120-124, 145, 170-173, 177, 197

início da segunda Guerra Mundial e, 201, 218, 224-225

invasão da França e, 240

invasão da Tchecoslováquia e, 201-203, 210

invasão soviética e, 262-263, 266-271, 273, 275-278

Koch e, 328

Leis de Nuremberg e, 184

luta intestina estimulada por, 129

Mein Kampf e, 88, 95, 109, 111, 122-124, 165, 171, 194, 217, 370

modernismo e, 134

Mussolini e, 159, 180, 185-188, 247

Noite das Facas Longas e, 149, 158

Noite dos Cristais e, 205

Noruega e, 242

450 O DIÁRIO DO DIABO

ocupação de Paris e, 255
pacto soviético e, 217-218, 221
Polônia invadida por, 210-212, 218, 223-229
Prêmio Nobel da Paz e, 196
Primeira Guerra Mundial e, 80
primeiras investigações de, 108
primeiros anos em Munique de, 75, 81-83
prisão de Jacob e, 158
Protocolo de Wannsee e, 296
Protocolos e, 87-88
queda dos nazistas e, 340-343
Renânia e, 177
Ribbentrop e, 225
Rosenberg como chefe do partido e, 97
Rosenberg conhece, 81
Rosenberg contra Goebbels e, 246
Rosenberg no Ministério de Política Exterior e, 125
Rosenberg promovido por, 127
Rosenberg, recordações de, 382-384
saqueio de obras de arte e, 249, 251, 254
Sarre e, 176
socialistas e, 130
Stalingrado e, 321
suicídio de, 346
tentativas de assassinato de, 239-241, 334-336, 369
territórios do Leste e, 276-278, 315-317
Tribunal de Nuremberg e, 365
Ucrânia e, 313-319, 328
vegetarianismo de, 175
vida pregressa de, 79
visita Paris, 255
visita Roma, 186
Völkischer Beobachter e, 82-83
Hoffmann, Heinrich, 359
Hofmannsthal, Hugo von, 133
Holanda, 14, 158, 177, 243, 249, 251, 259, 293, 320, 323, 377
Holocausto, 17
Ver também judeus; *e campos de concentração e massacres específicos*
obras de arte saqueadas e, 345
Protocolo de Wannsee e, 295-296
homossexualidade, 138, 148-149, 202
Hoover, J. Edgar, 22, 42, 54, 235-238, 309-311

Höss, Rudolf, 17, 369-370, 376, 384
Hossbach, Friedrich, 28
Hungria, 182, 190, 320
Hutchison, Graham Seton, 145

I

igreja confessional, 173
Igreja da Unificação, 45
Igreja do Reich, 166, 173
impressionismo, 133, 259
incapazes, eutanásia, 293
Inestimável (Wittman), 59
instituições maçônicas, 249
Instituto de Pesquisa da Questão Judaica, 250, 261, 279, 325
Instituto de Pesquisas Judaicas, Vilnius, 325
Instituto Erich Koch, 316
Instituto Histórico Prussiano (Roma), 158
Instituto Koch para Doenças Infecciosas, 105
inteligência, Estados Unidos, 24, 28
Investigações da Segurança Interna, EUA (HSI), 61, 397
Irving, David, 54
Israel, 302
Isso não pode acontecer aqui (Lewis), 236
Istituto Fiorenza, 159, 180-181, 183, 188, 191, 207
Itália, 130, 153, 155, 159, 179-180, 320
Kempner emigra para, 159, 179-184

J

Jackson, Robert H., 18, 237, 308, 351-353, 359-360, 363-365, 369, 380
Jacob, Berthold, 156-158
Jagdgeschwader Richthofen (esquadrão de pilotos de caça), 92
Jäger, Karl, 291
Jesella, Edward, 56, 389
Jeu de Paume, 253-254, 257, 259-260, 343
Jogos Olímpicos (Berlim, 1936), 184, 198
Jones, Sir William, 85
judeus americanos, 140-142
judeus austríacos, 49, 182, 187
judeus poloneses, 182, 187, 209

ÍNDICE

judeus-italianos, 209

judeus, *ver também* antissemitismo; Holocausto; *e localidades e massacres específicos*

assimilação de, na Alemanha pré-nazista, 117

boicotes a, 38, 112, 154, 169

bolchevismo e, 89, 130

católicos e, 166-170, 172

deportações de, 228, 262, 267, 280, 286-287, 291, 293, 299-302, 320

destituição da cidadania dos, 207, 354

diário de Reinach sobre a sorte dos, 297-303

emigração adiada de, 117

emigração de, 38, 113, 117, 153-155, 159, 182

Estado independente para, 262

Estados Unidos e, 140, 236

genocídio de, 261-263, 279-296, 314, 318-320, 333, 356, 366, 368, 370, 373-376

Goebbels e, 141, 144

Hitler e, na juventude, 80

incêndios de, no golpe nazista, 115

Itália e, 159, 180-182, 186-188

Leis de Nuremberg e, 184

modernismo e, 132

multas aos, 206

Noite dos Cristais e, 205

obturações em ouro de, 360, 373

perseguição nazista de, 227

prisões e assassinatos de, em 1933, 110-113, 116-117

propriedades confiscadas de, 198, 250-260, 288, 302, 316, 322-323

Protocolo de Wannsee e, 295-296

raça misturada, 191

restrições aos, 113-115, 134, 154, 180, 204, 298-301

Rosenberg e, 135, 162-165, 169, 199

subida dos nazistas ao poder e, 104, 111

suicídios de, 185

teorias raciais nazistas sobre, 86 (*ver também* antissemitismo; Partido Nazista, teorias raciais)

trabalhos forçados e, 291, 296, 319

Jung, Edgar, 150

Juventude Hitlerista, 124, 180, 205, 234, 245, 248, 326

K

Kahr, Gustav Ritter von, 91-94, 150

Kaltenbach, Fred, 311

Kamenets-Podolsk massacre, 282

Kandinsky, Vassily, 134

Kant, Immanuel, 72

Kappe, Walter, 141

Karlsruhe, Alemanha, 39, 205

Kaunas, Lituânia, 285

Keitel, Wilhelm, 49, 275, 382

Kempner, André (filho de Robert), 31-32, 34, 37, 41, 43, 46, 54, 58, 62, 213, 233, 379

Kempner, Helene Wehringer (primeira esposa de Robert), 155, 191-192, 378-379

Kempner, Lucian (filho de Robert), 32-34, 37, 41, 43-44, 47, 54, 58, 63, 154-155, 159, 191, 233, 377-379

Kempner, Robert

antecedentes de, 21-22

arquivos do escritório de advocacia, 37

autobiografia de, 28-31, 36-37, 106, 114, 233

casamento com Helene Wehringer, 155

casamento com Ruth Hahn, 31-33, 158

caso com Jane Lester, 33-34, 49

caso com Margot Lipton, 34, 49, 190, 232

cidadania americana e, 349

começo de carreira na Alemanha do pré--guerra, 107-109

criminosos de guerra nazistas perseguidos por, 25, 29-30, 41

diário de Rosenberg e, 52, 59

Diels e, nos Julgamentos de Nuremberg, 380

documentos nazistas levados por, 25-30, 306

emigra para a França, 188-191, 207-210

emigra para a Itália para trabalhar no Istituto Fiorenza, 22, 158-160, 179-184, 231-234

emigra para os Estados Unidos, 207, 211-214

Emmy Göring e, 379

escreve "A Luta contra a Igreja", 51

escreve *Crepúsculo da justiça*, 310

escreve *Esquema do submundo nazista segundo relatórios policiais secretos*, 234

filho André e, 31-34, 37, 191

filho Lucian e, 31-34, 37, 155, 191-192, 377-378

452 O DIÁRIO DO DIABO

filhos deixados na Europa por, 214
Göring interrogado por, 360-362
início da vida na Alemanha, 104-106
julgamento de Eichmann e, 30
levante espartaquista e, 106-107
morte da esposa Ruth, 33
morte da mãe, 158
morte de, 32, 34, 35
muda-se para a Europa na década de 1970, 32-33, 359-360
muda-se para Lansdowne, 305-306
personalidade de, 21, 307
preso pela Gestapo, 156-158, 234
primeiro emprego na Universidade da Pensilvânia, *232-235*
privado da cidadania alemã, 207-208
propostas de livros e, 28-29, 35-36
Protocolo de Wannsee e, 26-27, 295
Relatórios ao Departamento de Guerra de, 352
reparações do Deutsche Bank e, 31
subida dos nazistas ao poder e, 104, 114-116
testamento de, 34, 43
trabalha para a Inteligência Militar, 349
trabalha para o Departamento de Justiça, 306-309
trabalha para o FBI, 235-238, 310-312
trabalha para o OSS, 349-351
Tribunal de Nuremberg e, 21-30, 350, 352-353, 358-364, 367-369, 376-377
vida de, na Alemanha nazista depois da demissão, 116-117, 153-156
vida de, nos Estados Unidos na Segunda Guerra Mundial, 305-309
vida familiar de, 31-33
Kempner, Ruth Hahn (segunda esposa de Robert), 31-34, 158, 159, 179, 191, 207-208, 211-212, 231, 349-350, 358, 362, 378
Kempner, Walter (irmão de Robert), 184, 211
Kempner, Walter (pai de Robert), 104-107, 154
Kerr, Alfred, 303
Kerrl, Hanns, 173, 175-176
Kershaw, Ian, 76, 89
Kiev, 281, 314, 321, 325, 331
Kindertransports, 209
Kirstein, Lincoln, 344

Klausener, Erich, 150
Koch, Erich, 277, 285, 316-318, 326-328, 337, 339
Koch, Robert, 105, 208, 296
Kohlrausch, Lisette, 253
König, Leo von, 133
Körner, Oskar, 94
Kramer, Hedwig, 99
Krebs, Albert, 119
Kube, Wilhelm, 319, 339, 373, 396
Kuhn, Fritz, 307
Kursk, Batalha de, 331

L

LaFollette, Charles, 26-27
Lammers, Hans, 268-269, 274, 275, 279
Large, David Clay, 75
Lawrence, Sir Geoffrey, 368, 371
Lebensraum (espaço vital), 210, 366
Lei alemã contra ataques maliciosos ao Estado e ao partido (1935), 171
Lei alemã para a proteção da República, 98
Lei alemã para a restauração do funcionalisr público profissional (1933), 114
Lei de Concessão de Plenos Poderes (Alemanha, 1933), 104, 167
Lei de Espionagem, EUA (1917), 235
Lei Smith (Estados Unidos, 1940), 308-309
Leibbrandt, Georg, 295, 327
Leis de Nuremberg (1935), 184, 213, 368
Lenin, V. I., 75
Leonardo da Vinci, 251
Leonrod, Ludwig von, 336
Lester, Elizabeth, 57
Lester, Jane, 32-38, 41, 43-44, 46, 48-49, 51, 56, 61-62
Letônia, 71, 262, 282, 287-288, 291, 302
assassinato de judeus na, 282, 288, 290-291, 388
levante espartaquista, 106
Lewis, Sinclair, 236
Lewy, Guenter, 168
Ley, Robert, 127-128, 246
Liebknecht, Karl, 107
Liga alemã de direitos humanos, 108, ˌ 157, 208-209

ÍNDICE 453

Liga das Nações, 180, 210

Liga de Combate pela Cultura Alemã, 132

Liga de Moças Alemãs, 205, 326

Liga dos Direitos Humanos, 210

Liga Nacional das Mulheres Nacional--Socialistas, 194

Liga Nacional dos Professores Socialistas, 245

Lindbergh, Charles, 237

Lingua Franca, 35

Linha Maginot, 243

Lipschutz, livraria, 249

Lipstadt, Deborah, 54

Lipton, Margot, 31-33, 36-37, 41-44, 46-49, 56, 58, 62, 189-191, 212-213, 231-232, 358, 362, 396

Lituânia, 105, 156, 210, 221, 228, 262, 285, 291, 325

   assassinato de judeus e, 282, 284-285, 291

   julgamentos de crimes de guerra de 1958 e, 30

livros saqueados da União Soviética, 364

Lochner, Louis P., 130-131

Lodz, gueto de, 228, 299

Lohse, Hinrich, 277, 285-291, 293, 319, 337, 373, 375

London Herald, 111

Lubbe, Marinus van der, 102

Lüdecke, Kurt, 82, 88, 95-96, 98, 119, 126

Ludendorff, Erich, 91, 93-95

Ludwig I, rei da Baviera, 74, 343

Lueger, Karl, 80

Luftwaffe, 56, 176, 210, 223, 252, 256-257, 276, 320, 342, 359, 377

Lutero, Martinho, 174

Luxemburg, Rosa, 107

M

Madison Square Garden, congresso nazista no, 1934, 139, 141, 307

Maier, Martha, 40

Manasse, Ernst Moritz, 182-184

"Manifesto de Cientistas Raciais" (relatório de Mussolini), 188

Manual da Questão Judaica (Fritsch), 199

mar Báltico, 210, 270, 288, 346

Marine Perch (cargueiro), 378

Marinha britânica, 265

Martin, Walt, 52, 54, 56

Martin, William, 54

massacre da Floresta de Rumbula, 291

massacre de Lidice, 319

massacres de Liepaja, 288

Matisse, Henri, 134, 260, 345

Matthäus, Jürgen, 51-52, 63-64

Mayer, Henry, 204, 297, 389

   diário de Rosenberg e, 51-59, 63-64, 389

   Documentos Kempner e, 36-37, 41, 43-44, 47-49, 51-52, 54-55

   parentes de, na Europa, 41, 204, 297-303, 388

Mayr, Karl, 81

McCarthy, Joseph, 24

Meade, George, 53

Meier, Emmanuel, 40

Meier, Heinrich (avô de Henry Mayer), 38-39, 40, 205

Meier, Wilhelmina, 40

Mein Kampf (Hitler), 17, 88, 95, 109, 111, 122-124, 153, 165, 171, 194, 217, 245, 370

Mellen Press, 35, 36-37, 45, 62, 397

membros da Resistência, 30

Mendel, Sidney, 157

Mendelsohn, Erich, 132

mentalmente enfermo, 287

Messersmith, George, 113

Meyer, Alfred, 295

MI6, 126

Michelangelo, *Madona*, 345

Ministério da Economia alemão, 295

Ministério das Forças Aéreas britânico, 126

Ministério de Alimentos e Agricultura, 265

Ministério de Assuntos Religiosos, 173

Ministério de Instrução Pública e Propaganda, 129

Ministério de Justiça alemão, 27, 110

Ministério de Propaganda alemão, 16, 18, 129, 132, 134-136, 256, 298

Ministério do Exterior alemão, 26, 29, 144-145, 152, 225, 295, 308, 398

O DIÁRIO DO DIABO

Ministério do Exterior italiano, 180
Ministério do Interior alemão (*antes* prussiano), 103, 108, 110, 113, 115, 232, 235, 252, 310, 363
Ministério para os Territórios Ocupados do Leste (Ostministerium), 277-278, 285-287, 290, 313-321, 328, 337, 372
Minsk
   assassinato de judeus em, 283-284, 287, 289, 319, 373
   bens saqueados de, 325
Miró, Joan, 260
Mito do século XX, O (Rosenberg), 17, 121-122, 194, 235, 245, 366, 370
   Kempner propõe tradução de, 235
   Vaticano e, 17-173, 197
mitos germânicos, 164, 245
Möbel Aktion (Operação Mobília), 323
modernismo, 131, 132, 134
montanhas Harz, documentos nazistas nas, 359
Montenegro, 105
Montgomery, Bernard, 346
Moon, Sun Myung, 45
Morgenthau, Henry, 350
morte de, 146, 151, 161-167
Morton, John, 64-65
Müller, Ludwig, 166, 172
Munique
   arte saqueada em, 258
   bombardeio aliado de, 337
   levantes comunistas de 1919 em, 75-77, 89
   primeiros anos de Hitler em, 80
   Rosenberg chega a, 71, 74-76
   tentativa de golpe na cervejaria de Munique (Bürgerbräukeller, 1923), 15-16, 91-95, 146, 150, 169, 194, 204, 239
Muralha do Oeste, 243
Museu Memorial do Holocausto dos Estados Unidos, 36, 367, 389
   batalha pelos documentos de Kempner e, 41-50, 52
   caça do diário de Rosenberg e, 51-59, 60-61, 387-388

Museu Nacional da História Judeu Americana, 387
música, 133, 135
Mussolini, Benito, 159, 180, 185-188, 247

N

Nada de novo no front (Remarque), 30
Napoleão III, 326
Nationalsozialistiche Monatshefte (Revista Mensal Nacional Socialista), 100
nazistas britânicos, 146
Neave, Airey, 354, 358
neonazistas, 32
Neurath, Konstantin von, 125, 145, 201
New York Herald Tribune, 25
New York Times, 65, 111, 139, 195, 368
New Yorker Staats-Zeitung und Herold (jornal), 140
Niebergall, Fred, 29, 52
Niemöller, Martin, 173
Nietzsche, Friedrich, 72, 339
Nieuw Amsterdam, SS (navio), 214, 231
nipo-americanos, prisão de, 58
Noite das Facas Longas, 158, 226, 392
Noite dos Cristais, 205
Nolde, Emile, 133
Noruega, 241-242, 381, 392
Noske, Gustav, 106
Nun, Witch, Playmate (Richardson), 45
Nuremberg, ao final da Segunda Guerra Mundial, 353

O

O'Donnell, Magnus "Nifty", 48
Oberlustadt, 204
Oberly, Charles, 64
Odessa, 313-314
Odin (deus norueguês), 162
Olexa, Mark, 61-64, 389
Oloron-Sainte-Marie, França, judeus deportados para, 40
Ópera de Dresden, 111
Operação Valquíria, 334
opinião pública alemã, 240

INDICE 455

Oranienburg, campo prisional, 142
Orgell, Carl Günther, 308
Ossietzky, Carl von, 108, 116, 157, 196
Ostland, 285, 287, 319, 321, 375
Ozerskaya, Sofia, 284

P

Pacelli, cardeal Eugenio, 169
pacifistas, 102, 116
Palestina, 98, 113, 153-154, 158, 163
Papen, Franz von, 123, 147-148, 150, 219, 382
Paris, 72, 99
    libertação de, 13, 334
    ocupação e saqueio de, 244, 249, 253-257, 323
Parlamento alemão, 102
Parlamento britânico, 242
Partido Alemão dos Sudetos, 203
Partido Católico de Centro, 91, 120, 166-167
Partido Comunista Alemão, 90, 99, 103, 106, 113
Partido da Unidade Nacional (Noruega), 241
Partido Democrático Alemão, 91
Partido Nacionalista Alemão, 75, 91
Partido Nazista. *Ver também* Hitler, Adolf;
    judeus; congressos do partido em Nuremberg; Tribunal Militar Internacional
    de Nuremberg; Rosenberg, Alfred; *e outros indivíduos, ministérios e programas
    individuais*
    ascensão do, 58, 96-104, 108-110
    ataques de Papen, 147-148
    censura e, 131-136
    como governo paralelo, 125-126
    cristianismo e, 135, 142, 162-177, 197
    documentos encontrados no pós-guerra,
        13-15, 254, 358-359
    eleições e, 103-104, 177
    exército reconstruído pelo, 126, 139, 176-177, 201
    experimentos médicos, 367
    filiação cresce, 128
    fundação, 15, 77, 82-84
    Hitler se filia, 82-84

ideologia do, 88, 121-124, 127-128, 131-138,
    142, 171, 194, 199, 245-250
    Kempner faz campanha contra, 24, 108-109, 234
    lutas internas e, 128-138
    mitologia germânica e, 162-165
    Noite das Facas Longas e, 145-152
    Organização Exterior, 307
    propaganda e, 121, 136, 142
    racha inicial sobre o comunismo e, 120
    rendição do, 341, 346
    saqueios do, 249-259, 324-325
    tentativa de golpe em Munique e abolição
        do, 91-96
    teorias raciais do, 58, 85, 86, 122, 126, 167,
        169-170, 223, 246, 248, 317, 366
    toma o poder, 110-117
Partido Trabalhista Alemão, 77. *Ver também*
    Partido Nazista
Partido *Völkisch* da Liberdade, 96
partisans, 81, 268, 276, 284, 321, 373
Patch, Alexander, 14
Patton, George S., 14
Paulo, São, 163
Paulus, Friedrich, 320-321
Pedro, o Grande, 71
Peiser, Werner, 158-159, 180, 182, 188-190,
    208-211
Pensilvânia, Universidade da, 208, 211,
    232-233
Philadelphia Inquirer, 378
Philadelphia Record, 362
Picasso, Pablo, 61, 72, 134, 186, 260, 345
    Guernica, 185
Pio XII, Papa, 169
plano nazista, O (filme), 365
Platão, 181
PM, 367
Poincaré, Raymond, 256
polícia de Berlim, 84, 106, 233
polícia prussiana, 108, 110, 114-115
Polônia, 182, 190, 209-211, 239, 287
    corredor de Danzig, 210
    divisão da, 227
    Governo-Geral, 227, 294, 313, 354, 384

invasão e ocupação da, 16, 210, 217-220, 223-227, 240, 265, 268, 280, 318

Pacto Nazi-Soviético e, 220, 223

Posey, Robert, 344

Posse, Hans, 250

Pound, Ezra, 311

povo teutão, 86, 104, 123, 226

Prêmio Nacional de Artes e Ciências, 196

Prêmio Nobel da Paz de 1936, 196

Primeira Guerra Mundial, 15, 30, 75, 80, 88, 91, 92, 94, 98, 101, 104, 117, 133, 137, 147, 176, 210, 219, 235, 241, 244, 254

prisão Columbia-Haus, 157-158, 380

prisão de Landsberg, 24, 95

programa de eutanásia T4, 291-294, 368

programa Força pela Alegria, 133

programa *völkisch*, 132, 262

Projeto "M", 349

projeto da Hohe Schule, 248-249, 255

Promotor de uma Era (Kempner), 31

promotores de Nuremberg e, 51-52

protestantes, 120, 163, 166, 172-173, 329

Protetorado da Boêmia e da Morávia, 319, 368

Protocolo de Wannsee, 26, 27, 33

Protocolos dos Sábios de Sião, 87

Pushkin, Alexander, 325

Q

Quisling, Vidkun, 241-242

R

Rabinowitsch-Kempner, Lydia (mãe de Robert), 104-105, 155, 158, 208

Rabinowitsch, família, 104-105

Rádio CBS, 225, 397

rastro dos judeus através dos tempos, O (Rosenberg), 87

Regimento Real Norfolk britânico, 377

Reichstag
  Comitê de Assuntos Exteriores, 125
  detenções no, 102
  eleições, 91, 96, 177
  incêndio, 102-103, 115, 352, 360-362, 368

Lei de Concessão de Plenos Poderes e, 167

Leis de Nuremberg e, 184

Rosenberg eleito para o, 98

Reinach, Frieda, 297, 301, 303

Reinach, Lilian, 303

Reinach, Max, 297, 301, 303

Reinach, Trude, 302

Reinemann, Otto, 208, 211-213, 231, 233

Remarque, Erich Maria, 30

Rembrandt, 123, 251, 255, 257-258
  Retrato de um homem da família Rama, 251

Renânia, 177, 201, 248

reparações, 91

Repkow, Eike von (pseudônimo literário de Kempner), 310

República de Weimar, 77, 80, 91, 101, 106, 166, 335

Revolução Russa de 1917, 73, 76

Ribbentrop, Joachim von, 201, 217-222, 225, 252, 287 342, 351, 381

Richardson, Herbert, 35-38, 44-48, 56-65

Riga, 71, 72, 287-288, 291, 302, 325

Rilke, Rainer Maria, 340

Rochlitz, Gustav, 260

Rogge, O. John, 308-309

Rohden, Hans-Detlef Herhudt von, 359

Röhm, Ernst, 137-138, 140, 146-151, 226

Roma
  Hitler visita, 186
  Roma antiga, 81, 165

Romênia, 182, 228, 262, 320

Roosevelt, Eleanor, 237

Roosevelt, Franklin D., 211, 236-237, 310, 349-350

Ropp, William de, 126, 144

Rorimer, James, 343-344

Roseman, Mark, 296

Rosenbaum, Eli, 57

Rosenberg, Alfred, 7
  aniversários e, 198, 326
  antepassados questionados, 70-71
  anticomunismo e, 90
  aparência de, 119-120, 126

ÍNDICE   457

arquivos da Gestapo sobre, 253

arte, livros e bens saqueados por, 249-259, 323-325, 342-343, 372

avanço soviético sobre Berlim e, 341

bombardeios aliados e, 331-334, 335, 340

casa em Dahlem de, 197, 340

casamento com Hedwig Kramer, 99

casamento com Hilda Leesmann, 72-73, 75, 99-100

católicos e, 166, 169-173, 197, 291-293

chefe do Partido Nazista em 1923, 95-98, 252

cristianismo e, 162-177, 246-247, 329

Diels e, 380

discursos e, 73, 128-129, 197

documentos de, encontrados pelos Aliados, 13-18, 359

edita *Der Weltkampf*, 100

edita *Die Kunst im Deutschen Reich* and, 135

edita *Nationalsozialistiche Monatshefte*, 100

edita *Völkischer Beobachter*, 83, 96, 98, 109, 121

educação de, 72-74

eleito para o Reichstag, 98, 125

escreve comentário sobre a plataforma nazista, 88

escreve *Em bom alemão*, 76

escreve *Futuro da política externa alemã*, 125

escreve *O crime da maçonaria*, 87

escreve *O mito do século XX*, 17, 121-122, 194, 235, 245, 366, 370

escreve *Rastros dos judeus através dos tempos*, 86-87

escreve suas memórias, 382-384

Escritório de Política Exterior chefiado por, 125

Escritório para a Proteção da Arte e, 135

execução de, 18, 385

filha Irene e, 100

filia-se ao Partido Trabalhista alemão, 77

genocídio de judeus e, 17, 77, 85, 89, 117, 185, 199, 261-262, 279, 282-290, 293-294, 356-357, 374-376, 381-384

genocídio de judeus e, memorando sobre, 289, 375

golpe em Munique em 1923 e, 92-98, 239

Grã-Bretanha e, 144, 221

Hindenburg e, 151, 162

Hitler, relação com, 15, 82, 89, 95-97, 145, 174, 326-330, 340

Hitler, tentativas de assassinato e, 240, 336

Hohe Schule e, 248-249

ideologia nazista e, 15-18, 104, 121, 126-128, 135-136, 144-145, 170, 177, 194, 245-247

incêndio no Reichstag e, 102

inicia o diário, 142-143

Instituto de Pesquisa da Questão Judaica, 250, 261, 279

invasão da França e, 243-244

Julgamentos de Nuremberg e, 18, 22, 51, 352, 353-358, 364, 365-376, 381

Koch e, 327-328

Ministério do Exterior e, 145

Ministério do Leste chefiado por, 263-278, 285-286, 316-318, 322-324, 327-329, 366, 372

modernismo e, 132-135

muda-se para Berlim, 100, 125-126

muda-se para Munique, 73-76, 81

Noite das Facas Longas e, 145-152

Noite dos Cristais e, 205

operação Vlasov e, 337-339

pacto Hitler-Stalin e, 217-218, 223

personalidade de, 119-121, 126

política cultural e, 135

Polônia e, 228

Prêmio Nacional Alemão e, 196

Primeira Guerra Mundial e, 71, 73, 98

prisão de, 346-347

promovido a Reichsleiter, 127

Protocolo de Wannsee e, 295

Quisling e, 241

Revolução Russa e, 73, 90

Ribbentrop e, 222

rivalidade de Goebbels com, 129-136, 144, 198-200, 240, 246-247, 252, 268

458   O DIÁRIO DO DIABO

Röhm contra, 136-138
Romênia e, 314
saúde de, 224
Segunda Guerra Mundial, início e, 218, 224-226, 229
sentença de prisão em 1926, 98
Stalingrado e, 321
subida de Hitler ao poder e, 109, 151, 219
suposto caso com mulher judia, 253
Ucrânia e, 313-319, 321, 327-328, 339
União Soviética e, 120
vida anterior na Estônia, 71-73
visita Londres, 126-127, 142
visita Ostland, 321
visita Paris, 283-84
visita Roma, 125
voo de Hess e, 270-272
Rosenberg, Hedwig Kramer (segunda esposa) 99, 341
Rosenberg, Irene, 100, 331, 341, 382
Rossini, Gioachino, 326
Röver, Carl, 174, 197
Rubens, Peter Paul, 250, 252, 257-258
Rundstedt, Gerd von, 257
Rupnow, John, 60
Rússia, pré-revolucionária, 75, 130

S

Sackett, Frederic, 103
Sacro Império Romano, 251, 333
"Sangue e ouro" (discurso de Rosenberg), 256
Sarre, 176, 201
Sauerbruch, Ferdinand, 157
Schachleiter, Alban, 172
Scheubner-Richter, Max Erwin von, 92, 94
Schickedanz, Arno, 341
Schirach, Baldur von, 124
Schleicher, Kurt von, 150
Schloss Banz, 13-14, 254
Schmidt, Paul, 359
Scholz, Robert, 258
Schönerer, Georg Ritter von, 80
Schopenhauer, Arthur, 72

Schöpflich, Gabriele, 189
Schulte, cardeal Karl Joseph, 170
Schuschnigg, Kurt von, 202
Segunda Guerra Mundial, 38, 64. *Ver também* batalhas e países específicos
   Estados Unidos entram na, 293-294
   fim da, com rendição nazista, 341-342, 346
   início da, 200-201, 214, 224-229
Seraphim, Hans-Günther, 51
Sérvia, 320
Serviço de Imigração e Controle da Alfândega, Estados Unidos, 63-64
Serviço de Notícias Transoceânico, 308
Serviço Secreto britânico, 240
Shirer, William, 104, 196, 225, 227, 244, 266
simpatizantes nazistas, 76, 127, 166, 172, 307-308
sionistas, 113, 154, 356
Slutsk, Bielorrússia, massacre, 288
Smith, Kingsbury, 385
Snyder, Timothy, 282
social-democratas, alemães, 76, 81, 91, 106, 113, 361
socialistas, 111, 129
Sociedade Alemã da Pensilvânia, 311
Sociedade Robert Kempner, 36-38, 48, 56-57, 59
Sociedade Thule, 76-77
solução final, 26, 52. *Ver também* Protocolo de Wannsee
Spanknöbel, Heinz, 140
Speer, Albert, 195, 346, 354
Sperrle, Hugo, 256-257
SS (Schutzstaffel, Esquadrão de Proteção), 22, 147-151, 162, 166, 187, 193-194, 227, 234, 246, 249, 268-269, 277, 280, 285-286, 289, 295, 316, 320-321, 324-327, 356, 365, 369, 375, 377
SS-Leitheft (boletins), 246
Stahlecker, Franz Walter, 285-286
Stalin, Joseph, 217, 220-221, 262-265, 274, 277, 286, 320, 337-338, 350
Stalingrado, Batalha de, 320-321, 334, 340
Stauffenberg, Claus von, 335-336

ÍNDICE

Stein, Edith, 30
Stimson, Henry, 111, 350-351
Stone, Harlan Fiske, 236
Stoss Veit, altar, 251
Strasser, Gregor, 129, 150
Strasser, Otto, 88, 123, 129
Strauss, Richard, 133
Streicher, Julius, 84, 180
Stroop, Jürgen, 365
Sturmabteilung (milicianos), 83, 146, 397
Sudetos, 203
Suécia, 241
Suprema Corte dos Estados Unidos, 237
Sweeney, Stephen, 208, 211-212

T

tapeçarias de Gobelin, 258
taxa de voo do Reich (1931), 154
Taylor, Telford, 27
Tchecoslováquia, 22, 116, 201, 203, 209-210, 220, 225, 232, 242, 310, 319, 368, 392
teuto-americanos, 24, 139, 307
Thoma, Alfred, 371
Thomas, Georg, 265
Thomas, Wilbur, 212
Time, 364
Times de Londres, 88, 144
Tolstói, Leo, 72, 73, 325
Trabalhadores Industriais do Mundo, 236
trabalhos forçados, 319, 338, 350, 377, 381
Tratado de Versailhes (1919), 91, 108, 110, 146, 176
Tresckow, Henning von, 334
Tribunal de Nuremberg, 17-18, 21-31, 33, 36, 42-43, 51, 57, 62-63, 237, 351-376, 379-385
   Julgamento dos Ministérios, Caso 11, 22-23, 24, 26-28
Tribunal do Povo Alemão, 369

U

Ucrânia, 17, 263, 264-265, 267, 269, 274, 277, 280-282, 285, 313-317, 319, 321, 322, 327, 328, 331, 372

União Soviética, 16, 49, 54, 77, 88-90, 120, 127, 217, 227, 262, 316, 320-321
   Alemanha do pós-guerra e, 23, 25
   arte e bens saqueados da, 249, 324-325
   assassinato de judeus na, 279-291
   fome em 1932, 264
   Grande Terror, 264
   invasão nazista da, 17, 49, 127, 262-278, 280, 286, 318, 320, 372
   Pacto Hitler-Stalin e, 217, 220-223, 262
   Polônia e, 227
   recuo alemão na, 331, 334
Unidade arqueológica Ahnenerbe, 325
Unidade de Monumentos, Belas-Artes e Arquivos (Homens dos Monumentos), 16, 343-345
unidade Waffe-SS, 49
Universidade no Exílio, New School for Social Research, 232
Untermyer, Samuel, 140-141

V

Valentin, Heinrich, 359
Valland, Rose, 343
Van Dyck, Anthony, 255
Vansittart, Robert, 126
Vaticano, 120, 163, 168, 169, 170-172, 197, 336
   Concordata de Hitler de 1933, 168-169, 171
   Mito de Rosenberg banido pelo, 170-172, 177, 245
Venha para a adorável Alemanha (noticiário cinematográfico), 322
Verdi, Giuseppe, 326
Vermeer, Jan, 257
   Astrônomo, O, 255, 258, 345
Viena, 79-80, 251
Vilnius, 325
Vlasov, Andrei, 337-339
Völkischer Beobachter (hebdomadário), 82, 83, 96, 98, 109, 121, 127, 132-133, 151, 172, 194, 240, 391
Volksbund für das Deutschtum im Ausland, 308
Vossische Zeitung (jornal), 110
Voz da América, 377

O DIÁRIO DO DIABO

W

Wagner, Cosima, 86
Wagner, Richard, 86, 196
Washington Post, 33
Washington, George, 53
Washington, SS (transatlântico), 38
Wasow, Wolfgang, 183
Weenix, Jan, 260
Wehrle, Father Hermann, 336
Weiss, Bernhard, 84
Weizsäcker, Ernst von, 22-24
Westerland, campo de trabalhos forçados, 377
Wetzel, Erhard, 287

Winterbotham, Frederick, 126
Winterhilfswerk (fundo nazista), 206
Wittman, Jeff, 58, 59
Wittman, Robert, 53-62, 395, 397-398
Wolfe, Henry C., 119
Wurm, Theophil, 24

Z

Zeitschrift für Tuberkulose (periódico alemão
  sobre tuberculose), 155
Zweig, Stefan, 133-134
Zyklon B, 320

Este livro foi composto na tipologia Minion Pro
Regular, em corpo 11,5/16, e impresso em
papel off-white no Sistema Cameron da
Divisão Gráfica da Distribuidora Record.